중국문학통론

팽철호 저

신아사

책을 내면서

각기 문학과 역사와 철학을 담고 있는 ≪시경(詩經)≫과 ≪서경(書經)≫과 ≪역경(易經)≫을 묶어 '삼경(三經)'이라고 했듯이, 중국은 전통적으로 문사철을 포괄하는 인문학을 국가 통치의 기본 이념으로 삼았다. 그 중에서도 ≪시경(詩經)≫을 삼경(三經)의 우두머리로 삼는 관행에서 볼 때, 문학이 가장 핵심이 되는 영역으로 간주되었음을 알 수 있다.

중국은 전통적으로 문학의 나라였다. 국가의 모든 통치행위가 문서로써 이루어진다고 생각했던 중국의 전통사회에서는 문학적 재능이 뛰어난 사람을 발굴하여 관리로 삼았다. 그래서 국가가 필요로 하는 인재를 선발하는 국가고시인 과거에서는 문학적 재능을 검증하는 시험을 부과하기도 하였다. 그런 까닭에 중국의 전통 사회에서는 시와 문을 중심으로 하는 문학을 익히는 것이 사대부들의 기본 교양이었다. 그것은 동시에 입신양명의 주요한 수단이 되기도 하였다. 중국의 전통사회에서는 문학이 생활화되어 있었던 것이다.

문학이 생활화되어 있던 중국의 전통사회에서는 실로 수많은 작가가 등장하였고 무수한 작품들이 배출되었다. 저마다 개성을 지닌 작가들이 쏟아낸 다종다양한 작품들은 저마다의 크기로 독특한 광채를 발하는 밤하늘의 뭇 별을 방불케 한다. 중국문학은 중국인들이 스스로 전통 있는 문화국민으로 자부하는 근거가 되기에 족하다고 아니할 수 없다.

옛날 동아시아에서도 그랬듯이 중국문학은 단지 중국인들만의 전유물이 아니다. 중국문학 속에 담겨 있는 지혜의 빛과 감성의 온기는 온 인류가 함께 즐기고 누릴 만하다. 그렇지만 다양한 장르에 걸쳐 전개되는 작가와 작품의 방대함과 현란함은 중국문학에 입문하고자 하는 초심자로 하여금 망양지탄의 감을 떨치지 못하게 한다. 광활한 중국문학을 효율적으로 탐사하도록 도와줄 수 있는 요령 있는 안내자가 필요한 것이다.

물론 그동안 중국문학에 대한 성공적인 안내를 자부한 서적들도 적지 않게 출현하였다. '중국문학개론'이나 '중국문학입문' 등의 이름으로 된 책들과 함께 '중국문학사'라는 서명을 단 많은 책들이 나름대로 중국문학 안내자의 역할을 자임하였고, 또 일정한 역할을 하기도 하였다.

그런데 국내외를 불문하고 중국문학의 입문을 도우려는 목적으로 쓴 책들은 대부분 중국문학 각 장르에 관한 사항을 소개하는 것에 중점을 두고 있다. 물론 각 장르에 대한 충분한 기초 지식은 중국문학을 이해하는 데에 매우 유용하다. 그러나 중국문학 전반에 관한 문제, 예컨대 중국 사람들이 어떤 관념에 입각하여 문학을 했으며, 문학의 본질을 어떻게 생각하고 있었던지 등과 같은 문제들에 대해서는 대개 충분한 설명을 하지 않고 있다. 중국문학을 본격적으로 탐색하기 위한 전 단계로서의 문학 일반에 대한 기초적인 해설이 결여되어 있다고도 할 수 있다. 반대로 '문학개론' 또는 '문학원론'이라는 이름으로 되어 있는 시중의 책들에는 그러한 사안들에 대한 논의나 해설이 풍부하나, 거기에 동원된 자료들은 서구문학이나 현대 한국문학에서 취한 것이 대부분이고 한국 고전문학이나 중국문학과 관련된 것들은 별로 없다.

이런 사정으로 말미암아 각 대학의 중문학과의 중국문학개론 과목은 다소간의 파행을 겪지 않을 수 없다. 학교마다 교과목의 운영 방식에 따라 어떤 보완 조치가 있을 수도 있겠지만 대개는 '문학이란 무엇인가?'라는 문학에 대한 기본적인 물음에 대한 고찰없이 중국문학에 입문하게 한다. 문학의 일반적인 특성에 대한 공부가 없는 상태에서 중국문학이라는 특수 영역을 공부하는 것이니, 비유컨대 기초 공사도 하지 않고 집을 지어나가는 것과 흡사한 것이다.

그런 문제점을 자각하고 문학의 보편성에 대한 공부를 보완하려고 해도 그게 쉬운 일이 아니다. 문학 일반을 다룬 문학개론류는 대개가 서양문학이나 그에 기초한 한국현대문학에 대한 논의로 채워져 있으므로, 그런 것들로써 중국문학에 대한 이해의 심화를 도모한다는 것은 어려운 일이 아닐 수 없다. 때로는 중국문학은 보편적 문학의 하나로서 논의하기 힘든 것이 아닌가 하는 의구심이 들게도 한다. 중국문학도 문학으로서의 보편성에 뿌리를 두고 있을 것이라는 믿음이 없는 것은 아니지만, 그것이 구체적으로 설명되지 않는 한 석연치 않음은 쉽게 해소되지 않는다.

중국문학에 대한 연구도 문학은 무엇이며, 문학을 하는 의의는 무엇인가 하는 근원적인 물음에서 시작하여야 할 것이다. 그리고 문학 작품의 의의는 무엇이며, 문학사는 어떻게 전개되는가 하는 보다 원론적이고 근원적인 문제에 대한 인식을 심화시켜 나갈 필요가 있다. 그것은 중국문학의 특질을 파악하는 작업임과 동시에 중국문학의 문학으로서의 보편성을 확인하는 작업이 되기도 할 것이다.

중국 전통사회에서도 오랜 세월 동안 수많은 작가들이 무수한 작품들을 쌓아오면서 '문학이란 무엇이며, 무엇을 위한 것이며, 인간의 정신세계와 어떤 연관을 맺는 것인가?' 등과 같은 문학의 기본적인 문제에 대하여 충분한 고민을 하였다. 다만 그 내용들을 일관된 체계로 정리해내지 않았을 뿐이다.

이제 옛 중국인들이 남긴 글들의 행간을 좇아 그들의 문학 일반에 대한 사유의 흔적을 찾아가는 여정에 오르고자 한다. 여정의 종착지는 그 사유의 흔적들을 다듬어 문학 일반에 대한 체계적인 논의로 가공해내는 것이 될 것이다. 중국문학의 자료로써 문학을 논하기에 중국문학의 특수성이 드러나겠지만, 동시에 중국문학의 문학으로서의 보편성도 확인시킬 수 있을 것으로 믿는다. 그리하여 중국문학에 입문하고자 하는 이에게 길을 돌아가는 불편을 덜어줄 수 있다면 필자에게는 크나큰 보람이 될 것이다.

2010. 5. 팽철호

중국문학통론

목 차

중국문학통론

中國文學通論

제1장

문학의 본질

문학은 언어와 문자를 매개로 하는 예술의 한 갈래다. 또 예술은 아름다움을 추구하는 인간의 지적 활동이다. 그러므로 문학은 언어와 문자를 수단으로 하여 아름다움을 추구하는 인간의 지적 활동이라고 할 수 있다. 문학작품은 작가가 언어와 문자를 사용하여 아름다움을 추구한 결과물이 되는 셈이다.

그러나 고대 중국인들은 오늘날과 같이 문학에 대한 명확한 인식을 가지고 문학 활동을 한 것이 아니었다. 초기의 중국인들은 문자로 기록된 모든 것들을 문학이라고 생각하고 있었다. 문학과 역사와 철학의 구분도 없었다. 국가의 운영에 필요한 여러 가지 문서를 작성할 수 있는 능력을 문학적 재능이라고 생각하기까지 하였다.

중국인들이 학술이나 사상과 관련된 글과 문학적인 글의 차이를 인식하게 되기까지는 오랜 세월이 필요하였다. 일반적인 실용문과는 다른 예술의 한 갈래로서의 문학의 위상을 인식하게 되는 것은 또 그 다음의 일이었다.[1] 그러나 그런 경우에도 문학에 대한 인식을

1) 원래 중국에서는 인간의 모든 정신활동을 통틀어 '文'이라고 하였다. 문화와 학술, 典章制度, 도덕수양 등을 포괄하는 것이 바로 '文'이었다. 이 '文'에서 '文學'이라는 개념이 분화되어 나오는데, 이 '文學'은 오늘날 우리가 사용하는 개념과는 달리 문화와 학술을 총칭하는 것이었다. 물론 오늘날의 문학도

명확하게 하는 것은 결코 쉬운 일이 아니었다. 실용적인 글에도 예술적 요소가 들어 있어서 글의 종류를 명확하게 나누는 것이 쉽지 않았기 때문이다.

그렇지만 한 가지 분명한 것은 중국인들이 남긴 글 중에는 오늘날의 관점에서 보아 문학으로 분류될 수 있는 것들이 무수히 많을 뿐만 아니라, 중국인들도 그러한 것들을 오늘날 우리들이 문학작품을 보는 것과 유사한 시각으로 감상하고 연구해왔다는 사실이다. 그것은 옛 중국인들이 문학적인 글들을 보는 태도가 오늘날과 크게 다르지 않다는 것을 의미한다. 중국인들이 '문학은 언어 예술이다'라고 직접적으로 언명한 경우는 찾아보기 어렵지만, 문학을 언어예술로 파악한 사유의 흔적은 확인할 수 있다.

1. 문학은 언어예술

(1) 예술의 본질

≪장자(莊子)≫[2]에는 예술론이라 할 만한 내용이 적지 않다. ≪장

그 속에 포함된다. 先秦시대까지의 상황은 그러하였다. 이윽고 漢나라 시대에 접어들면 그 '文學'에서 '文章'이 분리되어 나와 '文學'과 '文章'으로 된다. 이때의 '문학'은 현대적 개념의 學術에 해당되었고, '문장'이야말로 오늘날의 문학에 근접한 개념이었다. 그래서 중국에서의 본격적인 문학의 시작은 이 '文章'에서부터 시작된다고 할 수 있다. 위진남북조시대에는 이 '文章'이 다시 '文'과 '筆'의 두 가지로 분화되는데, 이때의 '文'은 애초에 인간의 모든 정신문화를 포괄하던 그 '文'과는 달리 '압운을 한 문장' 또는 실용성보다 '심미적 예술성의 표출을 주된 목적으로 한 문장'을 가리킨다. 이에 대하여 '筆'은 압운을 하지 않은 산문이거나 실용문 또는 응용문을 가리키는 개념으로 사용되었다.

자(莊子)・양생주(養生主)≫편의 다음과 같은 우언(寓言)[3]은 중국적 예술론의 결정판이라고 할 만하다.

포정(庖丁)이 문혜군(文惠君)을 위해 소를 잡는다. 손이 닿는 곳, 어깨

2) 戰國時代 宋나라 사람 莊周(생년 미상~기원전 275년 전후)가 지은 책으로 李耳(즉 老子, 字가 聃이라서 老聃이라고도 함)가 지은 ≪老子≫와 함께 道家思想을 대표하는 문헌이다. 道教를 숭상하던 唐나라 시대에는 '南華經' 또는 '南華眞經'으로 높여 부르기도 하였다. ≪漢書・藝文志≫에는 52권이라고 著錄되어 있으나, 현전하는 것은 <逍遙遊>편에서 <應帝王>편에 이르는 '內篇' 7편, <駢拇>편에서 <知北遊>편에 이르는 '外篇' 15편, <庚桑楚>편에서 <天下>편에 이르는 '雜篇' 11편, 도합 33편 10여 만 자의 분량이다. 진짜와 가짜가 뒤섞여 있어서 분별하기 어려우나 대체적으로 내편은 진짜의 가능성이 많은 것으로 본다. 儒家思想이 仁義를 강조하면서 공동체의 질서를 중시하여 상대적으로 개인의 가치를 소홀히 하는 것에 대항하여 개인의 자유와 개인의 가치를 중시하는 사상을 폈다. 삶과 죽음을 하나로 여기고, 옳고 그름도 한 가지로 생각하는 특유의 상대주의적 사상은 도가사상의 핵심을 이룬다. 책의 행간에는 순식간에 극단을 오가는 기상천외한 발상이 종횡무진하고 사물의 본질을 꿰뚫어보는 혜안이 번득이고 있다. 심오한 사상의 개진에 더하여 글의 구성과 문사도 아름다워서 문학작품으로서도 손색이 없다. 논리를 전개하는 방편으로 운용되고 있는 수많은 寓言들은 중국 小說의 한 가지 기원으로도 볼 만하다.

3) 어떤 이치를 이해하기 쉽도록 설명하기 위한 방편으로 꾸며낸 이야기로서 比喩의 일종이다. 대개의 비유가 그러하듯이 추상적인 이치를 구상적이고 구체적인 이미지로 전환해서 설명한다. ≪莊子≫에서는 이런 우언을 매우 많이 사용하고 있다. 그런데 ≪孟子≫의 '揠苗助長', '五十步百步', ≪列子≫의 '愚公移山', ≪韓非子≫의 '和氏之璧', ≪戰國策≫의 '畵蛇添足', ≪呂氏春秋≫의 '刻舟求劍' 등과 같은 예에서 확인할 수 있듯이 우언은 ≪莊子≫ 뿐만 아니라 先秦시대 사상가들의 저술에서 흔히 사용되었다. 그리고 그렇게 성어로 굳어질 만큼 중국 사람들의 보편적인 애호를 받았다. 그런 면에서 우언은 先秦시대 사상가들의 보편적인 이론 전개 방식일 뿐만 아니라, 중국인의 독특한 사유방식의 표현이라고 할 수 있다. 우언이 비유의 한 가지이고 비유의 속성이 시각적 이미지를 중시한다는 점에서 보면, 우언의 보편적 사용은 추상사유보다 직관적 사유에 능한 중국인의 사유 특성을 보여주는 것이라고도 할 수 있다.

> 를 기대고 있는 곳, 발로 밟고 있는 곳, 무릎을 굽히고 있는 곳에 획 하고 소리가 난다. 칼을 휘두르는 소리도 들리는데 어느 것 하나 음악에 맞지 않는 것이 없다. 상림(桑林)의 무곡에도 맞고 경수지회(經首之會)의 음악에도 맞았다. 문혜군이 "아, 잘한다! 기술이 이런 경지에 이르렀단 말인가?"라고 말하자, 포정이 칼을 놓고 대답했다. "신(臣)이 좋아하는 것은 도(道)입니다. 기술에서 나아갔나이다. 처음에 신이 소를 잡을 때에는 보이는 것이 소가 아닌 것이 없었습니다만 3년이 지난 후에는 소 전체를 보는 때가 없었습니다. 지금 신은 정신으로 만나지 눈으로 보지 않습니다. 감각기관의 작용이 멈추면 정신이 작용하게 되는 것입니다. …… 칼이 슬쩍 움직이면 소는 이미 후두둑 해체가 됩니다. 소는 자신이 죽었는지도 모르는데 마치 흙이 땅에 떨어지듯 합니다. 이 때 칼을 들고 서서 사방을 둘러보면 느긋하고 만족감이 들어 칼을 닦아 간직해 둡니다."[4)]

포정(庖丁)이 문혜군(文惠君)을 위하여 소를 잡는 중에 문혜군과 나누는 대화로 설정된 우언 중에서 중요한 부분만 간추린 것이다. 이 대목에서 눈여겨보아야 할 것은 포정이 소를 잡는 동작이 매우 세련되어 음악적 리듬에 부합된다는 것과, 포정이 자신의 소 잡는 솜씨가 이미 기술의 단계를 뛰어넘었다고 자평했다는 점, 그리고 소를 잡은 포정이 자신의 솜씨에 만족하고 그로 말미암아 쾌감을 느낀다는 점이다.

포정이 소를 잡는 동작이 음악적 리듬에 부합된다는 말은 포정의

4) "庖丁爲文惠君解牛, 手之所觸, 肩之所倚, 足之所履, 膝之所踦, 砉然嚮然, 奏刀騞然, 莫不中音, 合於桑林之舞, 乃中經首之會. 文惠君曰: '譆, 善哉! 技蓋至此乎?' 庖丁釋刀對曰: '臣之所好者道也, 進乎技矣. 始臣之解牛之時, 所見無非全牛者. 三年之後, 未嘗見全牛也. 方今之時, 臣以神遇而不以目視, 官知止而神欲行. ……動刀甚微, 謋然已解, 牛不知其死也, 如土委地. 提刀而立, 爲之四顧, 爲之躊躇滿志, 善刀而藏之.'"

소 잡는 행위가 미적 질서를 구현하고 있다는 의미로 볼 수 있다. 그리고 자신의 행위가 이미 기술의 단계에서 한 차원 더 진보하였다는 포정의 자각은 자신의 행위가 이미 예술적 행위임을 인식하고 있었다는 것을 뜻한다. 이것은 'art'가 '기술'이라는 의미로도 쓰이는 동시에 그 보다 한 차원 높은 '예술'이라는 의미로 쓰이는 것과 매우 닮은 논리 전개다.[5)]

그런데 서양에서 이와 같이 일반적인 기술과 미적 기술로서의 예술의 개념이 분화된 것은 18세기에 이르러서였다.[6)] 그러므로 기원전 수 세기에 살았던 장자가 일반 기술에서 한 걸음 더 진보한 기술로서의 예술을 인식할 수 있었던 것은 실로 대단한 일이라고 하지 않을 수 없다.

시대를 초월한 혜안의 소유자였던 장자는 예술의 효용은 기술의 효용과 차원이 다르다는 점도 잘 알고 있었다. 기술이 육체적 생활을 영위하는 데에 필요한 실용적 효용을 제공하는 것에 대하여, 예술은 정신생활을 풍요롭게 하는 효용이 있다고 생각했던 것이다. 장자는 이러한 예술적 효용을 '무용(無用)의 용(用)' 즉 '쓸모없음의 쓸모'라고 하였다. ≪장자(莊子)・소요유(逍遙遊)≫편에는 '무용의 용'의 실체가 이렇게 그려져 있다.

5) 斗山東亞 百科事典硏究所 편, ≪두산세계대백과사전≫(서울:두산동아, 1998. 재판.) 제19권 제220쪽 '예술'조: "일정한 과제를 해결해 낼 수 있는 숙련된 능력 또는 활동으로서의 '기술'을 의미했던 말로서 오늘날과 같이 아름다움을 추구하는 행위로서의 예술이라는 뜻과 함께 수공(手工) 또는 '효용적 기술'의 의미를 포괄하는 말이었으나, 나중에 기술로서의 예술의 의미가 예술활동의 특수성 때문에 미적인 의미로 한정되어 기술 일반과 구분되어 '미적 기술'이라는 뜻을 지니게 되었다."

6) 위의 책(≪두산세계대백과사전≫) 같은 쪽 참조.

> 혜자(惠子)[7]가 장자(莊子)에게 말했다. "나에게 큰 나무가 있는데 사람들은 그것을 가죽나무라 한다오. 그 나무둥치에는 옹이가 나 있어서 줄자에 맞지 않고, 그 작은 가지는 구부러져 있어서 자로 바로잡을 수가 없기 때문에 한길에 서 있어도 목수는 거들떠보지도 않는다오. 지금 당신의 말은 크기만 하지 쓸모가 없어서 모두들 다 내버리는 것이라오." 그러자 장자가 말했다. "당신은 정녕 고양이와 족제비를 보지 못하오? 몸을 낮추고 엎드려 돌아다니는 사냥감을 기다렸다가 높고 낮음을 가리지 않고 이리저리 뛰며 잡으려 하다 덫과 함정에 걸려 그물 속에서 죽소. 저 들소는 그 크기가 마치 하늘가의 구름 같은데, 그 능력은 대단하지만 쥐는 잡을 수 없소. 지금 당신에게 큰 나무가 있는데 그것이 쓸모없다고 걱정하고 있소만, 왜 그것을 아무 것도 없는 고장의 드넓은 들에다 심어 놓고 그 곁을 자유롭게 거닐며, 그 아래에서 느긋하게 드러누워 잠자지 않소? 도끼를 맞지 않으며, 아무 해칠 것도 없으며, 아무 쓸모가 없으니 무엇이 고통스러우리오!"[8]

나무를 켜서 일상생활에 필요한 도구를 만들어 사용할 때 생기는 쓰임새를 '용(用)'이라 하고, 나무의 주위를 맴돌거나 그 아래에 누워 쉬면서 정신적 쾌감을 향수하는 것은 '무용(無用)의 용(用)'이라 한 것이다. 그런 의미에서 '무용의 용'은 단순한 '쓸모없음'을 말하는 것이 아니다. 쓸모는 있되 그 쓸모의 차원이 일상적인 실용과는 다른

7) 莊周의 친구로 公孫龍과 함께 名家의 대표적 인물인 惠施. 名家는 중국 전국시대의 논리학파이다. 공손룡과 혜시의 궤변은 유명하다.

8) ≪莊子 · 逍遙遊≫: "惠子謂莊子曰: '吾有大樹, 人謂之樗. 其大本擁腫而不中繩墨, 其小枝卷曲而不中規矩, 立之塗, 匠者不顧. 今子之言, 大而無用, 衆所同去也.' 莊子曰: '子獨不見狸狌乎? 卑身而伏, 以候敖者; 東西跳梁, 不辟高下; 中於機辟, 死於罔罟. 今夫斄牛, 其大若垂天之雲. 此能爲大矣, 而不能執鼠. 今子有大樹, 患其无用, 何不樹之於无何有之鄉, 廣莫之野, 彷徨乎无爲其側, 逍遙乎寢臥其下. 不夭斤斧, 物无害者, 无所可用, 安所困苦哉!'"

정신적인 것이라는 말이다. 그것은 바로 칸트가 '관심 없는 관심'이라고 규정했고, 조요한(趙要翰)[9]이 '실로 예술은 무보상의 활동이요, 목적 없는 목적성'이라고 부연했던 '예술의 효용'이다.[10] '무용의 용'의 발견은 바로 예술적 가치의 발견이었던 것이다.

요약컨대 예술이란 인간의 정신활동의 한 갈래로서 미적 질서를 구축하는 행위이며, 그 효용은 형이하학적인 실용을 넘어서서 정신의 승화 또는 정신의 정화를 추구하는 초월적인 가치를 지향하는 것이라고 할 수 있다.

(2) 문학은 예술의 한 갈래

흔히 문학을 예술의 한 갈래로 본다. 문학이 예술의 한 갈래가 될 수 있는 것은 문학의 속성이 미적 질서를 추구하고 정신적 가치를 지향하는 예술의 본질에 충실하기 때문이다. 중국인들은 전통적으로 문학을 한다는 것을 아름다움을 추구하는 행위로 생각해왔다. 그들은 문학을 예술의 한 갈래로 인식하고 있었던 것이다.

중국 사람들은 문자를 나타내는 말인 '文(문)'을 무늬와 같은 것으로 파악하였다. 중국 고대인들의 한자에 대한 인식을 잘 보여주고 있는

9) 1926년에 출생하여 2002년 타계한 한국의 철학자이자 교육자. 예술철학을 연구하면서 한국 미(美)의 정체성이 무엇인가를 끊임없이 탐구하여 이를 철학적으로 체계화하는 데 힘썼다. 그리스철학을 연구하고 예술과 철학의 조화를 완성시키기도 했다. 숭실대학교 총장, 기독교교수협의회 회장 등을 지냈다. ≪예술철학≫(1973), ≪한국미의 조명≫(1999) 등의 저서가 있다.(네이버 백과사전 참조.)

10) 趙要翰, ≪藝術哲學≫(서울:經文社, 1973년 초판, 1991년 재판.) 제26쪽 참조.

≪설문해자(說文解字)≫[11]에서 "'文(문)'은 획이 엇섞인 것이고, 무늬가 교차하는 형상이다."[12]라고 했던 것이 그러한 관념을 잘 보여준다. ≪설문해자≫의 이러한 견해는 ≪역경(易經)≫[13]이나 ≪예기(禮記)≫[14]에서의 '文(문)'에 대한 관념과 일치하는 것으로서 중국의 전통적인 관념이라고 할 수 있다.[15]

무늬로서의 '文(문)'은 두 가지 측면이 있는데, 하나는 바깥을 꾸미는 수단으로서의 무늬이고, 또 하나는 내적 속성의 발현으로서의 '무늬' 또는 '결'이다. 한(漢)나라 사람 유희(劉熙)[16]가 ≪석명(釋名)≫[17]

11) 漢나라 사람 許愼(30년~124년)이 저술한 최초의 文字學 전문서적으로 역대로 문자학 등 小學을 연구하는 사람들이 기본 텍스트로 삼는 문헌이다. 본문 14편과 敍目 1편 등 도합 15편으로 되어 있는데, 小篆體 9353자와 籒文 등의 異體字 1163자를 수록하고 六書에 따라 각 글자의 본래 뜻과 발음 및 문장상의 의미 등에 대하여 논하였다.

12) "文, 錯劃也; 交文之象也."

13) 五經의 하나로서 천지간에 유행하는 陰陽의 기운이 消長하는 원리를 궁구하고 길흉을 점치던 책을 높여 경전의 지위로 올린 것. 중국 고대인의 세계관이 집대성된 책으로서 철학적 성격이 강하다.

14) 일반적으로 漢나라 戴聖이 편집한 49편을 지칭한다. 戴德이 전한 85편의 '大戴記'에 대하여 '小戴記'라고도 한다. 孔子의 제자 및 그 후학들의 기록을 모아놓은 것으로 교육론 · 정치제도 · 음악기물 · 생활예의 등 여러 방면의 내용들을 포괄하고 있다. 그래서 중국 고대의 예악제도와 유가사상 연구에 매우 중요한 문헌이다.

15) ≪易 · 繫辭傳≫에는 "物相雜, 故曰文.(사물이 서로 섞어 있으므로 '文'이라고 한다.)"라는 말이 보이고, ≪禮記 · 樂記≫에는 "五色成文而不亂.(다섯 빛깔이 무늬를 이루었으나 어지럽지 않다."라는 말이 보인다. 앞의 ≪說文解字≫의 예문과 이 두 가지 예문의 원문은 김학주 교수의 ≪改訂 中國文學序說≫(서울:신아사, 1992.) 제25쪽과 26쪽에 있는 것을 이용하였으나, 번역은 필자의 생각대로 약간 조정하였다. 뒤 ≪釋名≫의 예문도 거기에 있는 것을 같은 방식으로 이용하기로 한다.

16) 東漢시대 말기의 사람.

17) 동한 말 劉熙가 지은 책으로 일종의 사전이다. 禮制와 器物에 관한 어휘들의 어원을 추적하여 그 의미를 밝힌 것인데, 같은 발음을 가진 말로 어원을 설명

에서 다음과 같이 한 말은 전자에 속한다.

> 文이란 여러 가지 채색을 모아서 비단의 수를 만드는 것인데, 여러 글자를 모아서 말뜻을 만드는 것은 무늬를 수놓는 것과 같다.[18)]

한편 유협(劉勰)[19)]의 ≪문심조룡(文心雕龍)[20)] · 원도(原道)≫편의 첫

한 것이 그 특징이다. 황당한 측면도 있으나 음성언어가 문자에 선행한다는 점에 있어서는 참고의 가치가 충분하다. 오늘날에는 그 실물을 알 수 없는 器物과 家具에 관한 귀중한 기록이 적지 않은 점 때문에 문화사 연구의 중요한 자료가 되기도 한다.

18) "文者, 會集衆綵, 以成錦繡, 會集衆字, 以成辭義, 如文繡然也."

19) 중국문학사상 최고의 문학이론가. 그의 생졸년에 대해서는 이설이 분분한데, 대체적으로 南北朝 宋나라 시대(465년 전후)에 태어나 梁나라 武帝 시대(520년 전후)에 세상을 뜬 것으로 생각된다. 어려서 고아가 되어 생활이 어려웠으나 공부를 하겠다는 의지가 강하여 당시 藏書가 가장 풍부하였던 定林寺에 들어가 당시의 高僧 僧祐의 지도 하에 공부에 몰두하였다. 그는 불가의 경전뿐만 아니라 유가를 포함한 다른 사상의 경전과 문헌을 두루 섭렵하여 해박한 학식을 갖추고, 그 바탕 위에서 불후의 문학이론서 ≪文心雕龍≫을 썼다. 이 ≪文心雕龍≫ 덕분에 문학을 애호하던 당시 유력자들의 추천으로 벼슬살이를 할 수 있었으나, 평생을 독신으로 산 것으로 알려져 있는 그는 세상을 떠나기 직전에 황제의 허락을 받고 출가하여 慧地라는 법명으로 스님이 되었다.

20) 중국문학이론사상 최고의 문학이론서. 그 이론적 가치는 희랍의 아리스토텔레스의 ≪詩學≫에 견주어도 손색이 없다는 평가를 받는다. 전체 50편으로 구성되어 있는데, 저자 유협은 제1편 <原道>편에서 제5편 <辨騷>편에 이르는 다섯 편을 묶어 '文之樞紐'라고 하였고, 제6편 <明詩>편에서 제25편 <書記>에 이르는 20편을 '上篇'('文之樞紐'가 포함되는 것으로 볼 수도 있다), 제26편 <神思>편에서 제50편 <序志>편에 이르는 25편을 '下篇'으로 구분하고 있는데, '文之樞紐'에는 '宗經思想'이라는 유협의 기본적인 문학관이 개진되어 있다. '상편'은 문학의 각 장르에 대하여 논한 장르론에 해당하는데, 각 장르 명칭의 뜻, 각 장르의 역사, 각 장르의 대표작품, 각 장르의 장르적 특성 등을 논하고 있다. 이에 대하여 '하편'은 문학의 창작과 비평을 넘나드는 기술적 논의들이 주류를 이룬다. 불교와 밀접한 관련이 있는 저자의 일생과 관련시켜

머리에서는 ≪석명≫의 경우와는 달리 '문(文)'을 인간의 내적 속성의 외적 발현으로 보는 인식을 보여준다.

> 문(文)의 효용은 크다. 그것이 천지와 함께 생겨났다는 것은 무엇을 말하는가? 하늘의 검은 색과 땅의 누런색이 뒤섞여 있고, 땅은 네모나고 하늘은 둥근 모습으로 나뉘었다. 해와 달은 구슬을 포개 놓은 듯 하늘에 붙어 있는 형상을 드리웠고, 산천은 아름다운 비단처럼 땅의 모습을 이루는 형태를 드러내 보이고 있다. 이 모든 것이 도(道)의 문(文)이다. 위로는 토해내는 빛을 보고, 아래로는 품고 있는 무늬를 살펴서 높고 낮은 자리를 정하였으므로 하늘과 땅이라는 두 가지 근본적인 요소가 생기게 된 것이다. 오직 사람만이 그들과 함께 하는데, 사람은 성령이 모여 있는 것이다. 이들을 일러 삼재(三才)라고 한다. (사람은) 오행 중에서 으뜸이 되며 실로 천지의 마음이다. 마음이 생겨나면 말이 서고, 말이 서면 문(文)이 밝아진다. 이것이 자연의 도(道)이다. 만물에까지 넓히면, 동식물에도 모두 문(文)이 있다. 용과 봉황은 아름다운 무늬와 화려한 색채로써 상서로움을 드러내고, 호랑이와 표범은 선명한 색채로써 자태를 만든다. 구름과 노을의 아름다운 색채는 화공의 훌륭한 솜씨보다 낫고, 초목의 화려한 꽃은 자수공의 뛰어난 솜씨를 기다리지 않는다. 어찌 밖에서 꾸민 것이겠는가? 모두 자연일 따름이다. 또 숲에서 나는 바람소리는 음향을 이루어 생황이나 거문고를 연주하는 것 같고, 바위에 부딪친 물소리는 경쇠나 종과 같은 화음을 이룬다. 그러므로 형체가 서면 문채가 이루어지게 되고, 소리가 나면 문(文)이 생기게 된다. 저 의식이 없는 사물인데도 성대한 문(文)이 있는데 마음을 가진 인간에게 어찌 문(文)이 없겠는가?[21)]

≪文心雕龍≫의 문학사상을 불교적인 것으로 보는 학자도 간혹 있으나, ≪文心雕龍≫문학론의 핵심은 유가사상에 입각한 '宗經思想'이다. 방법론에 있어서는 도가사상이나 병가사상의 원리를 응용한 흔적을 발견할 수 있다.

21) "文之爲德也大矣, 與天地並生者何哉? 夫玄黃色雜, 方圓體分; 日月疊璧, 以

위의 '문(文)'은 우리말로 옮기기가 쉽지 않다. 문맥상 기본적인 의미는 '무늬' 또는 '결'이라는 것을 짐작할 수 있다. 그 무늬 또는 결은 특정 사물의 내면세계의 외적 발로로 간주되고 있다. 그러므로 문장은 인간의 내면세계가 구체적인 형상으로 표출된 것이고, 문학작품은 그런 문장의 정화다. 곧 우주 자연의 만물이 각자의 속성을 외적 무늬로 발현하는 것과 같이 인간도 그 내면적 속성을 외적 무늬로 드러내는데, 그것이 바로 문학이라는 말이다. 여기서 무늬의 본질적 속성을 아름다움으로 보았다는 사실을 상기해 보면, 문학의 본질 역시 아름다운 것이 된다. 미적 질서를 갖추도록 문장을 조합하는 것이 문학이며, 그래서 문학은 예술의 한 갈래가 되는 것이다.

문학을 예술의 한 갈래로 인식하는 중국인들의 문학관은 그들의 비평의식에서도 잘 나타난다. 중국문학비평에서는 풍격비평22)이라는 독특한 비평방식이 주류를 이루는데, 풍격비평은 '~은 웅혼하다', '~은 청려하다' 등과 같이 비평 대상의 미적 특성을 변별해내는 것을 주목적으로 하였다. 중국인들은 역대로 미적인 질서를 갖추도록 조직된 문학작품을 생리적 욕구를 넘어서는 심미적 향수를 위해 읽고 감상하고 비평하였던 것이다. 문학은 예술의 한 갈래이기 때문이다.

垂麗天之象; 山川煥綺, 以鋪理地之形; 此蓋道之文也. 仰觀吐曜, 俯察含章, 高卑定位, 故兩儀既生矣. 惟人參之, 性靈所鍾, 是謂三才. 爲五行之秀, 實天地之心. 心生而言立, 言立而文明, 自然之道也. 旁及萬品, 動植皆文; 龍鳳以藻繪呈瑞, 虎豹以炳蔚凝姿; 雲霞雕色, 有逾畫工之妙; 草木賁華, 無待錦匠之奇. 夫豈外飾, 蓋自然耳. 至於林籟結響, 調如竽瑟; 泉石激韻, 和若球鍠; 故形立則章成矣, 聲發則文生矣. 夫以無識之物, 鬱然有彩, 有心之器, 其無文歟?"

22) '風格'의 함의에 대해서 학자들의 의견이 분분하다. 문학비평에 사용되는 '풍격'의 용례를 종합적으로 검토해볼 때, '풍격'은 '비평 대상의 美的 特性'이라고 정의하는 것이 가장 합당하다고 생각된다.((졸저 ≪중국고전문학 풍격론≫(서울:사람과 책, 2001.) 참조.)) 그래서 '풍격비평'은 '비평대상의 미적 특성을 변별해내는 것을 주목적으로 하는 심미비평'이라고 정의할 수 있다.

2. 문학작품은 작가의 소산

작가는 어떤 외적 충동이나 내적 욕구에 따라 자신의 내면세계를 드러내기도 하고 자신에게 감명 깊게 다가온 세계를 재현하기도 한다. 그러므로 문학작품의 의의나 문학하는 목적을 보는 시각은 여러 가지로 달라질 수 있어도, 문학작품이 작가의 소산이라는 기본적인 사실만은 변함이 없다. '문학작품은 작가의 소산'이라는 원론적인 차원은 문학론이 여러 가지로 분기되기 이전의 지점이다.

(1) 표현욕구의 발생 기제

중당(中唐)[23] 시대의 문호로서 당송팔대가(唐宋八大家)[24]의 처음에 이름이 오르는 한유(韓愈)[25]는 사람들이 글을 쓰게 되는 것은 그 내면

23) 唐詩를 각 시기별 특성에 따라 넷으로 나누고, 그것들을 각각 初唐, 盛唐, 中唐, 晩唐이라고 하였다. 초당은 당나라의 건국(618년)부터 睿宗 太極 원년(712년)까지, 성당은 玄宗의 開元 원년(713년)에서 天寶 말년(755년)까지, 중당은 肅宗 至德 원년(756년)부터 文宗 太和 9년(835년)까지, 만당은 文宗 開成 원년부터 당나라의 멸망(907년)까지다. 이러한 분류는 宋나라 嚴羽의 ≪滄浪詩話≫에서 시작하여 元나라 楊士弘이 그것을 답습하였고, 明나라 高棅이 ≪唐詩品彙≫에서 그것을 襲用함으로써 일반화되었다고 한다.((김학주, ≪중국문학사≫(서울:신아사, 2007. 4판.) 제190~191쪽 참조.))

24) 唐나라와 宋나라 시대를 통틀어 문장을 가장 잘 썼다고 평가되는 8명을 통칭하는 말. 唐나라 사람으로는 韓愈와 柳宗元 두 명이 이에 들어가고, 나머지 歐陽修・王安石・曾鞏・蘇洵・蘇軾・蘇轍 6명은 宋나라 사람이다. 송나라 사람 蘇씨 3명 중 蘇洵은 아버지이고 蘇軾과 蘇轍은 그의 아들들이다.

25) 字는 退之. 唐나라 代宗 大歷 3년(768년)에 태어나서 穆宗 長慶 4년(824년)에 향년 57세로 타계했다. 3살에 부모를 잃고 형의 보살핌 속에 힘들게 자랐으나, 어려서부터 공부에 뜻을 두고 열심히 노력하였다. 과거에 급제한 후

에 불평이 있기 때문이라고 하였다. 그는 <송맹동야서(送孟東野序)>라는 글의 첫머리에서 그 이치를 다음과 같은 비유로써 설명하였다.

> 무릇 사물은 평정상태를 얻지 못하면 소리를 내게 된다. 초목은 소리가 없으나 바람이 그것을 흔들면 소리를 내고, 물은 소리가 없지만 바람이 그것을 출렁이면 소리를 내게 된다. 물이 튀어 오르는 것은 무언가가 물을 격동시켰기 때문이고, 물이 급히 내달리는 것은 무언가가 물길을 막았기 때문이며, 물이 끓어오르는 것은 무언가로 가열하였기 때문이다. 쇠와 돌은 소리가 없지만 무언가로 치면 소리를 낸다. 사람의 말도 마찬가지다. 어쩔 수 없는 일이 있은 다음에 말을 하게 된다. 사람이 노래하는 것은 생각하는 것이 있기 때문이며, 사람이 통곡하는 것은 회포가 있기 때문이다. 무릇 입에서 나와 소리가 되는 것은 모두 불평이 있기 때문이 아니겠는가?[26]

여러 가지 벼슬을 한 그는 하고 싶은 말을 하지 않고는 배기지 못하는 강직한 성품 때문에 여러 차례 고난을 겪기도 하였다. 한유는 보잘것없는 집안 출신으로서 자신의 능력과 노력만으로 입신출세하였기에 '安史의 亂'으로 붕괴된 귀족문벌사회의 대안으로 등장한 관료사회 시대의 상징적인 인물로 평가된다. 唐宋八大家의 첫머리에 이름이 오르는 그는 대문장가로서 柳宗元과 함께 형식적인 아름다움에만 치중하는 騈儷文을 반대하고 내용이 충실한 문장을 쓰자는 古文運動을 일으켜 성공함으로써 중국문학사에 획기적인 공을 세웠다. 儒家思想의 철저한 신봉자를 넘어 유가사상의 시대적 계승자를 자임하였던 그는 문학가이면서도 사상가이기도 하였다. 그의 그런 성격은 그의 詩作에 영향을 끼쳐 산문투로 시를 쓰는 이른바 '以文爲詩'의 경향을 보여주었다. 그의 시가 보여주는 그런 특성은 그대로 宋詩의 특성으로 이어지므로 한유를 宋詩의 선구자라고도 할 수 있다. 이성적 요소가 강한 宋詩를 좋아하는 사람은 그의 시에 대해 극찬을 아끼지 않지만, 감성적 요소가 두드러지는 唐詩를 선호하는 사람은 '그는 시가 뭔지도 몰랐다'고 혹평하기도 한다.

26) "大凡物不得其平則鳴, 草木之無聲, 風撓之鳴, 樹之無聲, 風蕩之鳴, 其躍也或激之, 其趨也或梗之, 其沸也或炙之. 金石之無聲, 或擊之鳴. 人之於言也亦然, 有不得已者而後言, 其歌也有思, 其哭也有懷. 凡出乎口而爲聲者, 其皆有弗平者乎!"

여기서 말하는 '불평'이라는 말은 '불평불만'이라는 말에서의 '불평'의 본래 의미다. 그것은 일반적인 의미로서 어떤 사물이 평정하지 않은 상태에 있는 것을 말하는 것이었다. 그 사물 중에는 사람의 마음도 들어 있다. 내적 외적 자극에 의하여 '마음이 고요하지 않고 요동치는 상황'이 바로 마음의 불평이다. 한유는 사물이 평정 상태를 얻지 못했을 때에 소리가 나는 것에서 유추하여 사람이 소리를 내는 것도 사람의 마음이 평정하지 못하기 때문이라는 결론을 이끌어 내었던 것이다.

사람의 마음속에 불평이 있으면 그것은 어떤 형태로든지 밖으로 표출되는 법이라고 생각한 한유는 인간의 불평이 표출되는 가장 정교한 형태가 글이라고 하였다.[27] 모든 저술 활동은 저자의 내면에 있는 불평한 것을 정밀하게 드러내는 행위라고 본 것이다. 그래서 그는 공자를 비롯한 제자백가의 저서와 역대 저술가들의 저술들이 모두 그런 행위의 결과라고 하였다.

(2) 표현 욕구를 자극하는 요인

일찍이 유협(劉勰)은 "인간은 일곱 가지 정감을 타고났으므로 사물을 대하게 되면 느낌이 생기게 되는데, 사물에 감응하여 자신의 생각을 읊조리는 것은 자연스럽지 않은 것이 없다."[28]고 한 바 있다. 여기서 '사물'은 원문의 '物(물)'자를 옮긴 것인데, 그것은 작가의 창작 욕구를 촉발시키는 모든 내적 외적 요인들을 지칭하는 것이다. 한유의

27) <送孟東野序>: "四時之相推奪, 其必有不得其平者乎! 其於人也亦然. 人聲之精者爲言, 文辭之於言, 又其精也, 尤擇其善鳴者而假之鳴."

28) ≪文心雕龍 · 明詩≫: "人稟七情, 應物斯感, 感物吟志, 莫非自然."

표현을 빌리자면 그것은 작가의 내면세계를 불평하게 만드는 요인이라고도 할 수 있다.

1) 작가 개인의 불우

불후의 역사서 ≪사기(史記)≫[29]의 저자 사마천(司馬遷)[30]은 한무제(漢武帝)[31] 앞에서 흉노를 정벌하러 갔다가 불리한 상황에서 패전

29) 司馬遷이 지은 역사책으로 本紀 12권, 年表 10권, 書 8권, 世家 30권, 열전 70권, 모두 130권으로 이루어져 있다. 중국 최초의 紀傳體 通史로서 위로는 黃帝 시대(기원전 2698년 정도로 추정)부터 아래로는 漢 武帝 天漢 4년(기원전 97년)까지의 역사를 다루고 있다. 이 책은 개인 역사가의 탁월한 역사인식을 반영하는 역사서로서 ≪漢書≫이후의 官方 역사서와는 그 성격이 다르다. 사료를 광범위하게 채집한 위에 엄정한 태도로써 정치, 경제, 사회, 문화 등 한 시대의 제 방면을 심도 있게 보여주고 있다는 평가를 받는다. 황제에서 하층민에 이르기까지 각계각층의 인물들의 성격을 객관적이고 생동감 있게 묘사하였을 뿐만 아니라 필치도 아름다워서 역사 또는 역사철학의 거작으로 평가되는 동시에 불후의 산문작품으로도 칭송된다.

30) 字는 子長으로 太史公(역사 기록을 담당하는 벼슬) 司馬談의 아들이다. 漢나라 景帝 中元 5년(기원전 145년)에 태어나 漢나라 昭帝 始元 원년(기원전 86년) 이전에 향년 50여 세로 사망한 것으로 알려져 있다. 10여 세에 이미 많은 문장을 외울 정도로 총명했던 그는 20세 무렵에 중국의 각지를 두루 여행하고 돌아와 武帝 때에 郎中으로 벼슬살이를 시작했다. 얼마 후 巴蜀 등지에 사신으로 갔다 돌아와서 그의 아버지의 뒤를 이어 太史公이 되었다. 武帝 天漢 2년(기원전 99년)에 匈奴에 투항한 그의 문학 친구 李陵 장군을 변호하다 무제의 노여움을 사서 궁형(남성의 생식기를 제거하는 형벌)에 처해지고 蠶室(궁형을 받은 사람을 가두어 두는 따뜻하고 밀폐된 공간)에 갇히는 형벌을 받았다. 그런 고초를 겪는 동안에 많은 사람들에게 실망한 사마천은 가슴 가득 쌓인 울분을 풀어내고자 온갖 문헌을 두루 섭렵하여 ≪史記≫ 130권을 저술하였다. 중국 역사의 아버지라 불릴 만한 사마천은 문학적 재능도 뛰어났다. ≪漢書・藝文志≫에는 사마천의 賦 8편이 기록되어 있으나 현전하는 것은 <悲士不遇賦> 1편이다.

31) 기원전 156년에서 기원전 87년까지 생존. 이름은 劉徹. 漢나라의 기틀을 굳건히 한 인물로 대내적으로는 정치 경제적 개혁을 단행하고, 대외적으로는

하여 흉노에 투항한 장군 이릉(李陵)[32]을 변호하였다. 이릉의 투항은 형세가 불리한 부득이한 상황 때문이었다고 한 것이다. 그러자 그 말을 이광리(李廣利)를 비난하는 말로 오해한 무제의 노여움을 사서[33] 하옥되고, 급기야 형벌 중에 가장 치욕적인 것으로 여겨지는 궁형(宮刑)을 당하게 되었다.

정의감에서 한 발언으로 말미암아 최대의 치욕을 겪게 된 사마천의 마음속에는 자신의 불우한 처지에 대한 슬픔과 정의가 왜곡되는 현실에 대한 분노가 들끓게 되었다. 바로 마음에 불평이 생긴 것이다. 이 때 사마천은 그 억울하고 비통한 심정을 역사서의 기술을 통해 표출하고자 하였다. 사마천의 그런 의도는 ≪사기≫의 서문에 해당하는 <태사공자서(太史公自序)>에 잘 나타나 있다.

전쟁을 일으켜 주위의 여러 나라를 정복하여 판도를 넓혔다. 우리 고조선도 그때 그의 정복전쟁으로 멸망하였다. 董仲舒의 건의를 받아들여 유학만 숭상하고 다른 학술사상은 모두 내치는 정책을 실시하여 漢나라의 학술사상과 문화 전반에 큰 영향을 끼쳤다.

32) 字가 少卿으로 生年은 확실하지 않으나 漢나라 昭帝 元平 元年(기원전 74년)에 흉노 땅에서 20여 년을 산 끝에 향년 약 60여 세로 세상을 떠났다. 대장군 李廣의 손자인 그는 유복자로 태어났다. 어려서부터 벼슬을 하였는데 말타기와 활쏘기에 능했다. 李廣利가 大宛國을 칠 때 오천 명의 적은 병력을 이끌고도 승승장구하며 큰 공을 세웠으나, 막판에 힘이 다하여 부득이한 상황에서 포로로 잡혔다. 이에 분노한 황제는 이릉의 가족을 몰살하였다. 그러나 이릉의 용맹에 감동한 大宛國의 禪于(匈奴의 왕)는 이릉을 그의 딸과 혼인시키고 벼슬도 주었다. 그는 그와 절친한 친구 蘇武에게 편지를 보내 자신의 부득이한 처신을 해명하기도 하였다. 司馬遷의 詩友로도 알려져 있는 그는 <與蘇武詩> 3수도 썼다고 전해지나, 蘇東坡는 그것을 僞作이라고 하였다.

33) 李廣利는 大宛國을 정벌하고 貳師城에 들어가서 좋은 말들을 노획해 온 공로로 큰 상을 받고 貳師將軍이라는 별명도 얻었던 사람인데, 李陵이 오천 명의 보병으로 유격전을 펼칠 때 기병 삼만의 주력 부대를 거느리고 있었다. 이런 상황인데도 이릉을 변호한 사마천이 무제의 노여움을 사게 되었던 것은 그 이광리가 바로 당시 漢武帝가 총애하던 李夫人의 오빠였기 때문이다. 이광리는 나중에 흉노에 포로로 잡혀 살해되었다.

> 저 ≪시경(詩經)≫과 ≪서경(書經)≫의 내용이 알아보기 어렵게 되어 있는 것은 작자가 그의 의도를 이루려고 생각했기 때문이다. 옛날 서백(西伯: 즉 文王)은 유리(羑里)에 구금되어 있으면서 주역(周易)의 의미를 풀이하였고, 공자(孔子)는 진(陳)나라와 채(蔡)나라에서 곤경을 당하고서 ≪춘추(春秋)≫를 지었다. 굴원(屈原)은 쫓겨나고서 <이소(離騷)>를 지었으며, 좌구명(左丘明)이 실명을 하고서야 ≪국어(國語)≫가 편집되었다. 손자(孫子)는 발꿈치를 잘리고 나서 병법을 논하였으며, 여불위(呂不韋)가 촉(蜀)으로 옮겨감으로써 세상에는 ≪여람(呂覽)≫(즉 ≪呂氏春秋≫)이 전해지게 되었다. 한비(韓非)는 진(秦)나라의 감옥에 갇히고서 <세난(說難)>과 <고분(孤憤)> 같은 글을 썼으며, ≪시경≫의 시 삼백 편도 대개가 성현들이 마음속의 울분을 발산시켜서 쓴 작품이다. 이러한 사람들은 모두가 마음속에 답답하게 맺힌 바가 있으나 그들의 이상을 표출할 방법이 없어서 옛날 일을 서술하면서 미래를 생각했던 것이다.[34)]

역대의 명저들은 모두 성인과 현인들이 역경에 처했을 때 울분을 표출하여 기록한 것[35)]이라고 본 것이다. 이것이 그 유명한 '발분저서

34) "夫詩書隱約者, 欲遂其志之思也. 昔西伯拘羑里, 演周易; 孔子戹陳蔡, 作春秋; 屈原放逐, 著離騷; 左丘失明, 厥有國語; 孫子臏脚, 而論兵法; 不韋遷蜀, 世傳呂覽; 韓非囚秦, 說難孤憤; 詩三百篇, 大抵賢聖發憤之所爲作也. 此人皆意有所鬱結, 不得通其道也, 故述往事, 思來者." 이 글과 비슷한 내용이 <報任少卿書>라는 글에도 보이는데, 이를 통해서 그의 발분저서의 욕구가 얼마나 강렬했던지를 짐작할 수 있다. 참조할 수 있도록 원문만 부기하기로 한다. "古者, 富貴而名摩滅, 不可勝記, 唯倜儻非常之人稱焉. 蓋文王拘而演周易; 仲尼厄而作春秋; 屈原放逐, 乃賦離騷; 左丘失明, 厥有國語; 孫子臏脚, 兵法脩列; 不韋遷蜀, 世傳呂覽; 韓非囚秦, 說難孤憤; 詩三百篇, 大抵賢聖發憤之所爲作也. 此人皆意有所鬱結, 不得通其道也, 故述往事, 思來者."

35) 과거 인물들의 저술활동을 평가하여 '發憤著書'라고 하면, 이와 같은 해석처럼 '울분을 발산하여 책을 쓴다'는 뜻이 된다. 그런데 사마천은 책을 쓰는 목적이 울분을 발산하기 위한 것이라는 사실을 명확하게 밝히고 있다. 그러므로 적어도 사마천의 경우에는 '發憤著書'를 '울분을 발산하기 위하여 책을 쓴다'

(發憤著書)'설이다. 사마천의 이러한 견해는 한유의 <송맹동야서>에서 개진한 논지와 크게 다르지 않다. 그리고 그 '발분저서'한 결과물의 성격도 '물불평즉명'의 경우와 같아서 사상서나 역사서뿐만 아니라 <이소(離騷)>[36]나 ≪시경(詩經)≫[37]같은 순문학적인 것도 포함되어 있다. 그렇기 때문에 문학적 관점에서 보자면 '발분저서'는 문학적 표현 욕구를 발산하는 행위로 볼 수 있다.

사마천이 겪은 불행은 생명을 위협하는 지경에까지 이르렀으므로, 그 불행은 작가 사마천의 내면세계의 평정을 깨기에 충분하였다. 이에 '발분저서'한 사마천은 불우하고 억울한 개인의 처지를 작가의 정서를 격동시키고 창작 욕구를 자극하는 제일의 요인으로 생각했던 것이다. 송(宋)나라 시대에 제기된 '시궁이후공(詩窮而後工)'설[38], 곧

라고 해석하는 것이 더 옳을 것이다.

36) 屈原(기원전 343년~기원전 290년 전후)의 대표적인 작품이다. 본격적인 중국문학사의 초기에 중국의 남방적 특색을 나타내는 운문 장르인 楚辭의 대표적인 작품이기도 하다. 왕에게 충성을 다했으나 간신의 모함으로 유배를 당하는 억울한 상황에 처하여 우국충정을 격정적 언어로 표현한 장편 시가로서 아름다운 비유와 풍부한 상상력이 돋보인다.

37) 중국 최초의 시가집으로 대략 기원전 1000년 무렵에서 기원전 500년 무렵에 이르기까지 황하유역을 중심으로 하는 중원지방에서 불리어지던 민간가요와 사대부들의 노래 및 왕실의 연회나 조회 그리고 종묘에서 사용되던 노래의 가사를 모은 것이다. 중국 남방 시가문학의 鼻祖인 楚辭와 대비되는 중국 북방 시가문학의 할아버지라고 할 수 있다. 현전하는 것은 305수인데, 내용은 없고 제목만 전해지는 6수까지 합하면 도합 311수가 된다. 수록된 시가는 그 성격에 따라 민간가요의 가사인 '風'과 조정의 음악의 가사인 '雅', 종묘의 음악의 가사인 '頌'의 세 부류로 나누어진다. 이 중 문학적 가치가 높은 것은 '風'인데 중국 북방의 특성을 반영하듯 집단 창작을 암시하는 무명씨의 작품이 많고, 시의 내용도 현실적인 삶의 애환을 사실적으로 토로하는 것이 주를 이룬다.

38) 歐陽修가 <梅聖兪詩集序>라는 글에서 전개한 시론으로서 시인은 곤궁해져야 작품이 훌륭해질 수 있다는 말이다. 구양수는 많은 재능과 큰 포부를 가지고 있으면서도 여러 가지 이유 때문에 그 뜻을 펼 기회를 가지지 못한 사람은

'시인이 곤궁한 다음에야 훌륭한 시가 지어질 수 있다'는 설도 그런 생각의 연장선상에 있다.

2) 작가 개인의 행운

많은 시인들이 곤궁한 상황에서 좋은 시들을 써내고 있지만, 작가의 표현 욕구를 자극하는 요인은 꼭 불우하거나 억울한 일만 있는 것이 아니다. 때로 소망하던 일이 이루어졌을 때, 그 기쁨을 주체하지 못하여 문학작품으로 표현하기도 한다. 중당(中唐)시대의 시인 맹교(孟郊)[39]가 고생 끝에 과거에 합격한 다음, 기쁨에 겨워 지은 시 <등과후(登科後)>가 그 좋은 예다.

昔日齷齪不足誇(석일악착부족과),
今朝放蕩思無涯(금조방탕사무애).
春風得意馬蹄疾(춘풍득의마제질),
一日看盡長安花(일일간진장안화).

옛날의 구차했던 것 말할 것 없으리
오늘 아침 의기양양하여 생각은 끝이 없네
봄바람에 우쭐하니 말발굽도 경쾌하여
하루 만에 장안의 꽃들을 다 돌아보노라

산천을 돌아다니면서 가슴속에 쌓인 울분을 쏟아내기 때문에 사람을 감동시키는 훌륭한 작품을 잘 만들어낸다고 하였다.

39) 字가 東野로 唐나라 玄宗 天寶 10년(751년)에 나서 唐 憲宗 元和 9년(814년)에 향년 64세로 세상을 떴다. 어려서 崇山에 은거하였으며 성격이 깐깐하여 사람들과 잘 어울리지 못했다. 나이 50에 과거에 급제하여 얼마간의 벼슬살이를 하였다. 그가 지은 시집 10권이 전하는데, 그의 시는 說理的 경향이 있으며 특이하고 난삽한 표현이 두드러진다. 한유(768~824)가 특히 그의 시를 좋아하여 아낀 나머지 나이 차이를 넘어 친한 친구가 되었다.

오래도록 소망하여온 과거 급제를 50줄에 들어서야 비로소 실현한 맹교의 희열이 시어와 행간에 넘쳐나는 것을 볼 수 있다. 끓어오르는 분노 못지않게 큰 기쁨도 이렇게 작가의 표현 욕구를 자극하는 강력한 힘을 가지고 있다. 분노와 희열뿐만이 아니라 희로애락의 모든 정감은 그 크기가 일정 정도 이상이 되면 그것을 표출하고 싶은 욕구를 불러일으키게 마련일 것이다.

3) 자연환경

인간은 사회적 존재이기 이전에 살아 있는 생물이다. 그러므로 인간은 그 생존 배경이 되는 자연 환경의 영향을 받지 않을 수 없다. 작가의 창작 욕구를 촉발시키는 자연환경 중에서 작가에게 특별한 감흥을 주는 특수한 풍경이 공간적인 것이고 정적인 것이라면, 인간의 정서에 영향을 주는 계절의 변화는 시간적인 것이며 상대적으로 동적인 요인으로 파악할 수 있다. 고향을 떠나 물도 설고 산도 선 객지의 이색 풍경에 감동되어 쓴 작품들은 전자와 관련이 있고, 계절의 변화에 따른 자연의 변화에 대한 느낌을 표현한 것은 후자와 관련이 있다. 그리고 작가에게 큰 감흥을 일으키는 특정 공간의 특정 계절의 분위기는 시간적 요인과 공간적 요인이 동시에 작용하는 경우라고 할 수 있을 것이다.

전통적으로 인간을 자연의 일부이며 자연과 조화를 이루어야 할 존재로 파악하고 있는 중국에서는 특히 계절의 변화에 민감하였다. 그래서 계절의 변화가 작가의 창작에 끼치는 영향에 대해서 세심한 주의를 기울여 왔다. ≪문심조룡(文心雕龍) · 물색(物色)≫편에는 중국인들의 그러한 생각이 잘 정리되어 있다.

봄과 가을이 차례로 바뀌고, 음기가 쓸쓸한 느낌이 들게 하고 양기가 느긋한 기분이 들게 하면서 세상의 모습이 변하게 되면, 그에 따라 사람의 마음도 움직이게 된다. 대개 양기가 태동하게 되면 개미들이 움직이게 되고, 음기가 강해지면 사마귀가 열심히 먹이를 먹는다. 보잘 것 없는 벌레인데도 계절의 변화를 느끼곤 하니 사계절의 변화가 사물에 영향을 주는 것이 심각하다고 할 수 있다. 옥돌만큼이나 영롱한 지혜로운 마음과 아름다움 꽃처럼 맑은 기운을 가진 우리네 사람들이야 아름다운 경치가 다가오면 누가 가만히 있을 수 있겠는가? 그러므로 새해가 시작되어 봄기운이 약동하게 되면 기꺼운 마음이 피어나고, 양기가 넘치는 초여름이 되면 답답한 마음이 맺히게 된다. 하늘이 높고 날씨가 맑아지면 스산한 느낌이 커지고, 천하에 눈이 끝없이 내리게 되면 엄숙한 느낌이 깊어진다. 계절마다 그에 어울리는 사물이 있고, 사물마다 고유한 자태가 있으니, 정감은 사물에 따라 바뀌게 되고, 말은 정감에 따라 드러나게 된다. 잎사귀 하나도 때론 가슴에 와 닿고, 풀벌레 소리도 마음을 끌어당길 수 있다. 하물며 맑은 바람과 밝은 달이 함께 있는 밤과 환하게 빛나는 태양과 봄기운 도는 숲이 함께 하는 아침이라면 어떠하겠는가? 그래서 시인은 사물에 감동되면 연상이 끝이 없이 이어진다. 온갖 물상 가운데를 애착을 가지고 노닐며, 보고 듣는 것 속에서 깊은 감동을 읊조린다. 기후의 변화와 사물의 모습을 그려낼 때에는 사물의 모습에 따라 섬세하게 그려내며, 문사와 음성으로 표현할 때에는 자신의 마음에 맞추어 적절하게 표현해 낸다.[40)]

40) "春秋代序, 陰陽慘舒, 物色之動, 心亦搖焉. 蓋陽氣萌而玄駒步, 陰律凝而丹鳥羞, 微蟲猶或入感, 四時之動物深矣. 若夫珪璋挺其惠心, 英華秀其淸氣, 物色相召, 人誰獲安? 是以獻歲發春, 悅豫之情暢; 滔滔孟夏, 鬱陶之心凝; 天高氣淸, 陰沈之志遠; 霰雪無垠, 矜肅之慮深. 歲有其物, 物有其容; 情以物遷, 辭以情發. 一葉且或迎意, 蟲聲有足引心. 況淸風與明月同夜, 白日與春林共朝哉! 是以詩人感物, 聯類不窮. 流連萬象之際, 沈吟視聽之區; 寫氣圖貌, 旣隨物以宛轉; 屬采附聲, 亦與心而徘徊."

계절의 변화에 따라 기후가 달라지고 그에 따라 사물의 양상도 달라지는 데에서 유추하여 자연의 일부인 사람도 기후의 변화에 영향을 받지 않을 수 없다고 생각한 것이다. 유협의 ≪문심조룡≫에 앞서 육기(陸機)[41]도 <문부(文賦)>[42]에서 "스산한 가을에 떨어지는 낙엽을 슬퍼하고, 꽃피는 봄에 부드러운 가지를 기꺼워한다."[43]고 했듯이 계절의 변화는 사람의 마음을 크게 동요시키게 마련이다. 그래서 일반인들보다 감수성이 더 예민하고 표현력이 뛰어난 시인들은 그 감흥을 더욱 주체할 수 없어 자연스럽게 글로 표현하게 된다. 인간이 자연의 일부인 한 계절의 변화와 그에 따른 물상의 변화에 감응하여 문학작품을 만들어낸다는 것도 극히 자연스러운 현상이다.

41) 字가 士衡으로 吳나라 永安 4년(261년)에 나서 晋나라 太安 2년(303년)에 향년 43세로 타계했다. 어려서부터 총명했으며 그의 문학적 재능은 당대 제일로 친다. 吳나라가 망하자 울분에 싸여 10년 동안 문을 걸어 잠그고 독서에 몰두하였다. 晋나라 太康 말년(289년 무렵)에 동생 陸雲과 洛陽에 들어가서 몇 가지 벼슬을 하였다. 나중에 동란 중에 장수로서 전투에 참여하였다가 패전하고 모함을 받아 살해당했다. 육기가 낙양에 갔을 때 그를 만난 당시 문단의 거두 張華가 그와 그의 동생 육운의 문학적 재능을 높이 사서 "吳나라를 정벌해서 얻은 이익은 바로 이 두 준재다."라고 했다고 한다. 장화는 또 육기를 보고 "남들은 글을 지을 때 항상 재주가 부족해서 걱정인데, 자네는 도리어 재주가 많아서 걱정일세."라고 했다고도 한다. 그가 지은 詩・賦・雜文 200여 편이 14권의 문집으로 전해지고 있다.

42) 위 陸機가 賦體로 문학이론을 개진한 작품. 중국문학이론사상 초기의 저술에 해당하는 것으로서 상상력에 대한 논의를 위시한 문학 창작론, 장르의 분류와 각 장르의 성격을 규정한 장르론 등과 같은 문학론을 담고 있어서 문학이론사적으로 매우 중요한 의미를 지닌다. 선명한 논리가 주선율이 되어야 할 이론서면서도 부체라는 문체의 제한 때문에 구체적인 의미 파악이 어려운 애매한 문구가 많다는 점은 옥의 티라 할 수 있다.

43) "悲落葉於勁秋, 喜柔條於芳春."

4) 공통 요인이 되는 자연환경과 정치사회적 요인

자연이 그의 일부인 인간에게 정서적 영향을 주고, 그로 말미암아 그 인간 중의 한 사람인 작가가 그 감흥을 작품으로 표현하게 될 때, 특정 지역에서 활동한 작가들 사이에는 일정한 공통성이 없을 수 없다. 이럴 경우 그 자연환경 요인은 그 지역 문학의 특성을 결정하는 요인이 된다. 그리고 그 자연환경 요인이 그 시대 문학의 중심지의 것이라면 그것은 그 시대 문학의 특성을 결정하는 요인으로 간주될 수 있다.

작가에 영향을 끼치는 정치 사회적 요인도 마찬가지다. 정치적 환경에 영향을 받아 형성된 사회 분위기는 작가의 생활 배경이 되고, 그런 분위기는 직간접적으로 작가의 성정을 출렁이게 만든다. 그렇게 한 시대의 정치 사회적 분위기는 작가의 성정을 '불평(不平)'의 상태로 만들어 창작을 추동할 수 있다.

작가의 개성이 다양함에도 불구하고 비슷한 시기에 활동한 작가들의 작품들이 유사한 분위기를 지니게 되는 것은 그 시대의 분위기가 작가의 문학적 개성 형성의 중요한 요인이 되기 때문이다. 그래서 다음과 같은 말을 하는 이도 있다.

> 시가의 예술풍격은 시종 시대의 낙인을 찍게 된다. 동일한 시대의 시가는 그 예술 풍격이 비슷한 점이 많이 있는데 이것이 바로 시대풍격이다. "풍격은 그 시대의 운세와 관련되어 있다." 중국 시화는 시가의 예술 풍격은 시기에 따라 달라지며 시종 시대환경과 사회조건의 제약을 받는다고 생각한다.[44)]

44) 蔡鎮楚, ≪詩話學≫(湖南教育出版社, 1990년 판, 1992년 2차 인쇄.) 제214쪽: "詩歌的藝術風格, 始終打上時代的烙印. 同一時代的詩歌, 其藝術風格有

주로 한 시대에 활동하는 작가의 환경요인, 곧 작가의 문학적 개성의 형성요인으로서의 시대풍격의 의의에 대하여 언급한 것이다. 시대풍격과 작가풍격의 상관관계에 대해서는 다음과 같이 말하는 사람도 있다.

> 문예가의 풍격이 어떻게 독특한가에 관계없이 결국 시대 · 민족 · 계급의 특색을 띠게 된다. 풍격의 시대성이란 시대의 사회생활에 의해서 결정된 시대정신 시대풍상, 시대의 심미수요가 예술작품의 격조에 반영된 것이다. 동일한 시대의 각기 다른 예술가 개인의 풍격은 각기 특색을 갖고 있으나 다종다양한 개인풍격 중에는 공동의 시대풍격이 스며들지 않을 수 없다. 개인풍격과 시대풍격은 개성과 공성의 통일이다.45)

특정 시대의 정치사회적 분위기와 그 시대의 문화 중심지의 지역적 특성은 동시대를 살아가는 사람들의 공통된 경험으로서 그 시대 작가들의 보편적인 성격으로 나타날 수 있음을 알 수 있다. 한 시대의 독특한 분위기는 그 시대 작가 개인의 표현 욕구를 촉발시키는 요인이 되면서 동시에 시대적 보편성을 띤다는 말이다. 그러므로 작가에게 영향을 주는 특정 시대의 정치 사회적 상황이나 작가의 생활 배경

許多近似之處. 這就是時代風格. '風格繫諸世運'. 中國詩話認爲, 詩歌的藝術風格, 因時而異, 始終受到時代環境和社會條件的制約."

45) 董靜如, <風格的時代性 · 民族性 · 階級性> ((王向峰 主編, ≪文藝美學辭典≫(瀋陽:遼寧大學出版社, 1988.) 제296쪽)): "因此文藝家的風格不管如何獨特, 總會帶上一定時代 · 民族 · 階級的特色. 風格的時代性是指由時代的社會生活所決定的時代精神 · 時代風尙 · 時代的審美需要在藝術作品格調上的反映. 同一時代的不同藝術家的個人風格是各具特色的, 但在多種多樣的個人風格中又不能不滲透着共同的時代風格. 個人風格與時代風格是個性與共性的統一."

이 되는 자연 지리적 특성은 문학의 시대성을 형성하는 요인으로서 더 큰 의미를 지니는 것으로 생각된다. 제5장 '문학의 시대성'에서 다루어질 '지리적 요인'과 '정치사회적 요인'은 기본적으로 작가의 창작 욕구를 자극하는 요인이 될 수 있는 것이다.

제 2 장

작가의 문학적 개성

동일한 제재로 글을 쓰더라도 작가에 따라서 표현하는 방식과 표현된 작품의 분위기가 각기 다르다. 그 결과 한 작가의 전반적인 작품세계는 다른 작가와는 구별되는 독특한 미적 특성을 지니게 된다. 다른 작가와는 구별되는 한 작가의 독특한 미적 특성을 중국문학에서는 작가풍격이라고 하는데, 그것은 곧 작가의 문학적 개성이다.

1. 작가 개성의 형성 요인

한 작가의 작품세계의 특성이 어떤 요인에 의해 이루어지는가에 대한 중국 역대의 논의는 그 강조점의 차이에 따라 대략 두 가지로 나누어진다. 선천적 요인을 절대적으로 중시하는 기질결정론(氣質決定論)과 선천적인 요인과 후천적인 요인을 동시에 중시하되 선천적인 요인에 더 많은 비중을 두는 선천요인주도론(先天要因主導論)이 그것이다.

(1) 기질결정론

기질결정론이란 '작가풍격은 작가의 타고난 기질에 의해 결정된다'는 주장이다. 이러한 경향을 대표하는 이는 위문제(魏文帝) 조비(曹丕)[1]로서 그는 ≪전론(典論)·논문(論文)≫[2]에서 다음과 같이 말하고 있다.

> 문장은 기를 위주로 한다. 기가 맑거나 탁한 것은 본래 그러한 속성이 있는 것으로서 억지로 그렇게 만들 수 있는 것이 아니다. 음악에다 비유할 것 같으면, 곡조가 비록 동일하고 리듬이 같다고 하더라도

---

1) 曹操의 아들로 자는 子桓이며 謚號는 文帝다. 漢나라 靈帝 中平 4년(187년)에 태어나서 魏나라 黃初 7年(226년)에 향년 40세로 타계했다. 曹操의 뒤를 이어 승상이 되었다가 漢나라 獻帝를 폐하고 漢나라를 찬탈하여 魏나라를 세우고 황제가 되었다. 자신도 총명한 사람이었지만 그보다 더 뛰어난 동생 曹植 때문에 위축되어 살았던 까닭에 황제가 된 후에 그에 대한 보복으로 동생 조식을 괴롭혀서 '七步詩'을 짓게 했다는 유명한 일화를 남기고 있다. 문학적 자질도 상당하였던 그는 당대 최고 수준의 문인들과 교유하면서 상당한 작품을 남기고 있다. 그의 시가작품은 여린 분위기가 두드러져 호방한 풍격이 돋보였던 그의 아버지 조조의 시와는 판이한 성격을 보인다. ≪典論≫이라는 책을 지었다 하나 대부분 산실되고 극히 일부만 전한다.

2) 曹丕의 저서 ≪典論≫에 들어 있던 한 편의 글로서 중국문학사상 한 편의 독립된 문장으로써 문학에 대하여 전문적으로 논한 최초의 문헌이다. 그래서 중국문학이론비평사의 본격적인 시작은 이 글로부터 시작되었다고 할 수 있다. 분량이 짧은 글이지만 문학의 가치와 의의, 문학 장르의 구분과 각 장르의 특징, 작가의 개성, 비평의 태도와 당대 문인들에 대한 실제 비평 등 문학 전반의 중요한 논점들을 두루 포괄하고 있어서 이론사적 가치가 지대할 뿐만 아니라 후대 문학에 대한 영향도 막대하다. '나라를 다스리는 위대한 일이며, 영원히 썩지 않는 성대한 사업'이라고 선언함으로써 문학의 가치를 선양하였기 때문에 일부 학자들은 이를 두고 '중국문학의 독립선언서'라는 극찬을 하기도 하는데, 그것이 예술이라는 문학의 본령에 입각한 문학의 가치 선양이었던가 하는 점에 있어서는 문제의 소지가 있다.

> 기의 쓰임이 다르게 됨에 따라 잘하고 잘못하고의 질적인 차이가 나타나게 되는 것과 같다. 비록 부자 형제간이라고 하더라도 그 기를 전해줄 수는 없다.[3)]

조비의 이 말은 '문기설(文氣說)'[4)]이라고 하는 문학이론을 형성할 만큼 중국문학이론사에 지대한 영향을 끼쳤다. ≪전론 · 논문≫ 중의 이 '기'를 무엇으로 보느냐에 따라 파악되는 내용에 차이가 있겠지만, 만약 이 '기'를 '기질'의 '기'로 본다면, 이것은 작가풍격에 관한 논의로 이해될 수 있다. 악기의 비유도 '동일한 곡조를 동일한 주법으로 연주를 해도 개성에 따라 그 음악의 미적 특색, 곧 그 음악의 풍격이 달라진다'는 말로 해석될 수 있다. 이런 맥락에서는 '교졸유소(巧拙有素)'의 '교졸(巧拙)'은 작품 성취의 우열을 말하는 것이 아니라, 다양한 미감을 '세련됨과 투박함'의 양극단을 들어 포괄하고 있다고 해야 할 것이다. 작가의 개성에 있어서는 '청(淸)'에, 작품의 풍격에 있어서는 '교(巧)'에 편향하는 조비의 심미의식이 개재된 것이라고도 볼 수 있을 것이다.

풍격 형성에 있어서의 기질결정론은 설설(薛雪)[5)]에 의해서 더욱

3) "文以氣爲主, 氣之淸濁有體, 不可力强而致. 譬諸音樂, 曲度雖均, 節奏同檢, 至於引氣不齊, 巧拙有素, 雖在父兄, 不能以移子弟."

4) 우주 만물의 근원적인 힘 또는 생명력을 일컫는 '氣' 개념을 문학의 비평에 원용한 것으로 曹丕가 이 설의 선구자다. '文氣說'은 이설이 분분한 철학적 범주에 입각한 개념이기 때문에 그에 대한 논의는 자칫 난해한 사변적 논의로 흐를 수 있지만, '文氣'를 '작가의 기질적 특성이 문학작품에 반영되어 독자에게 감지되는 작품의 독특한 기운'으로 이해하고 '文氣說'을 '그에 대한 논의'로 이해하면 큰 무리가 없을 것이다.

5) 淸나라 사람으로 字가 生白이고 號가 一瓢인데 주로 字로써 행세하였다. 대비평가로 이름이 높았던 葉燮(1627~1703)의 제자였는데, 당시 최고의 시인이자 시론가였던 袁枚(1716~1797)와도 친교가 있었다고 한다. 다재다능하여 시와 글씨와 그림을 다 잘했으며 주먹질에도 능한 뛰어난 의사이기도 하

분명하고 구체적으로 주장되었다. 그는 ≪일표시화(一瓢詩話)≫6)에서 다음과 같이 주장하였다.

> 성격이 시원시원한 사람은 그 시가 반드시 산뜻하고, 점잖은 사람은 그 시가 반드시 장중하며, 남다르게 빼어난 사람은 그 시가 반드시 표일하다. 거침이 없는 사람은 그 시가 반드시 유려하며, 여유가 없는 사람은 시가 반드시 메마르고, 여유 있는 사람은 시가 반드시 화려하다. 우울한 사람은 그 시가 반드시 서럽고, 뇌락한 사람은 그 시가 반드시 비장하다. 호방한 사람은 시가 반드시 얽매임이 없으며, 깔끔한 사람은 시가 반드시 고결하다. 조심스러운 사람은 시가 반드시 엄정하며, 비열한 사람은 시가 반드시 난하다. 이러한 것들은 하늘에서 부여받고, 기질적으로 형성된 것이어서 배워서 해낼 수 있는 것이 아니다.7)

작가의 개성과 작가풍격간의 인과관계 설정에 '반드시 필(必)'자를 어김없이 사용하고 있는 데에서 설설의 작가풍격 기질결정론에 대한 믿음의 정도를 알 수 있다. 특히 '개성에 따른 작가풍격의 차이는 선천적으로 타고나는 기질에 의한 것이지 후천적인 학습에 의해서는 이루어낼 수 없다'는 단정적 결론은 작가풍격 형성론에 있어서 기질결정론의 결정판이라 할 만하다.

였다. 주역에 관한 책, 의술에 관한 책, 시문집 등의 저서를 남겼는데, 그 중에는 ≪一瓢詩話≫라는 시화도 들어 있다.

6) 위 薛雪이 쓴 시화로 모두 230則으로 구성되어 있다. 자질구레한 내용에다 문학비평과는 별로 상관이 없는 것도 약간 있으나 대체적으로 시인들의 시관을 적확하게 지적해낸 의미 있는 비평서라는 평가를 받는다.

7) "磊快人詩必瀟灑, 敦厚人詩必莊重, 倜儻人詩必飄逸, 疏爽人詩必流麗, 寒澁人詩必枯瘠, 豐腴人詩必華贍, 拂鬱人詩必悽怨, 磊落人詩必悲壯, 豪邁人詩必不羈, 淸修人詩必峻潔, 謹勅人詩必嚴整, 猥鄙人詩必委靡. 此天之所賦, 氣之所稟, 非學之所至也."((王夫之 等 撰, 丁福保 編, ≪淸詩話≫(臺北:明倫出版社, 1971.) 제708쪽 참조.))

그런데 앞에서 언급한 ≪전론 · 논문≫의 그 부분을 성공적인 작가가 되기 위한 조건을 논한 것으로 보고, 그것을 천재결정론으로 이해되는 경우를 종종 볼 수 있다. 작가의 성공 여부는 '기(氣)'라고 하는 선천적인 자질에 의해 결정되며 어떠한 경우에도 그 변개의 가능성은 없다고 주장하는 것으로 보는 것이다. 이런 관점에서는 ≪전론 · 논문≫의 주장에 대해 인간의 후천적 노력의 가치를 홀시하였다는 비판을 가하기도 한다.[8] ≪전론 · 논문≫ 중의 '교졸유소(巧拙有素)'의 '교졸(巧拙)'도 '우열(優劣)'과 유사한 의미로 파악한다.[9] '기가 맑거나 탁한 것' 역시 '맑은 기는 위로 향하므로 우수하고, 탁한 기는 아래로 향하므로 열등하다'[10]라는 뜻으로 이해하는 것이다. 그러나 ≪전론 · 논문≫ 중의 다음과 같은 말을 보면 조비도 후천적인 노력의 효용과 가치를 염두에 두지 않았다고 보기 어렵다.

> 무릇 문장은 나라를 다스리는 커다란 사업이며, 썩지 않는 성대한 일이다. 수명은 때가 되면 다하고, 영화와 즐거움도 그 육신과 함께 끝나므로, 이 두 가지는 반드시 이르게 되는 정해진 기한이 있으므로

8) 鄭在瀛, ≪六朝文論講疏≫(臺北:萬卷樓圖書有限公司, 1995.) 제66쪽: "조비는 과도하게 천재와 천품을 강조하고 사회실천을 홀시함으로써 본문이 일정한 한계를 갖게 하였다.(曹丕過多地强調天才 · 稟賦, 忽視了社會實踐, 使本文有一定的局限.)" 郭正元, ≪魏晉南北朝文學論文名篇譯注≫(湖北人民出版社, 1986.) 제26쪽: "작가의 재정과 기질이라는 천부적인 성질을 지나치게 강조하였기 때문에 후천적인 생활실천의 중요한 작용을 완전히 소홀히 하고 선험적인 천재론 사상을 나타내었다.(由於過份强調了作家才情 · 氣質的天賦性質, 完全忽略了後天生活實踐的重要作用, 表現出先驗的天才論思想.)"

9) 위 ≪魏晉南北朝文學論文名篇譯注≫ 제13쪽: "정교하고 졸렬함에는 각기 타고난 바탕이 있다.(精巧拙劣便各有天賦了.)"

10) 鄭在瀛, ≪六朝文論講疏≫ 제58쪽5: "청탁은 高下다. 기가 맑으면 위로 뜨고, 기가 탁하면 아래로 엉기는 두 가지 다른 유형이 있다.(淸濁: 高下, 氣淸則上浮, 氣濁則下凝, 有兩種不同的類型.)"

> 문장이 무궁한 것만 못하다. 그 때문에 옛날의 작자들은 문필에 몸을 맡기고 저서에 그 뜻을 표현하니, 훌륭한 역사가의 말을 빌리지 않고 대단한 세력에 기대지 않아도 그 명성은 저절로 후세에 전해지는 것이다. 고로 서백(西伯)[즉 文王]은 유리(羑里)에 유폐되어서 역(易)을 해설하였고, 주공(周公) 단(旦)은 높은 지위에 있을 때 예법을 제정하였다. 고달프다고 해서 노력하지 않지 않으며, 편안하다고 해서 마음을 바꾸는 것이 아닌 것이다. 무릇 그러하니 옛날 사람들은 직경이 한 자나 되는 구슬도 하찮게 여기고 짧은 시간을 소중하게 여기며 세월이 지나가는 것을 두려워하였던 것이다. 그러나 사람들은 대부분 노력하지 않고 가난하고 지위가 낮으면 춥고 배고픔을 두려워하고, 부유하고 지위가 높으면 편안한 즐거움에 빠져 비록 눈앞의 일을 챙기기는 하나 오래도록 남을 공은 빠뜨리게 되는 것이다. 위에서 해와 달이 지나가면[세월이 가면], 아래에서는 육신이 시들어서 문득 만물과 함께 사라질 것이다. 이것이 바로 뜻 있는 사람이 가장 가슴 아프게 생각하는 것이다.[11]

사실 여기에 조비가 ≪전론 · 논문≫을 쓴 취지가 나타나 있다. 글을 쓰는 일에 '노력하지 않는' 사람들이 많다는 지적을 통해서 뜻 있는 사람들로 하여금 '노력'하게 하고자 하는 것이 이 글의 주된 메시지인 것이다. ≪전론 · 논문≫의 궁극적 취지가 노력으로 귀결된다는 사실은 조비의 견해를 천재결정론으로 이해하는 것과는 분명 일정한 거리가 있다.[12] ≪전론 · 논문≫의 '문기설'은 작가풍격의 형

11) "蓋文章, 經國之大業, 不朽之盛事. 年壽有時而盡, 榮樂止乎其身, 二者必至之常期, 未若文章之無窮. 是以古之作者, 寄身於翰墨, 見意於篇籍, 不假良史之辭, 不托飛馳之勢, 而名聲自傳於後. 故西伯幽而演易, 周旦顯而制禮, 不以隱約以不務, 不以康樂以加思. 夫然, 古人賤尺璧而重寸陰, 懼乎時之過已. 而人多不强力, 貧賤則懾於飢寒, 富貴則流於逸樂, 雖營目前之務, 而遺千載之功. 日月逝於上, 體貌衰於下, 忽然與萬物遷化, 斯志士之大痛也."

12) 위의 주에 있는 '强力(강력)'의 의미를 천재결정론에 맞추어 조율한다면, '언

성과 관련한 기질결정론으로 보는 것이 옳은 것이다.

(2) 선천요인 주도론

한 사람의 인생역정에는 선천적인 요인 못지않게 후천적인 제 요인들도 중요한 역할을 한다. 작가의 문학적 개성을 형성하는 데에도 선천적인 요인과 함께 후천적인 요인이 중요한 역할을 하는 것이다. 작가의 문학적 개성 즉 작가풍격의 형성 요인을 선천적인 것과 후천적인 것으로 크게 둘로 나누고, 그 양자의 중요성을 최초로 논리적으로 역설한 이는 유협(劉勰)이다. 유협은 풍격론을 전문적으로 논한 문장인 ≪문심조룡(文心雕龍) · 체성(體性)≫편에서 작가풍격의 형성 요인을 다음과 같이 논술하고 있다.

> 대저 인간의 정감이 움직여 언어로 드러나고, 이치가 밖으로 드러나서 문장으로 표현되는 것이니, 그것은 은미한 정서가 뚜렷한 언어로 표출되는 것이며, 내재적 성격이 외부로 나타나는 것이다. 그런데 재능에는 용렬함과 걸출함이 있으며, 기(氣)에는 강함과 부드러움이 있으며, 학문에는 얕음과 깊음이 있고, 몸에 배는 습관에는 아정함과 비속함이 있으니, 이러한 것들은 모두 사람들의 타고난 성격에 의해 조성되거나, 후천적인 노력과 환경에 의해서 만들어지는 것이다. 이 때문에 문단의 모습은 구름과 물결처럼 변화가 많다.[13]

제라도 붓만 대면 주옥같은 명문을 쏟아낼 수 있는 대작가의 자질을 타고난 사람들이 많음에도 그들 대부분이 글쓰기를 귀찮아하기 때문에 열심히 글쓰기를 촉구한다'는 의미로 해석해야 될 것이다. 시대의 고금과 양의 동서를 불문하고 명작을 남길 수 있는 천재성과 능력을 갖추었으면서도 글쓰기가 싫어 대가가 되지 못한 사람들이 그렇게 많겠는가? ≪전론 · 논문≫ 중의 '문기론(文氣論)'을 작가 성공 요건에서의 천재결정론으로 보는 것은 분명 무리가 있다.

이와 같이 유협은 풍격형성의 요인으로서 '재(才)'와 '기(氣)', '학(學)'과 '습(習)'의 네 가지를 거론하고, 이를 다시 선천적 요인과 후천적 요인으로 대별하고 있다. '재(才)'와 '기(氣)'는 작가가 선천적으로 타고나는 것으로서 '성정(性情)'의 부류에 속하는 것이고, '학(學)'과 '습(習)'은 후천적인 획득 요인이므로 '도염(陶染)'의 범주에 든다고 한 것이다.

문학이 예술의 한 부문으로서 천재성이 매우 중요시되는 분야이긴 하지만, 동일한 작가라도 후천적인 요인의 변화에 의해서 판이한 풍격을 나타내는 사례들을 흔히 발견할 수 있다는 점을 감안한다면, 선천적 요인과 더불어 후천적 요인을 함께 고려하는 유협의 논리는 조비의 기질결정론에 비하여 진일보한 것임에 틀림없다. 그러나 유협도 작가의 풍격형성에는 후천적인 요인보다 선천적인 요인에 보다 큰 비중을 둔다. ≪문심조룡(文心雕龍)·사류(事類)>편은 유협의 그러한 경향을 잘 보여주고 있다.

> 생강과 계수나무는 땅에서 생장하지만, 매운 맛은 그 나무의 본성이다. 문학은 학문의 힘을 비는 것이지만, 창작의 능력은 선천적 자질에 달려 있다. 재능은 내면에서 밖으로 드러나는 것이고, 학문은 밖에서 받아들여 완성하는 것이다. 학문은 충분히 갖추고 있지만 재능이 빈약한 사람이 있는가 하면, 재능은 풍부하되 학문이 빈약한 사람도 있다. 학문이 빈약한 사람은 문장의 내용과 관련된 적절한 사례를 찾아내는 데에 곤란을 겪고, 재능이 모자라는 자는 문자로 감정을 적절하게 표출하는 데에 힘이 든다. 이것이 내재적인 재능과 외적인 학문의 각기 다른 역할이다. 그러므로 생각을 정리하여 글로 표현할

---

13) "夫情動而言形, 理發而文見, 蓋沿隱以至顯, 因內而符外者也. 然才有庸儁, 氣有剛柔, 學有淺深, 習有雅鄭, 竝情性所鑠, 陶染所凝, 是以筆區雲譎, 文苑波詭者矣."

> 때에는 생각과 붓이 협력하게 되는데, 재능은 주역이 되고 학문은 보좌역이 된다. 주역과 보좌역이 호흡이 잘 맞으면 다른 작품들을 압도할 수 있는 훌륭한 작품을 만들 수 있지만, 재능이나 학식에 부족한 점이 있으면 비록 그럴 듯하게 보일지는 모르나 실제로 훌륭한 작품을 만들기 어렵다.[14)]

재능이 창작의 핵심요소이고 학문은 재능을 보좌하는 보조요소라고 하고 있다. 문학의 창작에 있어서 선천적인 요인과 후천적인 요인을 함께 고려하기는 하지만 선천적인 요인에 더 큰 비중을 두고 있는 것이다. 작가풍격 형성 요인에 대한 이러한 견해는 '선천요인주도론'이라고 해야 할 것이다.

2. 작가 개성의 발현 양상

중국에서는 전통적으로 문학작품이 작가의 소산인 이상 작품에는 어떤 형식으로든 작가의 개성이 배어 있다고 생각하는 전통이 있었다. 그래서 문학작품을 비평할 때에도 그 작품에서 작가의 개성을 찾아내는 데에 많은 관심을 가지고 있었다. 그 결과 작품의 독특한 분위기는 작가의 개성이나 인품의 표현이라는 관념이 생겼고, 여기서 한 단계 더 나아가면 작품 속에서 그 작품을 지은 작가의 운명까지도 읽을 수 있다는 관점으로 발전하기도 하였다.

14) "夫薑桂因地, 辛在本性, 文章由學, 能在天資. 才自內發, 學以外成, 有學飽而才餒, 有才富而學貧. 學貧者, 迍邅於事義, 才餒者, 劬勞於辭情, 此內外之殊分也. 是以屬意立文, 心與筆謀, 才爲盟主, 學爲輔佐, 主佐合德, 文采必覇, 才學褊狹, 雖美少功."

(1) 작품에 반영되는 작가의 개성과 인품

유협(劉勰)은 ≪문심조룡(文心雕龍)·체성(體性)≫편에서 "각자 자신의 내면세계를 진솔하게 표현하면 그 차이가 각각의 얼굴이 다른 것과 같다."[15]라고 하였다. 또 소식(蘇軾)[16]은 그의 동생 소철(蘇轍)[17]

15) "各師成心, 其異如面."

16) 蘇洵의 아들로 字는 子瞻, 호는 東坡居士, 시호는 文忠이다. 宋 仁宗 景祐 3년(1036년)에 태어나서 徽宗 建中靖國 元年(1101년)에 향년 66세로 타계했다. 소식이 10세 되던 해에 아버지 소순이 이곳저곳으로 공부하러 떠나자 어머니 程씨가 아들 소식을 가르쳐서 학문의 기초를 다지게 하였다. 22세에 과거에 차석으로 급제한 후 벼슬길에 들었으나 王安石을 맹주로 실권을 장악하고 있던 新法黨과 정치노선이 달라 여러 번 벽지로 좌천되고 때로는 목숨을 잃을 뻔한 위기에 처해지기도 하였다. 杭州의 西湖에 있는 蘇公堤(蘇堤라고도 함)는 소식이 좌천당했던 흔적이다. 인품도 매우 고상하였던 그는 문학가로서 당대 최고의 문장가에다 최고의 시인이었으며 최고의 詞 작가이기도 하였고, 그림과 글씨도 당대 최고였다. 학자로서도 일가를 이루었고, 정치가로서도 큰 영향력을 발휘하였으며, 교육자로서도 그 성과가 대단하였다. 한 마디로 불세출의 팔방미인 천재였다. 婉弱한 서정을 위주로 하던 기존의 詞風에서 벗어나서 豪放詞의 기풍을 옮으로서 詞의 조류를 바꿔놓았던 것은 개인이라도 걸출한 작가는 문학사의 흐름을 바꾸어놓을 수 있다는 것을 증명하고 있다. 아버지 蘇洵, 동생 蘇轍과 함께 소씨 삼부자가 당송팔대가 8자리 중 3자리를 차지하고 있는 데에는 소식의 위대함이 크게 작용하였다고 보는 견해도 있으나, 보기 드문 천재 집안이었던 것만은 틀림없다. 당대 최고 사작가의 한 사람인 秦觀의 아내가 되었다는 여동생 蘇小妹도 매우 총명하고 재주가 많아 소식마저도 그 앞에서는 조심하였고, 그의 아버지도 '이 애가 남자였더라면 우리 소씨 집안에 명인이 한 명 더 늘었을 터인데…'라며 그 재주를 아꼈다는 이야기가 전해지고 있다.

17) 蘇洵의 아들이자 蘇軾의 동생으로 唐宋八大家의 한 사람. 字는 子由이며 자호는 潁濱遺老라고 하였고, 謚號는 文定이다. 宋 仁宗 寶元 2년(1039년)에 나서 徽宗 政和 2년(1112년) 향년 74세로 타계했다. 19세 되던 해에 형 소식과 함께 과거에 급제할 정도로 형 소식에 버금가는 대단한 재주꾼이었다. 그도 정치에 참여하였지만 그의 형 소식과 유사한 이유로 좌천을 당하거나 파직을 당하기도 하였다. 만년에는 사람들과의 왕래를 사절하고 새로 지은

의 작품세계를 평가하여, "그의 글은 그의 사람됨과 같다."[18]고 한 바 있는데, 소철의 사람됨이 그의 글에 잘 나타나 있다는 말이다. 그리고 섭섭(葉燮)[19]은 ≪원시(原詩)≫[20]에서 "시는 그 사람의 인품과 같다."[21]고 하였고, 유희재(劉熙載)[22]는 ≪예개(藝槪)≫[23]에서 "시품

방에 틀어박혀 종일 말없이 앉아 있기를 10년 가량 하다가 세상을 떠났다고 한다. 자신의 시문집과 함께 문학과 철학 방면의 여러 저서를 남기고 있다.

18) 蘇軾, <答張文潛縣丞書>: "其文如其人."((孔凡禮 點校, ≪蘇軾文集≫(北京: 中華書局, 1986 제1판, 1990 제2차 인쇄.) 제4冊 제1427쪽(卷49<書>) 참조.))

19) 字는 星期고 號는 己畦다. 明 熹宗 天啓 7년(1627년)에 태어나서 淸 聖祖 康熙 42년(1703년)에 향년 77세로 타계했다. 신동으로 4살 때 부친 葉紹袁이 楚辭를 가르치자 금세 외웠으며, 장성해서는 문장에 능하였다고 한다. 44세 무렵에 과거에 급제하여 벼슬살이를 시작하였으나 부친으로부터 물려받은 강직한 성품 탓에 상관과 불화하고 파직을 당하였다. 이후 천하를 돌아다니며 명승지를 유람하고 만년에는 橫山에 은거하였으므로 사람들은 그를 橫山先生이라 불렀다. 뛰어난 비평가로서 자신의 설을 세우기에 주력하였는데, 杜甫와 韓愈와 蘇軾의 시를 표준으로 삼았다. 문집 시집 등 저서를 남겼다.

20) 위 葉燮이 쓴 詩話로 모두 4권으로 되어 있는데, 內篇과 外篇으로 나뉘어 있다. 각 편은 다시 上・下 둘로 나뉘어 있다. 내편은 시가의 源流・本末・正變・盛衰 등의 문제를 다루었고, 외편은 시가의 창작과 관련된 여러 가지 문제들을 논하고 있다. 체계적이며 이론적 가치가 높아 시화 중의 명저로 평가받는다.

21) ≪原詩・外篇下≫: "詩如其人之品也."((王夫之 等 撰, 丁福保 編, ≪淸詩話≫, 臺北:明倫出版社, 1971. 제602쪽 참조.))

22) 字가 伯簡 또는 融齋로 淸 仁宗 嘉慶 18년(1813년)에 태어나서 德宗 光緖 7년(1881년) 향년 69세로 타계했다. 32세 무렵(1844년)에 과거에 급제하여 여러 가지 벼슬을 하였다. 사람됨이 검약하여 부귀하여도 변함이 없었다고 한다. 공부의 태도는 훈고학과 고증학을 가리지 않고 다방면으로 공부하여 철학・문학・사학・천문학・수학・문자학・성운학 등에 두루 통달하지 않은 바가 없었다고 한다. 문학과 어학 분야의 여러 저서를 남기고 있다.

23) 위 劉熙載가 지은 문예이론서로서 ≪文槪≫・≪詩槪≫・≪賦槪≫・≪詞曲槪≫・≪書槪≫・≪經義槪≫ 각 1권 등 도합 6권으로 되어 있다. 각 장르의 변천을 고찰하고 각 장르의 예술적 표현수법을 구명하는 데에 역점을 둔 문학이론서로 내용과 형식의 통일을 지향하되 내용에 더 많은 비중을 주는 정통 유가적인 문학관을 펴고 있다. 그런 맥락에서 문학의 예술적 성취와

은 인품에서 나온다."24)고 하였다. 섭섭과 유희재의 말은 소식의 말에서 한 걸음 더 나아가 작가 개성과 작가풍격의 일치에 관한 일반론을 개진한 것이다. 앞서 인용했던 설설(薛雪)의 ≪일표시화(一瓢詩話)≫에서는 여기서 한 걸음 더 나아가 인품과 작가풍격의 필연적인 일치를 주장한 바 있다.

작가의 인품과 작가풍격의 상관관계를 추구하는 중국문학비평의 전통은 시화(詩話)25)류의 도처에서 확인된다. ≪문심조룡 · 체성≫편에서도 작가의 성품을 원인으로, 작가의 풍격을 그 원인에 대한 결과로 보는 관점을 작가비평에 적용하고 있다.

> 가의(賈誼)는 재주가 빼어나므로 그의 작품은 문사가 간결하고 체재가 깔끔하다. 사마상여(司馬相如)는 성격이 오만하고 멋대로이므로 그의 작품은 문리가 이치에 벗어나기도 하며 문사의 수식이 지나치다. 유향(劉向)은 소탈한 성격이므로 작품의 흥취가 분명하고 거론하는 사례의 범위가 넓다. 양웅(揚雄)의 성격은 침착하므로 그의 작품에 나타나는 뜻이 은밀하고 뒷맛이 깊다. 반고(班固)는 점잖으므로

작가의 도덕적 수양의 일치를 주장하는 문학관이 나왔다고 본다.

24) 劉熙載 原作, 龔鵬程 撰述, ≪藝概≫(臺北:金楓出版有限公司, 1986.) 제115쪽(卷二<詩概>, 三'作詩要領' (5)'品格'): "詩品出於人品."

25) 중국문학의 독특한 문학비평서 형식. 歐陽修가 친구들과 한담할 소재로 삼으려고 시에 관한 이야기를 모아 편찬했다고 하는 ≪六一詩話≫가 詩話의 시초다. 시의 句法, 詩語의 誤謬, 시어의 由來, 시에 관한 逸話 등 시에 관한 여러 가지 방면의 것을 두루 담고 있는 것으로서 시가비평서의 한 가지 형태다. ≪六一詩話≫ 이후 수많은 시화가 쏟아짐으로써 중국문학비평의 주류를 형성하는 비평서 양식이 되었다. 그리하여 후대에는 歐陽修 이전의 문헌 중에서도 문학비평이나 문학이론에 관한 것을 詩話의 범주에 포함시키는 이도 생기게 되었다. 시화가 오락적 수요에서 출발했기 때문에 중국문학비평이 진지하고 못했고 그로 말미암아 학술적 가치가 제고되지 못했다는 일부 지적도 있으나, 詩話 중에는 이론적 가치가 탁월한 것이 적지 않다.

> 그의 작품은 체재가 짜임새가 있고 생각이 섬세하다. 장형(張衡)은 학식이 풍부하므로 그의 작품은 논리가 면밀하고 문장의 수식이 세밀하다. 왕찬(王粲)의 성격은 나서기를 좋아하므로 그의 작품은 나서고 과감한 느낌이 있다. 유정(劉楨)의 성격은 고집이 세므로 그의 작품은 언어가 장중하고 사람을 놀라게 하는 정감을 표출한다. 완적(阮籍)은 사람됨이 빼어나므로 작품의 음조가 빼어나고 여운이 많다. 혜강(嵇康)은 뛰어나고 협객의 기질이 있어서 그의 작품은 흥취가 높고 문채가 장렬하다. 반악(潘岳)은 민첩한 성격이므로 그의 작품은 기지가 번뜩이고 음조가 유창하다. 육기(陸機)는 점잔빼는 성격으로서 그의 작품은 정감이 복잡하고 문사가 은미하다.[26)]

이 글은 12명의 작가를 대상으로 하여 먼저 그 작가의 성품을 거론하고 그 성품에 기인하여 그의 작가풍격이 어떠한 미감을 띠는지를 비교적 일관된 방식으로 논평하고 있다. 그렇지만 작가의 인품과 그 작가의 작가풍격이 동일한 미감으로 설정된 경우는 없다. 작가의 개성과 작가풍격 간에 긴밀한 상관관계가 있다고 생각하지만, 그 양자가 일치하는 것이라고는 생각하지 않는 것이다.

작가의 풍격을 그 작가의 개성이 반영된 것으로 보는 이러한 비평의식은 때로 작가풍격은 작가의 인품이 반영된 것으로 보는 논리로 발전하기도 한다. 왕통(王通)[27)]의 ≪중설(中說)[28)] · 사군(事君)≫ 편에

26) "賈生俊發, 故文潔而體淸; 長卿傲誕, 故理侈而辭溢; 子政簡易, 故趣昭而事博; 子雲沈寂, 故志隱而味深; 孟堅雅懿, 故裁密而思靡; 平子淹通, 故慮周而藻密; 仲宣躁競, 故穎出而才果; 公幹氣褊, 故言壯而情駭; 嗣宗俶儻, 故響逸而調遠; 叔夜儁俠, 故興高而采烈; 安仁輕敏, 故鋒發而韻流; 士衡矜重, 故情繁而辭隱."

27) 字가 仲淹이고 謚號는 文中子로 南北朝 陳나라 至德 2년(584년)에 나서 隋煬帝 大業 14년(618년)에 향년 35세로 타계했다. 정치적 이상을 실현하려다 실패한 후 제자들의 가르치는 일에 전념하였고 나중에는 조정에서 불러도 나가지 않았다. 房玄齡 · 魏徵 등 唐나라 때에 크게 활약한 큰 인물이 여럿 그의 문하에서 나왔다.

는 다음과 같은 말이 보인다.

> 선생님께서 말씀하셨다. “글 하는 이들의 행실은 알아볼 수 있느니라. 사령운(謝靈運)은 소인이니라. 그의 글은 오만한데, 군자는 조심스러우니라. 심약(沈約)은 소인이니라. 그의 글은 야한데, 군자는 점잖으니라. 포조(鮑照)와 강엄(江淹)은 옛날의 고집 센 사람들이니라. 그 글이 급하고도 원망스럽구나. 오균(吳筠)과 공규(孔珪)는 옛날의 거친 사람들이니라. 그 글이 괴이하고도 노기를 띠고 있구나. 사장(謝莊)과 왕융(王融)은 옛날의 좀스러운 사람들이니라. 그 글이 자잘하구나. 서릉(徐陵)과 유신(庾信)은 옛날의 허풍쟁이들이야. 그 글이 이치에 맞지 않아.” 누군가 유효작(劉孝綽) 형제에 대해서 물어보니, 선생님께서는 “비열한 사람이다. 그 글이 정도를 넘었어.”라고 하셨다. 누군가 상동왕 형제들에 대해서 물어보니, 선생님께서는 “탐욕스런 사람이야. 그 글이 번잡해.”라고 하셨다. “사조는 얄팍한 사람이라 그 글이 잽싸고, 강총(江摠)은 이상한 사람이라 그 글이 허황한데 모두 옛날의 이롭지 못한 사람들이니라.”
>
> 선생님께서 말씀하셨다. “안연지(顔延之)·왕검(王儉)·임방(任昉)은 군자의 마음이 있어. 그 글이 간략하면서도 규범에 맞느니라.”[29]

이 글은 작가의 글에 나타난 분위기를 통해서 그 글을 쓴 작가의 사람됨을 유추하는 내용들로 구성되어 있다. 작가의 인품과 작가풍

28) 王通이 ≪論語≫를 본떠 그의 제자들과의 문답을 기록한 책.

29) 子謂: “文士之行可見: 謝靈運小人哉, 其文傲, 君子則謹. 沈休文小人哉, 其文冶, 君子則典. 鮑照·江淹古之狷者也, 其文急以怨. 吳筠·孔珪古之狂者也, 其文怪以怒. 謝莊·王融古之纖人也, 其文碎. 徐陵·庾信古之夸人也, 其文誕.” 或問孝綽兄弟, 子曰: “鄙人也, 其文淫.” 或問湘東王兄弟, 子曰: “貪人也, 其文繁.” “謝朓淺人也, 其文捷. 江摠詭人也, 其文虛. 皆古之不利人也.” 子謂: “顔延之·王儉·任昉有君子之心焉, 其文約以則.”((羅聯添 編輯, ≪中國文學批評資料彙編--隋唐五代≫(臺北:成文出版社有限公司, 1978.) 제3쪽에서 재인용.))

격 간에는 필연적인 상관관계가 있어서 글 속에는 그 글을 쓴 작가의 사람됨이 여실하게 드러난다는 논리의 구체적인 표현이다.

작가의 인품과 작가풍격의 필연적인 상관관계를 강조하는 관점은 다시 작가의 개성과 작가풍격의 일치를 주장하는 논리로 발전하기도 한다. 전예형(田藝蘅)[30]은 "시는 그 시인의 사람됨을 닮는다."라고 했으며, 또 "이백(李白)은 사람됨이 표일(飄逸)한데, 그래서 그의 시가 표일하다. 두보(杜甫)는 사람됨이 침착(沈着)한데, 그래서 그의 시가 침착하다."라고 했다고 한다.[31] 작가의 성품을 나타내는 말과 그 작가의 작가풍격을 나타내는 말이 같은 것을 통해서 작가의 인품과 그 작가의 작가풍격을 동일시한다는 사실을 확인할 수 있다. 서증(徐增)[32]도 "시는 바로 그 사람의 행장(行狀)이라서 인품이 높으면 시도 고상하고, 사람이 속되면 시도 속되어서 한 자도 가려 덮을 수 없다. 그 시를 보는 것은 그 사람을 보는 것과 같다."[33]고 한 바 있다. 이와 같이 '작품을 보면 그 작가의 사람됨을 알 수 있다'라는 생각은 작가의 인품과 그 작가의 작가풍격의 일치를 주장하는 비평의식의 결정이다.

30) 字가 子藝으로 1570년을 전후하여 살았던 明나라 시대 사람이나 그의 생졸년은 잘 알려져 있지 않다. 호쾌한 성품을 가졌던 그는 만년에도 백발에 붉은 옷을 입고 西湖의 꽃과 버드나무 아래에 두 여종을 끼고 앉아 있으면서 손님이 오면 즉석에서 술자리를 펴서 술 한 말에 시 백 편을 읊조렸다고 한다.

31) "詩類其爲人." "太白做人飄逸, 所以詩飄逸; 子美做人沈着, 所以詩沈着." ((蔡鎭楚, ≪詩話學≫(湖南敎育出版社, 1990년 초판, 1992년 제2차 인쇄.) 제220쪽 참조.))

32) 淸나라 사람으로 字는 子能이다.

33) 徐增, ≪而庵詩話≫ 제21則: "詩乃人之行略, 人高則詩亦高, 人俗則詩亦俗, 一字不可掩飾, 見其詩如見其人."((王夫之 等 著, ≪淸詩話≫(臺北:明倫出版社, 1971.) 제430쪽 참조.))

(2) 작품 속에 반영되는 작가의 운명

작품 속에는 필시 그 작품을 창작한 작가의 개성이 묻어 있을 수밖에 없다는 생각은 작품을 통해서 그 작가의 운명까지도 점칠 수 있다고 믿는 데에까지 이르기도 한다. 그것이 바로 시참(詩讖)[34]이다. 유명 작가와 관련된 시참은 그 자체에 극적인 요소가 있어서 사람들의 흥미를 끌기에 족한 만큼 시화와 같은 저술에서 즐겨 다루는 주제가 되기도 한다. 다음과 같은 시참의 예가 전해지고 있다.

> 마조림의 자는 천규인데, 성품이 거리낌이 없었고 시 짓기를 좋아하였다. 어느 해 겨울에 군의 시험에 응시하고자 비성에 상당히 오래 머물러 있었다. 어느 날 저녁에 포효숙[包拯: 포증]의 사당에 들러서 달밤에 앉아 있다가 "호연지기는 헛되이 흐르는 물 따라 가는데, 추운 날 예쁜 달은 어찌하여 사람을 비추는고?"라는 시구를 얻었다.

34) '詩讖'이라는 말은 두 가지로 이해될 수 있다. 하나는 '시를 통해서 그 작자의 운명을 점친다'는 것이고, 또 하나는 '시의 형식을 빌어서 미래의 일을 예언한다'는 것이다. 전자는 그 속성상 시화류에서 즐겨 다루는 내용인데, 시를 보고서 그 시인의 미래를 점치는 것은 예언적인 요소가 있어서 '讖'이라고 할 수 있다. 그러나 대개의 경우 흥미위주로 사후에 특정 작가와 그의 작품을 연계시키는 경우가 많아서 본격적인 讖이라고 할 수 있는 것은 별로 없다. 후자의 경우로는 宋나라 邵康節(雍)의 작품이라고 하는 칠언절구 10수로 구성된 <梅花詩>가 대표적이다.((謝貴安, ≪中國讖謠文化硏究≫, 海口: 海南出版社, 1998. 附錄二 참조.)) 북송시대인 1077년에 작고한 邵雍은 제1수에서 宋의 南遷과 金의 침입을 예언한 것에서부터 제6수에서는 袁世凱의 등장과 일본의 침입을 예언하는 등 시대 순으로 중요 역사 사건을 예언한 것으로 해석되곤 한다. 그리고 나머지 4수에 대해서는 아직 다가오지 않은 미래의 일이라서 감히 억측할 수 없다는 설명을 첨부하고 있다. 그러나 이 작품은 근인의 위작으로 의심받고 있다.(≪中國讖謠文化硏究≫ 제194쪽 참조.)

> 다음 날 그 원고를 스승에게 올렸더니 스승은 보고서 놀라 말하였다. "자네는 큰 고래를 타고서 청련[李太白: 이태백]을 따라가려 하는가? 어찌 기분 잡치기가 이와 같은고?" 즉시 붓을 가져오게 하고서는 '헛되이 따라간다'를 '따라가지 않는다'로 바꾸었다. 마조림은 여전히 큰 소리를 치며 대꾸하였다. "정말 그렇게 된다면, (그것은) 저가 바라던 바입니다." 얼마 있지 않아 시험이 끝나고 돌아가는 길에 소호를 건너다가 강 가운데에서 바람을 만나 배가 뒤집히자 과연 물에 빠져 죽게 된 것이다. 이것이 시참이다.[35]

'이것이 시참'이라는 설명이 첨부되어 있는 전형적인 시참의 예이다. 곧 시참은 시를 보고서 그 시를 쓴 작가의 운명을 예측하는 것이다. 시참 중에는 간혹 그 작자의 성공을 예언하는 것이 있기도 하나,[36] 대부분은 비극적인 요절에 관한 것이 많다. ≪전당시화(全唐詩

---

35) "馬照臨, 字薦葵, 性倜儻, 嗜吟咏. 某年冬, 應郡試, 居淝城甚久. 一夕, 詣包孝肅祠坐月, 得句云: '浩氣空隨流水去, 娟娟寒月何照人?' 次日, 携稿呈其師. 師見之, 驚曰: '子其欲騎長鯨以追靑蓮乎? 何敗興乃爾!' 立命筆, 易空隨爲不隨. 薦葵猶作豪語以應之曰: '信如是, 某之願也.' 未幾, 試畢歸, 渡巢湖, 中流遇風, 舟覆, 果落水死. 此詩讖也."((이 인용문은 黃倫生의 ≪東方天國的神秘之門--中國巫術文化探秘≫(桂林:廣西師範大學出版社, 1993.)제 95쪽에서 재인용하였는데, ≪淸稗類鈔≫의 <馬薦葵詩讖> 조에 들어 있는 것이라고 한다.))

36) 白居易가 16세 경에 長安으로 가서 당시의 著作郞 顧況을 만났더니 顧況이 그의 이름을 물어보고는 그의 이름이 '居易'라는 대답에 '장안 살이(居)가 크게 쉽지(易) 않을 것'이라고 했다가, 백거이가 <賦得高原草送別>이라는 작품을 보여주었더니 '그래도 장안 살이가 쉬울 것'이라고 했다는 일화가 전해지고 있다. 이 일화에서 백거이에 대한 긍정적인 평가는 이 시의 작품성이 뛰어난 것을 보고 장안에서도 충분히 시인으로서 입신할 수 있을 것이라고 평가한 것으로 볼 수 있지만, 작품 중 "野火燒不盡, 春風吹又生.(들불도 다 태워버릴 수 없어, 봄바람 불면 또 살아나네.)"이라는 두 句에서 작자의 강력한 생명력을 감지했기 때문이라고 할 수도 있을 것이다. 여기서 후자에 비중이 두어지면 이 일화는 긍정적 사태를 예측한 시참이 될 수 있다.

話)≫[37]에도 다음과 같은 이야기가 실려 있다.

> 오 지방 사람 범터 처사의 아들은 일곱 살에 시를 지을 수 있었는데, 은자에게 "바람이 좋게 불어줄 때에 낙엽을 쓸고, 날이 흐릴 때에 꽃에 물을 주노라."라는 시를 지어 주자, 방간은 "이 아이는 몇 년 후에 반드시 이름을 날리게 될 것이다."라고 하였다. 또 여름날의 풍경을 읊어 "한가로운 구름은 피어도 비는 오지 않고, 병든 낙엽이 떨어져도 가을은 아닐세."라고 하였더니, 방간이 말하기를, "아깝다! 분명 오래 살지 못하리라."라고 했다. 과연 그 아이는 열 살에 세상을 떴다.[38]

역시 작품을 보고 그 작자의 운명을 예언한 것으로 시참의 전형적인 모습이다. 여기서는 한 작자의 두 수의 시에 대한 각기 다른 성격의 시참이 보이는데, 하나는 작자인 어린이의 성공을 점치는 것이고, 또 다른 하나는 그 어린이의 요절을 예측한 것이다. 어린이의 성공을 예측하는 경우는, 시의 내용이 주어진 상황을 자신의 편의에 맞게 이용할 줄 아는 적응력을 보여주고 있어서 성공적인 처세를 예측한 것이라 볼 수도 있고, 아니면 어린 나이에 수준 있는 작품을 쓴 어린이의 재능으로 보아 시인으로 성공할 것을 예측한 것이라고도 볼 수 있다. 그러나 요절을 예측한 경우, 그 예측은 이 작품의 성과와는 별 관계가 없다. 평자인 방간이 중시한 것은 시에 담긴 내용으로, '구름이 일어도 비가 오지 않고, 가을이 아닌데도 병든 나뭇잎이 떨어

37) 宋나라 사람 尤袤가 쓴 詩話.

38) ≪全唐詩話≫卷六 '范攄之子'((淸 何文煥 編訂, ≪歷代詩話≫(臺北:藝文印書館, 1983.) 제139쪽.)): "吳人范攄處士之子, 七歲能詩, 贈隱者云: '掃葉隨風便, 澆花趂日陰.' 方干曰: '此子他年必成名.' 又吟夏日云: '閒雲生不雨, 病葉落非秋.' 干曰: '惜哉, 必不享壽.' 果十歲卒."

지는' 비정상적인 자연 현상인 듯하다. 눈에 보이는 많고 많은 삼라만상 중에 하필이면 그 비정상적인 자연현상이 그의 시심을 자극한다는 것은 그런 비정상적 자연 현상에 공명하는 운명적 속성이 그 어린아이에 내재되어 있기 때문이라고 본 것일 것이다. 그리고 어린아이에게서 가장 비정상적인 현상이라면 인간의 평균적인 기대 수명에 턱없이 미치지 못하는 요절이 아니겠는가?

(3) 작가 인품과 작품 풍격의 괴리 가능성

작가풍격을 작가의 인품의 반영이라고 보는 것은 '도(道)가 훌륭하면 문장은 저절로 잘 되게 된다'[39]고 생각하는 도학자(道學者)의 문학관과 맥락을 같이 한다. 도학자의 주장은 수양과 문학 공히 인간의 소중한 활동이기는 하지만 보다 본질적인 것은 수양에 있다는 뜻이다. 그 논리에 따른다면 인품이 훌륭한 사람은 훌륭한 작가이고, 훌륭한 작품을 남긴 이는 인품이 뛰어난 사람이어야 한다. 그러나 문학사에서는 인품이 뛰어난 도학자가 반드시 훌륭한 문학가가 되는 것이 아니라는 사실을 쉽게 확인할 수 있다. 역으로 뛰어난 문학가라고 해서 반드시 훌륭한 인격자인 것도 아니다.

일찍이 조비(曹丕)는 "문인들이 서로를 깔보는 것은 옛날부터 그래 왔다."[40]라는 말로써 전문 문인들의 품성이 형편없다는 이른바 '문인경박론(文人輕薄論)'을 제기하였다. 훌륭한 작품을 써내는 작가가 그

39) 歐陽修, <答吳充秀才書>: "聖人之文, 雖不可及, 然大抵道勝者, 文不難而自至也."((黃啓芳 編輯, ≪中國文學批評資料彙編--北宋≫(臺北:成文出版社, 1978.) 제135쪽 참조.))

40) 曹丕 ≪典論 · 論文≫: "文人相輕, 自古而然."

에 걸맞은 훌륭한 인격의 소유자이기는커녕 잘난 체만 하고 덕성이 없는 소인배들로 치부된 것이다.

이에 대하여 유협(劉勰)은 일류 문인 중에 인격적 결함이 있는 이들을 열거하면서 조비의 말이 사실무근이 아님을 재확인한다. 그러나 그는 또 동시에 이러한 작가들의 인격적 결함이 그들이 문학에 종사했기 때문이 아니라고 하였다. 큰 업적을 이룬 역대의 무인들과 정치가들 중에 인격적 결함이 있었던 이들이 한 둘이 아님을 들어 그 사실을 증명하고자 하였다. 인간의 인격적 완성도는 그가 종사하는 업이 문(文)이냐 무(武)냐에 따라 결정되는 것이 아니라는 결론을 내린 것이다. 인격과는 관계없이 각자의 재능에 따라 문에 종사하기도 하고 무에 종사하기도 한다고 보았기 때문이다. 유협의 그와 같은 견해는 ≪문심조룡(文心雕龍)・정기(程器)≫편에 다음과 같이 서술되어 있다.

> 문사들의 흠을 대략 살펴볼 것 같으면, 사마상여(司馬相如)는 남의 아내를 훔치고 돈을 받았으며, 양웅(揚雄)은 술을 좋아하여 생활에 규모가 없었다. 풍연(馮衍)의 생활태도는 깨끗한 행위규범을 좇지 않았고, 두독(杜篤)은 관청에 끊임없이 청탁을 하면서도 만족하질 못했다. 반고(班固)는 두헌(竇憲)에게 아첨을 하면서 행세를 하였고, 마융(馬融)은 양기(梁冀)에게 빌붙으며 부정하게 재물을 챙겼다. 공융(孔融)은 오만하고 멋대로 행동하다가 죽음을 재촉하였고, 예형(禰衡)은 제멋대로 어리석은 짓을 하다가 죽음을 초래하였다. 왕찬(王粲)은 경박하고 줏대가 없이 영달하려고 안달하였고, 진림(陳琳)은 경박하여 행동에 허점이 많았다. 정의(丁儀)는 욕심이 많아서 재물을 구걸하였고, 노수(路粹)는 배부르게 먹으면서 부끄러움이 없었고, 반악(潘岳)은 거짓으로 신에게 기도하는 문장을 만들어 민회태자(愍懷太子)를 해쳤다. 육기(陸機)는 가밀(賈謐)과 곽창(郭彰)에게 빌

붙었으며, 부현(傅玄)은 고집이 세어 대관에게 욕하였고, 손초(孫楚)는 성질이 사나워서 상사와 송사를 벌였다. 모두가 이와 같은 일이 있는데, 이러한 것들은 모두 문사들의 결점이다. 문인에 있어서 이러한 것이 있다는 것이 확인되었지만, 무인에게 있어서도 당연히 그러하다. 옛날의 장수와 재상들은 허물이 정말로 많았다. 예를 들어 관중(管仲)의 도적질, 오기(吳起)의 탐욕과 음탕함, 진평(陳平)의 행위의 오점, 주발(周勃)과 관영(灌嬰)의 비방과 질투, 이 이하로 이루 다 헤아릴 수 없다. 공광(孔光)은 재상의 높은 지위에 있으면서도 동현(董賢)에게 아첨을 하였으니 하물며 반고(班固)와 마융(馬融)의 미천한 직책과 반악(潘岳)의 낮은 지위에 있어서야! 왕융(王戎)은 개국의 큰 공신이면서도 관직을 팔아 세상을 소란스럽게 했으니, 하물며 사마상여(司馬相如)와 두독(杜篤)과 같이 한 푼도 없으며, 정의(丁儀)와 노수(路粹)와 같이 가난함에 있어서야! 그러나 공광(孔光)이 명유로서 손색이 없고, 왕융(王戎)이 죽림칠현의 한 사람으로서 흠이 되지 않았던 것은 명성이 높아서 비난이 줄어들었기 때문이다. 굴원(屈原)과 가의(賈誼)의 충성과 곧은 지조, 추양(鄒陽)과 매승(枚乘)의 기민한 감각, 황향(黃香)의 지극한 효행, 서간(徐幹)의 고요하고 침착함과 같은 경우를 본다면, 문인들은 반드시 허물이 있다고 어떻게 말하겠는가![41)]

41) "略觀文士之疵: 相如竊妻而受金, 揚雄嗜酒而少算, 敬通之不循廉隅, 杜篤之請求無厭, 班固諂竇以作威, 馬融黨梁而黷貨, 文擧傲誕以速誅, 正平狂憨以致戮, 仲宣輕脆以躁競, 孔璋傯恫以粗疎, 丁儀貪婪以乞貨, 路粹餔啜而無恥, 潘岳詭禱於愍懷, 陸機傾仄於賈郭, 傅玄剛隘而詈臺, 孫楚狠愎而訟府, 諸有此類, 竝文士之瑕累. 文旣有之, 武亦宜然. 古之將相, 疵咎實多: 至如管仲之盜竊, 吳起之貪淫, 陳平之汚點, 絳灌之讒嫉, 沿茲以下, 不可勝數. 孔光負衡據鼎, 而仄媚董賢, 況班馬之賤職, 潘岳之下位哉! 王戎開國上秩, 而鬻官囂俗, 況馬杜之磬懸, 丁路之貧薄哉! 然子夏無虧於名儒, 濬沖不塵乎竹林者, 名崇而譏減也. 若夫屈賈之忠貞, 鄒枚之機覺, 黃香之淳孝, 徐幹之沈默, 豈曰文士, 必其玷歟!"

이러한 역사적 사실에서 훌륭한 작품을 쓴 문인이라고 해서 반드시 인격이 훌륭한 것이 아니며, 또한 작가의 문학적 능력이 그의 인품에 비례하는 것도 아니라는 것을 알 수 있다. 그러므로 많은 학자 이론가들이 문학작품의 성취는 작가의 인품에서 나온다고 하는 것은 도학자들의 이상론 내지는 희망사항일 뿐, 실제와는 상당한 거리가 있다.

문학 현상의 실제에 있어서 작가의 인격과 그의 작가풍격이 일치하지 않는 경우가 많다. 심한 경우에는 작가의 개성 및 인품과 그의 작가풍격이 전혀 다른 모습으로 나타나기도 한다. 작가의 인품과 작가풍격 간의 괴리 현상이 이렇게 많이 존재하기 때문에 '문장은 작가 내면의 외적 표현으로서 그 작가 인격의 반영이다'고 생각하는 관점은 완전히 타당한 것이 될 수 없다.

작가의 인격과 작품의 성취가 필연적 대응관계에 놓일 수 없는 것은 문학 작품의 조작성(造作性) 때문이다. 작품의 조작성은 작가의 인품과 그 작가의 작가풍격 간의 괴리를 야기하는 데에서 끝나는 것이 아니다. 경우에 따라서 작자는 자신의 성격과 신분에 반하는 성격과 내용의 작품을 지을 수도 있다. ≪운계우의(雲溪友議)≫42)에는 다음과 같은 이야기가 실려 있다.

> 송옹(宋雍)은 처음에는 좋은 평판이 없었으나 시력을 잃는 병을 앓게 되면서 그의 시인으로서의 이름이 비로소 드러나게 되었다. 노륜(盧綸)은 스님을 흉내낸 시를 지었고, 스님 청강(淸江)은 칠월칠석을 노래한 시를 지었고, 유수주[劉長卿: 유장경]는 눈이 멀쩡했으나 장

42) 唐나라 사람 范攄가 쓴 책으로 3卷으로 되어 있다. 책에 수록된 내용은 주로 中唐 이후의 잡다한 일인데, 시에 관한 이야기가 7~8할이므로 후대의 시화와 비슷한 성격의 책이라고 할 수 있다.

> 님의 시를 지었으며, 송옹(宋雍)은 눈이 보이지 않으면서도 눈이 보이는 듯이 시를 지었으므로 시를 짓는 이들은 이것을 '사배(四背)[네 가지 사리에 어긋나는 일]'라 하였는데, 때로 '사도(四倒)[네 가지 전도된 일]'라고도 한다. 그러나 시어는 모두 아름다운 정취를 표현하고 있다. 노공[즉 盧綸: 노륜]의 시는 "원공(遠公)[즉 慧遠: 혜원]이 이름을 알아주어, 향 피우고 발우 씻으며 여생을 보내었으면"이라 하였고, 청강 스님의 시는 "오직 근심하는 것은 물시계 빨리 떨어지는 것, 이별이 내일 아침이기에"라고 하였다. 유수주의 시는 "가랑비 옷에 젖어도 보이지 않고, 한가한 꽃 땅에 떨어져도 들리는 소리 없네"라 하였으며 송옹의 시는 "서러울 땐 꾀꼬리 소리 듣기 괴로우나, 푸른 버들은 빗속에 보아야 제 맛이지"라고 했다.43)

일반인이 스님을 흉내 낸 시를 쓰기도 하고 속세와는 인연을 끊어야 할 스님이 아녀지정을 노래하기도 하는 것과 같이 시인이 자신의 신분이나 신체적 특징과 다른 시를 써낼 수 있는 것은 결국 시가 사람에 의해 만들어지는 것이기 때문이다.44) 사전에도 이와 관련된

43) "宋雍初無令譽, 及嬰瞽疾, 其詩名始彰. 盧員外綸作擬僧之詩, 僧淸江作七夕之詠, 劉隨州有眼作無眼之句, 宋雍無眼作有眼之詩, 故詩流以爲四背, 或云四倒. 然辭意悉爲佳致. 盧公詩曰: '願得遠公知姓字, 焚香洗鉢過餘生.' 淸江上人詩曰: '惟愁更漏促, 離別在明朝.' 劉隨州詩曰: '細雨濕衣看不見, 閑花落地聽無聲.' 宋君詩曰: '黃鳥不堪愁裏聽, 綠楊宜向雨中看.'"((范攄 纂, ≪雲溪友議≫(北京:中華書局, 1985.) 一冊 卷二 第2則의 일부. 句讀는 필자가 적의 조절하였음.))

44) 그러나 위 인용문은 논란의 소지가 있는 부분이 많다. 宋雍은 본래는 장님이 아니었다고 하므로 그가 노래한 비에 젖는 아름다운 봄 풍경은 그가 정상인이었을 때의 기억을 회상한 것이라고 이해할 수도 있는 것이며, 劉長卿의 시도 그의 시심을 자극하는 비 오는 봄날의 정밀한 분위기를 노래한 것으로 '가랑비에 옷 젖는 것이 보이지 않는다'고 노래하였다고 하여 그가 장님 흉내를 냈다고 판단하거나 '떨어지는 꽃잎이 소리가 나지 않는다'고 했다 하여 그의 청각을 의심하는 것은 다소 무리가 있는 듯하다.

내용을 개념화 하여 싣고 있는 것을 보면[45], 사람들은 보편적으로 특정인의 신분에 걸맞다고 생각되는 특정 풍격이 존재한다고 생각하고, 동시에 작가와 작가풍격 간의 괴리도 있을 수 있는 일이라고 생각하는 것임을 알 수 있다.

3. 작가 작풍의 변화

일정한 성취가 있는 것으로 평가되는 작가들은 대개 그의 일생동안 장시간 지속적으로 작품 활동을 하였고, 그 결과 상당수의 작품을 남겼다. 그 작품들 하나하나는 개별적인 미적 특성을 가지고 있으나, 동시에 일정 기간 동안에 창작된 작품들은 미적 특성이 유사한 현상을 보이기도 한다. 그러면서 그 시기와 상당한 시간적 간격이 있는 시기에 지어진 작품들의 공통된 미적 특성과는 다소간의 차이가 있는 경우가 많다. 한 작가가 일생동안 창작한 작품들의 풍격은 시간의 추이에 따라 다소간의 차이를 보이게 마련인 것이다.

(1) 양강(陽剛)에서 음유(陰柔)로

대부분의 작가들은 만년에 이르게 되면 청년시절과는 완전히 다른 풍격의 작품을 창작하게 되는 것을 볼 수 있다. 중국 전원시(田園詩)의 할아버지로 칭송되는 도연명(陶淵明)[46]은 40대 초반에 벼슬을 집어던

45) 漢語大詞典編輯委員會漢語大詞典編纂處, ≪漢語大詞典≫(上海:漢語大詞典出版社, 1989년 초판, 1994년 제3쇄.)에는 ‘四背’ 및 ‘四倒’ 조가 수록되어 있고, ‘四背’ 조에서는 위 ≪雲溪友議≫의 기록을 일부 인용하고 있다.

지고 전원에 은거하면서 격정이 여과된 평담한 분위기의 작품을 남긴 것으로 유명하지만, 그도 젊었던 시절에는 정치에 뜻을 품고 있었고 그때의 시에서는 패기가 흘러 넘쳤다. 물아일여(物我一如)의 시적 경지를 성취하여 시불(詩佛)이라고 칭송되는 당(唐)나라의 시인 왕유(王維)47) 역시 그의 초기 시에서는 젊은이다운 진취적 기상을 드러내

46) 그의 이름과 字에 대해서 이설이 많지만 대체로 이름은 淵明이고 字가 元亮이며 東晋이 망한 후에 潛으로 이름을 바꾸었다는 설이 유력하다. 그의 생졸년에 대해서도 이설이 분분한데, 東晉 哀帝 興寧 3년(365년)에 태어나서 宋 文帝 元嘉 4년(427년) 향년 63세로 세상을 떴다는 설이 유력하다. 몸소 농사를 지어야 할 정도로 집안이 가난하여 벼슬을 살기도 하였지만 자의식 강하고 자유분방한 성격 탓에 얼마 견디지 못하고 전원에 은거하여 집안일도 아이들과 하인들에게 맡긴 채 시 짓기와 음주로 소일하였다. 술을 보면 대취할 정도로 마셨지만 없으면 없는 대로 견뎠고 희로애락의 감정도 얼굴에 나타내지 않을 정도로 달관한 인물이었다. 그가 쓴 전원시는 전원에 사는 지식인의 정감을 진솔하게 표현하고 있어서 중국 전원시의 할아버지로 일컬어진다. 당시 유행하던 유미주의 풍조에서 벗어난 도연명의 질박한 시풍은 당대에는 크게 호평 받지 못했지만 후대로 갈수록 그 성가가 높아졌다. 이런 의미에서 그의 시는 고전이라고 평가할 수 있다.

47) 字가 摩詰이므로 이름과 합하면 불교 재가신자로서 최고의 경지에 올라서 대승불교에서 존중하는 인물인 維摩居士의 이름이 되는 것에서 알 수 있듯이, 그의 종교적 배경은 불교다. 唐 武后 聖歷 2년(699년)에 나서 唐 肅宗 乾元 2년(759년)에 향년 61세로 세상을 떴다. 어려서부터 동생 縉과 함께 총명함으로 이름이 높았다. 과거 급제 후 벼슬을 하다 安祿山의 난 때, 포로가 되어 안록산에 협조하였다 하여 큰 위기에 몰렸지만 당시 높은 벼슬을 하고 있던 동생 縉의 구명운동과 그가 안록산의 난과 관련된 일을 슬픈 정조로 쓴 시가 있는 것이 참작되어 사면되기도 하였다. 아름다운 자연의 모습을 핍진하게 그려내고 있는 그의 시는 산수시의 최고봉이라 할 만한데, 그의 시에서 배어나는 영혼의 평정상태는 불교의 삼매를 구현한 듯하여 독자에게 미적 즐거움과 함께 영혼의 안위를 제공한다. 왕유의 그러한 시풍은 그가 중국 남종화의 개조가 될 정도로 뛰어난 화가였던 것과 일정한 관련성이 있는 것으로 보는데, 蘇東坡가 왕유의 시와 그림을 평하여 '시 속에 그림이 있고, 그림 속에 시가 있다'고 한 말은 왕유의 예술세계를 가장 잘 표현한 말로서 인구에 회자된다.

고 있다. 우국의 격정을 노래하던 남송(南宋)의 애국시인 육유(陸游)[48]도 만년에는 세상을 관조하는 차분한 분위기의 시를 쓴다. 심지어 소순(蘇洵)[49]이 '인지상정에 맞지 않는 일을 하는 사람'[50]으로 통박함으로써 피도 눈물도 없는 냉혈한의 강성 이미지를 갖게 된 왕안석(王安石)[51]도 만년의 작품에서는 패기가 넘치던 청년기의 작품과는 달리

48) 字가 務觀으로 宋나라 徽宗 宣和 7년(1125년)에 나서 寧宗 嘉定 2년 향년 85세로 타계했다. 조상의 공에 힘입어 벼슬살이를 시작했으나 중국 최악의 간신이라는 악명을 떨치고 있는 秦檜의 미움을 받아 기를 펴지 못하다가 진회의 사후 여러 가지 벼슬을 하였고 황제의 신임도 받았다. 육유는 힘이 세어서 눈 오는 날에 호랑이를 때려잡았다는 이야기가 전해지고 있으며, 행동도 자유분방한 독특한 성격의 인물이었다. 결혼하여 부부가 되었으나 어머니의 강제에 의해 헤어져야만 했던 외사촌 동생 唐琬과의 죽음을 넘어 변치 않는 사랑 이야기는 역대로 많은 사람들을 울렸다. 육유는 詩와 詞에 모두 뛰어났으나 그 중에서도 시로써 더 유명하여 남송사대가의 한 사람으로 꼽힌다. 만 수가 넘는 시를 지은 다작가로도 유명하다. ≪劍南詩稾≫ 등 여러 저서를 남기고 있다.

49) 字가 明允으로 앞서 소개한 蘇軾과 蘇轍 두 아들과 함께 唐宋八大家의 한 사람이다. 宋 眞宗 大中祥符 2년(1009년)에 나서 英宗 治平 3년(1066)에 향년 58세로 타계했다. 큰 아들 소식이 태어날 무렵인 27세 때에 크게 각성하여 비로소 열을 내어 공부를 시작하였다. 1년 남짓 공부한 것으로 몇 가지 시험을 보았다가 실패하자 그 동안 썼던 글들을 모두 태워버리고 문을 걸어 잠그고 공부에 매진하여 마침내 큰 성과를 얻어서 순식간에 수천 자에 달하는 문장을 써내는 수준에 이르렀다고 한다. 당대의 명망가였던 歐陽修와 韓琦 등의 추천으로 벼슬을 살기도 하였다. ≪嘉祐集≫ 등의 저서가 전한다.

50) 蘇洵, <辨姦論>: "事之不近人情者."

51) 字가 介甫, 號가 半山으로 宋 眞宗 天禧 5년(1021년)에 나서 宋 哲宗 元祐 원년(1086년)에 향년 66세로 타계했다. 어려서부터 공부하기를 좋아하고 글을 잘 쓰자 그의 친구였던 曾鞏이 그의 스승 歐陽修에게 소개했고 구양수가 그의 재주를 높이 사서 과거에 급제하게 하였다. 서화도 잘했던 그는 문장에 매우 뛰어나 당송팔대가의 한 사람으로 꼽힌다. 논변이 뛰어나고 자신감이 강했던 그는 행동에도 과감하여 新法黨의 영수가 되어 급진적인 정치개혁을 주도했던 것으로 유명하다. 당시 명망 있던 유력인사들의 반대에 부딪혔던 그의 급진적 정치 운동은 실패로 끝났고, 그로 말미암아 부정적인 평가를 많이 받았다. 약간

관조적 분위기가 돋보인다.

왕안석의 작품 중 청년시절에 쓴 시와 만년에 쓴 것으로 추정되는 시를 한 수씩 감상하면서 그 풍격의 차이를 살펴보기로 한다.

登飛來峰(등비래봉)

飛來峰上千尋塔(비래봉상천심탑),
聞說鷄鳴見日昇(문설계명견일승).
不愁浮雲遮望眼(불수부운차망안),
只緣身在最高層(지연신재최고층).

비래봉 위 천길 되는 탑
듣기에 새벽 해뜨는 것도 보인다네
뜬 구름 시야 가릴 걱정 않는 것은
이 몸 가장 높은 층에 있기 때문이지

梅花(매화)

牆角數枝梅(장각수지매),
凌寒獨自開(능한독자개).
遙知不是雪(요지불시설),
爲有暗香來(위유암향래).

담모퉁이 몇 가지 매화 꽃
추위 무릅쓰고 홀로 피었네
멀리서도 눈 아닌 줄 아는 것은
은은한 향기 밀려오기 때문이지

편집증적 성격으로 식탁의 자기 앞자리에 놓인 음식만을 먹는다든지 한 번 입기 시작한 옷은 떨어질 때까지 벗지 않았다는 등의 특이한 일화도 전해진다. ≪臨川集≫ 등의 저서가 전해지고 있다.

앞의 <등비래봉>은 왕안석(1021~1086)이 은현(鄞縣)에 근무할 때 (1047~1049) 쓴 것이라고 하니[52] 대략 왕안석이 20대 후반 청년기에 쓴 작품이다. 한편 <매화>시는 그의 만년에 지어진 것으로 추정된다.[53]

<등비래봉>은 즉경흥정(卽景興情)의 감흥을 표현한 작품으로서 작자의 자아가 강하게 표출되어 있다. 특히 뒤의 두 구에는 장래 정계의 실력자가 될 왕안석이 천하 제일을 자처하는 자부심이 넘쳐흐른다. 곧 양강(陽剛)의 범주에 속하는 분위기다. 그러나 <매화>는 조용한 관조를 통해 정서가 고도의 평정 상태에 다다른 것을 보여주고 있다. 음유(陰柔)의 미(美)를 구현하고 있는 작품으로서 왕유의 대표작들 속에 섞어 놓아도 이질감이 별로 없을 정도다.

성공한 시인들은 각기 독특한 작가풍격을 구현하고 있지만 이와 같이 전기에는 대체로 양강미에 속하는 작품을 쓰다가도 만년에는 점차 음유미로 기울어가는 경향을 보여주고 있다. 작가풍격이 이렇게 초기의 양강에서 후기의 음유로 변화하는 것은 세월에 따른 시인의 노쇠 때문일 것이다. 거친 돌도 오랜 시간 풍우와 파도에 시달리며 모가 닳아 둥글게 바뀌듯이 시간 앞에 무력한 유한자로서의 인간도

---

52) 周錫輹 選注, ≪王安石詩選≫(臺北:遠流出版事業股份有限公司, 1993. 臺灣初版 4刷.) 제10쪽 참조.

53) ≪王安石詩選≫제13쪽에는 이 시선집이 왕안석의 대표작이라 할 만한 시 133수를 선록하면서 그 배열순서는 시대의 선후에 따랐고 저작 연대가 불분명한 경우에는 그 내용과 풍격, 그리고 정조에 따라 그 대체적인 창작시기를 판명하여 편집하였다고 설명하였다. 그러나 이 <梅花>에는 그 저작시기가 밝혀져 있지 않다. 그런데 이 <梅花>는 끝에서 19번째에 수록되어 있고, 이보다 앞인 끝에서 35번째에 향년66세의 왕안석이 63세 되던 해에 쓴 것이라고 밝히고 있는 <送鄧監簿南歸>를 싣고 있는 것으로 보아 그 내용이나 풍격에 있어서 이 작품은 왕안석의 가장 만년의 작품으로 판단되고 있다는 것을 알 수 있다.

세월의 침식을 받아 정신의 모가 닳아가는 모습이 시라는 인화지에 뚜렷한 영상을 남기는 것으로 보인다.

(2) 작풍의 변화를 가져오는 처세태도의 변화

작가풍격이 작가의 전후기에 따라 변화를 보인다는 것은 한 작가가 주로 노래하는 내용이 전후기에 따라 달라진다는 것을 의미한다. 그것은 동시에 세상을 보는 작가의 시각이 나이에 따라 변화한다는 것을 의미하기도 한다. 청년기를 포함하는 전기에는 정치와 사회에 대하여 적극적이고 참여적인데 비하여 노년에 해당하는 후기에는 정치와 사회에 대하여 소극적인 태도를 보이는 것이다. 후기의 주된 관심사는 인위가 배제된 자연과 자아에 대한 탐구와 관조로 채워지는 것도 일반적인 현상이다.

맹자(孟子)[54]의 말을 빌리면 정치와 사회에 대한 적극적인 태도는 '겸선천하(兼善天下)'로, 소극적인 태도는 '독선기신(獨善其身)'으로 규정할 수 있다. "여의치 않으면 홀로 자신의 몸을 닦고, 영달하면 천하

54) 孔子 이후 儒家의 최고 철학자로 字는 子輿 또는 子車다. 周烈王 4년(기원전 372년)에 나서 周 赧王 26년(기원전 289년)에 향년 84세로 세상을 떴다. 맹자가 어린 시절 아버지를 여의자 어머니가 아들 맹자의 교육을 위해 세 번이나 이사를 했다는 이야기(孟母三遷之教)는 유명하다. 子思(孔子의 손자)의 문인에게서 배우고서 여러 제후국을 돌아다니며 자신의 이상인 왕도정치를 실현해 보고자 노력하였지만 당시 합종연횡을 일삼던 제후들의 지향과 맞지 않아 물러나서 제자들과 저술 활동을 하면서 여생을 보냈다. 그의 철학사상의 핵심은 '義'인데, 그것은 理性의 가치와 역할을 중시하는 것이라고 생각된다. ≪孟子≫에는 그의 그러한 정치사상이 잘 나타나 있다. ≪孟子≫는 문학적으로도 가치가 높은데, 논리가 정연하고 기세가 빼어나서 후세 산문 문장의 한 가지 모범이 되었다.

를 두루 잘되게 한다."[55]고 했던 맹자의 말은 기실 후대 중국 문인들의 삶의 양식을 규정하는 지침이 되었다. 그리고 그러한 삶은 유가적 가치관의 구현과도 맞물려 있다.

중당(中唐)시대에 유가사상의 가르침에 입각해서 한(漢)나라 악부시(樂府詩)[56]의 정신을 계승하고자 신악부운동(新樂府運動)[57]을 펼쳤던 백거이(白居易)[58]는 그의 동지 원진(元稹)[59]에게 보낸 편지 <여원구서(與元九書)>에서 자신의 처세관에 대하여 다음과 같은 견해를 피력하였다.

---

55) ≪孟子 · 盡心(上)≫: "窮則獨善其身, 達則兼善天下."

56) 漢나라 시대에 민간에 유행하던 詩歌. 樂府는 본래 음악을 관장하고 시를 수집하였던 관청의 이름인데, 그곳에서 채집한 민간의 시가도 樂府라고 불렀던 것이다. 나중에는 그런 민가를 본뜬 사대부의 시도 樂府라고 하였다. 樂府는 단순히 '民歌'라는 의미로도 쓰이는데, 宋나라 시대에 유행하였던 詞를 樂府라고 부르는 것은 詞가 민간가요에서 유래되었다는 점을 강조한 것이다.

57) 唐나라시대에 白居易(772~846)와 元稹(779~831)이 주축이 되어 정통 유가사상의 문학관에 입각하여 일으킨 시가혁신운동이다. 漢나라 시대에 민간의 애환을 노래했던 악부의 정신을 이어받아 시대의 아픔을 시로 표현해내어 정치와 사회의 모순과 부조리를 시정하자는 것이 운동의 주된 취지다.

58) 字가 樂天으로 唐나라 代宗 大歷 7년(772년)에 나서 武宗 會昌 6년(846년)에 향년 75세로 타계했다. 쉬운 시어로 시를 쓸 것을 주장했던 그는 그가 쓴 시를 글을 모르는 할머니에게 읽어주어 이해하면 그대로 두고 이해하지 못하면 폐기했다는 이야기가 전해지고 있다. 그의 시가 일찍이 신라에도 전래되어 애송되었던 것은 그의 시가 쉬웠던 것이 한 가지 이유가 될 것이다.

59) 字가 微之로 唐 代宗 大歷 14년(779년)에 나서 文宗 太和 5년(831년)에 향년 53세로 타계했다. 시를 잘 쓴 덕에 황제의 눈에 들어 특별히 발탁되기도 했던 그는 그 시대의 대표 시인으로 白居易와 함께 元白으로 병칭되었다. 백거이와 원진의 특색 있는 시들을 元和體라고도 한다. 원진은 시 이외의 다른 문장에도 매우 능하였는데, 傳奇(唐나라 시대에 유행하였던 소설의 형태)도 잘 써서 <會眞記>라는 작품을 남겼다. <會眞記>는 元代의 희곡 명작인 <西廂記>의 모태가 되었다.

> 옛사람은 "곤궁할 때에는 홀로 자신을 수양하고, 영달할 때에는 세상을 두루 잘 다스린다."고 하였소. 내 비록 못났지만 항상 이 말을 지침으로 삼고 있소. 대장부가 지키는 것은 도(道)요, 기다리는 것은 때요. 때가 오면 구름 속의 용이 된 듯, 바람을 타는 붕새가 된 듯 씩씩하게 온 힘을 다하여 뛰쳐나가고, 때가 오지 않으면 안개 속의 표범처럼 밤의 기러기처럼 조용히 몸을 추슬러서 물러나니, 나아가고 물러나며 벼슬하고 은거하는 것이 어느 것 하나 부자유한 것이 있겠소? 그래서 나는 뜻은 겸제(兼濟)에 두고 행동은 독선(獨善)하고자 하는 것이요. (그 취지를) 처음부터 끝까지 실천하면 도가 되고, 그것을 말로써 표현해내면 시가 되오. '풍유시'라고 한 것은 겸제의 뜻을 표현한 것이요, '한적시'라고 한 것은 독선의 취지를 나타낸 것이외다.[60]

백거이는 '궁즉독선기신(窮則獨善其身), 달즉겸선천하(達則兼濟天下)'라는 맹자의 말을 끌어와 자신의 처세지침으로 삼았다는 사실을 구체적으로 밝히고 있다. 도연명(陶淵明)도 이 처세지침에 충실하게 산 지식인이라고 할 수 있다.

도연명은 29세에 벼슬살이에 발을 들여놓기 전까지는 관리가 되기 위한 공부에 치중하고 있었다. 그래서 도연명에게 있어서 29세가 되기까지의 기간은 수학기가 된다. 그 다음 29살에 강주좨주(江州祭酒)의 벼슬을 한 후부터 41세에 팽택령(彭澤令)을 80여일 하다 누이동생의 죽음을 계기로 그만 둘 때까지는 관직과 인연이 있었다. 이 기간에는 벼슬살이가 비록 지속적이지는 않았으나 중간에 진군참군(鎭軍參

60) "古人云: '窮則獨善其身, 達則兼濟天下'. 僕雖不肖, 常師此語. 大丈夫所守者道, 所待者時. 時之來也, 爲雲龍, 爲風鵬, 勃然突然, 陳力以出; 時之不來也, 爲霧豹, 爲冥鴻, 寂兮廖兮, 奉身而退. 進退出處, 何往而不自得哉! 故僕志在兼濟, 行在獨善. 奉而始終之則爲道, 言而發明之則爲詩. 謂之'諷諭詩', 兼濟之志也; 謂之'閑適詩', 獨善之義也."

軍)과 건위참군(建威參軍) 같은 자그마한 벼슬을 잠깐씩 한 적이 있고, 이후 벼슬길에서 완전히 물러난 시기와는 그 성격이 다르므로 이 시기는 관직에 나가 있던 기간 즉 사환기(仕宦期)로 규정할 수 있다. 그 다음 41세부터 생을 마감하는 63세까지는 전원에 묻혀 여생을 보냈다. 그래서 이 시기를 은거기(隱居期)라고 한다. 이 은거기는 도연명 문학의 황금기인데 도연명의 동진(東晋)에 대한 충성심을 부각시키고자 하는 사람 중에는 동진의 멸망을 기점으로 그 이후의 시기를 '유로기(遺老期)'로 명명하기도 한다.

도연명의 생애는 위와 같이 삼분기 또는 사분기할 수 있다. 그러나 그의 작가풍격의 변화에 초점을 맞추면 간단하게 전후기의 두 단계로 나누어 이해하는 것이 편하다. <잡시(雜詩)> 제5수에서는 자신의 성격 변화에 대해 언급하고 있는데, 도연명의 성격이 나이가 들어감에 따라 어떻게 변해갔는지를 잘 알 수 있다. 여기서 도연명은 "젊었을 때는 기쁜 일이 없어도 즐거웠었고, 힘찬 기세는 사해를 뛰어넘었으며, 생각은 날개가 달린 듯 멀리 날아올랐었다."61)고 회상한다. 이어 "점점 세월이 가자 그 마음도 이미 조금씩 사라져 갔고, 기쁜 일 만나도 다시는 즐겁지 않았으며 매양 근심만 많을 뿐"62)이라고 실토하였다. 이 말은 곧 특정한 시점을 경계로 도연명의 인생관에 변화가 있었다는 것을 말해주는데, 전반기의 적극적이고 진취적인 기상과 후반기의 소극적이고 어두운 분위기가 선명하게 대비되고 있다.

도연명의 전반기에는 천하를 잘 다스리고자 하는 포부가 컸으므로 이 시기는 '겸제천하(兼善天下)'에의 의지가 강했던 시기라고 해도 좋을 것이다. 상대적으로 자기 자신에 침잠하는 경향이 많은 후반기의

61) "憶我少壯時, 無樂自欣豫, 猛志逸四海, 騫翮思遠翥."

62) "荏苒歲月頹, 此心稍已去, 値歡無復娛, 每每多憂慮."

성향은 '독선기선(獨善其身)'에로 기울어진다. 물론 이러한 규정은 대체적인 경향을 두고 하는 말이다. 도연명의 전반기의 사고에는 겸선천하의 성향만 있고 특정 시점을 기준으로 그 이후에는 오로지 독선기신의 성향만이 있다는 말은 아니다. 도연명은 어렸을 때부터 자연을 사랑하는 성품이 있었다고 자술한 바 있고, 만년에도 때로는 강한 충군(忠君) 의식을 노출하기도 한다. 그런 면에서 도연명에게는 겸선천하를 지향하는 성격과 독선기신을 지향하는 성격이 평생 공존하고 있었다고 할 수 있다. 다만 나이가 들어감에 따라 그 구성비에 변화를 보여서 젊은 때일수록 겸선천하를 지향하는 성향이 강하고, 나이가 들수록 독선기신에 치중하는 면이 많아지는 것이다.

중국 고대의 대부분의 문인들이 초기에는 겸제천하를 지향하다가 후기에는 독선기신으로 전환하는 것은 중국 고대 문인들의 생활 및 교육과 밀접한 관계가 있다. 옛 중국 문인들의 작품 속에는 자신의 회재불우(懷才不遇)한 처경을 호소하는 내용이 많이 들어 있지만, 그들의 불만은 같은 계층 속에서 다른 사람과의 비교에서 나오는 상대적 박탈감에 불과한 것이었다. 그들은 그래도 사대부로서 지배 계층에 속하는 사람들이었다. 그래서 유소년시기부터 수학기의 그들에게는 장차 국가의 정치와 행정을 담당할 요원으로서의 교육이 부과되었고, 그 교육의 내용은 유가의 경전을 통해 성현의 가르침을 익히는 것이었다. 특히 한(漢)나라 이후 유가사상이 통치 이데올로기로서 주도적인 역할을 담당함으로써 사대부들은 초학의 단계에서는 대개 유가에 입문하였다. 그래서 '학업이 우수하면 벼슬길에 든다'[63]라는 중국적 가치관이 형성되기도 하였던 것이다.

그러나 영달한 사람보다 실의한 사람이 더 많았다. 일시 득의한다

63) "學優則仕." 이 말의 출전은 제3장 각주 23번 참조.

고 해도 도중에 파란을 겪지 않는 사람은 드물었다. 그리고 언젠가는 손에서 권력을 놓게 된다. 중국 전통 사회의 지식인들의 생애에서 정치적 시련과 좌절이 빚어낸 생의 굴절을 쉽게 발견할 수 있는 것도 그 때문이다. 특히 지식인의 대표격인 문학가는 흔히 그들의 작품을 통해서 정치적 파란과 좌절로 인한 인생관의 변화를 부지불식간에 드러내게 된다. 작가의 정치적 좌절을 분기점으로 하여 작가풍격이 전기의 양강에서 후기의 음유로 옮겨가게 되는 것이다. 백거이의 <여원구서(與元九書)>에 그 변화의 기미가 잘 드러나 있다.

> 풍유시는 담고 있는 뜻이 격하고 그 시어는 질박하다. 한적시는 표현한 생각이 차분하며 시어는 완곡하다.[64]

겸제천하를 지향하는 풍유시(諷諭詩)는 뜻이 격하며 시어는 꾸밈이 없다는 말에서 이런 유형의 시가 남성적인 양강미를 구현하고 있다는 것을 알 수 있다. 이에 대하여 독선기신을 지향하는 한적시(閑適詩)는 차분한 시상을 담고 있고 형식적으로 완곡한 시어를 갖추고 있다고 하므로 이 유형의 시들의 풍격은 여성적인 음유미에 속한다는 것을 짐작할 수 있다.

겸제천하를 지향하는 시기는 대개가 청년기의 수학기와 정치적으로 득의했을 때이며, 독선기신을 지향하는 시기는 노년에 벼슬에서 물러나 여생을 보내는 경우와 정치적으로 실각했거나 또는 정치적 야망 실현이 좌절된 때이다. 그러므로 대부분의 경우 '선 겸제천하 후 독선기신'의 구도가 성립한다. 정치적 입지의 부침이 있는 작가의 경우 분기점의 설정에 다소 유동성이 있을 수 있지만 전체적인 경향

64) "諷諭者, 意激而言質; 閑適者, 思澹而辭迂."

에는 큰 차이가 없다.

중국 전통사회 문인들은 젊었을 때에는 사회 진출에 적극적인 유가적 가치관의 영향과 젊음의 혈기가 어울려 양강의 미감을 나타내는 시가를 주로 창작하고, 만년에는 세월의 마모에서 오는 정신적 원만함이 관직에서의 은퇴에 따른 현실사회에 대한 열정의 감소와 어울려 그 미감이 음유에 속하는 시가를 창작했던 것이다.

(3) 작풍의 변화와 관련 있는 사상의 변화

중국 문인들 특히 위진(魏晉) 이후의 문인들은 영달한 다음에 찾아오는 곤궁한 시기를 영위해갈 정신적 자양분을 유가가 아닌 도가나 불가의 사상에서 찾는 경우가 많다. 도연명의 경우만 해도 그의 청년시기에는 유가적 사상에 입각해서 유가 사상이 고취하는 가치를 실현하기 위해서 노력하였지만, 그의 전원 은거 이후의 처세태도나 작품에서 묻어나는 사상적 경향은 분명 자연주의에 가까운 원시 도가사상이다. 왕유(王維)도 초기에는 도연명이 그랬듯이 유가적 참여의식이 강렬했지만, 그의 후반생을 주도하는 사상적 귀의처는 자타가 공인하듯 불교다. 평생 공용주의적 유가적 문학관을 구현하고자 했던 백거이(白居易) 역시 만년에는 승도들과 교유하며 향산거사(香山居士)로 자호했던 것은 잘 알려져 있는 사실이다.

불교는 고등종교의 하나인데 비하여 원시 도가사상은 종교화되지 않은 사상으로 그 본질적인 차이가 있지만, 불교의 교리나 도가사상이 사람들에게 가르치는 처세관에는 유가와는 달리 현세에 대해 소극적이라는 공통점이 있다. 청년기의 적극적인 태도와 인생관은 유가의 현실적이고 정치지향적인 성격과 잘 맞을 것이다. 그러나 세월에 모가 닳아 원숙해지면서 동시에 기력이 쇠하는 노년에는 일생을 정리하며 자아의 의미에 대해 관조하는 태도가 형성되는 것이 인지상정일 것이다. 그러한 태도는 도가사상이나 불교의 초월적이거나 피세적인 속성과 더욱 잘 어울린다. 노쇠에 따른 작가풍격의 변화는 처세 태도의 변화와 밀접한 관련이 있고, 처세 태도의 변화에는 흔히 유가사상에서 도가나 불교사상으로 전환하는 사상적 경향의 변개가 수반되었다.

제3장

문학작품의 의의

언어와 문자를 수단으로 하는 예술의 한 갈래인 문학이 궁극적으로 지향하는 것이 무엇이며, 또 그 의의가 무엇인가에 대해서는 역대로 논란이 많다. 어떤 사람들은 문학은 작가의 내면세계를 표출하기 위한 수단이라고 생각하고, 어떤 사람은 문학은 세계를 모방하고 재현하기 위한 행위라고 생각한다. 또 독자를 교화하기 위해서 문학을 한다고 주장하는 사람들도 있다.

문학의 목적에 대한 각기 다른 생각들은 그대로 문학작품에 대한 상이한 태도로 이어진다. 문학은 작가 내면세계를 표출하기 위한 수단이라고 생각하는 이들은 작품에는 작가의 진솔한 내면세계를 표출해야 한다고 생각하고, 세계를 모방하고 재현하기 위하여 문학을 한다고 생각하는 이들은 세계를 충실하게 모방한 것이 좋은 작품이라고 한다. 그리고 독자를 교화하기 위해서 문학을 한다고 주장하는 이들은 작품에는 독자에게 도덕적 감화를 줄 수 있는 것을 담아야 한다고 주장한다. 이들과는 달리 동일한 작품이라고 하더라도 독자에 따라 그 반응이 달라진다는 데에 힘을 실어, 독자가 그 작품을 어떻게 보는가에 따라 작품의 구체적인 의의가 생성된다고 생각하는 사람들도 있다. 또 어떤 사람들은 일단 완성된 작품은 마치 하나의 유기체가 그러하듯이 그 자체로 독자적인 의미를 가진다고 생각하기도 한다. 이러한 견해들은 문학 행위를 구성하는 네 가지 요소인 작가와 작품과 세계와 독자 중 어느 일면을 강조하는 것들이다.

문학이라는 현상을 구성하는 요소들은 작품, 그 작품을 만들어내는 작가, 그 작가가 작품 속에서 모방하거나 묘사하는 대상이 되는 세계, 그리고 그 작품을 소비하는 독자라는 네 가지 요소로 크게 구분할 수 있다. 그리고 그 중 어느 특정 요소를 강조하느냐에 따라 문학관이 여러 가지로 나누어진다. 문학작품을 작가의 내면세계의 진솔한 표출이라고 보는 것은 표현의 주체인 작가를 중시하는 것으로 '표현론'적 관점이다. 이에 대하여 작품에 표현되는 세계의 의미를 강조하여 세계의 충실한 재현을 중시하는 것은 '모방론'적 관점이 된다. 한편 작품의 독자에 대한 도덕적 효과를 중시하는 것은 '실용론' 또는 '효용론'이라고 할 수 있다. 작품 자체의 독자성을 강조하는 것은 '작품유기체론'이라고 할 수 있을 것이며, 작품의 해석에 대한 독자의 적극적인 개입을 중시하는 관점은 '수용론'으로 볼 수 있을 것이다.[1)]

현대에 널리 알려져 있는 이러한 문학적 관점들은 서구문학을 자료로 하여 정리된 것이다. 그렇지만 중국문학에도 이러한 관점들이 오랜 옛날에 이미 두루 존재하고 있었다. 중국문학 속에서 현대에 체계적으로 정리된 서구적 문학이론과 유사한 여러 이론들을 발견할 수 있는 것이다.

오늘날 유행하고 있는 온갖 이론들의 핵심을 중국인들은 천년이 넘는 옛날에 이미 파악하고 있었다는 사실은 중국문학의 선구적인

1) 독자가 작품의 해석에 적극적으로 개입하는 일면을 첨가하기는 했지만 기본적으로는 에이브럼즈의 도표에 따라 문학작품의 의의를 읽은 것이다. ((M.H. ABRAMS, ≪the mirror and the lamp≫(London: Oxford University Press, 1953년 초판, 1979년 재판, 미국 인쇄.) 제6쪽 참조.))

일면을 보여주는 것이다. 다만 그런 논의들을 서구인들처럼 체계적으로 정리해내지 못했던 것이 이론사적으로 아쉬울 뿐이다. 그러나 그것은 기본적으로 사변적인 것을 좋아하지 않았던 중국인들의 사유방식의 특성의 소치이지, 그들이 무지했기 때문인 것은 아니다. 문학에 대한 옛날 중국인들의 인식의 깊이를 보면 그들은 뻔히 알고 있는 이야기들을 굳이 말로 정리한 필요를 느끼지 않았다고 이해해야 할 것이다.

1. 세계의 충실한 재현

문학 작품이 작가의 내면세계의 표출이라고는 하나, 그 내면세계는 순수하게 작가의 내면에서 자발적으로 생성되는 것만은 아니다. 많은 경우 외적 요인이 작가에게 자극을 주고, 작가는 그 자극에 반응함으로써 작품을 생산하게 된다. 그 때, 그 작품에는 외적 자극 요인에 반응하는 내면세계만이 표현되는 것이 아니라, 자극 요인인 그 외적 요소들도 작품 속에 반영되게 된다. 작가의 창작 의욕을 부추기는 자극 요인으로서의 외부 세계 또는 우주가 작품 속에서 핍진하게 그 전모가 재현될 때, 그 재현된 세계는 원래의 세계가 작가에게 자극을 주었던 것과 비슷하게 독자에게 자극을 줄 수 있다. 그래서 작가들은 자신에게 감동을 주거나 미적 쾌감을 일으키는 세계를 보다 실감나게 표현하고자 노력한다. 작품에 재현되는 세계는 크게 인간이 어우러져 살아가는 사회와 그 삶의 배경이 되는 자연으로 나누어 볼 수 있다.

(1) 자연의 재현

인간은 자연의 일부이기도 하거니와 대자연은 인간 생존의 터전이다. 그래서 인간은 직접 간접으로 자연의 영향을 받지 않을 수 없다. 더욱이 미적인 질서를 구현하고 있는 아름다운 자연 환경이나 장엄한 대자연의 신비는 보는 이의 감탄을 자아낸다. 대자연의 조화는 분명 인간의 필설로는 그 전모를 그려낼 수 없지만, 그에 감동을 받은 인간은 그 아름다운 모습을 그대로 표현하고 싶은 욕구를 쉽게 떨칠 수 없다. 그러나 그것은 아무나 할 수 있는 일이 아니다. 천부적인 능력이 뛰어나거나 후천적으로 각고의 노력을 통해 표현 능력을 제고시킨 소수의 사람, 즉 작가만이 그 언저리에 접근할 수 있을 뿐이다. 유능한 작가는 다른 사람도 보고 감동 받았던 자연의 아름다운 모습을 요령 있게 재현하기 때문에, 그의 작품을 읽는 독자는 그 작품 속에 재현되어 있는 자연의 아름다운 모습에서 유사한 감동을 받게 된다.

당나라 시대의 시인 왕유(王維)의 시 <녹채(鹿柴)>에 재현되어 있는 자연의 한 면을 감상해 보면서 이야기를 이어가기로 한다.

空山不見人(공산불견인),
但聞人語響(단문인어향).
返景入深林(반경입심림),
復照青苔上(부조청태상).

빈산에 사람 보이지 않는데
사람들 말하는 소리만 울리고
석양은 숲 속으로 깊이 들어와
푸른 이끼 위에 다시 비치네

이 시에 나타난 공간은 야트막한 야산으로 생각된다. 그래서 사람들의 생활 반경에 들어 있기는 하나 지나치게 소란스럽지는 않다. 물론 두려움이 생기게 할 만큼 적막하거나 으슥하지도 않다. 그런 곳에 늦봄이나 초여름의 석양이 깊숙이 비쳐들면 얼마나 안온한 느낌이 들겠는가? 전원생활의 경험이 있는 사람이 이 시를 읽는다면 금세 옛날의 그 추억을 되새기게 될 것이다. 이 시는 자연의 한 자락을 실감나게 재현해냄으로써 유사한 경험을 공유한 사람들의 감동을 자아내고 있는 것이다.

그런데 이 시가 성공한 것은 단순히 자연의 모습을 생생하게 묘사한 데에 있는 것이 아니다. 사람들이 특수한 정신적 공감을 얻을 수 있는 지점과 상황의 포착에 성공한 것이 더 큰 의미를 지닌다. 그렇다면 자연의 재현에는 기계적인 형태의 모사를 넘어 정신적 특징을 제대로 포착해내는 또 다른 차원이 있는 것이 된다. 중국문학에서는 형태를 기계적으로 모사한 것을 형사(形似)라 하고, 자연의 정신적 면모를 제대로 드러낸 것을 전신(傳神)이라고 한다. 전신은 자연 재현의 최종 단계이며, 재현으로서의 문학의 궁극적 지향점이다.

(2) 사회의 재현

작가도 인간이므로 자신이 몸담고 살아가는 동시대의 사회에 무관심하기 어렵다. 그래서 작가는 여러 가지 방식으로 자신이 몸담고 있는 사회의 영향을 받게 된다. 그 영향은 작가를 창작으로 유도하고, 영향의 진원지인 사회의 모습은 작가의 작품 속에 재현된다. 당(唐)나라 시대의 시인 백거이(白居易)의 시 <매탄옹(賣炭翁)>에는 당시 사회의 한 측면이 뉴스의 보도처럼 생생하게 그려져 있다.

賣炭翁(매탄옹)

伐薪燒炭南山中(벌신소탄남산중),
滿面塵灰煙火色(만면진회연화색).
兩鬢蒼蒼十指黑(양빈창창십지흑),
賣炭得錢何所營(매탄득전하소영)?
身上衣裳口中食(신상의상구중식),
可憐身上衣正單(가련신상의정단).
心憂炭賤願天寒(심우탄천원천한),
夜來城上一尺雪(야래성상일척설).
曉駕炭車輾氷轍(효가탄거전빙철),
牛困人飢日已高(우곤인기일이고).
市南門外泥中歇(시남문외니중헐).
翩翩兩騎來是誰(편편양기래시수)?
黃衣使者白衫兒(황의사자백삼아),
手把文書口稱勅(수파문서구칭칙),
廻車叱牛牽向北(회거질우견향북).
一車炭，千餘斤(일거탄，천여근),
官使驅將惜不得(관사구장석부득).
半匹紅紗一丈綾(반필홍사일장릉),
繫向牛頭充炭直(계향우두충탄치[2])).

숯 파는 늙은이

남산에서 나무 베어 숯을 굽자니
온 얼굴에 먼지요 그을음 색이네
양쪽의 귀밑머리는 희끗희끗하고 열 손가락은 까만데

2) 위로 한 구씩 건너 각 구의 마지막 글자가 각기 '得(득)', '北(북)'으로 되어 있는 것으로 보아서는 여기의 '直'도 '직'으로 읽는 것이 옳을 듯하나, 이 '直'이 '값'이라는 뜻으로 쓰일 때의 우리말 발음은 '치'이므로 그 뜻을 분명하게 하기 위하여 이렇게 음을 달았다.

숯 팔아 돈 벌면 뭘 하시련가
몸에 걸칠 옷 사고 먹을 음식 사야겠지
불쌍하게도 몸에는 홑옷만 걸쳤구려
속으로 숯값 쌀까 걱정하며 날씨 춥기 바랬더니
밤새 성 위엔 눈이 한 자 쌓였네
새벽부터 숯 수레 몰고 얼음길을 달렸더니
소는 지치고 사람은 배고픈데 해는 이미 높이 떴다
시장 남문 밖에서 쉬고 있는데
말 타고 잽싸게 달려오는 사람 누구일까?
누런 옷의 사자와 흰 저고리의 사내가
손으론 문서를 들고 입으론 칙명이라 말하고
수레 돌려 이랴! 하며 북쪽으로 끌고 가네
숯 한 수레 천 근이 넘는데
관청의 사자가 끌고 가니 아까워도 어쩔 수 없네
붉은 베 반 필과 비단 열 자를
소머리에 감아주고 숯 값이라 하네

제제의 선정 자체에 사회의 모순을 고발하겠다는 작가의 의도가 들어 있음을 부인할 수 없다. 또 문장에서 간간이 작가의 정서와 가치 판단이 묻어나오는 것을 감지할 수 있다. 그렇지만 전체적으로는 사회의 한 면모를 객관적으로 여실하게 재현하는 것에 역점을 두고 있다. 그래서 시를 읽는 동안 열악한 생존 조건과 관리들의 수탈 속에서 살기 위해 모진 고생을 감내하고 있는 민초의 모습이 마치 사회의 문제점을 보도하는 텔레비전의 화면처럼 생생하게 뇌리에 떠오른다.

이와 같이 작품 속에 특정 시대의 사람 사는 모습을 충실하게 재현하면 진실성이 생겨난다. 그래서 문학작품은 사회 현상에 대한 기록으로서 그 자체가 역사이거나 역사의 자료가 될 수도 있다. 두보(杜甫)[3]가 그의 시 속에 자신이 살았던 사회를 핍진하게 재현했다고 하여 두보의 시를 '시로써 쓴 역사'라는 의미의 '시사(詩史)'라고 부르는 것도 그런 이치다.

(3) 시화일률론

문학이 자연이나 사회를 핍진하게 재현한다는 것은 독자가 작품을 통해서 작가가 묘사하고자 한 자연과 사회의 모습을 쉽게 연상할 수 있도록 한다는 것이다. 그래서 앞에서 본 바 있는 왕유(王維)의 <녹채(鹿柴)>나 백거이(白居易) <매탄옹(賣炭翁)>처럼 자연이나 사회를 성공적으로 재현한 작품들은 산수화 또는 풍경화가 되거나 기록화 또는 역사화로 재구성될 수 있는 가능성이 있다.

자연과 사회를 재현하고자 한 작품들에는 회화적 성격이 두드러지지만, 그 중에서도 시의 회화적 특성이 가장 잘 나타나는 것은 자연을 재현한 자연시(自然詩) 계통의 시다. 회화는 세계의 순간 포착으로 정적인 속성을 가지고 있으므로, 움직이고 있는 인간들이 구성하는 사회현상보다는 그 자리에 그대로 있는 자연이 속성상 회화와 더 잘 어울리기 때문일 것이다.

3) 詩人 杜審言의 손자로 字가 子美다. 杜陵에서 살았기 때문에 스스로 杜陵布衣 또는 少陵野老라고 하였는데, 문헌에는 간혹 두보를 杜少陵이라고 칭하는 경우를 볼 수 있다. 工部員外郎이라는 벼슬을 역임하였다 하여 두보를 흔히 杜工部라고도 부른다. 唐나라 睿宗 先天 원년(712년)에 태어나서 代宗 大歷 5년(770년)에 향년 59세로 세상을 떴다. 사람에 따라 견해의 차이가 있을 수 있지만 일반적으로 두보를 중국문학사상 최고의 시인으로 치며, 동시대의 또 다른 천재 시인 李白과 함께 李杜로 병칭된다. 唐나라 초기에 확립된 律詩의 律格에 따라 진지한 삶의 태도를 아름다운 시어로 담아냈기 때문에 본격적인 율시의 완성자라는 평가를 받는다. 또 유가적 가치관을 가장 잘 구현하였다 하여 詩聖으로 받들어지기도 한다.

시각적 이미지가 두드러진 시는 실제로 그림으로 재구성되기도 한다. 중국 서화의 보고인 대만 고궁박물원에서는 시의 내용을 그림으로 옮겨 놓은 작품들만 추려서 특별전을 열기도 하는데, 그것은 시가 그림으로 변용되는 것이 흔히 있는 일이라는 것을 의미한다. <이십사시품(二十四詩品)>이 그림으로 그려진 것도 시가 그림으로 재현된 좋은 예가 될 수 있다.4)

거꾸로 그림이 시가 되는 경우도 있다. 그림의 화폭에 덧붙여지는 제화시(題畵詩)는 종종 그림의 분위기를 핍진하게 표현한다. 그런 경우는 시가 그림이 되었다고 해도 과언이 아니다. 송(宋)나라의 문호 소식(蘇軾)의 작품 <혜숭춘강만경(惠崇春江晩景)>5)은 그런 제화시의 하나다.

竹外桃花三兩枝(죽외도화삼량지),
春江水暖鴨先知(춘강수난압선지).
蔞蒿滿地蘆芽短(누호만지노아단),
正是河豚欲上時(정시하돈욕상시).

4) 唐나라 司空圖의 작품으로 전해지는 <二十四詩品>(1996년 경 陳尙君과 汪湧豪라는 두 소장학자에 의해 <이십사시품>은 당나라 사공도의 것이 아니라 후인의 작품이라는 주장이 제기되어 한 때 학계에 큰 논란이 있었으나 여기서는 전통적인 설에 따랐다.)은 시의 풍격을 24가지로 나누고 각각의 미적인 특성을 4언 12구 격구운의 형태로 설명하고 있다. 곧 시의 형식으로 시의 풍격을 설명한 것인데, 그 시어의 이미지가 매우 선명하다. 진경산수로 이름이 높은 조선시대의 문인화가 謙齋 鄭敾에 의해 그 이미지가 그림으로 그려지기도 했다.

5) 惠崇은 그림을 잘 그렸던 스님이다. 여기에 소개된 것은 두 수로 된 제화시 중 한 수인데, 때로는 시의 제목이 <惠崇春江曉景>으로 되어 있기도 하다. 봄날에 낮잠을 자다 저녁에 일어나면 마치 아침인 듯한 기분이 드는 경우가 있듯이 봄날의 아침과 저녁의 분위기가 유사해서 생겨난 변이가 아닌지 모르겠다.

대나무 밭 너머엔 복사꽃이 두세 가지
봄 강물 따뜻해지니 오리가 먼저 아네
온 땅엔 물쑥이요 갈대 싹도 솟아나니
바로 복어가 올라오려 할 때이지

봄의 정경을 생생하게 보여주고 있는 이 제화시를 통해서 본래의 그림이 어떠했는지 짐작할 수 있을 듯하다.

이와 같이 중국인들은 전통적으로 시와 회화의 소통 가능성을 중요하게 다루었다. 그리고 그들은 그 문제에 대한 그들의 생각을 '시화일률론(詩畵一律論)' 즉 '시와 그림은 같은 이치다'라는 말로 정리해내었다.[6]시화일률론의 형성에는 그것을 구체적으로 실현하였던 화가 겸 시인이었던 당(唐)나라의 왕유(王維)와 그 이치를 간명한 언어로 표현하였던 송(宋)나라의 소식(蘇軾)이 가장 큰 역할을 하였는데,[7] 그 시화일률론은 송(宋)나라 시대 화원(畵院)에서 화공을 선발할 때 응용되기도 하였다.[8]

---

6) '시화일률'을 이와는 다른 의미로 보는 견해도 있다. 중국의 그림에는 어떤 사물의 형태를 그린 여백에 시를 써넣은 경우가 종종 있는데, 이럴 경우 시는 화면을 구성하는 한 요소가 된다. 그래서 어떤 이들은 이를 두고 '시화일률'이라고 하기도 한다. 시가 화면에 등장하는 것도 시와 그림을 같은 속성의 것으로 파악하는 시화일률론과 관련이 있기는 하겠지만, '시화일률'의 '율'에는 어떤 '이치' 또는 '원리'라는 뜻이 있다는 것을 상기한다면 그것은 '시화일률'의 본래적인 의미와는 거리가 있다고 해야 할 것이다. '시화일률'은 시에도 그림처럼 시각적 이미지를 환기시키는 기능이 있다는 점을 부각시켜 한 말로 보는 것이 '시화일률'의 본래적인 의미에 보다 잘 부합된다고 생각된다.

7) 소동파가 왕유의 시와 그림을 두고서 '시 속에 그림이 있고, 그림 속에 시가 있다' 즉 '詩中有畵, 畵中有詩'라고 하여 시와 회화의 상호 소통 가능성을 설파한 것이 그 대표적인 것이다. 왕유가 시인이면서 화가이기도 했던 점은 시화일률론과 밀접한 관련이 있는 것으로 생각된다. 그림을 '소리 없는 시(無聲詩)'로 시를 '소리가 있는 그림(有聲畵)'으로 표현하기도 한다.

8) 특정 시구의 내용을 그림으로 표현하라는 것이 그것이다. 대표적인 것으로

중국문학에서 시와 회화의 소통을 크게 중시하는 것은 중국인의 사유적 특성과도 관련이 있는 것으로 생각된다. 일본학자 나까무라 하지메[中村元]가 논파했듯이 중국인의 사유는 논리에 의한 추상사유보다는 이미지에 치중한 직관을 중시하기 때문이다.[9] 전반적으로 시각적 이미지의 구성에 뛰어난 솜씨를 보이는 것을 중국시의 한 가지 특성으로 볼 수 있을 것이다.

(4) 모방론적 시론 신운설(神韻說)

청(淸)나라의 시인 왕사진(王士禛)[10]은 당(唐)나라의 왕유(王維)의 시

는 '꽃을 밟고 돌아오니 말발굽이 향기롭네'라는 뜻의 '踏花歸來馬蹄香'을 그림으로 표현하라는 문제가 있다. 이 시험에서 최고점을 받은 답안이 말발굽 옆에 나비를 그려 넣었던 것이라고 한다. 말발굽이 꽃을 밟고 왔기 때문에 말발굽에 꽃향기가 남아 있고 그 때문에 말발굽에 나비가 날아들었다는 의미를 나타내기 때문이다. 후각을 시각으로 표현한 아이디어가 기발하다고 하겠다. 또 '들판의 나루터에 길손 없으니 배만 절로 비스듬하다'라는 뜻의 '野渡無人舟自橫'이라는 구절의 문제에는 사공이 무료함을 이기지 못해 들판의 나룻배에 드러누워 있는 모습을 그린 그림을 당선작으로 선발했다고 한다. 사공이 영업 중이기는 하나 승객이 없어 배 안에 한가로이 드러누워 있고 배가 파도에 밀려 비스듬히 놓여 있는 모습을 그림으로써 시구의 내용을 실감나게 표현하였기 때문이다.

9) 中村元 저, 金知見 역, ≪중국인의 사유방법≫(서울:도서출판 까치, 1990.) 참조.

10) 山東 新城 사람으로 字는 貽上이고 號는 阮亭이며 自號는 漁洋山人이다. 雍正帝의 이름이 胤禛이었던 까닭에 避諱를 하여 한 때 '士正'으로 불리기도 했으나, 훗날 '이름을 너무 심하게 바꾸었다'는 乾隆帝의 이의 제기가 있어서 본래 이름인 '士禛'과 비슷한 '士禎'으로 다시 바뀌게 되었다. 그래서 지금도 그의 이름을 본명 '士禛'이 아닌 '士禎'으로 부르는 이가 많다. 그는 明나라 思宗 崇禎 7년(1634년)에 나서 淸나라 聖祖 康熙 50년(1711년)에 향년 78세로 세상을 떴다. 그는 25살에 과거에 급제하여 높은 벼슬을 두루 하였으며 시에도 뛰어나 시단의 맹주로 일세를 풍미하였다. ≪居易錄≫·≪池北偶談≫

를 창작의 모델로 삼았다. 또한 시론가로서 시에 대한 자신의 생각들을 시론으로 정립하였는데, 그것이 신운설(神韻說)이다. 그러므로 신운설은 왕사진의 독창적인 시론이기보다는 전통적인 시론의 한 갈래를 집대성한 것이라고 할 수 있다. 자연의 재현에서 전신(傳神)이라고 하는 정신적 특성의 재현을 중시하는 것이 그 핵심이다.

신운설에 입각한 시들의 가장 큰 특징은 아름다운 자연의 모습을 요령 있게 재현하는 것이다. 재현된 아름다운 경치에는 시인의 차원 높은 정신세계가 스며들어 있기 때문에 독자에게 심미적 쾌감과 정신적 위안을 안겨주는 효용이 있다. 바로 시인이 수양을 통하여 이룬 드높은 정신세계를 아름다운 경치 속에 담아내는 것이 신운설의 본령인 것이다. 신운설은 그래서 순수 예술을 지향하는 시론이라고 할 수 있다.

앞에서 본 왕유의 <녹채(鹿柴)>는 겨우 20자의 오언절구로 그린 간결한 자연 스케치이지만, 그 속에는 20자의 글자 뜻의 총합보다 많은 의미를 내포하고 있다. 사람의 말소리에 고요함이 배어 있고, 움직임 속에서는 평정함이 느껴진다. 또 한 마디도 직접 언급하지 않은 가운데에 작가의 높은 정신세계가 묻어난다. 곧 불가(佛家)의 삼매(三昧)[11]나 도가(道家)의 좌망(坐忘)[12]의 경지를 시에다 구현해낸 것이다. 왕유가 통상 시불(詩佛)[13]이라고 불리는 것도 그 때문이다.[14]

·≪香祖筆記≫·≪分甘餘話≫·≪漁洋詩集≫·≪漁洋文略≫·≪唐詩選≫·≪唐賢三昧集≫·≪漁洋詩話≫·≪五代詩話≫·≪唐人萬首絶句選≫ 등 많은 책들을 남기고 있다.

11) 산스크리트어 'Samadhi'의 중국어 음역. 번뇌와 망상을 벗어난 정신적 평정 상태를 말한다.

12) ≪莊子·大宗師≫편에 나오는 말로서 '조용히 앉아서 모든 것을 잊어버리고 아무런 생각이 없는 절대 무차별의 상태'를 말한다.

13) '시로써 부처의 경지에 오른 사람'이라는 뜻이니 '시에다 불교적 세계관이나

여러 가지 정황으로 보아 신운설은 선종(禪宗)과 밀접한 관련이 있는 것이 분명하다. 그런 의미에서 신운설은 선종의 이념을 시론화한 것이라고 할 수 있다. 그런데 선종은 중국화 된 불교로서 그 핵심에 있어서는 중국의 전통사상인 도가사상(道家思想)과 다를 것이 없다는 관점[15]에서 보면 신운설은 결국 도가사상에 근거한 시론이라고도 할 수 있다.

신운설에서는 위 <녹채(鹿柴)>의 경우처럼 시각적 이미지를 매우 중요하게 생각한다. 시각적 이미지는 언어적 표현과 묘사의 한계를 넘어서는 효용을 보이는데, 신운설에 내재되어 있는 이러한 언어 운용방식은 언어가 가지는 전달력의 한계를 극복하고자 노력했던 노장사상의 언어관과 궤를 같이한다. 시 속에 그려진 자연과 하나가 되는 인간의 모습, 언어의 한계를 초극하고자 하는 노력, 예술적 경지를 중시함, 이 모든 것들은 신운설이 도가사상과 불가분의 관계에 있음을 확인시켜 준다.

불교적 분위기를 가장 잘 구현한 시인'이라는 뜻으로 이해할 수 있겠다. 최고의 경지에 이른 시인들에게 이러한 류의 별칭을 부여하기도 하는데, 李白을 '시로써 신선의 경지에 이르렀다' 또는 '시에다 신선의 경지를 잘 구현하고 있다'고 하여 '詩仙'이라고 하고, 유가적 가치관을 가장 잘 구현한 杜甫를 '詩聖'이라 칭하며, 음침한 죽음의 세계를 위주로 하는 독특한 시세계를 구축하였던 李賀를 '詩鬼'라고 하는 것이 그러한 경우다. 간혹 白居易를 두고 '詩人'이라고 하는 경우를 볼 수 있는데, 앞의 예들로 유추해보면 그 뜻은 '시에다 인간적인 모습을 가장 잘 표현한 시인'이라는 뜻으로 이해할 수 있다.

14) 이런 점에서 신운설은 다소간 초월적인 속성을 띠게 된다. 그 초월성은 현실과의 일정한 거리를 전제로 하는 것이므로, 보는 이에 따라서는 현실도피적인 공허한 시론으로 보이기도 한다.

15) 라이샤워 · 페어뱅크 저, 全海宗 · 高柄翊 역, ≪東洋文化史(上)≫(서울:을유문화사, 1964년 초판, 1989년 제18판.) 제217쪽 참조.

2. 독자를 감화시키기 위한 장치

사회는 문학 작품이 재현하는 대상으로서 자연에 못지않은 중요한 의미를 지닌다. 그러나 자연의 재현이 아름다움의 재현을 주된 관심사로 삼는 것에 대하여, 사회의 재현은 주로 인간의 추악함을 드러내는 데에 초점이 맞추어지는 경향이 있다. 그래서 독자는 자연을 모방한 작품에서 자연의 아름다움에서 오는 심미적 쾌감과 정신적 희열을 느끼게 되지만, 사회를 재현한 작품에서는 사회의 부조리에 대해서 분노를 느끼고 고통 받는 민중에 대해서 연민의 정을 느끼게 된다. 자연을 재현하는 작품들이 순수예술을 지향함으로써 아름다운 자연을 재현하는 그 자체를 목적으로 삼는 것과 달리, 사회를 재현하는 작품들은 그 재현을 통해 독자에게 특정 사안에 대한 생각이나 행동을 촉구하는 것이 주목적이 되는 것이다. 이 때문에 사회를 모방하는 작품과 자연을 모방하는 작품은 그 성격이 판이하게 다르다.

(1) 정치 사회적 모순의 폭로와 비판

사회의 생생한 재현을 시도하는 작품은 대개 정치와 사회의 모순과 부조리를 폭로하고 비판함으로써 독자들로 하여금 보다 이상적인 사회의 건설에 동참하도록 하는 것을 주목적으로 한다. 이와 같이 문학을 정치나 사회에 대한 비판의 수단으로 생각하는 문학관은 중국문학사의 주류를 형성한다.

한(漢)나라 유학자들의 시관(詩觀) 또는 문학관을 집대성하고 있는 <모시서(毛詩序)>에서는 다음과 같이 말하고 있다.

> 국가의 역사를 관장하고 있는 사관(史官)은 정치가 잘 되었거나 잘못 되어 있는 현상을 잘 알기 때문에 인륜이 무너지는 것을 가슴 아파하고 형벌을 남용하는 정치의 가혹함을 슬프게 생각하여 정감을 읊조림으로써 위에 있는 사람들을 풍간하였는데, 사태의 변화를 잘 알아서 옛날의 풍속을 그리워하였던 것이다.[16]

문학에서 사관(史官)의 역할을 강조하고 있는 것은 사회의 충실한 재현은 아무래도 역사와 긴밀한 관련이 있기 때문일 것이다. 여기서 시를 짓는 것으로 대표되어 있는 문학 하기의 근본적인 의의는 단순히 정치와 사회상을 충실하게 재현하는 데에서 그치지 않는다. 그 문학 하기의 궁극적인 목적은 위정자의 각성을 촉구하는 데에 있다. 독자인 위정자의 공명과 감화를 불러일으킴으로써 어떤 구체적인 행동을 이끌어내고자 하는 것이다. 역대로 시가를 비롯하여 소설이나 희곡에서 사회문제를 다룬 작품들은 모두 그런 목적의식을 공유한다. 구체적인 예로 두보(杜甫)의 <춘망(春望)>을 보도록 한다.

> 國破山河在(국파산하재),
> 城春草木深(성춘초목심).
> 感時花濺淚(감시화천루),
> 恨別鳥驚心(한별조경심).
> 烽火連三月(봉화연삼월),
> 家書抵萬金(가서저만금).
> 白頭搔更短(백두소경단),
> 渾欲不勝簪(혼욕불승잠).

16) "國史明乎得失之迹, 傷人倫之廢, 哀刑政之苛, 吟詠情性, 以風其上, 達於事變而懷其舊俗者也."

나라는 깨어져도 산천은 그대로 있어
봄이 온 성곽에 초목이 무성히 자랐다
시절을 아파하니 꽃도 눈물에 젖어 있고
이별을 한탄하니 새마저 마음을 놀라게 한다
봉화 불 석 달이나 이어지니
집 소식 담은 편지 귀하기가 만금과도 같아라
흰머리는 긁을 때마다 더욱 짧아져
비녀도 꽂지 못할 듯하네

인간 모순의 총화인 전쟁의 참혹함과 그 전쟁으로 말미암아 일그러지는 인간의 삶의 모습이 시어 한 자 한 자에 생생하게 재현되어 있다. 두보의 시를 일컬어 '시사(詩史)' 곧 '시로 쓴 역사'라고 칭송하는 것은 바로 두보 시의 이러한 특성 때문이다. 두보를 사관의 역할을 한 시인으로 보았다고도 할 수 있을 것이다.

(2) 독자에 대한 도덕적 감화

사회의 충실한 재현이 정치와 사회의 모순과 부조리를 폭로하고 비판하는 것을 넘어서 위정자의 구체적인 행동을 이끌어낼 수 있는 것은 독자를 도덕적으로 감화시키기 때문이다. 그래서 문학의 정치 사회에 대한 효용을 중시하는 이들은 문학작품의 독자에 대한 도덕적 감화에 큰 비중을 둔다. 이것이 '문학은 독자를 위한 것'이라고 생각하는 효용론이다.

중국문학에서 효용론적 문학관은 가히 정통파 문학론이라고 할 수 있다. 효용론적 문학관은 오랫동안 중국의 통치이념으로 군림해 온 유가사상에 입각해 있어서 역대로 통치자와 지배층의 애호를 받았기 때문이다. <모시서>에는 그런 효용론적 문학관이 잘 나타나 있다. <모시서>에서는 문학 또는 음악과 사회현상 사이의 상관관계에 대하여 다음과 같은 말을 하고 있다.

> 그러므로 잘잘못을 바로잡고, 하늘과 땅을 움직이며, 귀신을 감동시키는 데에는 시보다 더 나은 것이 없다. 옛날의 왕들은 그것으로써 부부의 관계를 올바르게 하였으며, 효도와 공경의 풍속을 이루었고, 인륜을 도탑게 했으며, 교화가 잘되게 하였으며, 풍속을 개선하기도 하였다.17)

이 글이 쓰인 당시 상황을 감안하면 시를 문학 전반을 가리키는 말로도 볼 수 있다. 굳이 액면 그대로 그 의미를 제한하여 본다면 시의 교화적 효과를 중시하는 시론이다. 시의 교화적 효용은 보통 '시교(詩教)'라는 말로 표현한다. 중국사람들은 문학의 사회에 대한 효용을 강조하는 것을 '공용주의(功用主義)'라고 하는데, 우리말로는 '실용주의'에 가깝다. '효용론'이라고 할 수 있는 것이다.

문학작품의 독자에 대한 도덕적 감화를 중시하는 효용론적 문학관은 중국문학의 가장 큰 흐름을 이룬다. 어느 시대를 막론하고 유가사상은 지배층의 이데올로기로서 역할을 하였는데, 효용론적 문학관은 그 유가사상의 가치관에 기반을 두고 있기 때문이다. 후대에 소설이 크게 억압을 당했던 것도 소설의 주제가 '괴력난신(怪力亂神)'을 반대하는 유가적 가치관에 위배되었기 때문이었고, 반대로 청(淸)나라 말의 견책소설(譴責小說)18)처럼 소설이 그 가치를 인정받게 되는 것도

17) "故正得失, 動天地, 感鬼神, 莫近於詩. 先王以是經夫婦, 成孝敬, 厚人倫, 美教化, 移風俗."

18) 魯迅이 그의 저서 ≪中國小說史略≫에서 명명한 것으로 '나무라고 꾸짖는

소설을 통한 민중의 교화 가능성에 착안을 했기 때문이다. 본래 의학을 배워 중국인의 건강에 이바지하고자 했던 노신(魯迅)[19]이 미개한 중국인을 각성시키기 위해 문학으로 방향을 선회한 것도 이런 문학관의 연속선상에 있다.

(3) 효용론과 예술의 접점

문학의 실용성을 강조하는 효용론은 예술의 한 갈래로서의 문학의

소설'이라는 이름의 뜻대로 정치 사회의 모순과 부조리를 폭로하고 비판하는 것을 주목적으로 하는 일군의 소설들을 일컫는 말이다. 淸나라 말에 서구 열강의 침입으로 노대국 중국의 허상과 모순이 폭로되자 이에 큰 위기의식을 가졌던 지식인들이 소설이라는 수단을 통해서 나라를 구하고자 했던 노력의 결과물이다. 현대문학이 성립되기 전 구소설의 형태를 띠는 것으로서 대개 구성이 조악한 점과 함께 淸나라 황제와 제국주의에 대한 환상을 깨지 못한 개량주의적 노선이 그 한계로 지적되기도 한다. 대표작으로는 李寶嘉의 ≪官場現形記≫, 吳沃堯의 ≪二十年目睹之怪現狀≫, 劉鶚의 ≪老殘游記≫, 曾樸의 ≪孽海花≫ 등이 있다.

19) 1881년에 태어나 1936년에 타계했다. 본성은 周씨고, 본명은 樹人이며, 字는 豫才다. 魯迅은 필명이다. 본래 의학도였던 그는 일본 센다이에서 의학을 공부하던 중 러일전쟁의 전황을 홍보하는 환등기를 보고 '우매한 국민에게는 아무리 강건한 육신이 있어도 소용이 없다'고 판단하고, 중국인의 정신을 개조하기 위하여 문학으로 방향을 바꾸고 의학은 포기하였다. 환등기의 내용은 만주 땅에서 스파이 혐의를 받은 중국인이 일본 헌병의 총부리 앞에서 죽음을 기다리고 있는데, 그것을 둘러싸고 있는 사람들은 모두가 중국인들인데도 어느 한 사람 분노는 고사하고 연민의 표정도 없이, 그저 사람이 총을 맞고 죽어가는 것을 구경하겠다는 호기심만을 내비치고 있었다고 한다. 魯迅의 대표작 <阿Q正傳>에는 당시의 그런 상황이 잘 재현되어 있다. 중국 현대문학 최고의 문호로 손꼽히는 노신은 1918년 <狂人日記>라는 소설을 발표하여 백화문학의 가능성을 확인시킴으로써 중국 현대문학의 본격적인 출발을 알린 후에도 창작활동을 왕성히 하였다. 중국 현대문학 초창기에 胡適이 우파를 대표하는 작가였다면 魯迅은 좌파를 대표하는 작가라고 할 수 있다.

범주에 들지 못할 지도 모른다. 왜냐하면 '실용성을 뛰어넘는 효용', 즉 '무용의 용'이 예술로서의 문학의 본질인 것과는 달리, 실용성에의 집착은 그 '무용의 용'과는 거리가 있기 때문이다. 그러나 <모시서> 에서는 그 난관을 다음과 같이 피하고 있다.

> 윗사람은 가르침으로써 아랫사람을 교화하고, 아랫사람은 교훈적인 것으로써 윗사람을 풍간하는데, 수사를 강구하여 완곡하게 잘못을 지적하므로 말하는 사람은 죄가 없게 되고, 듣는 사람도 경계하기에 족하다. 그래서 풍(風)이라고 한다.[20]

이 글은 물론 ≪시경(詩經)≫ 중의 '풍(風)'에 대한 정의다. 그 '풍'은 '교화'라는 실용을 대표한다. 그런데 그 실용에 필수적인 요소는 '문(文)'이다. '문채'라고도 할 수 있고, '수사'라고도 할 수 있는 개념이다. 이 '문'이 교화의 효율을 드높이게 한다. 동시에 이 '문'이 있기 때문에 교화라는 실용을 겨냥한 글이 예술의 한 갈래인 문학에 소속될 수 있다. 심미적 수사는 예술의 한 갈래가 되는 문학의 필수 요소다.

(4) 효용론적 시론 격조설(格調說)

격조설(格調說)은 청(淸)나라 심덕잠(沈德潛)[21]이 제기한 시론이다.

20) "上以風化下, 下以風刺上, 主文而譎諫, 言之者無罪, 聞之者足以戒, 故曰風."

21) 字는 確士이고 호는 歸愚로 江蘇省 長洲 사람이다. 淸나라 聖祖 康熙 12년(1673년)에 나서 高宗 乾隆 34년(1769년)에 향년 97세로 세상을 떠났다. 여러 차례 과거에 실패하다가 67세 되던 해에 겨우 과거에 급제하였다. 건륭황제는 심덕잠이 역대 시의 흐름에 대하여 논하는 것을 듣고 크게 칭찬하였으며 원로로 우대하였다. 건륭황제는 벼슬을 내리고 봉록을 지급하

‘시를 통한 교화’ 즉 ‘시교(詩教)’를 강조하는 공자(孔子)의 가르침[22]에 따라 시에는 독자에게 도덕적 감화를 줄 수 있는 내용이 담겨 있어야 한다고 주장하는 시론이다. 그러므로 이 시론은 기본적으로 효용론적 관점을 견지한다.

격조설은 유가사상에 기반을 둔 시론인 만큼 ‘공부를 해서 우수하면 관직을 맡는다’[23]는 유가적 가치관에 입각하여 시의 창작과 감상 능력을 지식인의 필수적인 교양으로 생각했던 옛날 지식인들의 시에 대한 보편적인 인식이기도 하다. 그러므로 격조설은 중국문학의 정통 주류 시론이라고 할 수 있다.

격조설이 추구하는 도덕적 교화는 시에 순후한 내용을 담아냄으로써 그것을 읽는 독자에게 도덕적 감화를 주는 것을 말한다. 그 교화의 궁극적인 지향점은 질서가 잡힌 이상사회를 건설하는 것이다. 그런데 실제에 있어서는 격조설을 지향하는 시들은 도덕적 설교를 나열하기보다는 모순과 부조리로 일그러진 사회의 모습과 그런 사회 속에서 신음하는 보통 사람들의 삶의 현장을 생생하게 드러내는 것이 대종을 이룬다. 앞에서 소개한 두보의 <춘망> 같은 것이 그런 경우에 해당한다.

현실 사회의 모순과 부조리를 생생하게 드러내는 것은 위정자의 각성을 촉구하고자 하는 것이다. 거기에는 그렇게 함으로써 현실을 개선하고 궁극적으로 이상사회로 나아가고자 하는 염원이 담겨 있

였으나 이미 연로하다 하여 실무는 맡기지 않았다. 건륭황제는 심덕잠의 시집에 서문까지 써주는 호의를 베풀었다고 한다. ≪竹嘯軒詩鈔≫ · ≪歸愚詩文鈔≫ · ≪五朝詩別裁≫ · ≪古詩源≫ 등의 책을 남기고 있다.

22) ≪禮記 · 經解≫: “孔子曰: ‘入其國, 其教可知也, 其爲人也, 溫柔敦厚, ≪詩≫教也. ……’”

23) ≪論語 · 子張≫(13): “子夏曰: ‘仕而優則學, 學而優則仕.’”

다. 바로 이런 이유 때문에 격조설에 입각한 시는 참여의식이 강한 사회시가 많다.

그러나 그렇다고 해도 격조설에 입각한 시들은 그것을 통해 혁명을 선동하거나 체제의 전복을 기도하지는 않는다. 격조설을 지향하는 사람들은 비판의 수위를 기성 체제를 유지하는 범위 내로 제한한다. 그렇기 때문에 격조설은 기본적으로 정권을 담당하고 있는 지배층의 이익을 대변한다. 격조설에 입각한 시는 다분히 보수적이며 체제 옹호적인 경향을 띠게 되는 것이다.

공자(孔子)에서 맹자(孟子), 순자(荀子)[24], 한비자(韓非子)[25]로 이어지

24) 姓은 荀, 이름은 況, 자는 卿으로 대략 周나라 愼靚王 말년(기원전 315년 전후)에 태어나서 秦始皇 11년(기원전 236년) 전후에 향년 약 80세쯤으로 세상을 떴다. 그는 공자의 사상을 표준으로 하되 性惡說을 주창하고 禮로써 통치할 것을 주장하여, 그와 함께 孟荀으로 병칭되는 孟子가 性善說을 주장하고 義를 중시하였던 것과는 대립되는 면모를 보인다. 타 학파를 대하는 데에 있어서도 맹자가 儒家 이외의 道家나 墨家 사상을 극력 반대했던 것과는 달리 순자는 포용하고 존중하는 태도를 보였다. 法家의 대표적인 인물인 韓非와 李斯가 그의 문하에서 나왔다. 순자는 그의 사상을 집대성한 ≪荀子≫ 32편과 賦 10편을 남기고 있는데, 그의 賦가 漢나라 시대를 풍미했던 장르인 賦의 남상이라고 보는 이가 있다. 또 순자를 戰國時代의 유일한 대문학가로 보는 견해도 있다.

25) 戰國時代 말기에 법가사상을 집대성한 사상가로 성은 韓이고 이름은 非다. 태어난 해는 불확실하나 대체로 周나라 赧王 재위연간(기원전 280년 경)에 태어나 秦始皇 13년(기원전 234년)에 타계했다. 한비는 저술에는 뛰어났으나 말을 더듬는 결함이 있었다고 전해진다. 본래 韓나라의 귀족으로 李斯와 함께 荀子의 문하에서 공부했던 한비는 韓나라에 여러 차례 개혁안을 올렸으나 받아들여지지 않자 저서에 몰두하였다. 그 책을 진시황이 좋아했던 까닭에 한비가 秦나라에 사신으로 가자 그를 억류했다. 그러나 한비는 秦나라에 중용되지 못했고 도리어 李斯 등의 모함에 걸려 옥사하였다. 한비는 儒家・道家・墨家・名家 등의 학설을 비판적으로 흡수하고 전기 법가인 商鞅・申不害・愼到 등의 학설을 중심으로 법가의 이론체계를 세웠다. 그의 학설은 진시황이 봉건적 중앙집권 전제주의 국가를 건설하는 데에 이론적 근거를 제공하였을 뿐만 아니라, 이후 2000년 간 중국의 봉건전제 통치의

는 유가사상의 변천의 맥락에서 볼 수 있듯이[26] 유가사상의 보수적 성격의 이면에는 형식주의를 지향하는 경향이 있다. 그 때문에 그러한 사상에 바탕을 둔 격조설을 지지하는 시인들은 기성의 권위를 존중하고 그것을 형식화하려고 한다. 그것은 형식을 강조하는 '격조(格調)'라는 말의 표면적인 의미와도 관련이 있다. 격조설을 추종하는 시인들이 두보를 최고의 시인으로 치면서 두보를 닮기 위해서 열심히 배우려고 하는 자세를 보이는 것은 유가사상의 그러한 속성 때문이다. 그래서 격조설을 지지하는 작가들은 대개 복고주의적 경향을 보인다. '문필진한(文必秦漢), 시필성당(詩必盛唐)'[27] 즉 '문장은 반드시 진나라와 한나라의 것을 배워야 하며, 시는 반드시 성당의 것을 배워야 한다'라고 하며 진(秦)나라 한(漢)나라 시대의 문장과 성당(盛唐) 시대의 시에서 각기 문장과 시의 모범을 찾고자 했던 명(明)나라 전후

이론적 근거가 되었다. 그의 사상을 집대성한 ≪韓非子≫는 논리가 치밀하고 인간의 심리 분석에 뛰어나 섬뜩한 느낌이 들 정도다. 그래서 ≪韓非子≫가 정확한 한문을 익힐 수 있는 유용한 교재로 인식되고 있지만, 그 책에 심취하면 사람이 각박해진다고 하여 경계하는 이들도 있다.

26) 孔子 사상의 핵심은 '仁'인데, 그것은 불교의 慈悲나 기독교의 사랑과 유사한 근원적인 사랑이라고 할 수 있다. 이에 대하여 孟子의 '義'는 도덕적 행위를 가능하게 하는 '理性'에 가까운 개념인데, 그것은 '仁'의 가능성에 대한 회의에서 나온 것이라고 생각된다. 곧 '무엇이 옳은 것인지 생각해보라'는 것이 맹자의 義의 요체다. 맹자를 이어 등장하는 荀子의 '禮'는 '義'의 가능성을 의심하면서 그려주는 '도덕적 행위의 가이드라인'이라고 할 수 있다. 이와 같이 공자에서 순자까지 이어지는 유가사상의 핵심 개념은 인간의 도덕적 가능성에 대한 불신의 심화과정이라고 할 수 있다. 그래도 여기까지는 인간의 자율적 도덕성의 가능성을 믿고 있지만, 이 단계를 넘어서면 그 가능성에 대한 불신이 일어나고 그것이 타율적 규제로 이어진다. 그것이 바로 '法'이다. 그런 면에서 荀子의 제자가 韓非이듯 儒家思想에서 法家思想이 배태되는 것은 인간 불신의 심화과정이자 논리의 자연스러운 발전과정이라고 할 수 있을 것이다.

27) ≪明史・李夢陽傳≫

칠자(前後七子)[28]들의 사례에서 격조설에 내포되어 있는 그러한 속성을 읽어낼 수 있다.

격조설이 독자에 대한 도덕적 감화를 중시하는 효용론을 지향하면서, 기성의 권위와 전통을 존중하여 복고주의적 경향을 보이고, 그로 말미암아 형식주의적 경향을 강하게 띠는 점은 서양의 고전주의와 흡사하다. 감성보다 이성을 중시하는 점도 마찬가지다.

(5) 격조설과 신운설의 상관관계

격조설은 유가사상을 기반으로 하고 신운설은 도가사상 또는 불가사상에 근거하고 있기 때문에 각 설의 모태가 되는 사상의 차이만큼 두 시론의 성격도 다르다. 격조설이 독자에 대한 교화를 중시하는 효용론적 관점에 서는 데에 비하여, 신운설은 아름다운 세계의 재현에 주력하는 모방론의 관점에 섬으로써 이 두 시론은 그 취지를 판이하게 달리한다.[29]그리고 각각의 시론에 근거한 시의 내용도 그 성격

---

28) 李夢陽・何景明・王九思・王廷相・康海・邊貢・徐禎卿 등 7명을 前七子라고 하고, 李攀龍・王世貞・謝榛・徐中行・宗臣・梁有譽・吳國倫 등 7명을 後七子라고 한다.

29) 효용론적 관점에 서는 격조설도 세계의 충실한 재현에 적지 않은 의미를 둔다. 그러나 격조설과 신운설이 주로 재현하고자 하는 대상에는 상당한 차이가 있다. 신운설이 주로 재현하고자 하는 세계는 주로 아름다움을 갖추고 있는 자연이지만, 격조설이 재현하고자 하는 세계는 부조리와 모순과 고통으로 가득 차 있는 인간 사회다. 그리고 신운설이 자연의 아름다움을 그대로 재현하여 독자에게 그 아름다움을 공감하게 하고자 하는 것에 대하여, 격조설은 사회의 현실을 사실적으로 묘사하여 사회의 부조리를 고발하고 폭로함으로써 독자에게 적극적인 반응을 촉구하는 것이 주목적이라는 차이도 있다. 그러므로 격조설에도 모방론적 요소가 있기는 하나 본질적으로는 효용론적 관점에 입각하고 있다고 보는 것이 옳을 것이다.

이 판이하게 다르다. 격조설 계통의 시는 현실주의적인 사회시가 주류를 이루는 것에 대하여 신운설 계통의 시는 초월적이고 유미주의적인 경향을 띠는 것이다.

그렇지만 이 두 시론 간에는 큰 갈등이 일어나지 않는다. 격조설이 중국 시론의 주류이기는 하지만 신운설도 정통 시론의 한 가지로 인정받는다. 격조설과 신운설이 상호 간에 마찰을 빚지 않고 동시에 정통 시론으로 군림할 수 있는 것은 이 두 시론이 근거로 하는 사상의 위상과 관련이 있다.

유가사상과 도가사상은 중국인의 정신세계를 지배하는 양대 사상이기도 하거니와 전통 시대 중국 지식인의 정신세계에는 대부분 이 두 가지 사상이 공존하고 있다. 장차 벼슬길에 나아갈 요량으로 공부하거나 현실 정치에 몸을 담아 활약하는 젊은 시절에는 대부분이 유가의 경전을 공부하고 유가의 현실 참여 정신을 배양한다. 그러나 현실 정치에서 좌절하거나 노쇠하여 은퇴하는 경우에는 대개가 도가사상 또는 불가사상에 심취하게 된다. 적극적으로 현실 정치에 참여하면서 유가의 가치를 선양시키기에 심혈을 기울였던 한유(韓愈)나 백거이(白居易)조차도 만년에는 불가사상에 많은 관심을 가지게 되었던 것은 그 좋은 예다.[30)]곧 '곤궁할 때에는 홀로 자신을 수양하고,

30) 韓愈는 자신이 유가의 정통 사상을 계승한 적자라고 자부하면서 도교와 불교를 이단으로 간주하여 극력 배척하였다. 憲宗이 부처의 진신사리를 대대적으로 영접하려고 할 때에 <論佛骨表>를 올려 반대했던 것은 유명한 일이다. 그는 이 글에서 "佛法이 중국에 들어온 후로 제왕들이 그것을 섬기게 되자 오래 살지 못하게 되었다.(自佛法入中國, 帝王事之, 壽不能長.)"라며 강력하게 만류하였다가 헌종의 노여움을 사서 극형에 처해질 위기에 처하였다. 다행히 여러 관리들의 간청으로 간신히 목숨을 건진 한유는 潮州로 귀양을 가게 되었는데, 여기서 그는 당시의 高僧 大顚寶通 스님과 10여 일간 함께 지내면서 크게 감화를 받았다. 한유는 "실제로 육신을 내버릴 수 있으며 이치로써 스스로를 이기니 외부 사물에 의해 어지럽힘을 당하지 않는다. 그와

영달하게 되면 천하를 두루 잘 다스린다'[31]라고 한 유가의 가치관에 따라 살았던 중국 전통사회의 지식인들은 영달해 있거나 영달을 꿈꾸는 시절에는 유가사상에 심취하다가 뜻을 잃고 물러나서 자신을 관조할 때에는 유가보다 초월적 색채가 강한 도가 또는 불가의 사상에 경도되는 경향이 많았던 것이다.

중국인의 사상적 특징을 '외유내도(外儒內道)', 즉 '외적인 행동거지는 유가의 규범에 따르지만, 내적인 인생관은 도가를 지향한다'라고도 하듯이 중국인에게 있어서 유가와 도가는 떼려고 해도 뗄 수 없는 동전의 양면과도 같은 것이다. 바로 이런 연유로 정통 유가사상에 입각한 격조설과 도가 또는 불가 사상에 입각한 신운설은 그 이론적 성격이 다름에도 불구하고 상호간에 큰 충돌 없이 조화롭게 공존할 수 있었던 것으로 보인다.

청(淸)나라 시대에 옹방강(翁方綱)[32]이 격조설의 형식주의적 성격

함께 이야기하면 비록 다는 이해하지 못하지만 요컨대 가슴으로부터 맺히는 바가 없으니 대단하다고 생각한다."라고 대전 스님을 평가하고 그와의 교류를 이어갔다고 한다. 그래서인지 야나기다 세이잔이 쓰고, 一指가 옮긴 ≪임제록≫(서울:고려원, 1988.)에서는 선종의 계보를 작성하면서 한유를 대전보통의 제자로 편입시키고 있다. 불교에 적대적인 태도를 취하던 한유가 <論佛骨表>로 말미암아 귀양을 간 후에 불교에 대하여 긍정적인 태도를 갖게 된 것은 분명하다. 백거이 역시 시에다 유가적 가치관을 실현하는 것을 가장 중요하게 생각했지만 71세 되는 해에 刑部尙書를 그만두고 香山의 승려 如滿과 교유하면서 香山居士로 自號하며 불교에 심취했었다.

31) ≪孟子 · 盡心(上)≫: "窮則獨善其身, 達則兼善天下."

32) 字는 正三이고, 號는 覃溪로 順天 大興 사람이다. 淸나라 世宗 雍正 11년(1733년)에 태어나서 仁宗 嘉慶 23년(1818년)에 향년 86세로 작고했다. 乾隆 17년(1752년)에 과거에 급제하여 進士가 된 후 여러 가지 벼슬을 지냈다. 고전 연구에 정성을 쏟아 金石 · 譜錄 · 書畵 · 문학 등 방면의 연구에 독보적인 업적을 남겼다. 서예에 매우 뛰어났던 그는 추사 김정희의 스승으로서 추사체의 형성에 영향을 주었다고 한다. ≪復初齋詩集≫ · ≪復初齋文集≫ · ≪石洲詩話≫ 등 많은 저서를 남겼다.

과 신운설의 고답적 경향에 문제를 제기하며 이 두 가지 시론을 절충하여 기리설(肌理說)33)이라는 시론을 주창하였던 것도 같은 맥락에서 이해될 수 있다. 기리설의 본령은 격조설의 도덕적 내용의 충실함과 신운설의 심미적 예술성을 결합하여 내용의 충실 위에 아름다움을 구현하는 시를 쓰자는 데에 있다.

3. 작가의 진솔한 내면세계의 표출

(1) 표현론이 분기되는 지점

내면세계를 표현하고자 하는 것은 사람의 본능적 욕구이며, 문학의 성립 근거이다. 그러므로 작가 내면세계의 표출을 강조하는 문학관으로서의 표현론은 보다 원론적인 것이다. 그렇기 때문에 세계의 모방에 보다 많은 관심을 기울이는 모방론이나 독자의 감화에 보다 많은 공을 들이는 효용론보다는 상위개념인 것처럼 보인다. 그러나 표현론이 모방론이나 효용론과 경합하는 문학관의 하나로서는 '문학

33) 격조설, 신운설, 성령설의 삼대 시론에 이 기리설을 더하여 청대사대시론(淸代四大詩論)이라고 하기도 한다. 기리설은 청대 고증학의 특성을 반영하는 시론으로서 청나라라는 특수한 시대적 산물이다. 그 이론적 가치에 있어서도 자성일가의 분위기(역사학을 위주로 하는 고증학적 학술 경향에 편승하여 옛것을 정리하고 그것을 하나의 이론으로 체계화 하는 것이 유행하였던 청대 학술 사상의 중요한 특색의 하나) 속에서 이론을 위한 이론을 제기한 것에 불과하다는 평가를 받는다. 그러나 기리설을 제외한 나머지 세 가지 시론은 비록 그 설이 청대 학술 분위기의 영향을 받은 시인 겸 시론가들이 제기한 설이기는 하나, 그것들은 실질적으로 오랜 전통을 가진 시적 경향을 이론화 한 시론이라는 점에서 이들은 청대 삼대 시론을 넘어 중국의 삼대 시론이라고 하여도 무방하다.

작품은 작가의 소산'이라는 원론적인 차원보다 한 단계 아래에서 그 영역이 설정된다.

앞에서 인용한 바 있는 <모시서(毛詩序)>의 다음과 같은 말은 표현론의 이론적 근거가 될 수 있다.

> 시라는 것은 뜻이 나아가는 바이다. 마음 속에 있을 때에는 뜻이지만, 말로 표현되면 시가 된다. 정감이 내면에서 움직이게 되면 말로 드러나게 되는데, 말로써 다 표현하지 못하므로 감탄사로 표현하게 되고, 감탄사로도 표현하지 못하므로 소리를 길게 하여 노래를 부르게 된다. 노래를 부르는 것으로도 부족하므로 자신도 모르게 손과 발로 춤을 추게 되는 것이다.[34)]

이 글의 핵심은 분명히 '문학작품(시)은 작가 내면세계의 표출이다'라는 사실을 설명하는 것이다. 그러나 이 <모시서>에 개진되어 있는 문학론의 전반적인 경향은 효용론적 관점으로 기울어지는 경향을 보인다. <모시서>의 이론적 근거가 되는 '시언지(詩言志)'설[35)]의 '지(志)'는 작가의 내면이지만 그것은 이성적으로 통제된 것이기 때문이다. 이성은 나보다는 나를 둘러싼 '우리'에 더 큰 의미를 두고 타인의 존재를 고려하는 정신적 속성이므로, 이 '지(志)'를 강조하는 문학관은 쉽게 독자에 대한 고려로 이어진다. 바로 효용론적 문학관으로

34) "詩者, 志之所之也. 在心爲志, 發言爲詩. 情動於中而形於言, 言之不足故嗟嘆之, 嗟嘆之不足故永歌之, 永歌之不足, 不知手之舞之, 足之蹈之也."

35) '詩言志'는 '시는 작가의 내면세계를 말로 표현한 것이다'라는 뜻이다. 이 말은 ≪상서(尙書)·순전(舜傳)≫에 보이는 것을 필두로 중국의 고대 전적에서 두루 발견되고 있다. ≪左傳·襄公·二十七年≫에도 趙文子라는 사람이 叔向이라는 사람에게 한 이야기로 '詩以言志'라는 말이 보인다. 이와 비슷한 표현으로 ≪莊子·天下≫편의 '詩以道志'라는 말과 ≪荀子·儒效≫편의 '詩言是其志也'라는 말도 있다.

귀착되는 것이다.

그러므로 단순히 작가의 내면세계의 표출을 강조한다고 해서 그대로 표현론적 문학관이 되는 것이 아님을 알 수 있다. 표현되는 내면세계의 성격에 따라서 효용론도 되고 표현론도 될 수 있기 때문이다.

표현론의 핵심은 진솔한 내면세계의 표출이다. 진솔한 내면세계란 이성에 의해서 견제되거나 정제된 것이 아니라, 원초적인 본능에서 자발적으로 흘러나오는 정감을 말한다. 그것은 이성보다는 감성에 더 가치를 두는 사상에 기반하고 있다. 그래서 표현론은 낭만주의를 지향하는 사람들이 선호하는 문학관이며, 중국에서는 성령파(性靈派)[36]의 문학관과 궤를 같이 한다.

(2) 감성적 내면세계의 표현

이성에 대한 감성의 반발이라고 하는 낭만주의의 본질은 중국의 성령파 문학론의 본질과 다르지 않다. 성령파의 문학론이 낭만주의적 성격을 띠게 하고 표현론으로 기울어지게 하는 데에 결정적인 역할을 한 것은 양명학(陽明學)[37]이다.[38] 성령파가 반대하는 격조파

36) 서구 낭만주의와 유사하게 기성의 권위를 부정하고 개성을 존중하는 일군의 문학가와 문학이론가들을 일컫는 말이다. 이런 경향의 문학론은 淸나라 袁枚에 의해서 '性靈說'이라는 시론으로 정리된다.

37) 실천이 따르지 않는 靜坐를 중시하는 일군의 학자들과 과거시험이라는 매너리즘에 빠진 성리학에 불만을 느껴 '知行合一'을 외치며 실천적인 유학의 부활을 강조하였던 王守仁(王陽明)의 학술사상 및 그것을 추종하는 일군의 학자들의 학술사상을 일컫는 말이다. 그의 사상은 '心卽理'라는 陸九淵(陸象山)의 말을 계승하였으므로 陸王學이라고도 한다. 양명학은 후에 외적인 理를 중시하는 파와 내적인 心을 중시하는 파로 나뉘는데, 전자를 정통양명학파 또는 江右學派라고 하고, 후자를 신양명학파 또는 泰州學派라 하며 王學

가 양명학이 반발하였던 성리학(性理學)[39]에 이론적 토대를 두고 있는 것과는 대조를 이룬다. 성령파와 격조파의 차이는 양명학과 성리학의 차이이다.

양명학과 성리학은 인간의 본성을 이해하는 데에서 근본적인 차이를 보인다. 성리학에서는 인간을 철저히 이성적인 존재로 파악한다. 인간 역시 육신을 가지고 있으므로 동물적 존재이기는 하나, 동물적 수준에서 벗어나 예교(禮敎)를 운위할 수 있는 이성적 단계에 접어들어야 비로소 인간이라고 할 수 있다고 생각하는 것이다.

그러므로 성리학에 기반을 두고 있는 격조파는 문학작품에 교훈적이며 점잖은 것을 표현해야 한다고 주장한다. 곧 유가에서 전통적으로 중시하는 '시교(詩敎)'를 구현해야 한다고 한다. 격조파의 이러한 측면은 신고전주의에 속하는 고트셰트(Gottsched: 1700~1766)가 ≪비평적 시론(Kritische Dichtkunst, Ars Poetica)≫에서 "작가는 자기가 감각적 수단을 통하여 청중들에게 감명을 주고자 하는 도덕적 교훈부터 우선 선정해야 한다."라고 한 것과 상통한다.[40]

左派라고도 부른다. 정통파는 성리학과 거리가 가까워지는 경향이 있는데 반하여 좌파는 불교와 도교와 융화되는 경향을 보였다. 좌파는 왕양명의 良知를 한층 더 인간적인 것으로 파악하고 인간의 욕망을 전적으로 긍정함으로써 유가 윤리의 틀에서 벗어났다. 그래서 좌파는 空疎하다느니 禪學의 일종이라느니 하는 비난을 받기도 하지만, 문학적으로는 감성을 중시하는 소설과 희곡의 발전에 이론적 근거를 제공하였다. 李贄(李卓吾)가 이 좌파의 대표적인 인물이다.

38) 吳兆路, ≪中國性靈文學思想硏究(1993年 復旦大學博士論文)≫(臺北:文津出版社, 1995.) 제2~3쪽 참조.

39) 儒家思想이 宋나라 시대에 이르러 불교의 영향으로 형이상학으로 변모된 것을 말한다. 철학적인 문제에 치중하여 義理를 말하고 心性을 논하는 것이 그 주요 내용이다. 周敦頤(周濂溪)・程顥(程明道)・程頤(程伊川)를 거쳐 朱熹에 의하여 집대성되었으므로 朱子學이라고도 한다.

40) Lilian R. Furst 著, 李相沃 譯, ≪浪漫主義≫(문학비평 총서 3), ((서울:서울

그러나 양명학은 성리학의 그러한 인간관에 반대한다. 인간 역시 본능적 욕구에 의해서 추동되는 동물적 존재이며, 바로 그 본능을 가진 동물적 모습이야말로 인간의 본질적인 모습이라고 생각한다.41) 달리 말하자면 성리학에서는 인간을 이성적으로 파악하는 데에 대하여 양명학에서는 인간을 본능적이며 감성적인 존재로 파악하는 것이다.42)식욕과 성욕이 있는 존재가 인간의 본모습이라고 보는 것이다.43) 그래서 양명학에 기반을 둔 성령파들은 '독서성령(獨抒性靈)'44) 곧 '성령만을 펼쳐내어야 한다'고 주장한다. 문학작품은 작가의 원초적 본능에 입각한 내면세계의 진솔한 표출이어야 한다고 한 것이다.

(3) 개인적 격정의 표출

표현론은 이성보다는 감성을, 사회보다 개인을 앞세우는 가치관에 입각하고 있다. 표현론의 기본이 되는 그러한 가치관은 중국의 남방 기질과 잘 어울린다. 풍요로운 자연의 혜택을 누릴 수 있음으로 말미암아 개인주의적이고 낭만적인 경향을 띠는 중국 남방의 기질이 구체적으로 표현된 대표적인 사례가 바로 중국문학의 양대 원류의 하나인 ≪초사(楚辭)≫45)다.

대학교출판부, 1978.)) 제24~25쪽.

41) 이러한 인성론의 특성에서도 양명학은 도가적 색채를 농후하게 띠고 있다는 것이 확인된다.

42) ≪中國性靈文學思想硏究(1993年 復旦大學博士論文)≫(吳兆路 著, 臺北:文津出版社, 1995.) 제2~3쪽 참조.

43) "食色性也."

44) 明 袁宏道, <敍小修詩>(葉慶炳・邵紅 編輯, ≪中國文學批評資料彙編(9)≫ 明代(下集), 臺北:成文出版社, 1979년 초판, 1981년 재판. 제641쪽.)

≪초사≫는 환상의 세계를 노닐면서 개인의 격정을 표출하는 낭만주의적 경향을 그 특색으로 하는데, <구장(九章)>[46]의 한 편인 <석송(惜誦)>[47]의 첫머리에서는 "왕에게 충간하기를 좋아하다가 화를 입게 되었으니, 마음 속의 울분을 발산하여 내 감정을 표출하리라."[48]라는 말로써 ≪초사≫의 그러한 경향을 잘 표현하고 있다. '마음 속의 울분을 발산하여 내 감정을 표출한다'는 말은 기본적으로는 '시언지(詩言志)'와 큰 차이가 없으나, 넘쳐나는 감정의 분출을 지향한다는 점 때문에 표현론의 진면목이 된다. 영국 낭만주의의 대표적인 시인 워즈워어드[49]가 ≪서정적 담시집≫ 서문에서 "시는 '강렬한 감정의 자연발생적인 넘쳐흐름'"이라고 했던 것과 다르지 않다.[50]

이성에 의해 절제되지 않은 격정의 표출을 선호하는 작가들은 그 속성상 광기(狂氣)에 근접하기도 한다. 서구 낭만주의 작가와 중국

45) 戰國時代에 당시 중국의 남방에 해당하던 楚지방에서 유행했던 詩의 일종인데, 그러한 시들을 모아놓은 책을 가리키기도 한다. 개인의 격정을 토로하는 것을 위주로 함으로써 낭만적 색채가 농후한 관계로 중국 북방을 배경으로 한 ≪詩經≫의 시들이 현실주의적 경향을 강하게 띠는 것과 선명한 대조를 이룬다. ≪詩經≫의 시들은 작자를 알 수 없는 경우가 많아 집단 창작의 성격을 내비치고 있는 것과 달리 ≪楚辭≫는 모두 개인의 이름을 내건 작품들로 되어 있다. ≪楚辭≫에서 낭만주의와 궤를 같이하는 개인주의적 성향도 읽을 수 있는 것이다.

46) ≪楚辭≫의 篇名. <惜誦>·<涉江>·<哀郢>·<抽思>·<懷沙>·<思美人>·<惜往日>·<橘頌>·<悲回風>의 9작품을 통칭하는 이름이다.

47) ≪楚辭≫의 <九章> 중에 있는 한 작품의 이름. 屈原의 작품으로 전해지나, 굴원의 작품이 아닐 것이라고 생각하는 학자도 있다. 굴원이 모함을 당해 쫓겨난 이후에 쓴 작품일 것이라고 보는 견해도 있다. 굴원이 받은 정치적 박해의 전말을 비분강개한 어조로 쓰고 있다.

48) "惜誦以致愍兮, 發憤以抒情."

49) Wordsworth(1770~1850). 영국의 대표적인 낭만시인.

50) 앞의 ≪浪漫主義≫ 제70쪽.

성령파 작가 중에 광인이 더러 있었던 것은 결코 우연이 아니다. 중국 성령파의 이론적 기초를 만들었던 이지(李贄)[51]와 성령파의 대표작가의 한 사람인 서위(徐渭)[52]에게서 그런 광기를 발견할 수 있다.

(4) 개성의 중시

작가 내면세계의 진솔한 표출을 중시하는 작가들은 자기 충실과 자기 긍정에 입각하고 있다. 그들은 기성의 권위와 전통을 진솔한 내면세계의 충실한 표출을 방해하는 요소로 간주하여 배척한다. 그래서 성령파는 '불구격투(不拘格套)'[53] 즉 '틀에 얽매이지 않는다'라고 하였다. 기성의 권위와 관습에 얽매이지 말아야 한다는 말이다.

51) 明나라 시대의 진보적 사상가 겸 문학가. 본명은 李載贄며, 號는 卓吾 또는 宏甫라고 하였고, 溫陵居士라는 별호를 쓰기도 하였다. 1552년에 과거에 급제하였으나 생졸년은 미상이다. 일설에는 1527년에 태어나서 1602년에 타계했다고도 한다. 스스로 이단으로 자처하면서 공개적으로 孔子와 孟子의 道를 반대하였다. 그는 또 '天理를 보존하고 人慾을 없애야 한다'는 宋明理學을 비판하고 '사람이 옷을 입고 밥을 먹는 것이 인륜이며 사물의 이치'라고 주장하였다. 문학에 있어서는 모방과 표절을 반대하고 진실한 내면세계를 표출해야 한다고 주장하였다. 또 소설과 희곡의 가치를 중시하여 明나라 시대 소설의 발달에 이론적 뒷받침을 하기도 하였다. 이러한 문학적 주장은 감성을 중시하는 양명학과 궤를 같이 하는 것이다. 저서로는 ≪李氏焚書≫ · ≪續焚書≫ · ≪藏書≫ · ≪續藏書≫ 등이 있다.

52) 字가 文長인데 文淸 또는 天池라고도 했으며, 스스로 靑藤山人이라는 號를 지어 썼다. 山陰 사람으로서 明나라 武宗 正德 16년(1521년)에 태어나서 神宗 萬歷 21년(1593년)에 향년 73세로 작고하였다. 천재성이 돋보였던 그는 詩 · 文章 · 戲曲 · 글씨 · 그림 등에 모두 뛰어났다. 발광하여 여러 차례 자살을 시도했으나 실패하고, 끝내는 부인을 살해하여 옥살이를 하였다. ≪徐文長集≫ 등의 저서가 있으며, <四聲猿>이라는 잡극을 지었다.

53) 明 袁宏道, <敍小修詩>, ≪中國文學批評資料彙編(9)≫ 明代(下集) 제641쪽.

성령파의 그러한 태도는 그들이 복고를 반대하는 진보적인 역사관을 견지하고 있다는 것을 의미한다. 성령파의 진보적인 역사관은 성령파의 실질적인 선구자라 할 수 있는 명(明)나라 이지(李贄)의 <동심설(童心說)>에 선명하게 나타나 있다.

> 시는 왜 꼭 옛날 ≪문선(文選)≫의 것이어야 하는가? 문장은 왜 꼭 선진(先秦)의 것이어야 하는가? 시대가 후대로 내려가서 육조(六朝)가 되면 변하여서 근체(近體)가 되고, 또 변하면 전기(傳奇)가 되고, 변하여 원본(院本)이 되고, 잡극(雜劇)이 되고, ≪서상곡(西廂曲)≫이 되고, ≪수호전(水滸傳)≫이 되고, 오늘날 과거 준비하는 사람들이 공부하는 글이 되는데, 이들은 모두 옛날과 오늘날의 지극히 훌륭한 글들로서 시대의 선후로써 따질 수 있는 것이 아니다.[54]

'각 시대는 그 시대의 문장이 있으며 시대의 선후에 따라 그 우열을 나눌 수 없다'는 주장에서 이지의 진보적인 역사관이 선명하게 드러난다. 성령파의 이러한 역사관은 개성을 존중하는 가치관의 또 다른 표현이다. 청(淸)나라의 원매(袁枚)[55]가 "사람은 각기 그 개성을 표현

54) ≪中國文學批評資料彙編(9)≫「明代(下集)」제624쪽: "詩何必古選, 文何必先秦. 降而爲六朝, 變而爲近體, 又變而爲傳奇, 變而爲院本, 爲雜劇, 爲西廂曲, 爲水滸傳, 爲今之擧子業皆古今至文, 不可得而時勢先後論也."

55) 字는 子才고 號는 簡齋 또는 隨園老人이라고 하였으며, 세칭 隨園先生이라고 하였다. 浙江 仁和 사람으로 淸나라 聖祖 康熙55년(1716년)에 나서 仁宗 嘉慶2년(1797년)에 82세를 일기로 세상을 떴다. 어려서부터 대단한 재주로 이름이 났으며 24살이 되던 해에 당시 67세였던 심덕잠과 함께 과거에 급제하였다. 과거에 급제한 후 벼슬길에 올라 여러 곳을 다니다가 40살이 채 되기 전에 벼슬을 버리고 江寧 小倉山의 隨園에 은거하여 책을 읽고 시와 글을 짓는 것으로 소일하였다. 그의 文名이 크게 알려져 시단의 맹주로 군림하게 되자 사방에서 시를 보내어 평가해줄 것을 부탁하는 이가 끊이지 않았다. 원매는 무명의 여류들의 시도 잘된 것을 골라 시선집에 싣기도 하였는데, 거기에 작품이 수록된 여인들은 만리를 멀다하지 않고 찾아가 제자의 예를

하여 '나'가 있어야지 남이 있어서는 안 된다."[56]고 했으며, "시에 남이 있고 내가 없으면 그것은 꼭두각시다."[57]라고 했던 것이 바로 그것이다. 그래서 격조설에서는 두보와 같이 뛰어난 시인들을 모델로 하여 그들을 열심히 배우려 하지만, 성령설에서는 기성의 권위를 인정하지 않는다. 기성의 권위를 부정하는 것과 개성을 중시하는 것은 서로 표리의 관계에 있기 때문이다. 물론 개성을 극단적으로 중시하는 폐단도 있다. 격조설의 말류에서는 모방을 능사로 하는 폐단이 드러나는 것과는 달리, 성령설의 말류에서는 생각나는 대로 작품을 만들어 내용이 경박해지는 결함을 보이는 것이 그것이다.[58]

이렇게 중국문학에서의 격조설과 성령설의 상관관계는 서양문학에서의 고전주의와 낭만주의의 상관관계와 여러 모로 흡사하다. 서구 문학에서 고전주의와 낭만주의가 대립각을 세웠듯이 중국문학에서도 격조파와 성령파는 그 지향이 상반되었다.

다했다고 한다. 그런 과정을 통해 엮어진 것이 ≪隨園女弟子詩選≫이라는 책이다. 여류 시인들을 발굴하여 장려한 것은 당시로서는 매우 진보적인 행위로 보이지만, 인간의 본능을 소중하게 생각하던 그에게는 가무와 여색을 마음껏 즐기는 이율배반적인 일면도 있었다. 그는 또 식도락가이기도 하여 ≪隨園食單≫이라는 요리책도 저술하였다. 그밖에도 ≪小倉山房詩文集≫·≪隨園詩話≫·≪隨園隨筆≫ 등 수 많은 저서를 남겼다.

56) ≪隨園詩話≫(卷四): "人應各表現其箇性, 有我不可有他人."((鈴木虎雄 著, 洪順隆 譯, ≪中國詩論史≫(臺北:商務印書館, 1979년 재판.) 제175쪽에서 재인용.))

57) ≪隨園詩話≫(卷七): "詩有人無我, 是傀儡也."(위 ≪中國詩論史≫ 제175쪽에서 재인용.)

58) 袁宏道 같은 대가급 인물의 글도 정통파로 자처하는 사람들로부터 '輕佻浮淺'하다는 비판을 받을 정도다.(≪中國性靈文學思想硏究(1993年 復旦大學博士論文)≫ 제165쪽 참조.)

(5) 표현론적 시론 성령설(性靈說)

성령설은 청(淸)나라의 원매(袁枚)가 제기한 시설(詩說)이다. 성령설을 지지하는 사람들은 작가 자신의 내면세계를 진솔하고도 충실하게 표현하는 것을 시의 가장 중요한 덕목으로 삼는다. 그래서 그들은 역사상의 어떤 작가를 모범으로 내세우고 그를 배우려고 하지 않는다. 그러한 그들의 주장은 '성령을 그대로 표출해내지 기성의 규범에 얽매이지 아니한다'라는 뜻의 '독서성령(獨抒性靈), 불구격투(不拘格套)'59)라는 말에 잘 요약되어 있다. 기성의 가치나 전통의 권위를 인정하지 않으므로, 성령설은 과거로의 회귀를 도모하는 복고사조에 대하여 강한 반감을 보인다. 성령설의 이러한 가치관과 주장은 양명학(陽明學)의 영향을 크게 받았다.

진솔한 내면세계를 중시하는 것은 본능적인 욕구를 중시한다는 것과 깊은 관련이 있다. 그래서 성령설은 윤리도덕의 구속을 거부하고, 점잖음을 중시하는 도학자들이 금기시하는 성적인 표현도 서슴지 않는다. <한야(寒夜)>라는 제목의 원매의 시에서 성령설의 그러한 특성을 확인할 수 있다.

寒夜讀書忘却眠(한야독서망각면),
錦衾香盡爐無煙(금금향진로무연).
美人含怒奪燈去(미인함노탈등거),
問郎知是幾更天(문랑지시기경천).

추운 밤에 책을 읽느라 잠자는 것도 잊었더니
비단 이불은 향기가 다 빠지고 향로에도 연기가 없네

59) 明 袁宏道, <敍小修詩>(≪中國文學批評資料彙編(9)≫明代(下集) 제641쪽.)

아리따운 젊은 아내 화가 나 등불을 빼앗아가며
'지금이 몇 시인지 아오?' 하면서 남편에게 힐문한다

신혼부부인지라 신혼의 단꿈을 즐기려는 신부는 신혼의 분위기를 돋우기 위해 정성스럽게 이불에 향수를 뿌리고 향도 피워 놓고 혼자 침대에서 신랑을 기다린다. 그러나 과거를 준비하는지 신랑은 신부의 애틋한 정성에 아랑곳하지 않고 밤이 늦은 줄도 모르고 공부에만 몰두하고 있다. 이불에 향기가 다하고 향로에 연기가 끊어질 때까지 기다려도 오려는 낌새를 보이지 않는 신랑의 야속한 처사를 참다 못한 신부가 신랑이 책을 읽기 위해 켜 놓은 등불을 낚아채 가면서 화가 난 표정으로 '지금이 몇 시인 줄 아시오?'하고 소리치는 장면이 손에 잡힐 듯 유머러스하게 그려져 있다.

근엄한 도학자들의 눈에는 이 시에 등장하는 신부가 음탕한 여인으로 비칠 것이다. 그러나 시인은 그 신부에게 그런 혐의를 씌우려는 의도가 없다. '비단 금침의 향기가 다 하고 향로에 연기가 모두 꺼질 때까지 잠자코 기다렸다'라는 상황 설정이 그런 혐의에서 벗어나게 하는 장치가 된다. 그렇다고 신랑의 무정을 탓하는 것도 아니다. 그저 각자의 기질대로 살아가는 신혼부부의 일상을 따뜻한 눈길로 바라볼 뿐이다. 그래서 어떤 평자는 이 시를 평가하여 '에로틱하나 음탕하지는 않다(艷而不淫)'라고 하였다.60) 비록 음탕한 수준에는 이르지 않았다 하더라도 에로틱한 분위기가 느껴지는 것이 분명한 이 시에서 인간의 본능적 욕구를 긍정적으로 생각하는 태도가 읽혀진다.

60) 劉允聲 編著, ≪歷代詩詞佳句鑒賞≫(臺南:大孚書局有限公司, 1994.) 제760쪽 참조.

(6) 신운설과 성령설의 상관관계

신운설과 성령설은 그 성격이 전혀 다르기는 하지만 양자 간에 대립각은 서지 않는다. 신운설은 아름다운 자연의 충실한 재현을 통해서 독자에게 미적 감흥을 주는 것뿐만 아니라, 원래 자연의 일부인 인간이 대자연과 조화를 이루어 하나가 되는 경지를 보여줌으로써 정신적 승화를 도모하는 것을 궁극적인 목적으로 하기 때문에, 애초에 다른 것과 대립하거나 투쟁하려는 의도가 없다. 그리고 성령설이 반대하는 것들은 주로 격조설과 관계가 있지 신운설과는 일정한 거리가 있다. 그렇기 때문에 신운설은 중국의 여러 가지 시론 중에서 가장 공격적인 성격을 띠는 시론인 성령설과도 별다른 알력을 빚지 않는다.

각 시론이 근거로 하는 사상의 측면에서 보면 신운설과 성령설은 상당한 유사성이 있다. 앞에서 이미 언급한 것처럼 신운설은 분명히 도가 사상을 기반으로 하고 있다. 그리고 성령설이 기반으로 하고 있는 양명학도 기실 도가 사상과 밀접한 관련이 있다.[61] 인위가 배제된 자연스러움을 중시하고 개성을 존중하는 면을 보면 양명학은 도가사상의 새로운 형태로 보는 것이 옳을 것이다.

그러나 신운설과 성령설이 도가사상에서 취한 내용은 사뭇 다르다. 신운설이 도가사상에서 취한 것은 인간과 자연이 합일되는 경지와 고도의 평정 상태를 보이는 정신의 승화, 그리고 함축적인 표현과

61) 자연스러움을 중시하며 개성을 중시하는 양명학의 가치관은 도가사상의 그것과 다름이 없다. 그밖에도 여러 가지 측면에서 양명학은 도가사상을 계승하고 있다. 보다 자세한 내용은 陳少峰의 ≪宋明理學與道家哲學≫(上海:上海文化出版社, 2001.) 第四章 <心學與道家哲學> 참조.

이미지를 통한 추상 개념의 표현 등이다. 이에 비하여 성령설이 취한 것은 인위의 반대와 자연스러움으로 이야기되는 인간의 본능적 욕구의 긍정, 그리고 기성 권위의 부정과 개성의 존중이라는 측면이다. 이런 까닭에 같은 사상의 뿌리에서 나온 신운설과 성령설이 전혀 다른 성격을 띠게 되는 것이다.

4. 작품은 그 자체로 자족적 실체

(1) 인체에 비유되는 작품

중국에는 예부터 문학작품을 육신 속에 정신을 갖추고 있는 인간과 유사한 것으로 파악하는 전통이 있었다. 남북조시대(南北朝時代)의 유협(劉勰)과 안지추(顔之推)62)의 다음과 같은 글 속에 그런 내용이 담겨 있다.

> 재능 있는 어린이가 글을 쓰는 것을 배울 때에는 마땅히 문장의 체제를 바르게 해야 한다. 반드시 나타내려는 사상과 감정으로써 정신으로 삼고, 글의 소재로써 골격으로 삼으며, 언어로써 피부로 삼고, 언어의 운율로써 호흡으로 삼는다. 그런 연후에 채색을 베풀 듯 문장의

62) 字는 介로 琅邪 臨沂 사람이다. 梁나라 武帝 中大通 3년(531년)에 태어나 隋나라 文帝 開皇 11년(591년) 이후에 향년 60여 세로 사망하였다. 학문을 하는 집안 내력에 따라 일찍부터 가학을 이어 많은 책을 두루 읽고 통달하였다. 술을 좋아하고 내키는 대로 행동하며 자잘한 예절에 얽매이지 않는 성격이었다. 정치에도 참여하였으며 혼란했던 시대의 고통도 겪었으나, 말년에는 수나라 황태자의 예우를 받았다. 문집 30권과 가훈 20篇 등의 저술이 전해지고 있다.

> 수사를 다듬고, 조화로운 운율미를 도모하여 쓸 것은 쓰고 버릴 것은 버려서 가장 이상적인 상태에 이르게 한다. 이것이 문장을 쓰는 변함없는 원칙이다.[63)]

> 문장은 마땅히 이치를 심장과 신장으로, 기조를 근육과 뼈대로, 사의를 피부로, 문장을 꾸미는 것을 관과 같은 장식품으로 생각해야 한다.[64)]

유협과 안지추가 문학작품의 구조를 이해하는 시각은 다소 차이가 있으나, 한 편의 문학 작품을 인간에다 비유하는 태도는 일치한다. 이들은 문학 작품을 인간과 유사한 것으로 파악함으로써 각각의 작품을 하나의 유기체이며 생명력을 가진 자족적인 실체로 인정하는 태도를 보이고 있다.

(2) 풍격론에 담겨 있는 작품유기체론

이처럼 문학 작품을 인간과 유사한 존재로 파악한다는 것은 인간이 각각의 개성을 가지고 있듯이 문학 작품도 인간의 개성과 유사한 개별적인 특성을 지닌다는 점을 인정하는 것이다. 문학작품을 보는 중국인의 이러한 관점은 중국의 고유한 비평방식인 풍격비평으로 이어진다. 채진초(蔡鎭楚)라는 학자는 풍격을 이렇게 정의하고 있다.

63) 劉勰, ≪文心雕龍 · 附會≫: "夫才童學文, 宜正體製, 必以情志爲神明, 事義爲骨髓, 辭采爲肌膚, 宮商爲聲氣, 然後品藻玄黃, 摛振金玉, 獻可替否, 以裁厥中. 斯綴思之恒數也."

64) 顔之推, ≪顔氏家訓 · 文章≫: "文章當以理致爲心腎, 氣調爲筋骨, 事義爲皮膚, 華麗爲冠冕."

> 풍격이라는 한 단어는 본래 사람의 풍도품격을 가리켰다. 그 단어를 시문의 논평에 사용할 때에는 곧 작가와 예술가가 예술 창작에서 표현해낸 예술개성과 예술특색이다. 예술풍격은 작품의 내용과 형식이 조화되고 통일된 특정한 표현이며 예술창작 과정 중에서 각종 요소가 유기적으로 결합하여 드러내는 한 가지 예술미의 풍모로서 일종의 종합성의 미학범주에 속한다.[65]

원래 인간의 독특한 개성을 나타내던 '풍격'이라는 말이 문학의 비평용어로 전용되었다는 사실을 지적하고 있다. 이와 같이 원래 사람에 적용되던 개념을 문학작품에 전용한다는 것은 인간과 작품을 속성적으로 유사한 것으로 파악한 데에서 말미암는다. 그러므로 이런 문학관에 있어서 문학작품은 작가와는 별개의 독립적인 존재, 곧 그 자체로 자족적 실체가 된다. 왕윤화(王潤華)라는 학자의 다음과 같은 말에서 그러한 이치를 추론할 수 있다.

> 소위 풍격이란 단순히 통상적인 문학작품의 문자형식상에 형성되는 관계만을 총합한 특색이 아니다. 그것은 또한 내재적 풍격 곧 예술역량을 산출할 수 있는 시의 내용과 형식의 전부를 포괄한다.[66]

풍격의 개념을 정의함에 있어서 이와 같이 작가를 배제한 작품 자체에만 주목하는 것은 작품 자체를 하나의 독립적인 유기체로 파악했기 때문이다. 중국문학의 풍격론은 기본적으로 작품유기체론에 입각하고 있다.

65) 蔡鎭楚, ≪詩話學≫(湖南敎育出版社, 1990년 초판, 1992년 제2차 인쇄.) 제213쪽.

66) 王潤華, ≪從司空圖到沈從文≫(上海:學林出版社, 1989.) 제26~27쪽.

5. 문학작품의 의의는 독자가 만들어내는 것

문학작품의 의의나 가치는 객관적인 것인가? 세계적인 명작 또는 불후의 고전으로 평가되는 작품들이 있는 것을 보면 그럴 가능성이 있는 듯하다. 그렇지만 그런 명작이라고 하는 작품에 대해서도 독자들은 저마다 다른 반응을 하고, 나름대로의 색다른 평가를 한다. 때로는 정반대의 평가가 내려질 수도 있다. 그렇다면 문학작품의 궁극적인 가치는 객관적으로 실재한다기보다는 독자의 주관에 의해서 생성되는 부분이 있다고도 할 수 있다.

(1) 인물비평의 경우

풍격비평이 인물비평을 모태로 하고 있듯이, 인물비평에서의 주관성의 문제는 그대로 문학비평으로 전이된다. 그래서 먼저 인물비평에서의 주관성의 문제가 제기된 사례를 살펴보기로 한다. ≪세설신어(世說新語)67) · 품조(品藻)≫편에는 다음과 같은 이야기가 적혀 있다.

67) 南朝 宋나라 사람 劉義慶이 쓴 책으로 漢나라 말기부터 東晋시대까지의 유명 사대부들의 언행과 그들의 일화를 기술하였다. 이야기가 재미있고 문장이 간결하며 인물들이 생동감 있게 그려져 있어서 후세의 문학에 큰 영향을 끼쳤을 뿐만 아니라, 중국의 당시 사회상을 연구하는 데에도 유용한 자료가 된다. 책의 내용 중에 소설적 요소가 많다고 하여 이 책을 소설의 한 종류로 간주하기도 하는데, 사람에 관한 것을 기록하였다 하여 志人小說이라고 부르기도 한다. 당시에 유행하였던 것으로 귀신과 요괴의 일을 주로 다룬 것을 志怪小說이라고 하는 것을 염두에 둔 이름이다. 후대 筆記小說에 큰 영향을 끼쳤다.

> 기주자사 양준의 두 아들인 교와 모는 모두 성년이 되기도 전에 훌륭한 인물이 되어 있었는데, 양준은 배위와 악광과 사이가 좋았으므로 그들에게 인사를 가게 하였다. 배위는 성격이 활달하고 분방한지라 교가 고매한 풍도를 가지고 있는 것을 사랑하여 양준에게, "교는 분명 당신만할 것인데, 모는 조금 떨어집니다."라고 하였다. 악광은 성격이 맑고 순후하였으므로 모가 성격에 조심성이 있는 것을 사랑하여 양준에게 말하길, "교는 당신만합니다만, 모는 더욱 뛰어납니다."라고 하였다. 양준이 웃으며 말하기를 "내 두 아들의 우열은 바로 배위와 악광의 우열이다."라고 하였다. 논자들은 이 일을 두고 평하기를 '교가 비록 고상한 운치를 가지고 있으나 정신적인 절제가 떨어지므로 악광의 말이 설득력이 있다'고 생각하였으나, 둘 다 젊은 준재다.[68]

여기서는 비록 두 사람의 우열의 문제를 거론하고 있으나, 기실 비평자의 개성의 차이에서 말미암은 기호가 인물의 비평에 어떻게 반영되는가를 보여주는 대목이다. 말하자면 비평자가 가장 좋아하는 특성을 가진 피비평자가 그 비평자에게 가장 크게 부각된다는 것이다. 그것은 뒤집어 말하자면 비평자가 비평대상에서 자신이 선호하는 것을 적극적으로 찾아낸다는 의미가 되기도 한다.

(2) 문학비평에서의 독자의 적극적 개입

중국문학이론 및 중국문학비평 자료에서 독자 또는 비평자의 역할

68) "冀州刺史楊準二子喬與髦, 俱總角爲成器; 準與裴頠樂廣友善, 遣見之. 頠性弘方, 愛喬之有高韻; 謂準曰: '喬當及卿, 髦小減也.' 廣性清淳, 愛髦之有神檢; 謂準曰: '喬自及卿, 然髦尤精出.' 準笑曰: '我二子之優劣, 乃裴樂之優劣.' 論者評之; 以爲喬雖高韻, 而神檢不逮, 樂言爲得; 然並爲後出之雋."

을 강조한 사례는 많지 않다. 그렇지만 독자가 작가가 생산한 작품을 피동적으로 수용하는 것만은 아니라는 자각은 있었다. ≪문심조룡(文心雕龍)・지음(知音)≫의 다음과 같은 말은 그러한 내용을 담고 있다.

> 성격이 강개한 사람은 격렬한 소리에 박자를 맞추고, 내면의 수양이 깊은 사람은 세밀한 것을 보면 크게 기뻐한다. 성격이 영악한 사람은 화려한 것을 보면 가슴이 뛰고, 기이한 것을 좋아하는 사람은 괴이한 이야기를 들으면 귀 기울여 듣는다.[69]

이것은 문학작품의 감상이나 비평에서 독자 또는 비평자의 주관이 작용한다는 점을 지적한 것이다. 그 내용을 좀 더 적극적으로 해석한다면 비평자 또는 독자가 문학작품의 의의 형성에 적극적으로 개입한다는 점을 지적한 것으로 볼 수 있다.

69) "慷慨者逆聲而擊節, 醞藉者見密而高蹈, 浮慧者觀綺而躍心, 愛奇者聞詭而驚聽."

제 4 장

문학작품의 형식과 내용

중국문학에서 문학작품을 구성하는 요소에 대하여 본격적으로 논의한 자료는 찾아보기 힘들다. 문학작품을 몇 가지 요소로 나누어 비평하려고 했던 경향이 있었다는 사실 정도만 역대의 실제비평 자료에서 확인할 수 있을 뿐이다.[1] 문학 작품을 몇 개의 요소로 나누어 비평한 것은 문학작품의 구조를 분석적으로 이해하려고 한 결과이지만, 중국문학에서는 그런 작업이 끝내 일관된 체계를 형성하지 못하였다. 분석의 결과로 얻어진 문학작품의 요소들 각자가 상호 독립적인 존재로서 선명하게 규정되는 단계에 이르지 못했던 것이다. 현 단계에서 문학작품의 구성 요소에 대하여 논의를 전개할 수 있는 것은 문학 작품을 내용과 형식이라는 두 요소로 크게 나누어 보는 것 정도일 것이다.

1) 좀 더 자세한 내용은 졸저 ≪중국고전문학 풍격론≫ 참조.

1. 문학작품에서 형식과 내용의 범주

(1) 형 식

문학작품에서 내용을 완전히 배제한 순수한 형식이라면 그것은 아마도 개별 글자가 들어갈 자리들만으로 이루어진 틀이 될 것이다. 매 구 네 글자로 된 사언시, 매 구 다섯 글자로 된 오언시, 매 구 일곱 글자로 된 칠언시 등등과 같은 것이다. 물론 매 구 또는 매 연의 어느 위치에 어떤 성격의 글자를 써야 하는가 하는 규칙, 즉 율격도 형식의 범주에 들어간다. 작품 내에서의 주요 내용의 배치 양상도 형식의 범주에서 고려되어야 할 것이다. 요컨대 문자의 배열 방식이 문학작품의 기본적인 형식이 되는 것이다.

문자의 배열 방식이 관행으로 굳어진 것 중에서 가장 현저한 차별성을 가지는 것이 문장의 형태에 따라 구분되는 장르다. 시(詩) · 사(詞) · 산곡(散曲) · 산문(散文) · 변문(駢文) · 부(賦) · 팔고문(八股文) · 대련(對聯) 등과 같은 장르는 기본적으로 문자의 배열 방식의 차이에 의해 구분된다. 시는 다시 그 형태에 따라 사언시 · 오언시 · 칠언시 · 고시 · 율시 등으로 나누어지듯이 다른 장르들도 그 형식의 변이에 따라 몇 가지의 하위 장르로 다시 나누어질 수 있다. 같은 장르 안에서는 주요 내용의 구성 방식의 차이에 따라 개별 작품의 형식적 특성이 드러나게 된다.

(2) 내 용

문학작품의 형식을 내용과 분리된 작품의 틀로 규정한 이상 문학

작품의 내용은 문학작품의 형식에 담겨지는 모든 것을 총칭하게 된다. 그런 의미에서 문학작품의 내용은 작품의 구성에 동원된 개별 문자들의 의미의 총합이 된다. 그러나 한 작품에서의 개별 글자들의 역할 비중은 동일하지 않다. 구체적인 의미보다는 어감의 전달에 치중하는 허사도 있고, 실사 중에서도 일부는 특정 개념의 복합어를 구성하거나 성어를 구성하기도 한다. 개중에는 그 작품의 소재나 제재 등과 같이 보다 큰 비중을 차지하는 것도 있다. 그리고 그러한 다양한 내용들이 얽혀서 재현해내는 자연과 인간의 세계, 작가의 사상과 감정 등이 작품의 주요한 내용을 구성한다. 작가의 의도가 집약되어 형성된 작품의 특정한 분위기나 주제는 내용 중에서도 핵심이라고 할 것이다.

2. 형식과 내용의 상관관계

(1) 형식에 따라 달라지는 내용

어느 해 여름 청(淸)나라 건륭(乾隆)황제[2]는 상당한 양의 부채를

2) 이름은 弘曆인데 만년에는 十全老人이라고 자호하기도 하였다. '十全'이 '완전하다'는 뜻인 것을 보면 문무를 겸비한 위에 황제라는 인간 최고의 지위를 차지한 자신에 대한 자부심이 대단하였던 것 같다. 廟號는 高宗이며 謚號는 純皇帝다. 世宗 雍正帝를 뒤이어 즉위한 후 연호를 乾隆이라고 하였기 때문에 乾隆帝라는 이름으로 더 잘 알려져 있다. 1711년에 태어나서 1799년에 향년 89세로 타계했는데, 1735년에 황제에 즉위하여 1795년까지 재위하였다. 황제 재위 61년으로 그 이전까지 황제 재위 역대 최장이었던 조부 康熙帝의 기록을 깰 수 없다고 하여 만년에 황제의 자리를 아들인 嘉慶帝에게 물려주고 太上皇帝로 물러나 앉아서 공식적인 재위기간은 60년 정도지만, 태상황제가 되어서도 정무를 관장하였으므로 그의 실질적인 황제 재위 기간

새로 장만했는데, 애석하게도 가장 마음에 드는 부채에 아무런 글도 씌어 있지 않았다. 그래서 건륭황제는 그를 시종하고 있던 기윤(紀昀)[3]에게 명하여 그 부채에다 그가 좋아하는 당(唐)나라 시대의 시인 왕지환(王之渙)[4]의 <양주사(凉州詞)>란 유명한 시를 쓰게 하였다. 그 시는 본래 다음과 같다.

黃河遠上白雲間(황하원상백운간),
一片孤城萬仞山(일편고성만인산).
羌笛何須怨楊柳(강적하수원양류),

은 64년 여에 달하여 중국 역사상 가장 길다. 내적으로는 여러 가지 문치 사업을 펼치고 외적으로는 여러 차례 정벌에 성공하여 강희제와 옹정제 시대를 포함하여 130여 년에 걸친 청나라의 전성기를 이룩했던 인물이다. 그러나 그런 사업을 수행하는 중에 국고를 지나치게 사용하여 청나라의 국세가 그로 말미암아 기울기 시작하였다는 평가를 받기도 한다.

3) 字가 曉嵐이며 謚號는 文達이다. 淸 世宗 雍正 2년(1724년)에 태어나서 仁宗 嘉慶 10년(1805년)에 향년 82세로 타계했다. 유가의 전적에 통달한데다 제자백가에도 능통하여 당대에 가장 박식하였던 학자였다. 四庫全書의 편찬에 총책임자의 역할을 맡으면서 각 서적의 특징을 간명하게 기술한 提要를 작성하였는데, 방대한 문헌들의 내용을 정확하게 파악하고 그 핵심을 정리해 낸 솜씨가 뭇사람들의 경탄을 자아내게 한다. 절대 권력자였던 乾隆황제를 수십 년간 모시면서 '절대군주 옆에 있는 것은 호랑이 옆에 있는 것과 같다'라는 탄식을 터트리기도 하였던 그는 두뇌회전이 빠른데다 소탈한 성격에 우스갯소리를 잘해서 재미있는 일화들을 많이 남기고 있다. 유별난 그의 행적은 '鐵齒銅牙紀曉嵐(말 잘하는 기효람)'이라는 제목의 장편 드라마로 꾸며져 많은 시청자들의 호평을 받았다.

4) 字가 季陵으로 唐 武則天 垂拱 4년(688년)에 나서 玄宗 天寶 원년(742년)에 향년 55세로 타계했다. 어려서부터 협기가 있어서 젊은 시절에는 검술을 익혔고, 중년에 들어서야 글공부를 시작하였다. 邊塞의 풍정을 노래한 邊塞詩派의 한 사람으로 분류되는 그는 王昌齡 등과 잘 어울렸다. 그의 시는 당대에 악공들이 노래로 만들어 부르기도 하여 널리 애송되었으나, 그의 시들은 대부분이 전해지지 않고 겨우 6수만 ≪全唐詩≫에 남아 있다. 그중 <登鸛雀樓>와 <凉州詞>는 천고의 절창으로 애송된다.

春風不度玉門關(춘풍부도옥문관).

황하는 멀리 흰 구름 사이로 올라가고
만 길의 높은 산에는 외로운 성이 한 조각 걸려 있네
강족(羌族)의 피리는 왜 굳이 버드나무를 원망하는가?
봄바람은 옥문관도 넘지 못하는데

그런데 기윤은 깜빡 실수를 하여 첫 구 '黃河遠上白雲間(황하원상백운간)'의 마지막 글자 '間(간)'을 빼먹었다고 한다. 단구(斷句)를 하지 않았으니 결과적으로 '黃河遠上白雲一片孤城萬仞山羌笛何須怨楊柳春風不度玉門關'이 되었다. 그러자 건륭은 금세 글자가 한 자 빠진 것을 알아차렸다. 물론 그것이 창졸간에 이루어진 실수라는 것도 잘 알고 있었다. 그러나 건륭은 짐짓 정색을 하고 군주를 기만한 행위라고 질책하며 부채를 집어던졌다. 보통 사람의 경우라면 목이 달아날 수도 있는 위험한 상황이었다. 기윤도 던져진 부채를 집어 들고서야 자신이 엉뚱한 실수를 한 것을 발견하였다. 그러나 눈치가 빠른 기윤은 잠시 생각하다 건륭의 노여움이 진심이 아니라 자신이 어떻게 위기를 벗어나는가를 보기 위해서 시험하는 것이라는 확신을 갖게 되었다. 그래서 기윤은 태연하게 "폐하, 이것은 시(詩)가 아니옵고 사(詞)[5]이옵나이다."라고 아뢰었다. 건륭이 하도 이상하여 "그게 무

5) 일찍이 사대부들의 손에 들어가 정통문학이 된 詩와는 달리 민간에서 불리어지던 민간가요로서 盛唐 무렵 문인의 손에 들어가 창작되기 시작하여 晩唐과 五代 무렵에는 상당히 유행하였고, 宋나라 시대에는 전성기를 구가하였다. 초기에는 작은 형식에 남녀 간의 사랑이야기를 주로 다루는 婉弱詞가 유행하다가 후에 柳永과 張先에 의해 편폭이 큰 慢詞가 개발되었고, 뒤이어 蘇軾에 의해 인생과 우주를 노래하는 豪放한 풍격의 사가 지어짐으로써 사의 외연이 크게 확대되었다. 주로 詞라는 이름으로 불리어지지만 詩가 정통문학의 지위에 있을 때에 아직 민가였다는 이유로 '民歌'라는 뜻의 '樂府'로 불리기도 하고, 시가 대개 한 구의 글자 수가 일정한 齊言體인데 비하여 각

슨 소리인고?"하고 물었더니 기윤은 능청스럽게 다음과 같이 단구를 하여 읽었다고 한다.

黃河遠上(황하원상),
白雲一片(백운일편),
孤城萬仞山(고성만인산).
羌笛何須怨(강적하수원),
楊柳春風不度玉門關(양류춘풍부도옥문관).

황하는 멀리 올라가고
흰 구름은 한 조각
만 길 높은 산에는 외로운 성
강족(羌族)의 피리는 왜 굳이 원망하는가?
버드나무 봄바람은 옥문관도 넘지 못하는데

이렇게 하고 보니 과연 형태적으로 장단구(長短句)가 되었으며, 시와는 다른 사의 분위기가 살아났다. 이에 건륭은 만족의 큰 웃음을 터뜨리며 두뇌회전이 기민한 기윤의 재주에 탄복하였다고 한다.[6)]

이 재미있는 일화가 작품의 내용과 형식의 상관관계를 되돌아보게 한다. 7언 4구로 된 <양주사>와 그 <양주사>에서 '間(간)'자를 빼고 '4 · 4 · 5 · 5 · 9'자의 장단구로 만든 것은 글자 한 자의 차이만 있지,

---

구의 글자 수가 일정하지 않은 경우가 대부분이라는 뜻에서 '長短句'라는 이름으로도 불리며, 시의 뒤를 이어 생겨난 장르라는 뜻에서 '詩餘'라는 이름으로도 불린다.

6) 이 이야기는 史林이 編著한 ≪紀曉嵐應對人生的九九個方略≫(北京:中華工商聯合出版社, 2000년 초판, 2001년 5차 인쇄.) 제47쪽 하단에서 48쪽에 걸쳐 소개되어 있는 이야기를 부분적으로 각색하여 인용한 것이다. <涼州詞>에 얽힌 이 이야기는 劉允聲이 編著한 ≪歷代詩詞佳句鑑賞≫(臺南:大孚出版社, 1994.) 제163~164쪽에도 간단하게 소개되어 있다.

글자와 글자의 배열순서는 동일하다. 그리고 '間(간)'자는 공간적 위치를 나타내는 말로서 주로 다른 글자에 부가적인 의미를 부여하는 기능을 담당하는 글자에 불과하므로, 두 작품을 구성하는 글자들의 의미의 총합에는 별 차이가 없다. 그렇지만 원래의 <양주사>와 거기서 '間(간)'자 하나가 빠진 장단구는 글자 하나의 차이보다 더 큰 차이를 보인다. <양주사>는 표현이 응축되어 있고 감정도 절제되어 있지만, 장단구로 바뀐 것은 보다 서술적이고 감정의 표현이 여리며 자유롭게 느껴지기 때문이다. 곧 <양주사>는 시로서의 전형적인 풍모를 가지고 있는 것에 대하여 장단구로 바뀐 것은 전형적인 사의 분위기를 띤다.

관점에 따라서는 <양주사>가 사로 바뀔 수 있었던 것은 띄어 읽기뿐만 아니라 '間(간)'이라는 글자 한 자가 빠진 것도 관계가 있는 것으로 볼 수 있다. 그런 의구심을 불식하기 위해서 글자 수에는 전혀 변화가 없고 띄어 읽기만 다르게 하여 시를 사로 바꾸는 경우를 상정해보기로 한다. 다음은 만당(晩唐)시대의 시인 두목(杜牧)[7]의 유명한 시 <청명

7) 字가 牧之이며 杜佑의 손자다. 唐 德宗 貞元19년(803년)에 나서 宣宗 大中6년(852년)에 향연 50세로 타계했다. 그는 용모가 매우 뛰어났으며 시와 문장을 잘 하였을 뿐만 아니라, 노래와 춤에도 능하였다. 26세에 과거에 급제한 후 벼슬길에 올라 여러 가지 벼슬을 하였다. 일세를 풍미한 시인이었던 그는 도처에 염문을 뿌리고 다녔던 풍류객으로서도 이름이 높아 여러 가지 사랑 이야기를 전하고 있다. 특히 어린 여자 아이와 약정한 사랑이 결실을 맺지 못한 일은 특이하고도 애틋한 사랑이야기로 인구에 회자되고 있다. 835년경에 湖州 지방을 노닐다가 열 살 남짓한 여자 아이에게 반하여 많은 예물을 주고는 10년 후에 돌아와서 정식으로 맞아들이겠다고 약속을 했다. 그러나 사정이 여의치 않아 14년 후에 그녀를 찾아갔더니 그녀는 다른 남자에게 시집간 지 이미 3년이 넘어 두 아이의 엄마가 되어 있었다. 약속을 지키지 못하고 그녀를 놓쳐버린 두목은 통탄해 마지않으며 시로써 그 심정을 표현했는데, '푸른 잎은 그늘을 드리우고 열매는 가지에 가득하네'라는 뜻의 '綠葉成陰子滿枝'라는 구는 그녀의 변화된 상황을 상징적으로 잘 표현하고 있다. 그

(淸明)>이다.

淸明時節雨紛紛(청명시절우분분),
路上行人欲斷魂(노상행인욕단혼).
借問酒家何處有(차문주가하처유),
牧童遙指杏花村(목동요지행화촌).

청명 때에 비 부슬부슬 내리니
길가는 나그네 다급해져
주막이 어디에 있는지 물어보니
목동은 멀리 살구꽃 핀 마을을 가리킨다

그런데 이 시를 다음과 같이 끊어 읽으면 영락없는 한 수의 사(詞)가 된다.

淸明時節雨(청명시절우),
紛紛路上行人(분분노상행인),
欲斷魂(욕단혼).
借問酒家何處(차문주가하처),
有牧童(유목동),
遙指杏花村(요지행화촌).

청명 때의 비
어지러이 길가는 나그네
다급하여라
주막이 어딘지 물어보면

의 시풍이 杜甫와 비슷한 바가 있어서 그를 小杜라고 부르기도 하며, 당대에 시명을 크게 떨치고 있었던 李商隱과 병칭하여 李杜라고 부르기도 한다. ≪樊川集≫ 20권이 전한다.

목동이 있어
멀리 살구꽃 핀 마을을 가리킨다

번역문에 시적 분위기와 사적 분위기의 차이를 제대로 드러냈는지에 대해서는 의문이 남지만, 중국문학에 약간의 조예가 있어서 시 및 사를 어느 정도 읽은 이라면 단구를 달리한 두 작품 분위기의 판명한 차이를 파악하는 것이 어렵지 않을 것이다.

이와 같이 문학작품의 형식의 변화는 내용의 변화를 야기하였다. 형식이 달라짐에 따라서 문학작품의 내용의 한 축을 담당하는 정서적 분위기가 달라지는 것이다. 그 분위기의 변화는 매우 중요한 의미를 띠기도 하여 때로는 위에서 보는 것과 같이 장르의 변개라는 심대한 결과를 낳기도 한다.

(2) 내용에 따라 결정되는 형식

<양주사>와 <청명>의 경우처럼 형식의 변화에 따라 내용이 변하기도 하지만, 내용에 따라서 형식이 결정되는 경우도 있다. 이 문제에 관해서는 시성(詩聖)으로 추앙되는 두보(杜甫)의 작품들이 좋은 참고자료가 될 수 있다.

두보가 시성으로 추앙되는 것은 두보가 시를 통하여 사회의 부조리를 고발하고 민중의 고통을 대변함으로써 유가(儒家)에서 중시하는 '시교(詩敎)'를 잘 구현하였을 뿐만 아니라, 가장 정제된 시가 형태로서의 율시(律詩)를 완성한 시인이기도 하기 때문이다. 두보가 율시의 율격을 자유롭게 운용하여 충실한 내용을 아름다운 시어로 담아냄으로써 시인으로서 최고의 경지에 올랐다는 뜻이다. 그러나 그런 두보

지만 그는 언제나 엄격한 율격을 생명으로 하는 율시만을 고집하지는 않았다. 때로 주체하기 힘든 격정을 쏟아낼 때에는 율시보다 형식이 자유로운 고체시를 선택하였다. 두보의 대표작으로 꼽히는 <삼리(三吏)>나 <삼별(三別)>이 바로 그러한 속성을 가지고 있는 작품들이다. 두보가 율시의 달인이었다고 하더라도 율시의 율격이 격정을 표출하는 데에 장애가 되었기 때문일 것이다. 율격에 맞추어서는 터져 나오는 격정을 그대로 표현할 수 없었기 때문이라고 하는 것이 더 옳을지도 모른다. 낭만적 기질이 강하여 흘러넘치는 강렬한 감정을 시에 담아냈던 이백이 율시가 아닌 고체시를 선호했던 것도 같은 이치다. 내용에 맞추어 그 내용을 표현하기에 적합한 형식을 선택하였기 때문이다.

(3) 형식에 의해 왜곡되는 내용

내용에 따라 형식이 결정된다는 것은 내용의 온전한 전달을 위해 형식의 틀을 벗어던진다는 것을 의미한다. 무형식의 형식 그 자체가 형식이라고 할 수 있겠지만, 우리가 흔히 알고 있는 형식의 관점에서 보면 그것은 형식의 방기요 형식의 거듭된 변형이라고도 할 수 있다. 형식이 내용에 봉사함으로써 독자에 대한 작품의 호소력이 증대되는 것을 도모한 결과다.

그런데 중국문학사에는 형식에 내용을 맞추는 경우도 없지 않다. 이런 경우는 내용에 형식을 맞추는 경우와는 반대로 내용의 왜곡이나 변형이 필연적으로 수반되고, 그 결과 독자에 대한 작품의 전달력이 떨어지게 된다.

≪문심조룡(文心雕龍)≫은 중국문학사의 독보적인 문학이론서로

서 그 이론적 가치가 높은 것은 사실이지만 거기에도 몇 가지 문제점은 있다. 그 중 가장 심각한 것이 바로 논문의 성격을 띠는 이 책이 형식이 중시되는 변려문(騈儷文)[8]으로 되어 있다는 것이다. 그 결과 불필요한 애매구를 적지 않게 만들어냄으로써 독자가 이 책의 내용을 이해하는 데에 적지 않은 지장을 초래하고 있다. 전문가의 심도 있는 해설이 가미되지 않으면 이해할 수 없는 어구가 흔히 발견되고, 그 중의 일부는 해설의 내용이 전문가들 간에 상당한 거리가 있거나 심지어 정반대가 되는 경우도 있다. 이러한 현상은 변려문이라는 문장의 형식이 그 글의 핵심적인 내용인 문학이론의 논리적 명징성을 손상시킨 결과라고 하지 않을 수 없다.

본질적으로 시론(詩論)을 논한 것이면서 사언 12구 일운도저(一韻到底) 격구운(隔句韻)의 엄정한 형식으로 되어 있는 <이십사시품(二十四詩品)> 역시 그 형식으로 말미암아 극히 난해한 글이 되어 버렸다. 시론도 논(論)이기에 논리성이 중요하다. 그렇다면 내용의 논리적이고 정밀한 전달에 치중했어야 할 것이었다. 그렇게 하자면 형식은 극히 자유로운 산체(散體)로 되는 것이 옳았을 것이다. <이십사시품>을 비롯한 논시시(論詩詩)들은 내용을 형식에 맞춤으로써 내용에 얼마간 손상이 가지 않을 수 없게 되었고, 그 결과 독자가 이해하기 힘든 글이 되었던 것이다.[9]

---

8) '말 두 마리가 나란히 달리고 사람이 짝을 짓는다'는 말 그대로 행문이 두 구씩 짝을 이루며 전개되는 문장형태를 말한다. 南北朝時代부터 唐나라 중엽까지 크게 성행하였다가 고문운동의 영향으로 그 세력이 크게 쇠퇴하였고 이후로는 항상 비판의 대상이 되었다. 그렇지만 어느 시대나 변려문의 명맥이 끊어진 때는 없었다. '一字一音一義'라는 한자의 특성을 극대화하여 아름답게 꾸민 문장 형식으로서 형식에 치중한 나머지 정확한 논리 전개에는 장애가 적지 않으나, 순문학적인 관점에서는 긍정할 만한 점이 있기 때문일 것이다.

(4) 여러 가지 형식으로 표현되는 내용

하나의 유명한 내용 즉 유명한 콘텐츠가 여러 시대를 거쳐 전해지면서 각 시대에 유행하는 장르로 각색되는 현상이 빈번하다는 것도 중국문학에서 발견되는 특이 사항 중의 하나다. 당(唐)나라 현종(玄宗)과 양귀비(楊貴妃)의 사랑 이야기는 당나라의 시인 백거이(白居易)가 <장한가(長恨歌)>라는 장편의 시로 표현하였고, 백거이의 친구였던 진홍(陳鴻)[10]은 그 작품에 근거하여 <장한가전(長恨歌傳)>이라는 전기소설(傳奇小說)[11]을 썼다. 원(元)나라 사람 백박(白樸)[12]은 현종과 양귀

9) 陸機의 <文賦>도 같은 범주에 속한다고 할 수 있다. 그런데 여기서 한 가지 유의할 점은 이 <이십사시품>과 성격이 유사한 논시시(論詩詩)가 만 수 넘게 전해지고 있다는 것이다. 상황이 이 정도라면 이러한 현상 역시 중국 문학의 특색의 하나로서 이해하고, 그에 대한 보다 깊이 있고 폭넓은 연구가 이루어져야 할 것이다.

10) 그의 본적과 생졸년은 알려져 있지 않으나, 대략 백거이(772~846)와 비슷한 시대를 산 사람인 듯하다. 字는 大亮이다.

11) 明淸시대에 유행하였던 희곡인 傳奇와 구분하기 위하여 傳奇小說이라고 하였지만, 통상 '傳奇'라는 이름으로 불린다. 당나라 이전 시대에 유행하였던 志怪小說이 기이하고 신비한 이야기를 사실이라고 믿고 기록하였던 것과는 달리, 당나라 시대의 傳奇는 작가의 의도적인 허구에 의한 작품이라는 의미에서 중국 최초의 본격적인 소설의 형태로 여겨진다.

12) 元나라 시대의 대표적인 희곡 작가의 한 사람. 字는 仁甫 또는 太素라 하였고, 호는 蘭谷이다. 金나라 哀宗 正大 3년(1226년)에 태어난 것으로 알려져 있으나, 졸년은 미상이다. 금나라에서 큰 벼슬을 하였던 白華의 아들이었지만 어려서 난리를 겪고 혼란 중에 어머니를 잃는 슬픔을 당한 후로는 세간의 명리에 관심을 접고 자연에 탐닉하였다. 나라가 망한 후에는 우울한 심정으로 세월을 보냈으나 나중에는 그의 아들이 출세한 덕에 벼슬을 받기도 하였다. 많은 잡극을 지은 것으로 알려져 있으나 지금은 <梧桐雨>와 <牆頭馬上> 두 편만이 제대로 전해지고 있다. ≪天籟閣集≫이라는 문집도 남겼다. 당시에 唐나라 시대의 白居易와 元稹의 친밀한 사귐을 기려서 백씨와 원씨는 나름대로의 항렬을 따지면서 한 집안처럼 지냈다고 했다. 이에 금나라 시대

비의 사랑 이야기를 <오동우(梧桐雨)>라는 제목의 잡극(雜劇)[13]으로 만들었고, 청(淸)나라 사람 홍승(洪昇)[14]은 그것을 전기(傳奇)[15]로 꾸며 <장생전(長生殿)>이라고 하였다. '현종과 양귀비의 사랑 이야기'라는 콘텐츠의 가치는 현대에 들어서도 퇴색하지 않아 TV드라마로 각색되어 방영되었을 뿐만 아니라,[16] 중국과 영국이 합작으로 거금을 투자하여 <양귀비(楊貴妃)>라는 제목의 대작 영화를 만든다는 소문도

최고의 시인 元好問(1190~1257)은 백박을 조카로 대하였다. 원호문이 백박을 데리고 먼 길을 가다 백박이 전염병에 걸리자 무려 엿새 동안 주야로 안아서 낫게 했다는 미담이 전해지기도 한다.

13) 元나라 시대에 유행하였던 희곡의 형식. 남성적인 北曲을 사용하며 4折로 구성되었다.

14) 字가 昉思고, 호는 稗畦인데 稗村이라고도 하였다. 浙江의 錢塘 사람으로서 淸나라 聖祖 康熙43년(1704년)에 향년 50여 세로 타계한 것으로 알려져 있다.((김학주 교수의 ≪중국문학사≫(서울:신아사, 2007.) 제472쪽에서는 생년을 1645년으로 특정하고 있다.)) 王士禛과 施閏章에게서 시를 배우다 趙執信의 시에 감탄하여 그와 친하게 지냈다. 그의 작품 <장생전>이 국상 기간 동안에 공연되었다는 이유로 관직을 박탈당한 후 온갖 고초를 겪다가 취중에 개울을 건너다 실족하여 익사했다고 한다. 재상의 손녀였던 부인이 음악에 정통했던 것이 그가 희곡에 흥미를 가지고 많은 작품을 창작한 요인이었다고 보는 견해도 있다.

15) 明나라 시대에 들어서 유행하게 된 희곡의 형식으로 원잡극과는 달리 남곡을 사용하였다. 구성단위는 잡극이 '折'이었던 것과는 달리 명 전기의 경우에는 '齣'이라고 하였는데, 척이 절보다 분량이 작지만 명 전기는 수십 척에 달하는 경우가 많아 결과적으로는 원잡극보다 그 규모가 컸다. 원나라 시대에 북곡을 사용하는 잡극이 유행하다가 명나라 시대에 남곡을 쓰는 전기가 유행한 것은 그 시대의 문화의 중심지의 이동과 관련이 있는 것으로 보인다. 당나라의 전기와 같은 이름을 쓰나 당나라의 것은 앞에서 언급했던 것처럼 소설의 한 갈래이고, 명나라의 것은 희곡의 한 갈래이니 구별에 유의할 필요가 있다.

16) 2007년 중국 CCTV에서는 당현종과 양귀비의 사랑 이야기를 <大唐芙蓉園>이라는 제목의 30부작으로 꾸며 방영하였다. 周曉文 감독의 이 대하사극에서 趙文瑄이 당현종 역을 맡고, 范氷氷이 양귀비 역을 맡았다.

돈다. 지금 중국 서안(西安)에서는 그 이야기를 뮤지컬로 각색하여 공연하고 있기도 하다. 역사상 뚜렷한 족적을 남긴 유명 인물과 관련된 재미있고 특이한 이야기, 또는 가공된 이야기[17] 중에서 인구에 회자될 만큼 지명도가 높은 것들에서 이와 유사한 현상이 흔히 나타난다.

이런 현상은 일견 내용을 형식에 맞추는 듯한 느낌이 있다. 그러나 논설문을 구성하기에는 부적합한 부나 변려문의 형태로 억지로 논리적인 글을 써나가는 것과는 분명히 다른 바가 있다. 당현종과 양귀비의 사랑 이야기를 다룬 다양한 장르는 '당현종과 양귀비가 사랑하였다'는 그 사실만을 전달하는 것이 궁극적 목적이 아니다. 그 장르로써만 표현할 수 있는 특정 분위기를 드러내거나 효과를 내는 것이야말로 각 장르의 작품이 지향하는 궁극적인 목표다. 그런 면에서 다른 장르로써는 표현할 수 없는 어떤 분위기를 그에 가장 적합한 장르의 형식을 빌어서 표현한 것이라고 보는 것이 실제에 근접한다. 유명 콘텐츠의 여러 장르로의 성공적인 변용은 문학의 정원을 다채롭고도 풍요롭게 하는 데에 일익을 담당한다.

17) <鶯鶯傳>은 元稹(779~831)의 순수 창작에 의한 전기소설이지만, 그 이야기는 金나라 董解元의 <諸宮調西廂記>, 元나라 王實甫(1234전후)의 잡극 <西廂記>로 각각 각색되었던 것과 같은 것이다. 당나라의 전기소설은 상당수가 훗날 희곡으로 각색되는 양상을 보이며, 그 일부는 현대의 영화로 각색되기도 하였다.

3. 문학작품에서의 수사(修辭)

(1) 문학의 본질적인 요소

문학은 언어를 운용하여 미적 질서를 구현하고 독자에게 미적 쾌감을 제공하는 인간의 정신활동이다. 그러므로 미적인 요소를 배제한 글은 애초에 문학이 될 수 없다. 어느 글이 문학이 되고 안 되고 하는 것은 이 미적인 요소의 존재 여부에 따라 결정된다. 그래서 때로는 순수하게 실용적 목적 하에 쓰인 글이라도 그 속에서 미적인 요소를 찾아낼 수 있는 것은 문학의 영역에서 다루어지기도 한다. 역사서인 ≪사기(史記)≫와 철학서인 ≪장자(莊子)≫가 문학적 논의의 대상이 될 수 있는 것은 그 때문이다.

≪사기≫와 ≪장자≫가 문학작품으로도 간주될 수 있는 것은 ≪사기≫와 ≪장자≫가 담고 있는 내용과는 별 관계가 없다. 그 내용은 문학의 자료가 될 수도 있으나 본질적으로 역사의 영역에 속하고 철학의 영역에 속하는 것이기 때문이다. ≪사기≫와 ≪장자≫가 문학작품으로 대접받을 수 있는 것은 그 내용을 담아내는 수사에 미적 질서가 구현되어 있기 때문이다. 곧 한 편의 글이 문학작품이 되느냐 아니냐는 그 글이 담고 있는 내용의 성격보다 그 내용을 드러내는 수사의 성격에 의해서 판단되는 경향이 있다. 그런 면에서 수사는 문학의 본질을 이루는 요소라고 할 수 있다.

(2) 시대 문풍(文風)의 가늠자

수사가 문학의 본질을 이루는 요소인 만큼 문학가는 이 수사에 비상한 관심을 기울인다. '퇴고(推敲)'라는 말이 있게 한 가도(賈島)[18]를 위시하여 멋진 한 구를 만들어내기 위하여 고음(苦吟)에 고음을 거듭했던 시인들이 문학사에 즐비하고, 한 글자 고쳐준 이에게 깍듯이 제자의 예를 다했다는 일자사(一字師)[19] 이야기가 전해지는 것도

18) 字를 浪仙 또는 閬仙이라고 했다. 唐 代宗 大歷 14년(779년)에 나서 武宗 會昌 3년(843년)에 향년 65세로 타계했다. 그러나 졸년을 845년으로 한 자료도 있고, 자세한 생졸년은 알 수 없다고 한 문헌도 있다. 젊어서 과거에 여러 차례 응시했으나 실패하고 출가하여 스님이 되었다. 법명을 無本이라고 하였다. 나중에 韓愈의 주선으로 환속하였으나 과거에는 끝내 합격하지 못하였다.(50세 즈음에 겨우 과거에 급제했다는 설도 있다.) 59세 될 무렵에 長江縣主簿라는 벼슬을 할 수 있는 기회가 있어서, 그를 賈長江이라고 부르기도 한다. 가도는 고심해서 시를 짓는 시인으로 유명한데, 길을 가면서도 시상을 짜내느라 골똘히 생각에 잠기곤 했다. 그 때문에 주변을 미처 살피지 못해 지나가던 고관대작의 일행과 부딪쳐 처벌을 당하기도 하였다. 韓愈와의 만남도 그랬는데 '鳥宿池邊樹, 僧敲月下門'이라는 명구를 만들면서 뒤 구의 둘째 글자를 '敲'자로 할지 '推'자로 할지 마음을 정하지 못해 고민하다 길을 가는 京兆尹 韓愈 일행과 부딪혔던 것이다. 한유는 그 사실을 알고서 '敲자가 좋다'라는 조언을 해주었고 거기서 '문구를 애써 다듬다'라는 뜻의 '推敲'라는 성어가 나왔다.

19) ≪唐才子傳≫ 卷9 제237 '鄭谷' 條에는 다음과 같은 이야기가 실려 있다. 승려시인 齊己가 <早梅>라는 제목의 시 두 구 "前村深雪裏, 昨夜數枝開(앞마을 깊은 눈 속에, 어젯밤 몇 가지 피었네."를 가져와 보여주자, 鄭谷은 그것을 보고 "'몇 가지(數枝)'라 하면 이미 '이르다(早)'는 의미가 없다. '한 가지(一枝)'라고 하는 것만 못하다."라고 하였다. 그러자 제기는 자신도 모르게 엎드려 정곡에게 절을 하였다. 이에 정곡은 "내가 一字師다."라고 하였다 한다. 문맥상 '一字師'는 '一자를 가르쳐 준 스승'이라는 뜻으로 보아도 되겠지만, '한 글자를 가르쳐 준 스승'이라고 보는 쪽이 가르침을 소중히 여기는 의미가 더 잘 살아난다고 하겠다.

모두 그 때문이다.

수사가 문학의 본질을 이루긴 하지만 문학작품은 그 속에 담긴 내용을 도외시할 수가 없다. 어차피 문학작품이란 개별적 의미를 지닌 문자들의 조합이기 때문이다. 이에 작품의 내용적 측면에 대하여 각별한 관심을 가지는 작가들이 생겨나게 된다. 그래서 어떤 작가가 문학작품이란 모름지기 아름답기만 하면 된다고 하여 작품의 수사에 매달릴 때, 또 다른 작가는 작품이란 메시지를 전달하기 위한 장치인 만큼 내용에 더 많은 고려를 하여야 한다고 주장하기도 한다. 그런가 하면 그러한 양극단의 주장이 대립할 때 양자를 적절하게 조화시켜야 한다는 절충적 논리도 기회를 보아 등장한다.

수사에 치중하는 수사주의(修辭主義)와 내용을 더 중시하는 달의주의(達意主義), 그리고 양자의 조화를 꾀하는 절충주의(折衷主義)는 때로 각 작가의 개인적인 기호를 넘어서 한 시대의 문학적 경향을 주도하는 이념으로도 작용한다.[20] 남북조 시대의 남조에서는 수사주의가 주류를 이루었고, 그를 뒤이은 수(隋)나라 문제(文帝) 시대에는 국가의 정책으로 수사주의를 일소하고 달의주의로 나가고자 하였다.[21] 조금

20) 수사주의, 달의주의, 절충주의 중 한 가지 경향을 지지하는 이들은 모두 그들이 지향하는 문학적 경향이 정당함을 입증하기 위하여 관행적으로 옛사람의 말을 끌어와 그 논거로 삼는다. 여기서 재미있는 현상은 그 말들이 모두 孔子의 말이라는 점이다. 수사주의자들은 ≪左傳·襄公25年≫조에 실려 있는 공자의 말 중 "말에 문채가 없으면 오래 행해지지 않는다.(言之無文, 行而不遠.)"라는 말을 끌어다 수사주의의 당위를 주장하고, 달의주의자들은 ≪論語·衛靈公≫편에서 "말은 뜻을 전달할 뿐이다.(辭達而已矣.)"라고 한 공자의 말에 근거하여 자신들의 주장을 전개한다. 그리고 양자를 아우르는 절충주의자들도 ≪論語·雍也≫편에 실려 있는 공자의 말인"바탕이 외표보다 우세하면 촌스럽고, 외표가 본질보다 우세하면 수다스러우며, 외표와 본질이 아름답게 잘 어우러진 연후에야 군자다.(質勝文則野, 文勝質則史, 文質彬彬, 然後君子.)"란 말에 근거하여 수사주의의 타당성을 주장한다.

21) 물론 동시대에도 세 가지의 각기 다른 경향이 병존할 수 있다. 수사주의가

뒤의 성당(盛唐) 시대의 시가에 대해서 대부분의 문학사는 내용과 그에 따르는 수사가 잘 어우러졌던 시대라는 평가를 한다.

문학사의 이러한 사례들을 보면 내용에 대한 수사의 정도 문제는 개인적인 기호를 넘어 각 시대의 문학적 분위기와 밀접한 관련이 있다는 것을 알 수 있다. 수사의 정도에 따라 각 시대 문풍(文風)의 방향이 결정되는 것이다.

(3) 수사를 형식으로 보는 중국학계의 시각

중국문학계에는 문학작품의 수사적 측면을 형식으로 간주하는 경향이 있다. 그래서 수사를 화려하게 하는 데에 노력을 많이 기울이는 유미주의적 문학을 형식주의적 문학이라고도 부른다. 주진보(周振甫)가 ≪문심조룡주석(文心雕龍注釋)≫의 머리말에서 "유협이 생활한 제량(齊梁)시대에는 창작이 형식을 추구하고 내용을 소홀히 하는 길로 나가 오로지 사조(辭藻)와 대우(對偶)와 성률(聲律)에 주의를 기울여 애써 아름답게 꾸몄다."[22]라고 한 것과 주훈초(周勛初)가 유미주의가 매우 성했다고 평가되는 남조(南朝)문학에 대하여 "작품의 형식에 애를 써서 내용 방면의 부족함을 덮었다."[23]고 논평한 것은 바로 그러한 관

주도권을 잡고 있던 남북조시대에도 달의주의를 지향하는 일군의 작가들과 이론가들이 있었고, 절충주의를 추구하는 작가 및 이론가들도 있었다. 좀 더 자세한 내용은 周勛初의 ≪中國文學批評小史≫(湖北:長江文藝出版社, 1981.) 제47쪽에 도표로 정리되어 있다. 여기서는 달의주의자들을 守舊派로 수사주의자들을 趨新派로 명명하고 있다.

22) 周振甫, ≪文心雕龍註釋附今譯≫(臺北:里仁書局, 1984.) 제37쪽: "在劉勰生活的齊梁時代, 創作走上追求形式, 忽視內容的道路, 專門注意辭藻・對偶・聲律, 用力雕飾."

23) 周勛初, ≪中國文學批評小史≫(湖北:長江文藝出版社, 1981.) 제46쪽: "南

점에 입각한 것이다.

특히 문학의 내용과 수사적 측면에 대하여 중점적으로 논의한 ≪문심조룡(文心雕龍) · 정채(情采)≫편에 대한 중국 학자들의 관점을 보면 작품의 수사적 측면을 형식으로 보는 것은 매우 보편적인 시각임을 알 수 있다. 곧 많은 학자들이 ≪문심조룡 · 정채≫편의 주제를 '문학의 내용과 형식의 상관관계에 대한 논의'라고 생각하는 것이다.[24] 요컨대 중국 학자들은 대부분 문학 작품의 수사적 측면을 문학작품의 형식으로 보는 관점을 견지하고 있다.[25]

朝文人……在作品的形式上下功夫, 以此掩飾內容方面的貧乏."

24) 그런 관점이 피력되어 있는 문헌들을 찾는 것은 어렵지 않은데, 필자가 확인한 몇 가지를 소개하면 다음과 같다.
祖保泉 著, ≪文心雕龍解說≫(合肥:安徽教育出版社, 1993.) 제615쪽 하단 제2행.
李蓁非 釋譯, ≪「文心雕龍」釋譯≫(南昌:江西人民出版社, 1993.) 제405쪽 注釋 첫머리.
王更生 著, ≪重修增訂 文心雕龍導讀≫(臺北:華正書局, 1993.) 제33쪽 중간 부분.
王守信 · 孔德志 編著, ≪劉勰與「文心雕龍」≫(濟南:齊魯書社, 2001.) 제152~ 153쪽.
穆克宏 著, ≪文心雕龍硏究≫(厦門:鷺江出版社, 2002.) 제113쪽의 제목 '文附質 質待文'에 대한 부연 설명.

25) 그렇지만 일본 학자들이 ≪文心雕龍 · 情采≫편을 보는 시각은 중국 학자들과 다소 다르다. ≪文心雕龍≫을 번역한 興膳宏과 戶田浩曉, 目加田誠 같은 학자들은 <정채>편의 주지를 '문학작품에 담긴 사상 감정과 수사적 측면에 대한 논의'로 이해하는 선에서 멈출 뿐 그것을 내용과 형식의 상관관계에 대한 논의라고 확대해석하지 않는다.((興膳宏 譯, ≪文心雕龍≫(≪陶淵明 · 文心雕龍≫, 世界古典文學全集 第25卷, 東京:筑摩書房, 1968.) 제366쪽에서는 '情采'를 '思想 · 感情과 修辭'라고 하였고, 戶田浩曉의 ≪文心雕龍≫(東京:明德出版社, 1972년 초판, 1982년 재판.) 제 140쪽에서는 '情采'를 '思想 · 感情 · 情緖와 文飾'이라고 하였으며, 目加田誠이 번역한 ≪文心雕龍≫(中國古典文學大系 54, ≪文學藝術論集≫, 東京:平凡社, 1986.) 제300쪽에서는 '情志와 修辭'라고 하였다.)) 하지만 중국학자들이 문학의 수사적 측면을 왜 형식으로 이해했는지를 설명하지 않았듯이, 일본학자들도 그들은 왜

(4) 내용에서 전화된 형식

대만에서 교양서로 출간된 ≪당송사선 상해(唐宋詞選 詳解)≫라는 책의 앞부분에는 한 쌍의 연인이 밤에 촛불을 들고 꿈만 같은 만남을 즐기는 동일한 사태를 각기 시(詩)와 사(詞)로 표현해 보여주고 있다.[26)]

夜闌更秉燭(야란경병촉),
相對如夢中(상대여몽중).

밤 깊어 다시 촛불을 잡고
마주 보고 있자니 마치 꿈속과 같아라

今宵剩把銀缸照(금소잉파은홍조),
猶恐相逢是夢中(유공상봉시몽중).

오늘 밤 다시 불그레한 촛불을 들지만
아직도 만남이 꿈이나 아닐지 걱정한다네

위 두 구는 시고, 아래의 두 구는 사라고 하였다. 같은 사태를 언어로 표현한 것이지만 각각의 분위기는 상당히 다르다. 그런데 그 다름은 단순히 각 구의 글자 수가 두 자씩 많고 적음에 의해 생겨난 것이

그것을 형식으로 간주하지 않았던지에 대하여 설명한 바가 없다. 중국 학자들과 일본 학자들 간의 관점의 차이가 단지 우연의 소치가 아니라 그럴만한 어떤 이유에 의한 것일 수도 있다면, 이 문제에 대하여 본격적으로 고민할 필요가 있다. 그 문제는 바로 중국문학에서 수사는 무엇인가 하는 것이다.

26) 胡志剛・吳忠穎 編著, ≪唐宋詞選詳解≫(臺灣 嘉義:文智出版社, 1981.) 제 4~5쪽 참조.

아니다. 언어표현 곧 수사의 차이에 의해서 작품이 발산하는 분위기가 달라진 것이다. 그리고 그 차이는 결국 장르의 다름으로까지 이어질 수 있는 중차대한 것임을 알 수 있다. 다음과 같은 경우는 장르의 분화에 수사가 적극적인 역할을 하고 있음을 잘 보여준다.

去年元夜時(거년원야시),
花市燈如晝(화시등여주).
月上柳梢頭(월상류초두),
人約黃昏後(인약황혼후).

今年元夜時(금년원야시),
月與燈如舊(월여등여구).
不見去年人(불견거년인),
淚習春衫袖(누습춘삼수).

작년 정월 대보름 때에는
꽃시장의 등불이 낮과 같았지
버드나무 가지 위로 달이 솟아오르면
황혼 후에 님 만나기로 했었지

올해 정월 대보름 때에는
달과 등불은 여전하지만
작년 그 님은 보이지 않고
눈물만 봄 옷소매를 적시네

이 작품은 오랜 동안 송(宋)나라 여류시인 주숙진(朱淑眞[27])의 작품

27) 自號를 幽棲居士라고 했는데, 생졸년은 알려져 있지 않다. 대략 宋 高宗 紹興 연간에 살았던 사람이라고 한다. 관리 집안에서 태어난 주숙진은 어려서부터 총명하여 詩詞에 능하였고 서화와 음악에도 조예가 있어서 주변에 소문이 날 정도였다. 그러나 부모의 결정으로 평범한 하급 관리에게 시집간 그녀

으로 알려져 있었으나 근년에 구양수(歐陽修)[28]의 작품으로 밝혀진 <생사자(生査子)>라는 사패(詞牌)[29]에 속하는 사(詞)다. 평측상에서는 율시의 요건에 부합되지 않지만 가지런한 오언 팔구에다 입성운이기는 하지만 '晝(주)', '後(후)', '舊(구)', '袖(수)'로 격구 압운을 하고 있어 대략 오언율시의 형태와 유사하다. 그런데 평측과 압운을 고려하지 않고 시어만을 보아도 이 작품은 보통의 시와는 다소 다른 분위기가

는 혼인 생활에 만족하지 못하여 울분 속에서 일생을 보냈다. 그래서 그의 작품에는 슬픈 정조가 진하게 배어 있다. 혼전에 사랑하던 사람이 있었으나 부모 때문에 맺어지지 못한 그녀는 우수와 울분 속에서 살다 남편의 곁을 떠나 친정으로 돌아가 세상을 뜰 때까지 옛사랑을 그리워하면서 살았다는 이야기가 전해지기도 한다. 그녀의 부모는 그녀의 작품 속에 옛사랑을 그리워하는 내용이 있다 하여 그녀의 사후 그 작품들을 불태웠다고 한다. 그녀의 작품으로 전해지는 ≪斷腸集≫ 2권과 ≪斷腸詞≫ 1권은 魏端禮라는 사람이 타다 남은 그녀의 작품들을 모은 것이라 한다. 봉건시대 여성의 비애를 대변하는 대표적인 여류작가 중 한 명이다.

28) 字가 永叔으로 宋 眞宗 景德4년(1007년)에 나서 神宗 熙寧5년(1072년) 향년 66세로 세상을 떴다. 醉翁이라고 自號하였으며 만년에는 集古錄 일천 권, 책 일만 권, 거문고 하나, 바둑판 하나, 술 한 병, 학 한 쌍을 기지고 있다 하여 六一居士라고 하였다. 시호는 文忠이다. 4세 때에 부친을 여의고 어머니의 훈도 아래 성장하였다. 집안이 매우 어려워 갈대를 꺾어 땅에 글을 쓰며 공부를 했으나 워낙 총명하여 읽은 책들을 금세 다 외웠다고 한다. 과거에 급제한 후 벼슬길도 순조로워 정부의 요직을 차지하기도 하였는데, 특히 과거를 관장하는 직책을 맡아 변려문을 배격하고 고문으로 쓴 것을 선발함으로써 中唐 시대에 시작된 고문운동의 실질적인 완성자가 된 것은 문학사적으로 의의가 크다. 시와 사에 능했으며 당송팔대가의 한 사람에 드는 대문장가로서 북송을 대표하는 문학가일 뿐만 아니라, 정치가로서 학자로서 그리고 교육자로서도 성공하였던 팔방미인 형 인물이었다. 그의 제자뻘인 소동파와 함께 北宋時代의 화려한 인문정신을 꽃피운 전형적인 르네상스적 인물이었던 것이다. 詩文集과 詞集을 비롯하여 최초의 시화인 <六一詩話>와 학술서, 역사서 등 다양한 저술을 남기고 있다.

29) 사는 노래의 가사이기 때문에 각 곡조마다 특정한 이름과 규식이 있고 작가는 그 규식에 따라서 작품을 쓰는데, 그 특정 곡조의 이름을 詞牌라고 한다. 그래서 한 사패에는 통상 여러 작가들의 여러 가지 작품이 있다.

있는 것을 알 수 있다. 감정을 절제하고 시어를 정제하여 압축된 표현을 구사하는 일반적인 시의 경우와는 달리 이 작품에서는 구어투의 시어에다 서술적인 방식으로 감정을 있는 그대로 자연스럽게 드러내 보이고 있기 때문이다. 이 작품의 이러한 특성은 완약한 서정을 노래하는 사의 일반적인 성격에 잘 부합된다. 평측을 제외한 형식은 오언율시와 다르지 않지만 시어의 운용방식, 즉 수사의 차이에 의하여 시가 아닌 사의 성격이 드러나게 된 것이다.

이 예를 통해서 시와 사의 구분이 단순히 한 구의 길이가 일정하냐 아니면 장단구냐에 따라 결정되는 것이 아니라, 표현 방식이라고도 말할 수 있는 수사의 차이도 중요한 의미를 가진다는 사실을 확인할 수 있다. 여기서 문학 형식의 구체적인 존재 방식이라고 할 수 있는 장르의 성립에는 내용이 완전히 배제된 문자의 배열방식 뿐만 아니라 어휘의 운용 방법도 일정한 관여를 한다는 사실을 알 수 있다. 수사는 내용과 긴밀한 관련이 있기 때문에 순수한 형식이 될 수 없기는 하지만, 역설적이게도 언어운용의 방식의 차이에서 오는 내용의 차이가 형식의 차이로 인식되고 있는 것이다.

중국인들이 수사를 형식적인 요소로 파악하는 경향은 풍격론에서 잘 나타난다. 특정 시대나 특정인의 풍격을 재현하는 것과 밀접한 관련이 있는 유파풍격의 경우에 수사에 의해 형성되는 풍격이 하나의 가시적인 형식으로 간주되기 때문이다. 한 유파의 특성을 나타내는 풍격을 '體(체)'라는 말로 표현한 데에 이미 그런 의식이 배어 있는데, 송대(宋代)에 백거이(白居易)의 시풍을 본받던 일군의 시인들을 백체파(白體派)라는 유파로 묶었던 것이 그 좋은 예다. 여기서 구체적인 형체를 의미하는 '체'는 백거이의 시풍을 가시적 형식으로 파악했다는 것을 분명하게 보여주고 있다.[30)]

그러므로 중국문학에서 수사는 형식적 측면이 있다는 점, 적어도 중국의 문인들은 수사에서 형식적 속성을 읽어내고 있었다는 점을 인정하지 않을 수 없다. 그렇다면 현란한 수사를 구사하던 유미주의 시대의 문학을 형식주의적 문학이라고 규정한 것은 그들 나름대로 근거가 있는 것이었다고 할 수 있다.

(5) 형식으로서의 수사의 바람직한 역할

내용이 없는 화려한 문사의 나열은 말장난에 불과하여 독자의 공감을 이끌어낼 수 없고, 메마른 내용만을 전달하는 글은 따분하여 읽을 맛을 느끼지 못하게 한다. 충실한 내용을 읽을 맛 나는 수사에 담아낸 작품만이 독자의 공감을 불러일으킬 수 있다. ≪문심조룡(文心雕龍)·정채(情采)≫편 첫머리에서는 내용과 수사의 상호 의존관계를 다음과 같이 비유적으로 설명하고 있다.

> 무릇 물은 본성이 허하기 때문에 물결이 맺히고, 나무는 본체가 실하기 때문에 꽃들이 피어난다. 문채가 실질에 부속되는 것이다. 호랑이와 표범에 무늬가 없으면 그 가죽은 개나 양과 같고, 코뿔소에도 가죽은 있지만 거기에는 여러 가지 색깔을 칠해야 한다. 실질은 꾸미는 것을 필요로 하는 것이다.[31]

이 글의 요지는 수사는 '실질'이라고도 하는 내용에 종속되는 것이

30) 유파풍격의 성격에 대한 보다 자세한 내용은 졸저 ≪중국고전문학 풍격론≫(서울:사람과 책, 2001.) 제2부 각론 제4장 '유파풍격' 참조.

31) "夫水性虛而淪漪結, 木體實而花萼振, 文附質也. 虎豹無文, 則鞹同犬羊; 犀兕有皮, 而色資丹漆; 質待文也."

지만, 내용 역시 수사의 도움을 받지 않으면 그 가치가 제대로 발휘되지 않는다는 이야기다. 곧 문학작품의 내용과 수사의 상호의존성을 논하고 있다. 문학작품의 내용과 형식 간의 전형적인 상관관계이기도 하다. 그런데 이 편의 중간 부분에는 내용과 수사 사이의 상관관계의 기울기가 달라진다.

> 무릇 분과 눈썹그리개는 얼굴을 꾸미기 위한 것이지만, 아름다운 모습은 오히려 타고난 고운 자태에서 생겨나는 것이다. 문채는 언어를 꾸미기 위한 것이지만, 문장의 아름다움은 오히려 작가의 진실된 성정에 근본하는 것이다. 그러므로 정감은 문장의 날줄이 되는 것이고, 문사는 문장의 씨줄이 되는 것이다. 날줄이 바로 되고 나서 씨줄이 만들어지는 것이고, 문리가 확정되고 나서 언어로 분명하게 드러나는 것이니, 이것이 문장을 쓰는 근본이다.[32)]

유협은 문장의 내용과 수사는 상호 불가분의 의존성이 있는 것을 인정하지만, 그래도 내용이 중심이 되고 수사는 내용을 돋보이게 하는 수단이 된다고 생각하고 있다.

사실 특정 내용을 표현하기 위해서는 그에 맞는 수사를 선택하지 않을 수 없다. 극단적인 예를 들자면 신하가 황제한테 올리는 글을 친구나 아랫사람에게 보내는 문투로 썼다가는 글을 쓰는 소기의 목적을 달성하기는커녕 목숨을 부지할 수도 없게 될 것이다. 메시지의 전달을 중시하는 입장에서 본다면 문학의 형식으로서의 수사는 결국 내용에 종속될 수밖에 없는 것이다.

내용과 수사의 양자 간에는 분명 주종관계가 존재한다. 문학작품

32) "夫鉛黛所以飾容, 而盼倩生於淑姿; 文采所以飾言, 而辯麗本於情性. 故情者, 文之經; 辭者, 理之緯; 經正而後緯成, 理定而後辭暢, 此立文之本源也."

이란 작가의 내면세계를 표출한 것이므로 작품이 있기 위해서는 표현하고자 하는 내용이 먼저 있게 되고, 그 다음에 그 내용을 표현하기 위해서 적절한 수사를 강구하게 되기 때문이다. 그렇기 때문에 내용에 맞추어 수사를 동원하지 않고 수사에 맞추어 내용을 조작하는 것은 작가정신의 부재요 언어유희에 불과하다. 그래서 유협도 ≪문심조룡 · 정채≫편에서 '형식적 수사에 정감을 맞추어서는(爲文而造情: 위문이조정) 안 되고, 정감에 맞추어 수사를 베풀어야 한다(爲情而造文: 위정이조문)'고 주장했던 것이다.

(6) 내용과 무관할 수 없는 수사

수사는 어휘의 운용 방식이다. 수사가 달라지면 거기에 동원되는 어휘가 달라진다. 어휘가 달라지면 다소간의 내용의 변개는 불가피하다. 어휘를 구성하는 한자는 각 글자마다 고유한 의미가 있기 때문이다. 작품에서의 수사의 차이는 내용의 변화에 적극적으로 개입한다는 사실을 인정하지 않을 수 없게 된다. 앞서 논의하였던 수사가 가지는 형식적 성격도 내용과 무관한 것이 아니었다. 결국 수사를 형식의 일부로 간주하는 중국 학자들의 보편적인 관점을 적극적으로 이해해준다고 해도, 문학작품에서의 수사는 내용과 완전히 무관한 순수한 형식이 될 수 없다는 것이 수사의 본질을 제대로 파악한 것이 되는 셈이다.[33)]

33) 수사를 섣불리 형식이라고 하지 않았던 일본 학자들의 신중함은 수사의 이런 측면을 고려한 것일 것이다.

(7) 문학작품에서 수사의 위상

결국 문학작품의 표현 방식인 수사는 내용을 구성하는 요소가 되면서 동시에 형식과도 일정한 관련이 있다고 보는 것이 중국문학의 실제에 부합되는 해석이 되는 셈이다. 문학작품을 인간의 육신과 비슷한 것으로 본 ≪문심조룡(文心雕龍) · 부회(附會)≫편의 다음과 같은 비유는 수사의 그러한 이중적 성격을 잘 드러내주고 있다.

> 재능 있는 어린이가 글을 쓰는 것을 배울 때는 마땅히 문장의 체제를 바르게 해야 한다. 반드시 나타내려는 사상과 감정(情志)으로써 정신으로 삼고, 글의 소재(事義)로써 골격으로 삼으며, 언어(辭采)로써 피부로 삼고, 언어의 운율(宮商)로써 호흡으로 삼는다. 그런 연후에 채색을 베풀 듯 문장의 수사를 다듬고, 조화로운 운율미를 도모하여 쓸 것은 쓰고 버릴 것은 버려서 가장 이상적인 상태에 이르게 한다. 이것이 문장을 쓰는 변함없는 원칙이다.[34)]

문학작품에서 궁극적으로 드러내고자 하는 사상과 감정은 정신적인 영역에 속하는 것이고, 그 사상과 감정을 드러내기 위해 선택되는 소재 또는 제재는 그 골격이며, 수사적 측면은 피부에 해당된다고 본 이 비유가 문학작품의 본질을 잘 드러낸 것이라면, 수사가 문학작품에서 차지하는 위상을 설명하는 것은 어렵지 않다. 곧 피부로 대표되는 인간의 외모는 정신을 담아내는 그릇으로서 형식적인 일면이 있다고 할 수 있다. 그렇지만 그 피부는 그것을 둘러싸고 꾸미는 옷에 비한다면 확실히 내용이라고 할 만한 실질을 가지고 있다. 곧 피부는

34) "夫才童學文, 宜正體製, 必以情志爲神明, 事義爲骨髓, 辭采爲肌膚, 宮商爲聲氣, 然後品藻玄黃, 摛振金玉, 獻可替否, 以裁厥中. 斯綴思之恒數也."

대비되는 상대에 따라 형식이 되기도 하고 내용이 되기도 하는 이중의 위상을 가지고 있는 것이다. 마찬가지로 문학작품에서의 수사도 그 작품의 주제에 대비하여 본다면 그 주제를 담아내는 형식이 되지만, 순수 형식으로서의 문자의 배열에 견주어 보면 개별적인 의미를 가진 문자들의 집합체로서 내용이라고 할 수 있는 일면이 있는 것이다.

제5장

문학의 시대성

특정 시대의 문학은 다른 시대의 문학과 구별되는 그 시대만의 독특한 성격을 형성하게 되는데, 그 성격은 여러 가지 요인들의 복합적인 작용에 의해서 만들어진다. 그 요인들은 시대나 사안에 따라 발현하는 영향력의 크기가 달라지고, 그러한 차이들이 각 시대 문학의 특수성과 다양성을 만들어낸다. 그러므로 특정 시대 문학의 특성을 이해하기 위해서는 그 시대 문학의 성격 형성에 주도적인 역할을 한 요인들을 찾아내어 그 요인들이 문학에 어떤 작용을 하는가를 살펴보아야 할 것이다.

문학이 사람들의 삶의 애환을 문자로 표현한 것인 만큼, 한 시대 문학에 영향을 주는 요인은 그 시대 사람들의 삶에 영향을 주는 요인들과 별로 다르지 않다. 특정 시대 문화 중심지의 자연환경, 특정 시대의 정치상황과 그와 관련 있는 사회상 등이 중요한 요인으로 꼽힌다. 그리고 전제군주 시대에는 절대적 권한을 가진 군주가 애호하는 문학적 경향도 한 시대 문학의 경향을 결정하는 데에 큰 영향을 끼치게 되며, 특정 시대에 성행하는 학술사상 역시 그 시대 문학에 적지 않은 영향을 준다. 특정 장르의 발전 단계도 한 시대 문학의 성격을 결정하는 중요한 요인의 하나가 될 수 있다. 때로는 걸출한 작가가 나와서 새로운 문학 풍조를 열어나가기도 한다.

그러므로 특정 시대의 문학의 성격을 논하기 위해서는 위에서 언급한 여러 요인들을 면밀히 검토해서 그 요인들이 어떠한 관계 속에서 그 시대 문학의 성격을 형성하는지를 살펴보아야 할 것이다.

1. 지리적 요인

땅은 말 그대로 삶의 터전이다. 문학이 특정 지역을 무대로 삶을 영위한 사람들이 생활의 애환을 담아낸 것인 이상, 인간의 삶을 반영하는 문학을 논의하기 위해서는 먼저 그 문학의 근원적 배경이 되는 지리적 환경을 면밀히 살펴볼 필요가 있다. 판도가 넓어 지역에 따라 지리적 환경의 차이가 현격하게 나타나는 중국을 배경으로 하는 중국문학의 경우 그 필요성은 더욱 증폭된다. 오늘날의 중국 판도를 보더라도 남북으로는 아열대에서 한대에 이르는 차이를 보이고, 동서로는 해안에서 세계 최고의 고산지대에 이르는 변이를 보인다. 또 호수가 많아 수국(水國: 물이 많은 고장)이라 불리는 지역이 있는가 하면 강수량이 거의 없는 사막이 넓게 펼쳐져 있는 곳도 있다. 같은 중국인이라고 하더라도 그들이 사는 지역의 동서와 남북에 따라 그들의 구체적인 삶의 모습은 현저한 차이를 보일 것이라는 것은 쉽게 짐작할 수 있다.

(1) 남북에 따른 지리적 특성

중국의 판도가 매우 크기는 하나 중국문화의 형성과정에서 동과 서라는 지리적 요인은 그다지 큰 의미를 가지지 않는다. 현재의 상황을 보더라도 인간이 생존하기에는 극히 불리한 환경으로 되어 있는 중국의 서부에는 중국문화라는 거대한 현상에 영향을 끼칠 정도의 사람들이 살 수 없기 때문일 것이다. 중국 지형의 특성상 서에서 동으로 흐르는 하천들은 남북간의 교통에는 장애가 되었으나 동서간의 교통을 원활히 하는 데에는 유리하였다. 결과적으로 장구한 세월에 걸쳐 중국문학과 그것을 포괄하는 중국문화의 성격 형성에 결정적인 영향을 끼친 지리적 요인은 남과 북의 차이다.[1)]

남방과 북방의 차이는 바로 위도의 차이이고, 위도의 차이는 기후의 차이로 직결된다. 기후의 차이는 식생의 차이를 낳고, 식생의 차이는 그 지역에서 사는 사람들의 생활방식의 차이로 이어진다. 또 생활방식의 차이는 의식형태의 차이를 불러온다. 남과 북이라는 지리적 차이에 따라 거기에 사는 사람들의 의식형태가 달라지므로, 그러한 환경 속에서 만들어진 문학 작품 역시 남과 북에 따라 크게 달라질 수밖에 없다.

중국에서 남과 북에 따르는 지역적 특성의 차이가 크기 때문에 특정 시대 문화의 특성은 그 시대 수도의 지역성과 밀접한 관련을 가지게 된다. 한 왕조가 특정 지역에 수도를 정하게 되면 그 시대의 문화의 주류는 그 수도를 중심으로 발전 변화하기 마련이기 때문이다. 그 결과 그 시대의 문화 내지 문학은 그 수도가 위치하는 지역의

1) 여기서 말하는 중국의 남방과 북방은 고대 중국문화의 양대 거점이었던 양자강 유역과 황하유역을 일컫는 말이다. 곧 소위 정통 중국의 판도인 중원 안에서의 남방과 북방을 가리킨다. 현대 중국의 판도로 보면 중동부 중국 내에서의 남과 북에 해당되는 것이다. 현재 중국판도 내의 남방에 해당하는 광동성 일대는 영남(嶺南)지역이라고 하여 문화의 발달이 상당히 지체된 지역으로 주변의 광서성이나 운남성 등과 함께 南蠻에 해당하는 지역이었으며, 현재 중국의 북부는 대개가 중원의 중국과 대립하였던 북방 민족의 판도였다.

문화적 특성을 뚜렷하게 반영하게 된다.[2)]

중국 역대 왕조의 수도가 남북의 어디에 정해지느냐에 따라서 그 시대 문화의 분위기가 달라지는 현상에 대해서는 양계초(梁啓超)[3)]가 잘 정리한 바 있다. 그는 역대 왕조의 문화적 특성과 그 시대의 수도의 지역성을 비교 분석하여 북방에 수도를 둔 왕조 시대의 특징을

---

2) 梁啓超의 ≪飮氷室文集・下・地理・中國地理大勢論≫에는 "무릇 '文學地理'는 항상 '政治地理'를 따라 바뀐다.(蓋'文學地理'常隨'政治地理'爲轉移.)" 라는 말이 보인다. 이 말이 처한 문맥은 다소 석연치 않은 부분이 있으나, 그 문면상의 내용은 한 시대 문학의 경향과 그 시대 수도의 지역성과의 상관관계를 간명하게 드러내는 명제로 손색이 없다고 생각된다.((梁啓超 著, ≪飮氷室文集≫(上海:廣智書局, 1905년 초판, 1908년 訂正5판.) 下卷 585쪽 참조.))

3) 字는 卓如이고 號는 任公이며 自號는 飮氷室主人이다. 淸 穆宗 同治12년(1873년)에 태어나서 中華民國 18년 (1929년)에 타계했다. 어려서부터 총명하여 6살에 경서를 읽고 8살에 문장을 지었다. 17세에 擧人이 되었지만 會試에는 실패했다. 그러나 康有爲에게서 배우게 되면서 옛날 학문은 모두 내버렸다. 戊戌政變이 실패하자 강유위와 함께 일본으로 망명했는데, 일본에 있는 동안 잡지와 신문을 발행하여 중국 사상계에 큰 영향을 끼쳤다. 또 미국과 유럽 지역을 두루 돌아다니면서 각국의 정치와 사회상황을 고찰하면서 깨친 바가 많았다. 중화민국이 성립되자 귀국하여 언론활동을 하였고, 元世凱 총통 아래에서 司法總長에 임명되었으나 취임은 하지 않았다. 나중에 원세개가 황제가 되었을 때, 양계초가 제자를 선동하여 반란을 일으켜 저지하기도 하였다. 1917년 段祺瑞 정부에서 財政總長을 맡았으나 오래지 않아 단기서 정부가 전복되고 양계초는 재차 출국하여 영국과 프랑스 등 여러 나라를 두루 돌아다녔다. 이후 자신의 성격이 정치에 맞지 않다는 것을 깨닫고는 정치를 포기하고 저술활동에 전념하였다. 학술활동으로 국민을 계몽하고 나라를 구하고자 했던 것이다. 淸華大學에서 가르치기도 하였던 그의 학문적 열정은 대단하여 병원에 입원해서도 연구 자료를 손에서 놓지 않았고 우연히 좋은 자료를 발견하게 되면 미친 듯이 좋아했다고 한다. 그는 ≪飮氷室全集≫・≪淸代學術概論≫・≪先秦政治思想史≫・≪墨子學案≫・≪大乘起信論考證≫ 등 다방면에 걸친 방대한 저술을 남기고 있다. 명쾌한 문체로 동서고금을 넘나드는 해박한 지식을 담아낸 ≪飮氷室文集≫은 구한말 우리나라 지성계에도 큰 파장을 일으켜서 그 책을 읽지 않고서는 첨단을 걷는 지식인의 대접을 받기 어려웠다고 한다.

"그 규모는 항상 굉원(宏遠)하였고, 그 국세는 항상 장활(壯闊)하였으며, 그 기백에는 맹렬한 기운과 용맹을 지니고 있어서 굳센 매가 구름을 타고 북녘 사막을 가로지르는 기개가 있다."[4]고 개괄하였다. 또 남방에 수도를 둔 왕조 시대의 특색을 "그 규모는 항상 기려(綺麗)하였고, 그 국세는 항상 청은(淸隱)하였으며, 그 기백은 항상 문약(文弱)하여 달 밝은 밤 아름다운 배 위에서 천천히 노래 부르고 느리게 춤을 추는 모습이 있다."[5]라고 정리하였다. 남방적 특색은 여성적 음유미(陰柔美)로, 북방적 특색은 남성적 양강미(陽剛美)로 규정하였던 것이다. 특정 시대의 수도의 소재지가 남방에 속하느냐 북방에 속하느냐에 따라 그 시대를 풍미하는 문학의 미적 특성 역시 남방적 특색을 띠거나 북방적 특색을 띠게 되는 것이다.

또 중국의 북방은 한랭한 기후 탓에 생존 여건이 좋지 않으므로 그곳에 사는 사람들은 현실적인 성격을 가지지 않을 수 없고, 이에 따라 이성이 발달하게 된다. 이에 비하여 상대적으로 생존 여건이 좋은 남방에서는 생활의 여유를 누릴 수 있으므로 감성의 득세에 따라 낭만적인 성격이 두드러지게 된다. 그래서 수도가 북방인 시대에는 감정이 절제된 정통문학(正統文學)[6]이 우세하고, 문학의 성격은

4) ≪飮氷室文集 · 下 · 地理 · 中國地理大勢論≫: "其規模常宏遠, 其局勢常壯闊, 其氣魄帶磅礴英鷙, 有俊鶻盤雲橫絶朔漠之概."(下卷 580쪽)

5) ≪飮氷室文集 · 下 · 地理 · 中國地理大勢論≫: "其規模常綺麗, 其局勢常淸隱, 其氣魄常文弱, 有月明畵舫緩歌慢舞之觀."(下卷 581쪽)

6) 정통문학이란 '전통사회의 중추 세력인 사대부 집단을 중심으로 한 대다수 사람들로부터 그 가치를 인정받아 전국적 범위에서 창작되고 감상되는 장르'라고 규정하고자 한다. 이에 대하여 '전국적으로 유행하지 못하여 지역성을 떨치지 못했거나, 지배층을 대변하는 사대부들의 긍정을 받지 못해 계층적 한계를 극복하지 못한 장르'들을 속문학으로 규정하고자 한다. 그런 즉 속문학 속에도 전통문학이 있을 수 있으나 정통문학은 존재할 수 없다. '정통'은 지위와 관련된 개념이고 '전통'은 단순히 시간과 관련된 개념이기 때문이다.

수사의 화려함보다는 내용의 충실을 지향하는 달의주의(達意主義)적 경향을 보인다. 이에 대하여 수도가 남방인 경우에는 감성적인 성격이 우세해져서 화려한 수사를 추구하고, 규범의 구속에서 벗어나려고 하는 경향이 강해진다. 그래서 소설이나 희곡 같은 속문학을 선호하는 경향을 보인다. 문화의 중심지가 남방이었던 명(明)나라시대에 소설과 희곡이 크게 발달했던 것은 이런 맥락으로 이해할 수 있을 것이다.7)

(2) 지리적 특성의 변화

중국문학에서 남방과 북방에 따른 지리적 특성이 현격하게 다른 모습으로 나타나고, 그것이 매우 고정적인 것처럼 보인다. 그러나 그것은 남방과 북방이 심하게 격리되어 왕래하기가 힘들 때의 이야기이고, 교통의 여건이 변하면 남북에 따른 지리적 특성 또한 접변하여 서로 다른 성격들이 절충되는 양상을 보이기도 한다. 교통의 발달은 격리된 각 지역 문학가들의 왕래를 촉진시키고, 이로 말미암아 각 지역 문학가들이 서로 영향을 주고받으면서 새로운 경향의 문학

그러나 전통문학은 시간의 도태작용을 견디고 살아남아 정통문학이 되는 경우가 많아 양자가 종종 혼동되기도 한다.

7) 같은 장르에 속하는 작품 중에도 어떤 것은 이성적 색채가 강하고 어떤 것은 감성적 색채가 진한 경우가 얼마든지 있다. 그러나 각 장르는 그 장르의 고유한 속성이 있어서 어떤 장르는 이성적 내용을 담아내기에 보다 적합하고, 어떤 장르는 감성적 내용을 담아내기 더 편리한 차이가 있을 수 있다. 사대부들의 손에 들어가 정통 장르가 된 시의 일반적인 경우와 소설의 일반적인 경우를 비교해보면 그 차이가 선명하게 드러난다. 정통문학과 속문학의 중간쯤 가는 詞를 詩와 비교해 보아도 전자가 후자보다 감성적 색채가 더 농후하다는 사실을 확인할 수 있다.

을 만들어내기 때문이다.

교통 여건의 변화에 따라 중국문학의 남방적 특성과 북방적 특성이 융합되는 현상은 당(唐)나라시대의 문학에서 잘 나타난다. 중국문학사를 연구하는 많은 학자들이 당(唐)나라 시대를 두고 '중국 북방의 현실적이며 내용의 충실한 전달을 중시하는 달의주의적 문학과 중국 남방의 낭만적이며 수사에 치중하는 유미주의적 문학이 융합되어 내용과 수사가 잘 어우러진 이상적인 문학을 이루었다'고 평가하는 것이 그것이다. 당나라 시대의 문학이 이런 평가를 받는 것은 당나라가 한 동안 분리되어 있던 중원의 남방과 북방을 통일한 수(隋)나라를 계승한 통일왕조였기 때문이다.

당나라 문학이 중국의 남방적 특성과 북방적 특성을 아우를 수 있었던 것은 일차적으로 그 판도가 정치적으로 통일되었기 때문이다. 여기에 더하여 강남의 아름다운 경치에 매료되었던 수(隋)나라 양제(煬帝)[8]가 강남 지역을 편안히 다녀오기 위하여 중원의 남북을 잇는 운하를 개착한 것이 중국의 남방과 북방의 빈번한 교류에 큰 역할을 하였다. 교통 여건의 변화, 또는 교통의 발달이 지역적 간극을

8) 隋나라를 세운 文帝 楊堅의 차남으로 이름은 廣이다. 태자였던 장남 勇이 아버지의 신임을 잃자 기를 쓰고 예쁘게 보여 아버지의 신임을 얻었다. 마침내 勇이 폐해지고 廣이 태자에 책봉되었는데, 廣은 태자가 되자 본 모습으로 돌아가 무도한 행동을 서슴지 않고 하였다. 문제가 광의 그런 모습을 보고 광을 폐하려고 하자 광은 도리어 아버지 문제를 시해하고 스스로 황제의 자리에 올랐다. 재위기간은 605년에서 618년까지다. 황제가 된 양광은 행동이 음탕하기 이를 데 없었을 뿐만 아니라 대규모 토목공사를 일으켜 백성을 도탄에 빠뜨렸다. 그 대형 토목사업 중의 하나가 황하와 양자강을 잇는 토목공사였다. 煬帝가 江都(지금의 江蘇省 揚州 일대)에 있는 동안 북방에 반란이 일어났으나 양제는 북방으로 돌아갈 생각이 없자 宇文化及이라는 장수가 양제를 시해하였다. 煬帝의 '煬'은 그의 시호인데, 중국의 역대 황제 중 가장 음탕한 황제로 악명이 높다.

줄여주었던 것이다.

여기서 한 가지 유의해야 할 것은 인적 교류의 확대가 문학에 끼치는 영향력은 장르에 따라 차이가 있다는 점이다. 소위 정통문학이라고 일컬어지는 시와 산문 같은 장르는 신속하게 그리고 강하게 영향을 받지만, 민가와 희곡 같은 민간문학의 경우는 그 속도가 느리고 강도도 약하여 지방적 특색을 오래도록 유지하게 된다. 전국적인 수요가 있는 장르는 다른 지역 작가들의 관심을 크게 끌게 되지만, 국지적으로 유행하고 그 때문에 지역적 특수성을 진하게 띠고 있는 장르는 다른 지역 작가들의 관심을 크게 끌지 못하기 때문이다.

2. 정치 · 사회적 요인

유행가가 그것이 유행하던 특정 시대의 분위기를 생생하게 전달해주듯이 특정 시대의 문학에도 그 시대를 살다 간 작가들의 숨결이 배어 있기 마련이다. 작가 역시 한 인간으로서 사회적 존재인 까닭에 한 작가의 삶의 배경이 되는 사회의 분위기는 부지불식간에 그 작가의 정신세계에 영향을 주게 되고 그것이 작품에 반영되게 된다.

어느 시대를 막론하고 정치는 그 시대 사회분위기를 형성하는 가장 중요한 요인이 된다. 그러므로 어느 시대 문학의 배경이 되는 사회적 분위기를 논하려면 그 시대의 정치적 상황을 살펴보지 않을 수 없다. 특정 시대의 정치 상황은 그 시대가 속하는 왕조의 성쇠 여부와도 밀접한 관계가 있다.

중국의 전통문학 시기는 전제군주의 시대였고, 황제들 중에는 문학에 조예가 있는 이들이 적지 않았을 뿐만 아니라, 그들 중에는 자신의 취향에 맞는 문학을 강제하는 이도 있었기 때문에, 특정 시기의 문학적 경향에는 황제의 입김이 작용하는 경우가 흔히 있었다. 황제를 위시한 귀족에 봉사하는 경향이 강했던 중국고전문학에서는 문학 소비자의 정점에 있는 황제의 안색을 살피지 않을 수 없었기 때문이다.

(1) 사회상

중국인들은 오랜 옛날부터 한 시대의 정치 사회적 상황이 그 시대 작가들에게 영향을 주고 그것이 작품에 반영된다는 사실을 잘 알고 있었다. ≪예기(禮記)・악기(樂記)≫에서는 정치 상황과 이에 영향을 받는 민중들의 삶, 그리고 그 삶을 노래로 표현한 시가의 특성 사이의 상관관계를 요령 있게 설명하고 있다.

> 정치가 잘되는 시대의 노래가 편안한 것은 그 정치가 조화로움을 즐거워하기 때문이다. 난세의 노래가 원망하는 분위기를 띠고 있는 것은 그 정치가 잘못된 것에 대하여 노여워하고 있기 때문이다. 망한 나라의 노래가 슬픈 것은 그 백성의 괴로움을 생각하기 때문이다.[9)]

이 말은 <모시서>[10)]에도 인용되어 있다. 여기서의 '치세(治世)'와

9) "治世之音安, 以樂其政和; 亂世之音怨, 以怒其政乖; 亡國之音哀, 以思其民困." 이 문장의 句讀에 관한 것은 졸저 ≪중국고전문학 풍격론≫(서울:사람과 책, 2001.) 제270쪽 각주 93번 참조.

10) 현전하는 ≪毛詩≫에는 각 篇의 앞에 서문이 붙어 있다. 그 중 제1편 <關雎>에 붙어 있는 서문 중에서 "風, 風也."로 시작되는 부분부터 끝까지는 '大序'라 하고, 그 앞부분을 포함한 각 편의 앞에 붙어 있는 서문을 '小序'라고 한다. 이 '대서'는 漢나라시대 유학자들의 문학관을 대변하는 것으로 시가 내지는 문학 일반에 관한 논의를 펼치고 있어서 중국문학이론사적 의의가 매우 크다. 문학이론의 맥락에서 <毛詩序>를 언급하는 경우는 대개 이 '大序'를 가리킨다.

'난세(亂世)'와 '망국(亡國)'은 역사상의 특정 왕조나 시대를 지칭하는 것이 아니라 정치가 잘되고 잘못되고의 차이에 따라 구분하여 가상적으로 설정한 시대다. 요컨대 이 글의 논지는 한 시대의 정치 사회적 상황이 그 당시에 유행하는 시가에 그대로 반영된다는 것이다.

≪문심조룡(文心雕龍)・시서(時序)≫편도 한 시대의 시대상과 문학과의 관계를 전문적으로 논하였다. 이 글의 첫 부분은 다음과 같이 시작된다.

> 시대의 운세가 교대로 바뀌면 문학의 질박함과 화려함도 교대로 바뀌므로 고금의 문학작품 중의 정감의 이치는 말할 수 있을 듯하다. 옛날 요(堯)임금 시대에는 덕화(德化)가 크게 퍼져서 시골 노인은 "황제의 힘이 나에게 무슨 소용이 있어!"라는 말을 하였고, 교외의 아이들은 '모르겠네, 모르겠어'라는 노래를 불렀다. 순(舜)임금이 이어서 제위에 오르자 정치는 잘되고 백성은 한가로워 순임금은 <남풍가(南風歌)>를 불렀고, 여러 신하들은 <경운가(卿雲歌)>를 불렀는데, 이 작품들이 매우 아름다웠던 것은 바로 마음이 즐거워서 노래가 편안했던 것이 아니었겠는가! 우(禹)임금이 땅을 파서 홍수를 막자 아홉 가지의 공덕을 차례로 노래하였고, 탕(湯)임금은 성스럽고 공경스러워 '훌륭하도다!'라는 송가가 지어졌다. 주(周)나라 문왕(文王)의 덕이 훌륭함에 이르러서는 <주남(周南)>이 부지런하면서도 원망하지 않는 내용을 담게 되었고, 주(周) 문왕(文王)의 할아버지인 태왕(太王)의 교화가 순후했으므로 <빈풍(邠風)>의 시는 즐거우나 그 정도가 지나치지 않았다. 유왕(幽王)과 여왕(厲王)은 어리석었으므로 <판(板)>과 <탕(蕩)>의 시가 노기를 띠고 있고, 평왕(平王) 때에는 주나라의 국세가 쇠미해졌으므로 <서리(黍離)>는 슬픈 내용을 담고 있다. 그러므로 가요의 문장과 정리는 세태와 함께 변하며, 위에서 바람이 불면 아래에 물결이 인다는 것을 알겠다.[11]

한 시대의 정치에 의해 조성되는 사회상과 그 사회상을 반영한 문학작품 간의 관계를 역사상의 구체적인 예를 들어 논증한 것이다. 한 시대 민중의 머리에서 나오는 문학작품을 물 위에 생기는 파문으로, 민중의 삶에 직접적인 영향을 주는 정치는 물 위에 부는 바람이라고 한 비유가 그럴 듯하다. "가요의 문장과 정리는 세태와 함께 변한다."라고 한 대목은 ≪예기(禮記)·악기(樂記)≫의 논조와 매우 흡사한데, 한 시대의 독특한 정치사회적 분위기는 그 시대 작가의 표현 욕구를 촉발시키는 요인으로서 시대적 보편성을 띤다는 말로 이해할 수 있을 것이다.

(2) 왕조의 성쇠

한 왕조를 단위로 하여 살펴보면 왕조의 초기와 말기에는 문사의 조탁에 힘쓰는 유미주의적 문학 풍조가 크게 성행하는 경향을 발견할 수 있다. 당(唐)나라의 개국 초기에 궁정에서는 십팔학사(十八學士)[12]를 중심으로 한 궁정시인들이 궁체시(宮體詩)[13]를 계승하여 화

11) "時運交移, 質文代變. 古今情理, 如可言乎! 昔在陶唐, 德盛化鈞, 野老吐何力之談, 郊童含不識之歌. 有虞繼作, 政阜民暇, 薰風詠於元后, 爛雲歌於列臣. 盡其美者, 何乃心樂而聲泰也! 至大禹敷土, 九序詠功; 成湯聖敬, 猗歟作頌. 逮姬文之德盛, 周南勤而不怨, 大王之化淳, 邠風樂而不淫; 幽厲昏而板蕩怒, 平王微而黍離哀. 故知歌謠文理, 與世推移, 風動於上, 而波震於下者也."

12) 唐나라 太宗이 文學館을 세우고 杜如晦·房玄齡·姚思廉·陸德明·孔穎達·虞世南·許敬宗 등 당대의 최고 학자 18명을 뽑아 6명씩 3교대로 숙직하며 학문을 토론하게 하였는데, 그 18명의 학자를 十八學士라고 한다.

13) 南朝 梁나라와 陳나라의 시대에 유행하였던 독특한 풍격의 시가로서 주로 부녀자들의 생활과 모습을 화려한 문사와 여린 서정으로 노래하였다. 隋나라와 唐나라 초기의 문단에는 좋지 않은 영향을 끼쳤지만 律詩의 형성에는 긍정적 역할을 하였다는 평가를 받는다. 대표작가로는 蕭綱·蕭繹·徐摛·徐陵·

려한 형식으로 황제의 공을 노래하고 황제의 덕을 칭송하는 시를 지었고, 이것이 당시 문학계의 주류를 형성하였다.[14] 송(宋)나라에서도 유사한 양상이 전개되는데, 송나라의 개국 초기에는 한림학사(翰林學士)[15]를 지낸 사람들을 중심으로 만당(晩唐)의 유미주의적이고 감상적인 시체를 계승한 서곤체(西崑體)[16]가 유행하였던 것이다.[17]

당제국의 정치가 혼미해져 나라가 파국으로 치닫던 만당(晩唐)[18]시대의 문인들은 당시의 사회에 뜻을 잃고 글 짓는 일 자체에 몰두하여 애써 아름다운 표현을 추구하는 사람이 많아서 유미주의적인 문학풍조를 만들어내었다. 송나라의 멸망을 앞둔 남송(南宋)[19]의 말기에도 영가사령(永嘉四靈)[20]을 중심으로 유미주의적 시가의 창작이 유행하

庾肩吾 등이 있다.

14) 김학주 교수의 ≪중국문학사≫(서울:新雅社, 2007.) 제194쪽 관련 부분의 내용을 일부 변형시켜 요약하였음.

15) 궁정에서 황제의 문서를 담당하는 관리. 唐나라 玄宗이 張九齡・張說 등을 뽑아 황제의 문서를 담당하게 하고 그들을 '翰林供奉'이라고 불렀던 것이 한림학사의 시초다.

16) 北宋 초기인 眞宗 景德 년간(1004~1007)에 楊億・錢惟演・劉筠 등이 중심이 되어 晩唐의 李商隱을 모범으로 삼아 수사의 화려함과 성률의 조화, 그리고 철저한 對仗과 많은 전고의 사용 등 시가의 외적인 아름다움에 치중하면서 높은 벼슬아치들의 화려하고 사치스러운 생활을 제재로 하여 그들의 여유로운 정취를 노래하였던 시들을 가리키는 말이다. 대표 인물 중의 한 사람인 楊億이 그들끼리 주고받은 시가들을 모아서 ≪西崑酬唱集≫이라는 시가집을 낸 데에서 그 이름이 생겨났다.

17) 김학주, ≪중국문학사≫(서울:新雅社, 2007.) 제295쪽 참조.

18) 唐나라 文宗 開成 원년(836년)부터 당나라의 멸망(907년)까지의 시기. 제1장 각주 23번 참조.

19) 趙匡胤이 세운 宋나라의 전반기를 北宋이라고 하고, 高宗 때에 金나라에 밀려 남쪽으로 옮겨간 후(1128년)부터 元나라에 멸망당할 때(1276년)까지의 시기를 南宋이라고 한다.

20) 南宋의 시인 徐照 의 字는 靈暉, 徐璣의 字(일설에는 號)는 靈淵, 翁卷의 字는 靈舒, 趙師秀의 字(일설에는 號)는 靈秀인데, 이들의 시 풍격이 비슷한

였는데, 이들은 예술에 탐닉함으로써 암담한 현실을 도피하고자 했던 것으로 생각된다.[21]

이와 같이 당나라와 송나라의 개국 초기와 멸망기의 문학은 모두 유미주의적 경향을 띠는 유사성이 있다. 그런데 똑같이 유미주의라는 이름을 얻고 있으나 그 내용을 자세히 보면 왕조의 초기와 말기의 문학적 경향은 그 성격이 완전히 다른 것임을 알 수 있다.

당나라와 송나라 초기의 문학은 새로운 왕조의 정당성을 분식(粉飾)하고 그 공덕을 칭송하는 내용으로 이루어져 있어서, 화려한 시어 속에는 새 시대에 대한 희망과 현실에 대한 긍정적 기상이 넘쳐난다. 그러나 만당과 남송 말기의 시가에서는 시어의 화려한 조탁 속에 암담한 현실에 대한 애상과 도피의 정서가 묻어난다.[22] 그러므로 왕조 초기의 유미주의가 양강(陽剛)의 미적 범주에 속하는 반면 왕조 말기의 유미주의는 음유(陰柔)의 미적 범주에 속한다고 해야 할 것이다.

경향을 보이자 그들의 자 또는 호에 공통으로 들어 있는 글자인 '靈'자를 따와서 이들을 한데 묶어 '永嘉四靈'이라고 하였다. 이들은 宋나라의 대표적인 시파라 할 수 있는 江西詩派가 학문에 치중하는 경향이 강한 것에 반기를 들고 晩唐의 賈島와 姚合 등을 모범으로 내세워 정련된 시어로써 산수 전원시를 써내는 데에 치중하였다. 일반적으로 意境이 편협하고 자잘하다는 평가를 많이 받는다.

21) 김학주, ≪중국문학사≫(서울:新雅社, 2007.) 제314쪽 참조.

22) 일본학자 吉川幸次郎는 만당시의 특징으로 '연애시가 많다', '회고시가 많다', 그리고 '숫자가 많이 쓰인다'는 세 가지를 들고, 연애시가 많은 것은 만당시대에 '남녀관계가 자유로워서' 그렇고, 회고시가 많은 것은 '목전의 고통을 피해서 과거의 추억의 추구에 탐닉해서'이며, 숫자를 많이 쓴 것은 그 당시의 '시인의 마음 속에 불안이 있어서 확실한 것으로서의 숫자에 매달리는 심리가 작동했기' 때문일 것이라는 재미있는 해석을 하고 있다.((吉川幸次郎 述, 黑川洋一 編, ≪中國文學史≫(東京:岩波書店, 1974년 제1쇄, 1989년 제18쇄.) 제185~188쪽 참조.)) 필자는 연애시가 많은 것은 불확실한 미래에 대한 불안을 잊기 위한 방편으로 현재적 쾌락에 탐닉하는 세기말적인 현상으로 볼 수 있다고 생각한다.

조대(朝代)에 따른 풍격의 차이보다는 왕조의 시기에 따른 풍격의 차이가 더 큰 것은 한 왕조가 처한 단계는 바로 그 시대의 사회상과 밀접한 관련이 있고 그것은 문학의 시대적 특징 형성에 중요한 요소로 작용하기 때문이다.

(3) 정치 권력자의 애호

≪예기(禮記)・악기(樂記)≫나 ≪문심조룡(文心雕龍)・시서(時序)≫편을 통해서 살펴보았듯이 정치의 문학에 대한 영향력을 심대하다. 특히 봉건 전제군주시대에는 정치 엘리트 특히 전제군주의 문학적 취향은 그 시대 문학의 경향을 결정하는 데에 결정적인 역할을 하기도 한다. 한(漢)나라 초기에는 고조(高祖) 유방(劉邦)[23]의 출신지가 초(楚) 지방이어서 초나라 지방의 노래가 유행하였으며, 무제(武帝)[24]는 부(賦)[25]를 애호하여 부가 한나라를 대표하는 문학 장르로 발전하게

23) 漢나라의 개국 황제로 字는 季인데, 시호는 없다. 공이 높다 하여 廟號를 高祖라고 하였다. 기원전 247년에 태어나 기원전 195년에 향년 53세로 타계했다. 재위기간은 기원전 202년부터 기원전 195년까지 8년간이다.(기원전 206년 項羽에 의해 漢王에 봉해진 것부터 쳐서 재위기간을 12년으로 치는 경우가 많다.) <大風歌>와 <鴻鵠歌>라는 초나라 풍의 시를 남기고 있다.

24) 漢나라 景帝의 열 번째 아들로 漢나라의 제7대 황제다. 이름은 徹이고 字는 通이다. 시호는 孝武皇帝고 廟號는 世宗이다. 기원전 156년에 나서 기원전 87년에 향년 70세로 타계했으며, 기원전 141년부터 기원전 87년까지 황제의 자리에 있었다. 董仲舒의 건의로 儒學을 국교로 삼고 주변 국가를 정벌하여 판도를 넓혀서 漢나라의 기반을 튼튼히 하였다. 고조선의 세 번째 왕조인 위만조선을 멸망시키고 한반도에 한사군을 설치한 이도 바로 그다. 진시황제・강희제 등과 함께 역대 중국의 가장 위대한 황제 중 한 사람으로 꼽힌다.

25) 중국문학 장르의 한 가지. ≪詩經≫의 중요한 표현기법의 하나로서 직서법이라고도 할 수 있는 '賦'에서 유래되었다고 하므로, 이 장르의 핵심은 표현

하였다. 당(唐)나라 시대에 시(詩)가 전성기를 구가할 수 있었던 배경에도 제왕의 시에 대한 애호가 있었다. 이와 같이 제왕의 애호는 특정 장르의 성행에 영향을 주기도 한다.

제왕을 비롯한 정치 실권자의 애호는 특정 분위기의 문학이 유행하는 데에 결정적인 역할을 하는 경우가 있다. 위(魏)나라 때에는 당대의 실권자였던 조씨(曹氏) 삼부자[26]의 주도 하에 비분강개한 정서를 읊은 오언시(五言詩)를 유행시켜 '건안풍골(建安風骨)'[27]을 형성하게 하였다. 문학의 수사를 중시하는 수사주의(修辭主義)와 의미 전달만을 추구하는 달의주의(達意主義), 그리고 문학의 내용과 형식의 조화를 추구하는 절충주의(折衷主義)의 삼대 사조가 병존하였던 남북조 시대의 각 유파는 공히 각 경향을 선호하는 정치 권력자를 중심으로 문학활동을 전개하였다.[28] 양(梁)나라와 진(陳)나라의 궁체시(宮體詩),

의 방식에 있다고 할 수 있다. 그러나 같은 '賦'라는 이름하에 古賦 · 騈賦 · 律賦 · 文賦 등 여러 가지 문장 형태가 들어있을 뿐만 아니라, 敍情賦 · 敍事賦 · 詠物賦 등 내용에 따라서도 여러 가지 판이한 성격으로 나뉠 수 있다. 게다가 楚辭와 賦는 같은 장르라는 설도 유력하게 받아들여지고 있어서 賦의 정체를 간단하게 정의하기가 쉽지 않다. 거칠게 정의하자면 賦는 산문적 요소가 있는 운문, 또는 산문에 가까운 운문이라고 할 수 있다.

26) 曹操와 그의 두 아들 曹丕 · 曹植을 함께 이르는 말.

27) 漢나라 말 建安時代의 지식인들은 혼란한 사회와 그 속에서 고통 받는 백성들의 실상을 사실적으로 묘사하면서 우국애민의 정서를 비분강개한 어조로 표현하였는데, 그 시대 시들의 그러한 특징을 일컬어 '建安風骨'이라고 한다. 조씨 삼부자와 建安七子(孔融 · 陳琳 · 王粲 · 徐幹 · 阮瑀 · 應瑒 · 劉楨)가 그 대표적인 작가들이다.

28) 周勛初, ≪中國文學批評小史≫(湖北:長江文藝出版社, 1981.) 제47쪽에는 南朝의 문학경향을 守舊派 · 趨新派 · 折衷派의 셋으로 나누어 각 파의 대표작가, 대표 이론가, 그리고 각파의 후견인이 되는 정치적 유력자를 정리한 도표가 있다. 이에 의하면 守舊派의 대표작가는 裴子野와 劉之遴, 대표 이론가는 裴子野, 그 依附對象은 梁武帝 蕭衍이다. 그리고 趨新派의 대표작가는 徐摛와 庾肩吾, 대표 이론가는 蕭子顯, 그 依附對象은 梁 簡文帝 蕭綱이다.

당초(唐初)의 상관체(上官體)29), 송초(宋初)의 서곤체(西崑體), 명초(明初)의 대각체(臺閣體)30) 등의 유행도 당시의 최고 통치자의 문학적 기호와 밀접한 관련이 있는 것이다.

수(隋)나라의 경우는 황제의 애호와 제창에 따라 시대풍격이 극적인 변화를 보이고 있어서 문학에 대한 전제 군주의 영향력을 실감하게 한다. 문제(文帝)가 수나라를 건국한 뒤 남조(南朝)의 국운이 쇠미했던 주된 원인의 하나로 남조의 음미(淫靡)한 문풍(文風)을 지목하고 이를 혁파하기 위해 질박한 문풍을 제창하였다. 그리하여 한 때 질박한 문풍이 시대의 조류로 자리 잡았다. 그러나 문제의 뒤를 이은 양제(煬帝)는 문학에 상당한 재능이 있었으나 음탕하고 화려한 것을 좋아하는 성격이라서 마침내 그 시대의 문풍을 남조의 음미한 것으로 되돌려 놓았다. 한 시대 문학의 성격은 이렇게 전제군주의 애호와 제창에 따라 달라지기도 하는 것이다.

마지막으로 折衷派의 대표 작가는 王筠과 陸倕, 그 대표이론가는 劉勰, 그들의 의부대상은 昭明太子 蕭統으로 정리되어 있다.

29) 初唐의 上官儀가 전 시대에 유행하였던 宮體詩의 여풍을 이어서 화려하고 고운 어조로 궁정생활의 호사스러운 생활을 노래한 것이 당시에 크게 유행하여 유사한 분위기의 시들이 많이 지어졌는데 그것들을 일컬어 上官體라고 한다. 對仗을 중시하였던 그들의 시작 태도는 후세 律詩의 형식 완성에 큰 기여를 하였다.

30) 明나라 초기에 상층 관료사회에서 유행하였던 특수한 풍격의 시들을 일컫는 말이다. 대표 작가인 楊士奇・楊榮・楊溥 세 사람이 臺閣重臣이었던 데에서 그 이름이 생겼다. 주로 황제의 수요에 맞추어 쓴 시로서 점잖고 부드러운 분위기가 주조를 이루지만, 창의성이나 생동감은 별로 없다는 평가를 받는다.

3. 기타 요인들

(1) 학술사상

청대(淸代)의 삼대시론(三大詩論)이며 동시에 중국고전시학사상의 삼대시론이라고 할 수 있는 격조설(格調說) · 신운설(神韻說) · 성령설(性靈說)[31]은 각기 특정 학술사상을 그 기반으로 한다. 격조설은 그 자체가 정통 유가사상의 시론화(詩論化)라고 할 수 있으며, 신운설은 그 정신적 지향과 언어관에 있어서 선종(禪宗) 내지는 도가사상(道家思想)을 시론화 한 것이라고 할 수 있다. 그리고 성령설(性靈說)은 양명학(陽明學), 그 중에서도 양명학 좌파의 정신을 구현한 시론이라고 할 수 있다.

학술 사상이 시론의 근간을 이룰 수 있는 것은 그것이 작가의 후천적 학습의 중요한 구성 성분이 되기 때문이다. 문학사에서 이름을 남긴 작가는 대개가 상당 수준의 지식인들로서 특정 학술사상에 일정한 조예가 있기 마련이다. 그래서 한 작가의 작품이나 문학관에서는 흔히 그 작가가 학습기에 익힌 학술사상이나 그의 기호에 따라 심취했던 학술사상의 흔적이 발견되기도 한다.

31) 제3장에서 이미 소개한 바 있듯이 格調說을 제창한 沈德潛, 神韻說을 내세운 王士禛, 그리고 性靈說을 제기한 袁枚가 모두 淸代의 인물이라는 점에서 이 시론들은 淸代의 시론이다. 그러나 각 시론들의 중심 내용은 이미 그 이전부터 많은 사람들에 의하여 논의되어 왔던 것이다. 이 시론가들은 중국 전통문화의 체계화와 이론화를 추구하였던 청대의 독특한 학술 사상적 분위기에 편승하여 각자의 취향에 맞는 것을 한 가지씩 선택하여 그것을 이론화 체계화하였던 것이다. 그런 의미에서 이들 三家 詩論은 중국고전시학상의 三大詩論이라고도 할 수 있다.

격조설(格調說) · 신운설(神韻說) · 성령설(性靈說)의 삼대 시론을 중국고전시학사상의 삼대시론(三大詩論)으로 간주할 때, 그것은 유가(儒家) 및 도가(道家), 불가(佛家)의 사상(思想), 그리고 양명학(陽明學)이 여러 시대를 관통해 지속적으로 문학에 영향을 끼쳐왔다는 것을 의미하는 것이기도 하다. 그러나 때로는 특정 학술사상이 특정 시기를 풍미함으로써 그 시대의 문학에 그 학술사상의 그림자를 현저하게 드리우는 경우가 있다. 위진남북조(魏晉南北朝) 시대의 특정 시기에 한 시대의 문학이 노장사상의 세례를 받았던 것, 송대(宋代)의 시가가 당시에 성행하였던 성리학(性理學)의 영향을 크게 받았던 것, 그리고 청대(淸代) 문학에 대한 고증학(考證學)[32]의 영향은 시대풍격의 형성에 그 시대에 유행한 학술사상의 영향이 현저한 대표적인 사례라고 할 수 있다.

위진남북조 시대의 문풍(文風)의 형성에는 당시에 유행하였던 노장사상(老莊思想)이 상당히 중요한 역할을 한 것으로 평가된다. ≪문심조룡(文心雕龍) · 명시(明詩)≫편에서는 이러한 시대 사조에 영향을 받은 시가의 모습을 다음과 같이 설명하고 있다.

> 동진(東晋)의 작품들은 청담의 분위기에 빠져들어 정무에 힘쓰려는 뜻을 비웃고 세상사를 잊어버리는 이야기를 매우 중시하였다. 원굉, 손작 이하로는 비록 각기 문사의 아름다움을 추구한 바가 있었으나 시어의 경향이 동일하여 그들과 우열을 다툴 자가 없었다. 그래서 곽박의 <유선시>는 우뚝하니 걸작이 된 것이다. 송나라 초기의 시가

32) 형이상학에 치중하는 성리학에 반대하고 訓詁에 충실하던 漢나라시대의 학풍을 계승하여 구체적인 자료를 검토하고 그 결과를 귀납하여 신빙성 있는 자료를 제공할 뿐만 아니라, 그를 통해서 소기의 결론을 도출하는 것을 주된 과제로 하는 학문이다. 明나라와 淸나라에 걸쳐 살았던 顧炎武가 주창한 이후 淸나라 일대를 대표하는 학문 경향이 되었다.

> 는 시체에 계승과 혁신이 있었다. 노장사상을 노래한 시가들은 물러나고 산수시가 비로소 흥성하기 시작했는데, 백 자에 달하는 대구를 추구하기도 하였고 한 구의 기이한 표현을 다투기도 하였다. 내용상으로는 사물의 모습을 극히 세밀하게 표현하려 하였고 시어의 선택은 온 힘을 다해 새로움을 추구하였다.[33]

노장사상이 성행하던 동진(東晋) 시대에는 그 시대의 학술사상의 영향으로 현언시(玄言詩)[34]가 유행했고, 남조(南朝)의 송초(宋初)에는 노장사상의 쇠퇴와 함께 산수시가 성행하기 시작했다는 것이 주된 요지이다. 종영(鍾嶸)[35]도 <시품서(詩品序)>에서 비슷한 시기의 문학에 대하여 유사한 평가를 하고 있다.

> 영가시대에는 황로사상을 중시해서 공허한 담론을 꽤 숭상하였으므로 당시의 문학작품들은 문사에 비해 이론이 과도하여 담박하고 별맛이 없었다. 이어 동진시대에 이르러서도 그 여파가 여전히 전해지고 있었는데, 손작 · 허순 · 환현 · 유천 같은 분들의 시는 모두 평전(平典)하여 도덕론 같아서 건안풍력이 다하고 말았다.[36]

---

33) "江左篇製, 溺乎玄風, 嗤笑徇務之志, 崇盛忘機之談; 袁孫已下, 雖各有雕采, 而辭趣一揆, 莫與爭雄, 所以景純仙篇, 挺拔而爲俊矣. 宋初文詠, 體有因革, 莊老告退, 而山水方滋, 儷采百字之偶, 爭價一句之奇, 情必極貌以寫物, 辭必窮力而追新."

34) 玄言 곧 심오한 내용을 담은 시어를 사용하여 쓴 시. 주로 老莊思想과 관련된 용어를 사용한 시를 가리킨다.

35) 字가 仲偉로 대략 505년 전후에 살았던 사람이나, 정확한 생졸년은 알려져 있지 않다. 역대의 오언시를 품평하여 그 우열을 정하고 작가들의 계보를 적시한 ≪詩品≫을 저술했다. ≪詩品≫은 중국문학이론사상 최초의 시가 전문 비평서라는 중차대한 의미를 지닌다.

36) "永嘉時, 貴黃老, 稍尙虛談, 於時篇什, 理過其辭, 淡乎寡味. 爰及江表, 微波尙傳, 孫綽 · 許詢 · 桓 · 庾諸公, 詩皆平典, 似道德論, 建安風力盡矣."

동진을 전후한 시기의 문학 경향에 대한 평가에서 유협과 종영은 세부적 내용에 있어서는 다소 차이가 있으나, 사태를 보는 시각은 크게 다르지 않다는 것을 알 수 있다. 곧 당시의 문학 경향을 결정한 최대의 요인이 그 시대를 풍미한 학술 사상이라는 지적이다.

송대(宋代)에 크게 성행한 성리학(性理學)도 노장사상이 위진남북조의 시가에 끼친 영향 못지 않은 큰 영향을 송시(宋詩)에 끼쳤다. 송대에 있어서 사변적이고 논리적인 성리학의 유행은 직접 시가에 영향을 끼쳐 송시로 하여금 설리적(說理的)이며 산문적인 성격을 띠게 한 것이다.

송시의 설리적이며 산문적인 특성은 이미 송대의 사람들에 의해서 지적되고 있는데, 엄우(嚴羽)[37]는 ≪창랑시화(滄浪詩話)[38] · 시평(詩評)≫에서 "본조(本朝)의 시는 이치를 숭상하여 의흥(意興)에 결함이 있었다."[39]고 하였고, ≪창랑시화(滄浪詩話) · 시변(詩辨)≫에서는 "(송시는) 의론으로 시를 썼다."[40]고 평가하였다. 여기서 강조하는 '리(理)'는 바로 송시의 설리적 특성을 말하는 것이다. "송시는 대개 구성과 논리에서 우세를 보인다."[41]고 한 것 역시 송시의 설리적 특성을 지적한 것이다. "송시는 의(意)에서 앞서므로 세련되고 섬세하고 분명

37) 字는 儀卿이고 滄浪逋客이라고 自號하였다. 대략 1200년 전후에 살았던 사람이나 정확한 생졸년의 알려져 있지 않다.

38) 嚴羽가 쓴 詩話. 그 전의 시화들이 시와 관련된 일화나 어구의 유래와 시비를 주로 다루었던 것과는 달리 처음으로 전문적인 문학이론을 전개한 시화로서 문학이론사적 의의가 크다. 禪宗의 이치로써 시를 논한 그의 시론은 후세에 큰 영향을 끼쳤는데, 神韻說에 특히 많은 영향을 끼쳤다.

39) "本朝人尙理而病於意興."

40) "近代諸公……以議論爲詩."

41) ≪談藝錄≫(錢鍾書 著): "宋詩多以筋骨思理見勝."((蔡鎭楚, ≪詩話學≫(中國: 湖南敎育出版社, 1990년 초판, 1992년 제2쇄.) 제214~215쪽에서 재인용.))

함을 귀하게 여긴다.'"[42]는 말은 송시의 설리적 성격을 지적함과 동시에 섬세한 묘사를 그 속성으로 하는 산문적 특성까지도 지적하고 있는 것이다. 그러므로 산문적 · 설리적 성격은 학자들이 보편적으로 인정하는 송시의 특성인 것을 알 수 있다. 그리고 송대라는 시대적 상황으로 볼 때, 송시가 그러한 성격을 가지게 된 것은 논리적 · 사변적 성격이 강한 성리학의 영향이라고 하지 않을 수 없는 것이다.[43]

명대(明代)에 들어서는 송대 성리학의 윤리적이고 규범적인 성향에 반발한 양명학이 성행한다. 양명학은 유학의 한 갈래라고 이해되고 있으나, 그 유심론적인 성격은 불교의 영향을 크게 받은 것이며, 자연성에 입각한 참된 자아와 개성을 중시하는 근본적인 입장에서는 노장사상과 맥이 닿아 있다. 양명학이 이런 성격을 갖고 있기 때문에 문화의 중심지가 남방으로 이동한 명 중엽 이후에 득세하는 것도 매우 자연스러운 현상이라고 하겠다.

양명학은 명대 중기 이후에 특히 그 세력을 크게 떨치는데, 그로 말미암아 문학계에서도 자연스러운 감성의 표출에서 참된 자아를 발견하고 개성을 존중하는 기풍이 크게 진작되었다. 그 대표적인 인물이 이지(李贄)와 서위(徐渭), 그리고 원굉도(袁宏道)[44]의 삼형제를 함

42) 繆鉞, ≪詩詞散論 · 論宋詩≫: "宋詩以意勝, 故精能, 而貴深折透辟."((蔡鎭楚, ≪詩話學≫(中國:湖南敎育出版社, 1990년 초판, 1992년 제2쇄.) 제214쪽에서 재인용.))

43) 김학주 교수는 唐詩와 비교한 宋詩의 특징으로 산문적 성격을 포함한 여러 가지 사항들에 대해서 상세하게 논의한 바가 있는데, 이 논의의 첫머리에서 '性理學과 詩'라는 항목을 설정하여 논의를 시작하고 있는 것은 性理學을 宋詩의 特性 형성의 가장 중요한 요인으로 간주했기 때문이라고 생각된다. ((김학주, ≪중국문학의 이해≫(서울:신아사, 1993.) 제89~109쪽 참조.))

44) 字가 中郎인데 無學이라고도 했다. 1600년 전후에 생존했지만 자세한 생졸년은 알려져 있지 않다. 형인 宗道, 동생 中道와 함께 삼형제가 뛰어난 재주로 이름이 높았다. 성령설을 지지했던 그는 시문집 40권 이외에도 방대한

께 묶어 부르는 삼원(三袁)이다. 이들은 '기성의 규범에 얽매이지 말고 참된 자아를 진솔하게 드러내야 된다'는 취지의 '불구격투, 직서성령'이라는 말을 구호로 내걸고 작가의 내면세계를 진솔하게 표현하는 것이 문학의 본령이라고 주장하였다. 또 기성의 권위와 전통의 가치를 부정하여 문학에 윤리적 설교를 담는 것은 가식이라고 비난하였다. 그 결과 이 시기에는 개성적인 문학작품들이 많이 나왔다. 기성의 권위적 문학관의 통제에서 비교적 자유로와 감성적인 내용을 담아내기가 용이한 소설이 크게 발달할 수 있었던 것도 바로 이러한 시대적 분위기 때문이었다.

청대(淸代)에 접어들면 명조(明朝)의 멸망과도 일정한 관계가 있는 심학(心學)의 말류(末流)에 의해 야기된 공소(空疎)한 학술분위기에 대한 반성, 그리고 명대(明代) 서적의 대량 간행에 수반된 문헌의 오류에 대한 비판, 그리고 서양의 과학문명의 전래에 의한 자극 등의 요인에 의해 문헌의 진위를 가리고 본래의 여실한 의미를 추구하려는 학술적 분위기가 생겨난다. 이러한 시대적 분위기와 함께 국고(國故) 정리 사업을 장려함으로써 한족(漢族) 지식인의 관심을 정치에서 떼어놓으려는 만청(滿淸) 정권의 책략과 한족(漢族)의 문화를 보존 계승하려는 한족 지식인의 이해관계가 합치됨으로써 형성된 청대의 새로운 학술이 고증학(考證學)이다. 그래서 고증학은 사학(史學)을 중시하고 복고적 성향을 띠게 된다.

복고적 성향의 고증학이 청(淸)나라 일대를 풍미함으로써 그 영향은 문학계에도 파급된다. 청대 문학계의 복고적 경향은 우선 과거

양의 저술을 남기고 있다. 그의 본적이 公安이라는 지역이어서 원굉도의 시풍을 公安體라고 하였고, 그와 그의 형제의 문학관을 추종하는 사람들을 公安派라고 하였다.

한 때 크게 융성했었으나 이미 시대적 의의를 상실해 도태되었던 장르들이 부활하는 양상으로 나타났다. 육조풍(六朝風)의 지괴소설(志怪小說)[45]이 지어지기도 하고 당송대(唐宋代) 고문운동(古文運動)[46]의 타격을 받아 쇠퇴하였던 변려문(騈儷文)이 유행하기도 하였다.

청대 문학의 복고적 성향은 전 시대의 성취를 추종하는 양상으로도 나타난다. 시(詩)는 청대에 들어 다시 한 번 부흥의 시기를 맞게 되었지만 종당파(宗唐派)[47]와 종송파(宗宋派)[48]가 시단을 양분함으로써 당시(唐詩)나 송시(宋詩)를 추종하는 복고적 성향을 띠게 되었다. 사(詞)의 창작도 다시 활기를 띠게 되었으나, 그 경향도 상당한 성취가 있었던 송대의 특정 작가를 추종하는 것이 주를 이루었다.

이와 같이 특정 학술사상의 소장(消長)에 따라 한 시대를 주도하는 문학의 경향이 달라지기도 한다. 경우에 따라서는 특정 학술사상이 그 시대 문학의 성격 형성에 절대적인 영향을 행사하기도 한다.

45) 魏晉南北朝 시대에 유행하였던 소설의 일종. 농촌을 배경으로 한 귀신이나 요괴에 관한 이야기를 기록한 것이다. 소설의 한 갈래로 분류되기는 하나, 지괴소설의 이야기들은 기이하고 황당한 사건들을 실제로 일어난 것으로 생각하고 기록한 것일 뿐, 작가의 의도적인 허구 의식이 개입된 작품이 아니라는 점 때문에 본격적인 소설이 될 수 없다는 평가를 받기도 한다.

46) 남북조시대 이후로 유행하였던 騈儷文의 영향으로 문장이 수사에 치우치고 내용의 충실한 전달에는 소홀히 하는 경향이 심화되자 中唐時代에 韓愈와 柳宗元이 주축이 되어 내용의 충실한 전달에 치중하였던 秦漢시대의 문장을 모범으로 내걸고 일으킨 문체개혁운동이다. 고문운동의 성공의 결과로 이룩된 문체는 진한시대의 문장을 그대로 답습한 것이 아니라, 진한시대 문장의 정신을 살리면서 中唐이라는 시대에 맞게 개발된 문체라는 점에 주의해야 한다.

47) 淸나라시대 시인들 중 唐詩를 모범으로 삼아 창작할 것을 주장하던 사람들. 대표적인 작가로는 吳偉業・王士禛・朱彛尊・沈德潛・翁方綱 등이 있다.

48) 淸나라시대 시인들 중 宋詩를 모범으로 삼아 창작할 것을 주장하던 사람들. 대표적인 작가로는 錢謙益・宋犖・査愼行・厲鶚 등이 있다.

(2) 걸출한 작가와 작품의 출현

걸출한 작가의 출현은 그를 추종하는 문학 집단을 형성하게 하고, 때로는 한 시대의 문학의 경향을 주도하는 세력으로 성장하기도 한다. 그래서 걸출한 작가의 문학적 개성이나 그 작가를 추종해서 형성되는 유파의 문학적 지향은 한 시대 문학의 특성 형성에 주도적인 역할을 하기도 한다. 완약한 서정을 기조로 하였던 송사(宋詞)가 소동파(蘇東坡)라는 불세출의 대문호에 의해서 호방한 풍격의 사의 경지가 개척되고, 그를 추종하는 작가들에 의하여 호방파가 형성되어 그러한 기풍이 일세를 풍미했던 것이 그 좋은 예라고 할 수 있을 것이다.

작품은 작가가 창작한 것이기는 하나 특정 작가의 총체적인 작품 세계보다 개별 작품 하나가 문학계에 대한 영향력을 더 크게 행사하는 경우도 있다. 그러한 경우는 걸출한 작품의 출현이 유사한 경향의 작품의 창작을 촉진시킴으로써 한 시대를 풍미하는 문학의 경향을 형성하는 경우라고도 할 수 있을 것이다. 굴원(屈原)의 <이소(離騷)>는 일세를 풍미한 초사(楚辭)의 유행을 선도하였고, 한대(漢代) 대부(大賦)의 선구적 작품인 매승(枚乘)[49]의 <칠발(七發)>의 성공은 많은 모방작이 생겨나게 함으로써 '칠(七)' 또는 '칠체(七體)'로 불리는 장르로까지 발전하였다. 이와 같이 걸출한 작가의 성공적인 작품의 출현이 한 시대 문학의 경향 형성에 주도적인 역할을 하는 경우가 있다.

49) 字가 叔으로 태어난 해는 알려져 있지 않으나 세상을 뜬 해는 기원전 141년이다.

(3) 특정 장르의 발전 단계

시대마다 그 시대에 유행하는 장르가 달라지기도 한다. 그래서 특정 시대에 유행한 대표적인 장르를 적시한 '한부(漢賦) · 당시(唐詩) · 송사(宋詞) · 원곡(元曲)'이라는 말은 그 자체로 특정 시대의 문학적 특성을 나타내는 용어가 될 수 있다. 각 장르는 그 장르의 고유한 미적 특성, 곧 장르풍격이 있으므로 어느 시대에 어느 장르가 가장 특색이 있다고 말하는 것은 그 시대의 문학계에는 그 특색 있는 장르의 미적 특성이 뚜렷하게 나타난다는 의미로 이해될 수 있기 때문이다.

그러나 한 장르가 특정 왕조 시대에만 출현하여 발전했다가 사라지는 경우는 거의 없다. 하나의 장르는 여러 시대에 걸쳐 생성 · 발전 · 전성 · 쇠퇴의 과정을 겪게 되므로 특정 시대의 문학적 특성을 파악하기 위해서는 그 시대에 어떤 장르가 어떤 발전 단계에 처해 있는지를 면밀히 검토할 필요가 있다. 특정 장르의 발전 단계도 한 시대의 문학적 특성을 가늠하는 중요한 요소가 되는 것이다.

제 6 장

문학사의 전개 요인

문학사는 문학의 시대성을 시대 순으로 정리한 것이라고 할 수 있다. 한 시대의 문학성은 이미 살펴본 바와 같이 복잡다단한 여러 가지 요인에 의해서 형성되지만, 그런 시대성이 연속되어 만들어내는 문학사의 흐름은 마치 수많은 물길이 합류하여 흘러가는 강물처럼 비교적 단순한 모습으로 정리될 수 있다. 그것은 특정 시대 문학의 성격 형성에 관여하는 여러 인자들의 힘이 시대의 흐름의 방향을 결정짓는 요소에 통합되어 시대의 특성으로 드러나기 때문이라고 생각된다. 이에 특정 시대 문학의 특성을 형성하는 요인들의 속성을 통합하여 하나의 흐름으로 나아가게 하는 보다 근원적인 요인이 무엇인지 고민해볼 필요가 생기는 것이다.

1. 중국문학사를 읽는 몇 가지 이항 구조

중국은 이원론의 나라다. 일찍이 우주를 움직이는 근원적인 힘을 음(陰)과 양(陽)이라는 이원으로 나눈 것은 중국인의 위대한 발명의 하나다. 이에 중국문학사의 전개를 어떤 대립되는 두 가지 성격의 상관관계에 의해 짜이는 무늬의 연속으로 이해될 수 있지 않을까

하는 생각이 든다. 복잡한 요소가 얽혀 나타나는 현상을 이원이라는 거친 구도 속에서 이해하려고 하는 시도가 섣부른 일반화의 문제점을 드러낼 수도 있다고 생각되지만, 큰 흐름을 효율적으로 파악하는 데에는 상당한 의미가 있을 것으로 생각한다. 본격적인 논의에 앞서 몇몇 가능성 있는 요소들에 대하여 먼저 검토해보기로 한다.

(1) 현실주의와 반현실주의

모순(茅盾)은 중국문학사를 '장기적이고도 반복적인 현실주의와 반현실주의의 투쟁의 진행'으로 규정했다고 한다.[1] 중국문학사의 전개를 현실주의와 반현실주의라는 두 가지 상반된 성격의 힐항관계로 파악했다는 것인데, 중국문학사 전개 양상의 특징을 요령 있게 개관한 것으로 평가받고 있다.

그렇지만 어떤 원인으로 해서 그러한 중국문학사가 전개되었는가에 관심을 두게 되면 현실주의와 반현실주의의 힐항관계로 파악하는 것은 금세 한계를 드러낸다. 중국 역대의 문학가들이 현실주의 또는 반현실주의의 기치 하에 문학을 해왔다기보다는 어떤 요인에 의해서 추동된 문학사의 성격이 현실주의와 반현실주의가 번갈아 나타나는 양상을 보인다는 점을 지적한다고 생각되기 때문이다. 설사 '장기적이고도 반복적인 현실주의와 반현실주의의 투쟁의 진행'이라는 말을 '시대에 따라 작가들의 현실주의 정신과 반현실주의 정신이 번갈아 나타나면서 중국문학사가 전개되었다'라는 의미로 해석하더라도 특정 시대에 집단적으로 현실주의와 반현실주의를 발현하게 한 원인에

1) 김학주, ≪중국문학사≫(서울:신아사, 2004. 2판 5쇄) 머리말 제1쪽.

대한 규명이 보충되어야 할 것이다.

현실주의와 반현실주의가 현상으로서의 중국문학사 전개를 어느 정도 설명할 수 있다 하더라도 '왜 그러한 현상이 생겼는가'를 해명할 수 있는 틀이 되기에는 역부족이라고 하겠다.[2)]

(2) 남방과 북방

문학이 철학 또는 사상과 불가분의 관련이 있다는 점에 주목하면, 모순(茅盾)의 현실주의는 유가사상에 기반을 둔 문학사상이며, 반현실주의는 유가사상에 대립되는 사상 특히 도가사상에 기반을 둔 문학사상이라고 할 수 있다. 그러므로 중국문학사의 전개는 현실주의와 반현실주의의 근간이 되는 유가적 문학관과 도가적 문학관의 힐항관계로 치환해 볼 수 있을 것이다. 그렇지만 이런 구도의 유용성을 따지기 전에 중국에 있어서의 유가사상과 도가사상은 본질적으로 중국의 북방지역의 특성과 남방지역의 특성을 반영한 사상이라는 점을 고려하지 않을 수 없다. 중국문학사 전개의 근원적 요인으로서 중국의 북방적 요소와 남방적 요소가 고려해볼 만하게 되는 것이다.

과연 중국문학은 그 시대 수도의 지역성, 곧 어느 시대의 수도 또는 문화의 중심이 북방에 있었는가 아니면 남방에 있었는가에 따라서 매우 다른 양상을 보인다. 남북조 시대의 남조 문학과 북조 문학의 현격한 차이, 남곡(南曲)과 북곡(北曲)의 판이함은 중국문학에 지리적

2) 문학의 핵심적인 의의가 어디에 있는가에 따라서 본다면 효용론적 문학관과 표현론적 문학관, 또는 효용론적 문학관을 근간으로 하는 고전주의와 표현론적 문학관을 기저로 하는 낭만주의와 같은 또 다른 두 가지 요인으로 중국문학사를 설명할 수도 있을 것이다.

요인이 얼마나 크게 작용하고 있는가를 선명하게 보여주고 있다. 그러므로 각 시대의 수도 또는 문화중심지의 지역적 특성을 골간으로 하여 문학사를 고찰하는 것도 의미가 있어 보인다.

그런데 수도의 지역적 성격이 변하지 않는 동일한 왕조 내에서도 시기에 따라서 문학의 경향이 크게 달라진다. 당나라 시대를 보더라도 왕조 초기와 중기 그리고 말기에는 큰 차이가 있다. 초기에는 새 왕조의 정통성을 분식하기 위한 가공송덕의 성행으로 유미주의가 유행하는가 하면, 중기에는 내용의 충실에 보다 큰 의미를 두는 문학이 유행하였고, 말기에는 다시 유미주의가 유행하였다. 그렇다면 수도 또는 문화 중심지의 지역성이 한 시대 문학의 성격을 결정하는 절대적인 요인이 될 수는 없다고 하겠다. 남방과 북방이라는 지리적 요인은 기실 특정 시기 중국문학에 영향을 주는 여러 가지 요인 중의 한 가지에 불과한 것이다. 다만 그 영향력이 다른 요소에 비하여 보다 광범위하다고는 할 수 있을 것이다.

(3) 음과 양

중국인의 세계관을 잘 보여주는 음양이론은 중국인의 지혜의 결정체이기도 하다. 오늘날 현실세계에 못지않은 비중을 차지하고 있는 사이버세계의 구축은 전적으로 컴퓨터의 발달에 힘을 입고 있고, 컴퓨터의 작동원리가 0과 1로 구성되는 이진법이며, 그 이진법은 라이프니츠가 중국의 음양사상에 착안하여 창안한 것이라는 말이 있고 보면, 음과 양의 이원논리는 그 응용 가능성이 매우 크다는 것을 알 수 있다. 이러한 음양이론으로써는 중국문학사의 흐름도 설명할 수 있음직하다.

음과 양의 힐항적 관계로 중국문학사를 파악하고 기술하는 것이 가능하려면 먼저 문학에서의 음과 양의 규정이 가능해야 한다. 그러면 도대체 무엇을 음으로, 또 무엇을 양으로 규정할 것인가? 강함이 양이라고 한다면 문학에서는 작품에 감정이 강력하게 드러나 있는 것을 양으로 쳐야 할 것이다. 그렇다면 감정이 거침없이 표출되어 있는 이태백의 시는 마땅히 양이라고 해야 할 것이다. 그런데 이태백과는 정반대 성격의 시인으로 간주되는 두보의 사회시에도 대단한 격정이 드러나 있으니, 이 역시 양이 되어야 한다. 더욱이 사회적 가치를 중시하는 두보와는 정반대의 입장에서 개인의 우수와 격정을 쏟아낸 굴원의 <이소(離騷)>도 그 성격이 양이 아니라고 할 수 없다. 그러므로 전통적인 관점에서의 음양이론은 문학 현상의 차이를 규명하는 데에 그다지 큰 효용이 없다고 해야 할 것이다.

2. 이성과 감성의 이원 힐항

중국문학사를 현실주의와 반현실주의의 투쟁관계로 파악한 것과, 음양이론으로 파악하려고 한 시도는 모두 중국역사의 각 시대별 문학현상을 규정하고 그것이 엮어지는 양상을 설명하려고 한 것이다. 이에 대하여 중국의 남방적 특색과 북방적 특색이라는 이원으로 해명하려고 한 것은 특정 시대의 문학에 영향을 주는 요인에 주목한 것이다. 그리고 그 요인은 매우 고정적인 것이었다.

여기서 발상의 전환이 필요하다. 나타난 현상만을 규정하는 것은 역사의 인과관계를 소홀히 하고, 물처럼 흘러가는 문학사의 역동적인 속성을 드러내지 못하기 때문이다. 문학사의 전개 양상에 관여하는 것으로서 문학사의 동적인 속성과 유사한 요소를 찾아내는 것이 시급한 것이다. 변화하는 문학사와 같이 움직이는 것이라면 그것은 바로 그 문학사를 구성하는 인간의 정신밖에 없을 것이다.

문학은 인간의 정신활동의 소산이며 정신의 그림자다. 그래서 한 시대 문학의 특성은 한 시대 작가들의 정신적인 공통점이라고 해도 과언이 아니다. 그러므로 어느 시대에는 사람들의 어떤 정신적인 측면이 부각되고 있는지를 파악한다면 그 시대 문학의 특징을 이해하기 쉬울 것이다. 그렇다면 인간 정신의 어떠한 속성이 문학에 반영되어 문학사에 뚜렷한 흔적을 남기게 되는 것일까? 그것은 다름 아닌 감성과 이성이라고 생각된다.

이성과 감성은 인간 정신의 상반되는 두 가지 요소로서 인간의 사유와 행동의 특성을 결정한다고 여겨진다. 인간의 다양한 성격과 다양한 행동은 한 개인의 정신 속에서의 이성과 감성의 비율에 의해 구성되는 스펙트럼의 다양성으로 이해될 수 있을 것이다. 특정 시대의 여러 가지 요인들에 의해서 인간의 이성이 발현되기 좋은 환경을 구성하게 되면, 그 시대 사람들의 정신과 행동에는 이성적 성격이 두드러질 것이고, 반대로 감성이 발현되기에 합당한 환경이라면 그 시대 사람들의 정신과 행동은 감성적 성격을 더 강하게 띠게 될 것이다.

정신세계의 상반된 성격이면서 시시각각 변하는 감성과 이성의 움직임은 바로 그러한 정신세계를 담아내는 문학에도 반영되기 마련이다. 그러므로 각 시대의 정신에서 감성적 요인과 이성적 요인의 힐항관계에 주목하여 문학사를 서술하는 것은 매우 의미 있는 일이라고 생각된다. 각 시대에 따라 이성과 감성의 발현에 관여하는 조건들이 어떻게 달라지는가에 대해서 먼저 면밀하게 관찰하여 이성과 감성의 움직임을 종합적으로 파악하고, 그에 상응하는 현상으로서의 문학의 특성을 파악해낸다면 일목요연한 문학사의 기술에 한 발 더

다가갈 수 있을 것이다.

(1) 이성과 감성의 사전적 의미

철학에서 이성과 감성은 인간 내면세계의 상반되는 두 가지 속성으로 파악된다. 본격적인 논의에 앞서 우선 철학에서는 이성과 감성을 어떻게 파악하고 있는지 그 사전적 의미를 한 번 살펴보기로 한다. 일본 평범사(平凡社)에서 간행된 ≪철학사전(哲學事典)≫[3] 제1462쪽에는 '이성'에 대하여, 그리고 제 275쪽에는 '감성'에 대하여 다음과 같이 설명하고 있다.

1) 이 성

> 일반적으로는 본다든지 듣는다든지 하는 감각적인 능력에 대해서 개념에 의해서 사유하는 능력을 말한다. '인간은 이성적 동물이다'라고 말해질 때의 이성은 이 의미다. 그러나 인간이 이성적 동물이라는 것은 단순히 개념적 사유를 행할 수 있는 능력에 대해서만 이야기될 수 있는 것은 아니다. 다른 동물들이 모두 본능적인 충동에 의해서 행동하는 것과는 달리 인간의 행위에는 의무라는 의식이 수반되는 것이 본질적이며, 어떤 이성적인 움직임에 의해서 인도되는 것이 인간 행위의 특질을 이루고 있다. 이와 같이 본능·충동·감각적 욕구 등에 기반을 둔 행동에 대해서 의무 내지는 당위의 의식에 의해서 결정되는 행위를 이성적이라고 하고, 그러한 행위를 인도하는 능력도 이성 안에 포함된다. 칸트의 실천이성은 이성의 이러한 움직임을 학문적으로 규정한 것이었고, "해야 되기 때문에 할 수 있다.(Du

3) 下中邦彦 編, 東京:平凡社, 昭和 46년(1971년) 초판, 昭和 53년(1978년) 9쇄.

kannst, denn du sollst.)"라는 말이 분명하게 보여주고 있는 것처럼, 자율적으로 도덕법을 세우는 것뿐만이 아니라, 더욱이 행위를 스스로 결정한 도덕의 법칙에 합치되게끔 인도해가는 의지의 힘이 그것이다.4)

2) 감 성

실천적 의미에 있어서는 신체적 감각에 관계된 전적으로 충동에 기초한 자연적 욕구를 말한다. 통상 이성보다 하위의 것, 인간에 있어서 신적인 것이 이성인 것과는 상대적으로 그 동물적인 면이 감성이라고 여겨진다. 따라서 또 의지의 힘에 의해 극복되어야 할 것으로 여겨진다. 그러나 또 감성적 욕구의 만족을 행복이라고 보는 쾌락주의도 있다. 이러한 감성적 욕구와 그것의 만족에 수반하는 쾌락을 어느 정도 부정하고, 혹은 긍정하는가에 따라서 서로 다른 윤리관이 생겨나는 것이다.5)

4) 一般には見たり聞いたりする感覺的な能力に對して, 概念によって思惟する能力をいう. 人間は理性的動物である, といわれる場合の理性はこの意味である. しかし人間が理性的動物であるのは單に概念的思惟を行ないうる能力だけについていわれているのではなく, 他の動物がすべて本能的な衝動によって行動するのに對して, 人間の行爲には義務の意識がともなうことが本質的であり, なんらかの理性的な動きによってみちびかれろこどが人間の行爲の特質をなしている. このように本能や衝動や感覺的欲求などにもとづく行動に對して, 義務ないしは當爲の意識によって決定される行爲を理性的であるといい, そういう行爲をみちびく能力をも理性のうちにふくめる. カントの實踐理性は理性のこのような働きを學問的に規定したものであって, 「汝なしうべきがゆえになし能う(Du kannst, denn du sollst)」という言葉があきらかに示しているように, 自律的に道德法を立てるばかりでなく, さらに行爲をみずから定めた道德の法則に合致するようにみちびいていく意志の力がそれである.

5) 實踐的意味においては, 身體的感覺に關係した全衝動にもとづく自然的欲求のことをいう. つねに理性より下位のもの, 人間における神的なものが理性であるに對し, その動物的な面が感性であるとされる. したがってまた意

(2) 이성과 감성의 발현 조건

감성이 '신체적 감각에 관계된 전적으로 충동에 기초한 자연적 욕구'라면 감성이 발현될 때에는 나 이외의 다른 사람에 대한 주의나 고려는 전제되지 않는다. 곧 마음 내키는 대로 행동하는 것이다. 그렇다면 감성이 발현되기 위해서는 그 감성에 대해서 적대적 입장에 있는 요소들의 방해나 간섭을 받지 않아야 한다. 말하자면 남의 눈치를 보지 않아도 되는 조건이 갖추어져야 된다는 것이다. 그렇다면 본능적 충동을 긍정하는 사상이 유행하거나 감성을 제약할 수 있는 사회적 장치가 제대로 작동되지 않을 때, 즉 무정부상태와 같은 혼란기에는 감성이 발현되기가 쉬울 것이다. 또 개인적으로는 남의 도움을 필요로 하지 않고 자력으로 자신의 생존을 꾸려나갈 수 있을 때에 감성의 발현이 용이할 것이라고 짐작할 수 있다.

이에 비해 이성은 사람으로 하여금 끊임없이 자성하고 자기규제를 하게 한다. '자신의 행위를 도덕의 법칙에 합치되도록 한다'는 말은 자신에 대한 도덕적 충실을 지향하며, 타인의 존재에 대하여 의식하거나 고려한다는 의미를 함축하고 있기 때문이다. 그러므로 이성이 작동한다는 것은 자기 마음대로 행동할 수 없는 상황에 처해 있다는 것을 의미한다고 할 수 있다. 그렇다면 사회적 규범이 엄격히 통제하는 시대, 또는 규범의 통제를 받지 않을 수 없는 사람들이 주류를 이루는 시대에는 이성이 활발하게 작동한다고 하겠다. 아울러 자기

志の力により，克服されるべきものともされる. しかしまた，感性的要求の満足をもって幸福であるとみる快樂主義もある. このような感性的要求，その満足にともなう快樂をどの程度に否定し，あるいは肯定するかによって，ことなった倫理觀が生まれるのである.

혼자의 힘만으로는 생존을 보장받기 힘들어 타인의 도움을 필요로 하는 상황에서는 감성보다 이성의 작용이 우세해진다고 할 수 있을 것이다. 썩 좋지 않은 환경에서 생존하기 위해서는 여러 가지를 신중하게 생각해야 하고 그런 과정 속에서 이성이 큰 역할을 하는 것으로 생각된다.

1) 지리·경제적 요인

중국문학에서 남과 북에 따르는 지리적 요인은 한 시대 문학의 특징을 결정하는 여러 요인들 중에서도 비교적 그 영향이 큰 것이라고 할 수 있다. 잘 알려져 있듯이 중국의 전통적 북방이라고 할 수 있는 황하 유역은 기후가 한랭하고 토양이 척박하여 생존 여건이 썩 좋지 못하다. 따라서 혼자의 힘으로는 생존하기 힘들어 집단적 협력이 매우 필요하다. 곧 남의 눈치를 보아야 생존을 도모할 수 있는 지리적 조건이므로 이성이 발달할 수밖에 없는 환경이다. 그러므로 이러한 특성을 가진 중국의 북방에서 이성을 중시하는 유가사상이 생성된 것은 매우 자연스럽다. 문학의 경우도 마찬가지다. 남북조 시대의 문학에서 볼 수 있듯이 중국의 북방을 배경으로 이루어진 문학은 매우 이성적 특징을 띠고 있다.

한편 중국에서 전통적으로 남방으로 간주되는 양자강 유역은 상대적으로 기후가 온난하고 강수량도 풍족하여 물산이 풍부하다. 북방과 상대적으로 보면 기후의 유리한 조건 덕에 생존에 타인의 힘이 덜 필요하다. 그래서 남들의 눈치를 많이 보지 않아도 되고, 그런 까닭에 감성의 활동이 자유로워진다. 중국의 남방에서 배태된 도가사상이 개인주의적이며 감성적 요소가 강한 것도 그러한 지리적 영향을 받았기 때문이다. 역시 남북조 시대의 남조의 문학에는 북조의 문학에 비해 감성적인 측면이 더 강하게 부각되는 것을 확인할 수 있다.

2) 정치적 요인

한 왕조의 도읍이 한 위치에 고정되어 있다고 해도 그 왕조가 건국 초기에 해당되는가 아니면 전성기인가 또는 왕조가 몰락을 향해 가고 있는 말기인가에 따라서 문학의 성격이 크게 달라진다. 왕조의 건립 초기에 개국 황제는 기세가 등등하고 무소불위의 권력을 휘두르게 된다. 새로운 왕조의 정통성을 분식하여야 하는 대신들은 황제의 욕구를 알아서 충족시켜주는 역할을 한다. 그런 까닭에 왕조의 개국 초기에는 통상 극도의 미사려구를 동원한 유미주의 문학이 성행한다.

왕조가 안정기에 접어들면 여러 계층의 이해를 조정해야 하므로 자연히 이성이 활발하게 활동을 한다. 그래서 문학도 사회적 영향에 신경을 쓰게 된다. 내용은 정제되고 수사는 절제되는 경향을 보이게 되는 것이다.

그러나 왕조의 말기에 이르면 사회의 기강이 무너지고, 그에 따라 타인과의 충돌이 불가피한 감성의 분출을 억제하는 이성의 견제장치도 작동하지 않게 된다. 문학은 고삐가 풀린 감성을 따라 본능적 욕구 분출에 집착하며 유미주의에 탐닉하게 된다.

공히 감성이 득세하는 시기라 하더라도 왕조의 초기와 말기는 그 성격이 다소 다르다. 왕조 말기의 유미주의는 주제와 그 주제를 포장하는 수사 모두에 감성적 색채가 농후하지만, 왕조 초기의 유미주의의 경우는 수사는 감성의 지배를 받고 주제를 중심으로 하는 내용은 이성적 측면이 강세를 보인다. 왕조 초기의 유미주의가 이중 구조를 띠는 것은 그 시기에 문단의 주도권을 장악하는 대신들이 수사는 황제의 감성에 맞추지만, 주제와 내용은 황제의 눈치를 보아 이성적으로 절제하지 않을 수 없기 때문으로 생각된다.

이처럼 특정 왕조의 초기와 중기와 말기는 각 시기의 정치 사회적 요인에 의하여 각 시기의 독특한 성격이 나타나게 된다. 대체로 보아 왕조의 초기와 말기에는 감성이 득세하고, 안정기인 중기에는 이성이 세를 얻는 양상을 보인다. 그러므로 중국문학사의 특정 시기 문학의 경향을 고찰할 때에는 그 시기가 왕조의 어느 시기에 해당하는지를 살펴보지 않을 수 없는 것이다.

3) 사회적 요인[6]

왕조의 시기에 따른 문학 경향의 차이는 그 시기에 문학을 주도하는 계층의 차이와도 밀접한 관련이 있다. 왕조의 초기에 문단을 이끄는 집단은 통상 황제의 측근에서 고위직을 차지하는 대신들이고, 그들이 글을 쓰는 목적은 대개가 황제의 환심을 사기 위한 것이다. 그러므로 이 시기의 문학은 본질적으로 절대 권력자인 황제에 의해 주도되는 시기라고 하여도 무방하다. 그리고 중기에는 대개 관료를 포함하여 사회의 중견으로서의 역할을 담당하는 사대부들이 문단의 주도권을 쥐고, 말기에는 서민들이나 권력에서 소외된 지식인들이 문단의 경향을 주도한다.

6) 정치는 바로 사회에 영향을 미친다. 그러므로 문학에 대한 정치적 요인에는 이미 사회적 요인도 포함되어 있기 때문에 그것을 정치 사회적 요인으로 묶었어야 했으나, 순수 사회적인 요소도 있다고 생각되어 따로 논한다. 여기서는 순수 사회적인 요소로 생각되는 것으로 문학을 주도적으로 담당하는 계층의 특성에 따른 문학의 성격 차이에 주목한다.

대체적인 경향으로 보아 왕조의 초기와 말기에 유미주의적 경향이 나타나는 것은 바로 그 시기가 감성이 발현되기에 적합하다는 것을 의미한다. 곧 절대 권력자로서 남의 눈치를 볼 필요가 없는 황제가 주도하는 문학이거나 사회적으로 가진 것이 없기 때문에 잃을 것이 없어서 마음 내키는 대로 해도 별 탈이 없는 계층에서는 감성적 요소가 두드러지는 것이다. 그에 비하여 제도권에 속해 있으면서 아래위로 눈치를 보아야 할 입장에 있는 사대부들의 경우에는 부득불 감성을 절제하는 이성이 발달할 수밖에 없게 된다.

그러므로 특정 시대 문학의 특성을 논할 때에는 그 시대 문단의 주도세력이 어떤 계층에 속해 있는가를 살펴보지 않을 수 없다. 원(元)나라 시대에 감성적 요소와 잘 어울리는 속문학의 한 갈래로서의 희곡이 크게 성행할 수 있었던 것도 원나라 왕조의 반문화적 통치 정책에 의해 문단의 골간인 사대부들이 10등급의 사회 계층 중 꼴찌 거지의 바로 앞 단계인 9등급으로 떨어졌기 때문으로 생각된다. 가진 것 없고 잃을 것 없는 그들로서는 감성의 표출이 비교적 자유로울 수 있었을 것이다. 원나라 시대 문학을 논하면서 희곡의 흥성 원인을 따질 때에는 감성에 잘 어울리는 속문학의 성행을 촉진한 요인으로서 이와 같은 사회적 요인을 고려하지 않을 수 없는 것이다.

4) 경제적 요인[7)]

앞서 '지리 경제적 요인'에서 살펴본 바 있듯이 경제적인 요인은 인간의 삶의 방식과 직접 관련이 있다. 생존 환경의 열악함은 이성의

7) 지리적 요인에 전적으로 지배받지 않으면서 시대의 발전이나 기타 요인의 변화에 의해 경제적 환경이 달라질 수 있기 때문에 간단하지만 별도로 거론하기로 한다.

작용을 촉진하고, 일정 이상의 경제적 여유는 감성이 활기를 띠게 한다. 중당시대에 전기소설이 발달하고, 명대에도 소설이 성행할 수 있었던 것은 도시 상공업의 발달이 감성의 활동을 촉진하는 경제적 여유를 제공했던 것과 불가분의 관계가 있다고 할 것이다. 경제적인 여유는 감성을 해방시키고, 감성의 해방은 소설과 같은 속문학의 발달을 자극하는 것이다.

(3) 문학에 반영되는 이성과 감성

문학에 이성적 요소가 작용하면 남을 의식하는 심리적 특성이 작품에 반영되기 마련이다. 그래서 자연히 자기 검열적 요소가 많아지고, 문학의 타인에 대한 영향에 신경을 쓰는 현상이 나타난다. 여기서 문학의 대 사회적 영향력을 중시하면서 '문학작품에는 독자들에게 도덕적 감화를 줄 수 있는 내용을 담아야 한다'는 효용론적 문학관이 대두한다. 그런 점에서 중국문학에서 이성이 득세하는 시기와 정통 유가사상이 통치이데올로기로서의 지위를 굳건히 지키고 있는 시기는 대체로 일치한다.

이성이 우세를 점하는 시기에 문학작품은 기성의 권위를 존중하면서 형식을 중시하게 된다. 이성이 우세를 차지하면 문학의 내용은 도덕적으로 절제되며, 수사 또한 교훈적 내용을 원만히 표현할 수 있는 선에서만 용인된다. 이성이 득세하는 시기에는 기득권층이 정통으로 인정하는 장르가 유행하게 되며, 중국에서는 전통적으로 시와 산문이 그러한 장르에 해당한다.

감성이 득세를 하면 작가는 생각하고 있는 바를 아무런 거리낌 없이 발산하게 된다. 문학은 극히 사적인 정감 표출의 수단이 됨으로써 표현론적인 문학관이 대두한다. 또 감성은 본능적 욕구를 긍정하므로 감성이 지배하는 문학에서는 본능적 욕구를 마음껏 발산하는 것을 능사로 한다. 그래서 도덕적으로 지탄을 받기 쉬운 색정문학이 고개를 들고, 말초적 쾌락을 추구하는 화려한 수사가 동원되기도 한다. 서양의 낭만주의와 비슷한 양상을 보이게 되는데, 사상적으로는 낭만주의적 색채가 강한 도가 계통의 지지를 받는다. 장르로는 감성의 표출에 많은 비중을 두는 희곡이나 소설이 득세를 하게 된다.[8)]

3. 전통 계승의 몇 가지 유형

한 시대 문학의 성격은 그 시대를 살아가는 작가들의 전통에 대한 생각과 그 전통을 계승하는 방법의 차이에 따라서도 면모가 크게 달라지는 양상을 보인다. 전통을 계승하는 방식은 대체로 세 가지로 정리될 수 있다. 전통의 가치만을 내세워 시대의 변화에는 아랑곳하지 않고 과거의 것을 그대로 답습하려고 하는 복고주의적인 것, 전통을 무시하고 새로운 것의 창안에만 매달리는 혁신주의적인 것, 그리고 전통의 가치를 존중하면서 그것을 시대에 맞게 변화시켜 적용하는 절충주의적인 것이 그것들이다.

8) 최고 권력자와 민중의 사이에서 도덕적 규범의 견제를 강하게 받는 사대부들과는 달리 민중들은 정신적으로 상당히 자유롭다. 그래서 그들의 정신에는 감성적 요소가 상대적으로 두드러지게 된다. 그렇기 때문에 민중들은 전통적으로 도덕적 교훈과는 다소 거리가 있는, 인간의 본능적 욕구를 긍정하는 내용을 주로 다루는 희곡과 소설을 선호하였을 것이다. 중국문학에서 희곡과 소설을 속문학으로 분류하는 것은 이 두 장르의 감성적 속성에 주목했기 때문일 것이다.

(1) 복고주의

중국인의 역사관에는 상고주의(尙古主義), 이른바 과거를 중시하는 복고주의적 성향이 적지 않다. 그렇지만 그렇다고 해서 극단적인 복고를 지향하는 경우는 흔하지 않다. 그런 중에서 극단적인 복고를 주장하여 문학계에 상당한 반향을 일으킨 이들이 있다. 명(明)나라 때에 활약한 일군의 작가들로 전칠자(前七子)9)와 후칠자(後七子)10)로 통칭되는 이들이다. 명대(明代)의 복고주의를 대표하는 이들은 '문장은 반드시 진(秦)나라와 한(漢)나라의 것을 배워야 하고, 시는 반드시 성당의 것을 본받아야 한다(文必秦漢, 詩必盛唐: 문필진한, 시필성당)'11)는 기치를 내걸고 진한 시대의 문장과 성당 시대의 시를 명나라 시대에 이식하고자 하였다. 결과적으로 실패함으로써 역대 평론가들의 비난을 감수할 수밖에 없게 된 이 전후칠자(前後七子)의 잘못은 크게 두 가지로 지적될 수 있다.

첫째, 언어의 역사성을 무시했다는 것이다. 중국어는 구어와 문어가 별개로 발전해왔지만, 그래도 시대가 다르면 언어에 변화가 생기고 그에 따라 문장도 다소간의 변화가 생기는 것은 불가피한 일이다. 그러므로 명나라 시대로부터 천년에 가까운 시간적 거리가 있는 성당(盛唐)의 시를 명나라 시대에 재현한다든가, 또는 천 수백 년 전에 사용되었던 진나라와 한나라의 문장 형태를 그대로 쓴다는 것은 애초에 가능하지 않은 것이었다.

둘째, 작가의 개성과 독창성의 가치를 외면했다는 것이다. 문학도

9) 李夢陽・何景明・王九思・王廷相・康海・邊貢・徐禎卿의 일곱 작가.
10) 李攀龍・王世貞・謝榛・徐中行・宗臣・梁有譽・吳國倫의 일곱 작가.
11) 김학주, ≪중국문학사≫(서울:新雅社, 2007.) 제401~402쪽 참조.

예술의 한 갈래이므로 작품에 표현된 작가의 개성과 독창적인 표현이 중시되지 않을 수 없다. 그런데도 불구하고 전후칠자는 전 시대의 작품을 그대로 모방하려고 하였으니, 그 모방의 대상이 아무리 우수하다고 하더라도 그것을 모방한 작품은 이미 별 가치가 없는 가짜에 지나지 않는 것이다. 그래서 역대의 비평가와 학자들이 가장 통렬하게 비판하는 폐단이 바로 모방과 표절을 일삼아 예술의 생명인 독창성과 개성을 저해했다는 점이다.

복고주의가 주류가 되는 시기는 대개 문화의 중심지가 북방이고 문학을 주도하는 사상이 유가사상인 경우가 많으므로 이성적인 요소가 감성적인 요소를 압도하는 시기라고 할 수 있겠다. 복고주의적 성향이 강했던 대표적인 시기로는 명(明)나라와 청(淸)나라 시대를 들 수 있는데, 정통문학이라고 할 수 있는 시와 산문의 영역에서는 그런 색채가 강하게 나타난다.[12)]

(2) 혁신주의

문학이 예술의 한 갈래이고, 예술은 아름다움을 추구하는 인간활동이라는 측면에서 보면 유미주의적 문학의 성행은 예술로서의 문학이 제 역할을 충실히 한 것이라고 할 수도 있다. 실제로 남북조시대(南北朝時代)에는 이에 앞서는 위진(魏晉)시대에 이어 문학의 가치가 크게 제고되었고, 문인들의 지위도 이전보다 훨씬 높아졌다. 여러 가지

12) 그러나 명나라 시대 중·후기에는 문화의 중심지가 남방으로 넘어가고 도가사상과 밀접한 관련성이 있는 양명학의 득세로 혁신주의적 색채가 더 강하게 나타난다. 명나라 문학의 혁신주의적 면모는 감성적 요소가 크게 작용하는 소설이 공전의 호황을 누린 데에서 잘 나타난다.

표현의 기교도 개발되어 후세의 문학 발전에 많은 자양분을 제공하였다. 그러므로 단순히 문학적인 견지에서만 보면 유미주의의 극단을 치닫던 남조(南朝)의 문학에도 눈여겨볼 만한 대목이 적지 않다.

그러나 역대 문학사가들의 남조 문학에 대한 평가는 한결같이 부정적이다. 공허한 말장난으로 꾸며진 아름다운 문사는 민중의 영혼을 부식시키고 사회를 부패시켰으며 국가를 허약하게 만들었다고 지적한다. 남북조의 분열과 혼란을 매듭짓고 중원을 재통일하였던 수(隋)나라의 문제(文帝)가 즉위하자 제일 먼저 시작한 것이 문풍(文風)의 인위적인 개혁이었던 것만 보아도 남조 유미주의의 폐단이 어느 정도였던지를 짐작할 수 있게 한다.

중국 역대의 평론가들은 남조 문학의 그러한 폐단은 전통에 대한 소홀에서 말미암는다고 한다. 중국문학사상 최고의 문학이론가로 유미주의가 성행하던 그 시대를 살았던 유협(劉勰)도 당시의 문학풍조의 병폐를 지적하면서 옛것을 소홀히 하고 새로운 것만 추구했기 때문이라고 그 원인을 진단하였다.[13] 수많은 ≪문심조룡≫ 주석자들

13) 劉勰, ≪文心雕龍·通變≫: "黃唐淳而質, 虞夏質而辨, 商周麗而雅, 楚漢侈而豔, 魏晉淺而綺, 宋初訛而新. 從質及訛, 彌近彌澹. 何則? 競今疎古, 風末氣衰也."(黃帝시대와 堯임금 시대의 문풍은 순후하면서 질박하고, 舜임금과 夏나라 시대의 문풍은 질박하면서 명쾌하고, 殷나라와 周나라 시대의 문풍은 아름다우면서 점잖고, 楚나라와 漢나라 시대의 문풍은 과장기가 있으면서 화려하고, 魏晉시대의 문풍은 천박하면서 현란하고, 宋초의 문풍은 인위적으로 조작한 새로운 것인데, 질박함에서 잘못됨에 이르기까지 현대에 가까이 올수록 맛이 떨어지는 것은 무엇 때문인가? 새로운 것만 다투어 좋아하고 옛 것은 소홀히 해서 분위기가 말류로 가면서 기운이 쇠약해졌기 때문이다.) ≪文心雕龍·序志≫: "去聖久遠, 文體解散, 辭人愛奇, 言貴浮詭, 飾羽尙畵, 文繡鞶帨, 離本彌甚, 將遂訛濫."(성인의 시대와 한참 멀어지게 되자 문장의 체제가 어지러워져 작가들은 기이한 것을 좋아하고, 언어는 부화하고 괴이한 것을 중히 여기게 되었다. 이러한 풍조는 무늬가 아름다운 깃털에 채색을 덧붙이거나 수를 놓을 필요가 없는 허리띠와 앞치마에 수를 놓은 것과 같이

과 연구자들은 유협의 그러한 평가에 별로 이의를 달지 않는다. 그리고 학자들 중에는 남북조 시대 문학의 경향을 논하면서 그 시대의 유미주의적 경향을 '새로운 것을 추구하는 일파'로 정의하는 이도 있다.[14] 남조의 극단적인 유미주의 문학은 바람직하지 않은 문학으로 인식되고, 그 실패의 중요한 원인의 하나로서 전통의 계승을 소홀히 한 것이 지목되는 것이다.

한 시대의 문학이 혁신주의로 나아가는 시기는 대체로 문화의 중심지가 남방이거나 도가사상이나 그와 유사한 사상이 득세하는 시기로서 감성이 이성을 압도하는 때라고 할 수 있다.

(3) 절충주의

실질적으로 중국 역사의 중세와 근세의 분기점이 되는 안사(安史)의 난[15]이 터지자 세상은 크게 변하게 되었다. 그 동안 지속되어 왔던 귀족문벌사회가 붕괴되고 민중의 세력이 확장되면서 시민의식이 싹트게 되었던 것이다. 이런 시대적 분위기 속에서 지배층의 전유물로 되어 있었던 문학에 대한 인식도 크게 바뀌었다. 도시 상공업자를 중심으로 하는 소시민 계층에도 글을 감상하고 쓰고자 하는 욕구가

근본에서 갈수록 멀어지면서 잘못되고 정도를 넘는 국면을 형성하려고 하기에 이르렀다.)

14) 周勛初, ≪中國文學批評小史≫(湖北:長江文藝出版社, 1981.) 제47쪽 참조.

15) 唐나라 玄宗 때에 安祿山과 史思明 등이 주동이 되어 일으킨 반란인 '안사의 난'을 중세와 근세의 분기점으로 보는 것은 '안사의 난'을 통해서 귀족문벌사회가 붕괴되고 시민의식이 크게 신장되는 양상이 서양의 역사가 신권의 지배가 붕괴되면서 인간성이 해방되고 시민의식이 각성됨으로써 중세에서 근세로 이행하는 것과 유사한 속성을 가지고 있다고 생각하기 때문이다.

증대된 것이다. 그러나 그 당시까지 유행하던 변려문은 귀족 취향의 유미주의에 부합하는 문체인지라 서민들의 정서와는 맞지 않았다. 이에 문체 개혁의 필요성이 크게 대두되었고, 그것은 동시에 문체 개혁의 조건들이 충분히 성숙되었다는 것을 의미하는 것이었다. 이런 상황에서 문체개혁을 주도한 이가 바로 한유(韓愈)와 ≫(柳宗元)[16]이다.

한유와 유종원이 추진한 문체개혁운동은 '고문운동(古文運動)'으로 불린다. '당시에 유행하던 문체'라는 뜻으로 '시문(時文)'으로도 불리었던 변려문(騈儷文)을 반대하고 '옛날의 문체'라는 뜻의 '고문(古文)' 즉 진한(秦漢) 시대의 문장을 배우자고 주장했기 때문이다.

그들의 문체개혁의 본령은 내용보다는 화려한 수사에 치중하는 문체를 개혁하여 상대적으로 수사가 질박하고 내용을 충실하게 전달할 수 있는 문장으로 만들자는 것이었다. 이와 같이 그들이 내건 기치의 문면상의 뜻만 보면 그들의 주장은 명대 전후칠자의 복고주의와 크게 다를 것이 없다. 그러나 한유와 유종원의 '고문'은 전후칠자의 '고문'과는 본질적인 차이가 있다. 전후칠자가 시대의 차이를 무시한 데에 비하여 한유와 유종원은 시대의 변화를 충분히 고려하였기 때문이다.

16) 字가 子厚인데 본적이 河東인 관계로 흔히 柳河東이라고도 하고, 柳州刺史를 지냈다고 하여 柳柳州로 부르기도 한다. 唐 代宗 大歷 8년(773년)에 태어나 憲宗 元和 14년(819년)에 향년 47세로 타계했다. 어려서부터 재능이 뛰어났던 유종원은 과거에 급제한 후 정계에서 王叔文의 후원을 받았으나 나중에는 정쟁에 휘말려 귀양을 가는 고생을 겪기도 했다. 시와 문장에 모두 뛰어났다. 시는 특히 자연시에서 두각을 나타내었는데 王維·孟浩然·韋應物과 함께 王孟韋柳라 불리며 당나라를 대표하는 산수시인으로 손꼽힌다. 산문에서도 대단한 성취를 보여 그의 명성을 듣고 귀양지까지 그를 찾아간 문인들이 적지 않았다고 한다. 정통 유가를 고집하는 한유와 달리 도가와 불가에 대해서도 포용적인 면모를 보였고 예술적 분위기를 중시하였다.

한유와 유종원은 변려문을 반대하였기 때문에 문장을 지을 때에는 변려문의 가장 큰 특징인 대우(對偶)를 기피하고 산구(散句)를 위주로 글을 엮어 나갔다. 그러나 그들은 문맥상 필요하다고 생각하면 대우를 이루는 문장을 쓰는 것도 마다하지 않았다. 변려문을 반대하기는 하였지만 변려문이 가지고 있는 수사상의 장점만은 외면하지 않았던 것이다. 결국 고문의 정신을 살리되 그때까지 닦아온 수사적 장점도 수용함으로써 그들이 살던 시대의 수요에 부응하는 문체를 만들어내었던 것이다.[17] 그래서 한유와 유종원이 주창한 고문운동은 '시문(時文)에 반대하여 일어난 시문운동(時文運動)'[18]이라는 표면상 역설적으로 보이는 명제를 가능하게 만든다. 이에 한유와 유종원이 수행한 문체개혁운동의 성공 요인으로 그 방법론의 적절성이 부각된다. 그 방법론에 대해서는 다음 장에서 '규범의 중국적 운용'이라는 논제(論題) 하에 논의하기로 한다.

17) 김학주, ≪중국문학의 이해≫(서울:신아사, 1993.) 제194~197쪽 참조.

18) 앞의 '時文'은 '그 시대에 유행하는 문장'이라는 뜻이고, '時文運動'의 '時文'은 '그 시대가 필요로 하는 문장'이라는 뜻이다.

제 7 장

‘律(율)’ 또는 규범의 의의

중국문학사에서는 특정 장르의 발생과 발전의 과정에 대개 일정한 과정이 반복되는 양상을 보인다. 민간에서 생겨난 어떤 장르가 어느 정도 시간이 지나 사대부들의 손에 들어가면 발전되고 세련되어져서 마침내 전성기의 꽃을 피우게 되나, 그 장르는 전성기의 도래와 함께 생명력을 상실하게 되어 더 이상 새로운 면모를 보일 수 없게 되는 것이다. 이런 현상은 운문의 경우에 특히 현저하게 나타나는데, 이 과정에는 대개 ‘율(律)’이라는 말이 등장한다는 점에 주목할 필요가 있다.

문학에서의 ‘율(律)’ 역시 ‘법률(法律)’에서의 ‘율(律)’자와 마찬가지로 반드시 지켜져야 할 법규 내지는 규범을 의미한다. 시율(詩律)이란 시(詩)를 지을 때에 반드시 지켜야 하는 규범이고, 사율(詞律)은 사(詞)를 지을 때에 지켜야 하는 규범이 되는 것이다. 산곡(散曲)[1]에도 곡률(曲律)이라는 것이 있으며, 오늘날의 일상생활에도 흔히 쓰이고 있는 대련(對聯)[2] 역시 나름대로의 율격이 있다.

1) 민가였던 詞가 사대부들의 손에 들어가서 雅化하자 새로이 민간에서 유행하던 시가의 형태. 詞보다도 형식적으로 훨씬 자유로워졌고 내용상으로도 그 범위가 확대되었으며 시어도 구어와 가까워서 서민적인 색채가 강하다. 독립적인 시가의 한 가지 형태이기도 하면서 희곡의 핵심적인 구성요소가 된다는 점이 이 장르의 가장 중요한 특성이다.

이와 같이 '율(律)'이라는 말은 흔히 형식적 요소가 중요한 의미를 지니는 운문에 쉽게 들러붙는다. 물론 중국문학에서는 산문도 그 '율(律)'에서 완전히 자유로운 것이 아니다. 팔고문(八股文)[3]은 산문이되 엄격한 율격을 지키지 않으면 팔고문으로서의 자격을 상실하게 되는 것과 같은 경우가 흔히 있기 때문이다. 중국문학의 장르사에 빈번하게 등장하는 '율(律)'의 의의와 거기에 담긴 다양한 의미를 알아보기로 한다.

---

2) 글자 수가 같은 두 구로 이루어지는 문장 형태인데, 내부 구조는 기본적으로 율시에서 대우를 이루는 頷聯이나 頸聯의 구조와 같다. 각 구의 같은 위치에 있는 글자는 품사는 같으나 의미는 반대가 되어야 하고(내용의 속성은 같아야 함) 평측(특히 짝수 번째의 글자)은 반대여야 하며, 앞 구(出句)의 마지막 글자는 측성, 뒤의 구(對句)의 마지막 글자는 평성이 되도록(仄起平落) 해야 한다. 그래서 '두 구로 이루어진 문장'이라는 뜻의 '對聯'을 '대립되면서도(對) 연관성을 갖는(聯) 구조로 된 문장'이라고 해석하기도 한다. 작품의 규모는 20자 전후 되는 것이 많아 대련은 일반적으로 짧은 형식의 문학 형태라고 알려져 있으나 개중에는 1000자가 넘는 장편의 작품도 있다.

3) 明淸시대 과거시험에 사용되던 문장의 형태. 문장의 구조는 破題・承題・起講・入手・起股・中股・後股・束股・大結이라는 이름으로 불리는 부분으로 이루어진다. 이중 起股・中股・後股・束股의 네 부분은 다시 對偶를 이루는 두 부분으로 구성되어 여덟 개의 다리(股)처럼 보이는 까닭에 八股文이라는 이름을 얻게 되었다. 四書五經 중의 특정 구절을 제목으로 내면 거기에 맞게 글을 지어야 하는데 정치 현실에 관련지어서는 안 되며 개인의 견해를 주장해서도 안 되며 과장이나 교묘한 비유도 사용해서는 안 되고 글자 수는 7백자 이내가 되어야 한다는 등의 까다로운 제한이 많았다. 그 결과 팔고문이 부과되는 과거시험은 지식인을 우롱하고 통제하는 사악한 수단으로 이용되었는데, 顧炎武가 팔고문의 폐해는 진시황의 焚書보다 더 심하다고 했을 정도다. 制藝・制義・時藝・時文・八比文・經義文・四書文 등으로 불리기도 했다.

1. '율(律)'의 문학적 의미

문학에서의 '율'은 일조일석에 이루어지는 것이 아니다. 오랜 기간 동안의 창작의 경험을 귀납하여 체계화한 것이 '율'이다. 그러므로 특정 장르에서 '율'이 운위된다는 것은 그 장르의 성숙도가 상당 수준에 이르렀다는 것을 의미한다. 특정 장르의 율이 완비되었다는 것은 그 장르가 형식적 완성에 이르렀다는 뜻이기도 한 것이다.

(1) 창작 및 비평 경험의 귀납

'율(律)'이 있는 장르의 글을 쓸 때에는 그 율에 맞추어서 써야 한다. 그러나 그렇다고 해도 그 장르에 율이 먼저 있었고, 처음부터 그 율에 따라 글이 씌어졌던 것은 아니다. 일반적으로 어떤 장르에 '율'이라는 말이 개입하기 시작하는 것은 그 장르가 발생한 후 상당한 시간이 경과한 다음이다. 시의 경우를 보면, 시라는 장르가 생겨난 이후 율이 생기기까지는 정말 오랜 세월이 걸렸다. 일반 문학사의 기술에는 시율이 완비되는 것이 초당(初唐)시대라고 하고 있으니, 시의 역사의 상한선을 ≪시경(詩經)≫으로만 제한을 해도 이미 2000년 가까운 세월이 경과한 것이 된다.[4)]

4) 율시는 齊나라 永明 연간에 시작되어 初唐의 沈佺期와 宋之問에 의해서 그 형태가 확정되었다고 한다.((楊仲義・梁葆莉 著, ≪漢語詩體學≫(北京:學苑出版社, 2000.) 제203쪽 참조.)) 그런 의미에서 심전기와 송지문을 近體詩 곧 律詩의 완성자로 보기도 한다.(김학주, ≪중국문학사≫, 서울:신아사, 2004. 제209쪽.) 심전기는 656년에서 713년까지 생존하였고, 송지문은 656년에서 712년까지 생존하였다고 하니(김학주, ≪중국문학사≫, 서울:신아사,

장르의 발생 후 상당한 시간이 지난 후에 율이 등장한다는 것은 율이 상당한 기간 동안의 창작 경험을 귀납한 결과라는 것을 의미한다. 마치 요리에서 오랜 경험을 통해 이것은 이렇게 하고 저것은 저렇게 하면 맛있게 된다는 것을 확인하고서 그것을 조리법(recipe)으로 확정시키는 것과 같은 원리다. 율은 장기간의 창작경험들이 하나의 체계를 형성한 것이다.

특정 장르에 율이 개입하는 시점은 일정하지 않다. 사(詞)가 발생한 후에 상당한 세월을 거친 후에 사율이 나타나지만, 그 시간적 간극은 시의 경우에 비할 바가 못 될 정도로 짧다. 산곡(散曲)의 발생과 곡률의 형성 사이의 시간차는 사의 경우보다도 훨씬 더 작다. 대체로 보아 후발 장르일수록 장르 발생 후 율의 발생 시기가 빨라지는 경향이 있다. 유사한 장르 사이에 참조체계가 형성되고, 율을 따지는 것이 관행화되기 때문일 것이다.

(2) 형식의 확립

중국문학에서의 '율'의 문제는 기실 문학의 음성적 측면과 가장 관련이 깊다. 물론 대구(對句)의 경우에는 내용상으로도 짝을 이루게 구성해야 하므로 전적으로 음성적인 문제만은 아니라고 하겠지만, 그래도 평측으로 대표되는 음성적 측면이 보다 중요한 의미를 지닌다. 문자에 담긴 의미와 비교해볼 때, 문자의 음성은 형식적 요소라고

2004. 제217쪽), ≪詩經≫의 시가 B.C.1100년에서 B.C.600년까지의 노래를 모아놓은 것이라고 한다면(김학주, ≪중국문학사≫, 서울:신아사, 2004. 제58쪽), ≪詩經≫의 편성에서 시율이 완성된 시기까지 걸린 시간은 대략 2000년이 되는 셈이다.

할 수 있는 것이다. 문자의 이러한 음성적 측면을 중시하여 문장의 특정 위치에 특정 성격의 음가를 가진 글자를 배치시켜야 한다고 규정하는 것을 주된 내용으로 하는 율격은 결국 문학 작품의 형식에 대한 규정이 되는 셈이다. 그러므로 오랜 창작과 비평의 경험을 귀납하여 규범화시킨 문학의 '율'은 곧 그 장르의 형식의 완성을 의미한다고 할 수 있다. 문학에서의 '율'은 규범화된 형식이다.

(3) 장르의 완성

특정 장르의 발전사에서 '율'의 출현은 소위 '강화현상(殭化現象)'의 지표로 간주되기 때문에 문학사가들은 일반적으로 중국문학사 중의 어떤 장르사에서 발견되는 '율'이라는 말에 대하여 그다지 좋은 의미를 부여하지 않는다. '강화현상'은 특정 장르의 생명력이 상실되어 그 장르에서의 창조적 창작이 어렵게 되는 현상을 말하는 것이고, 장르의 생명력이 상실되었다는 말은 형식주의에 흘러 독창성이 발휘될 수 없게 되었다는 것이다. 장르사에서 '율'이 출현했다는 것은 특정의 규범적 모델이 설정됨으로써 그것을 뛰어 넘는 새로운 것의 창작이 어렵게 된다는 점을 의미하기도 한다. 그런 맥락에서 보면 다소 역설적이기는 하나 '율'은 특정 장르 발전사의 정점을 나타내는 지표로서의 의미도 가지고 있다고 할 수 있다. '율'이라는 말에 들어있는 규범의 권위성에서도 그 동안의 창작의 경험에서 최고 수준의 성취를 경험하였다는 뜻을 읽어낼 수 있다.

2. '율'의 양면성

문학에서 '율'이 거론되는 것은 '율'에는 그만한 효용이 있기 때문이다. 오랜 창작의 경험에서 만들어진 '율'은 창작의 지침으로서 역할을 하게 되고, 기성의 작품에 대해서는 비평의 기준으로 작용하게 된다. '율'에는 이와는 전혀 다른 측면도 있는데, '율'은 그 속에 내포되어 있는 규범성과 권위성으로 말미암아 작가의 사유를 제한하는 부정적인 역할을 하기도 한다.

(1) 비평의 준거 또는 창작의 가이드라인

'율'은 권한을 위임받은 특정인이나 특정 집단에 의해 정해지는 것이 아니라 하더라도 많은 사람들의 공감대 위에서 성립된 것이기 때문에 규범으로서의 일정한 권위를 지니게 된다. 일단 어떤 조건들이 '율'로 인정되면, 그런 조건에 부합되지 않는 작품은 실격이거나 결함이 있는 작품으로 판정되는 것도 그 때문이다. '율'은 문학작품을 비평하는 준거가 된다.

특정 장르의 '율'을 이해한다는 것은 그 장르의 기본적 속성을 이해한다는 의미이기도 하다. 무턱대고 많이 읽고 많이 씀으로써 특정 장르에 대한 이해를 도모하려고 하는 것보다 특정 장르의 규범을 먼저 익힌 다음 그 장르의 조건을 충족시키는 글을 쓰는 것이 더욱 빠른 길이 될 것임은 의심의 여지가 없다. 그렇기 때문에 문학에서의 '율'은 창작의 가이드라인 역할을 하기도 한다.

'율'은 또 특정 장르에 내재되어 있는 미적 질서를 드러낸 것이기도 하다. 그러므로 그 '율'에 잘 적응한다는 것은 작가의 수완이 뛰어나고 작품의 수준이 높다는 것을 의미할 수도 있다. 그것은 마치 잘 짜인 규정에 따라 진행되는 체조 선수의 뛰어난 연기가 미적 쾌감을 제공하는 것과 같은 원리다. 율시의 완성자로 칭송되는 두보(杜甫)는 시의 율격을 잘 준수하면서도 매우 빼어난 작품을 써내었는데, 그의 시는 엄격한 율격 위에 시상이 매우 자연스럽게 전개됨으로써 시의 완성도가 높아졌던 것이다.

(2) 형식에 의한 내용의 제약

'율'은 '지켜야 할 것'을 의미하고, '지켜야 한다'는 것은 무언가를 통제하는 바가 있다는 의미이기도 하다. '율'이 그러한 통제적 의미를 가지고 있고, 그것이 적용되는 곳이 인간의 정신적 활동을 문자로 표현하는 문학이라면, 그 율은 필경 문학 활동에 종사하는 작가들의 정신에 통제를 가하지 않을 수 없을 것이다. 작가의 정신에 대한 '율'의 통제적 기능을 통감하는 사람 중에는 엄격한 율격에 따라 시를 짓는 행위를 비유적으로 비판하여 '(엄격한 격률을 따라야 하는) 율시를 짓는다는 것은 족쇄를 차고 춤을 추는 것과 같다'고 말하는 이도 있다고 한다.[5] '율'의 정신에 대한 제약이 결국 창작에서의 자유로운 사고를 방해하는 결과를 초래하는 것이다.

문학에서의 '율'이 문학적 사유에 대한 제약 요건이 된다는 사실 역시 두보의 경우를 통해서 확인할 수 있다. 시성(詩聖)으로 칭송되는 두보는 중국시의 최고봉이라 하여도 과언이 아닌데, 그가 중국시의

5) 啓功 · 張中行 · 金克木 共著, ≪說八股≫(北京:中華書局, 2000.) 제2쪽: "近代有人嘲笑作律詩好比帶着脚鐐跳舞……"

최고봉으로 추앙되는 데에는 앞서 말한 바와 같이 그가 율시의 완성자로 인정되는 것이 한 몫을 한다. 그런 두보지만 그가 사회의 부조리와 모순을 격정으로 비판할 때에는 율시라는 형식을 그다지 선호하지 않았다. 두보 사회시의 대표작으로 일컬어지는 '삼리(三吏)'[6]와 '삼별(三別)'[7]은 모두 율시가 아닌 율격의 제약이 상대적으로 적은 고체시(古體詩)로 지었다. 율시가 격정을 담아내는 수단으로서는 적합하지 않다는 것을 의미한다. 율시의 율격이 작가 시상의 자유로운 전개를 방해할 수도 있다는 의미로 이해될 수 있는 대목이다.

(3) 권위에 의한 사유의 제약

'율'은 경험에서 도출된 것이다. 경험에 규범적 권위를 부여한 것이 바로 '율'이다. '율'을 중시하는 현상의 이면에는 경험을 중시하는 가치관이 자리 잡고 있다. 그러므로 경험을 중시한다는 것은 역사관에 있어서 과거지향적이며 보수적 성격이 있다는 것을 의미하기도 한다.

'율'이 가지는 보수성은 문학이 창의성을 중시하는 예술의 한 갈래라는 점에서 보자면 결코 바람직한 것일 수 없다. 예술은 창의성을 그 생명으로 하며, 창의성은 새로움을 지향하는 정신이라고 한다면, 과거 지향적이고 보수적인 '율'은 문학에 대하여 족쇄와도 같은 역할을 할 수도 있기 때문이다. 경험의 권위화와 규범화에 의한 '율'의

6) <石壕吏>·<潼關吏>·<新安吏> 세 작품을 말한다. 이 작품들의 이름에 모두 '吏'자가 들어 있는 데에서 이런 이름이 생겼다.

7) <新婚別>·<垂老別>·<無家別>의 세 작품을 가리키는 말이다. 이들 작품의 이름 속에 '別'자가 공통으로 들어 있어서 이런 이름이 생겼다.

보수성으로 말미암아 '율'은 작가의 창의성을 제약하고 작가로 하여금 과거의 권위에 복종하게 한다. '율'에 의하여 작가의 자율성은 저해되고 작가의 창의성도 억압되는 것이다.

'율'에 담긴 보수성이 창의성을 억압함으로써 나타나는 부작용은 모방과 표절에의 유혹이며, 모방과 표절을 창작의 한 가지 형태라고 여기고 싶어 하는 매너리즘이다. '율'의 그러한 부작용은 강서시파(江西詩派)[8]나 격조파(格調派)의 시론[9]에 잘 나타난다. 그들은 서양의 고전주의자들이 그랬듯이 조리법(recipe)을 따라서 성실하게 요리하면 소기의 맛을 얻을 수 있는 것처럼, 경험의 귀납인 '율'을 성실히 준수하여 창작하면 만족스러운 작품을 만들어 낼 것이라고 생각하는 경향을 보였다.[10]

8) 宋나라 시대에 黃庭堅을 우두머리로 한 시파의 이름. 황정견이 江西 사람이었고, 그 시파에 속하는 사람들 상당수가 강서 사람이어서 그런 이름을 얻었다. 北宋 말에 呂本中이 <江西詩社宗派圖>를 통해서 그 이름이 구체화되었다. 이들은 두보를 모범으로 삼고 시의 창작에 몰두했는데, '換骨奪胎'니 '點鐵成金'이니 하면서 남의 시구를 따오는 것을 정당화하는 논리를 개발하기도 하였다. 특정 시인이나 시풍을 모범으로 삼는 행위가 모방과 표절로 이어질 위험성을 안고 있다는 점을 극명하게 보여주는 예라고 할 수 있다.

9) 격조파는 내용상으로는 교훈적인 내용을 담을 것을 주장하는 효용론의 관점에 서 있고, 창작 방법론에 있어서는 과거의 경험을 매우 존중한다. 그래서 자연스럽게 과거의 경험이 규범화된 '율'을 중시하게 된다. 격조설에 대한 좀 더 자세한 내용은 앞 제3장 제2절 제4항 참조.

10) "독일의 철학자 크리스티앙 볼프(Christian Wolff: 1679~1754)는 '신은 순수한 이성'이며, 세계는 일정한 법칙에 따라 논리적으로 작용하는 하나의 기계라고 생각했으며"((Lilian R. Furst 著, 李相沃 譯, ≪浪漫主義≫(문학비평 총서 3), 서울:서울대학교출판부, 1978. 제23~24쪽.), 이런 맥락에서 (신)고전주의자들은 "劇에 있어서 세 가지의 一致의 원칙을 엄격하게 준수하는 것이야말로 가장 중요한 것으로 간주"하였다(위 ≪낭만주의≫ 제23쪽). 그들은 또 "미학의 기본 법칙을 단번에 작성해 놓음으로써 그것을 지키기만 하면 정확한 - 따라서 필연적으로 훌륭할 수밖에 없는 - 창작이 보장되도록 하되 마치 요리법을 잘 따르면 훌륭한 음식이 만들어지는 것과 같게 하려고 하였다.(위

창작에서 '율(律)' 또는 '법(法)'이라는 말로 표현되는 규범[11]에 대한 맹종은 창의성의 결여라는 부작용을 수반하기도 한다. 창의성의 결여는 다시 모방과 표절의 위험으로 나타나며, 그것은 나아가 예술로서의 문학에는 치명적이라 할 수 있는 개성에 대한 몰각으로 이어지기도 하는 것이다.

3. '율'에 담긴 이데올로기

문학에서의 '율'은 본질적으로 문학 작품의 창작과 비평에 관련된 것이지만, 때로는 그 역할이 순수한 문학의 영역을 벗어나기도 한다. 문학에서의 '율'도 '법률'의 '율'과 마찬가지로 지배층의 이익을 옹호하는 지배이데올로기로서 작동하기도 한다.

(1) 규범으로서의 '율'

'율(律)'자에 대하여 사전에서는 "옛날에 대나무 대롱이나 금속 대롱으로 만들어서 소리를 정하는 의기(儀器)"라는 기본적인 뜻을 싣고 있는데, 의기(儀器)는 원기(原器)라는 말이다. 여기에 더하여 '법령'·

≪낭만주의≫ 제24쪽.)

11) "법은 격조파가 부르짖는 구호다(法, 是格調派喊出的口號)" (郭紹虞, ≪中國詩的神韻格調及性靈說≫, 臺北:莊嚴出版社, 1982. 제125쪽.)라는 말을 신뢰할 수 있다면, "不拘格套, 獨抒性靈"이라는 성령파의 주장은 격조파의 핵심을 겨냥하고 나온 만큼, '格套'는 결국 '法'과 같은 것이라고 할 수 있다. 이 '격투'는 단순히 시의 형식적인 율격만을 지칭하는 것이 아니라, 모범으로 삼는 시의 풍격이나 표현방식도 포함되는 것으로 보아야 할 것이다.

'규칙'이라는 뜻과 '규제하다'라는 뜻 등도 함께 싣고 있다. 그리고 '음률(音律)', '시(詩)의 격률(格律)' 등과 같은 의미도 열거하고 있다.[12)]

'율(律)'자에 들어 있는 이와 같은 여러 가지 의미들을 종합해보면 악기의 표준음을 정하는 '원기(原器)'에서 '기준'이라는 뜻이 파생되고, 거기에서 지켜야 할 '법' 또는 '규범'이라는 의미로 확장되어 갔다는 것을 알 수 있다. 거기서 또 '규제하다'와 같은 구속적 의미가 생겨난다. 그러므로 그러한 속성의 '율'이 음악이나 시에 구체적으로 구현된 '악률(樂律)'이나 '음률(音律)', 그리고 '시율(詩律)'에도 모두 법규와 같은 강제적 의미가 함축되어 있다고 할 수 있다.

(2) 지배이데올로기

'율'은 속성적으로 '법'과 유사한 면이 있다고 하였는데, 법의 속성에 대하여 좌파적 관점에서는 이렇게 설명한다.

> 법은 특수한 종류의 사회규범을 구현한 것이다. 법규범은 경제적, 정치적 지배계급의 이해를 반영한다.
> 지배 계급은 그들의 물질적 생활 조건을 내용으로 하는 자신들의 의지를 국가적 구속력을 갖는 규범의 형태로 일반화하여 표현해야만 자기들의 이익을 사회에서 지속적으로 관철시키고 유지할 수 있다(Marx/Engels 3, 311). 법의 특징은 그것이 지배 계급의 물질적 생활 조건을 국가를 매개로 하여 반영한다는 점이다(Marx/Engels 21, 300). 법규범의 제정이나 재가, 그리고 그 집행은 그때 그때의 지배 계급이 국가 정치권력을 행사하는 특수한 형식이다. 법률 또는 규범

12) 漢語大詞典編輯委員會漢語大詞典編纂處, ≪漢語大詞典≫(上海:漢語大詞典出版社, 1989년 초판, 1994년 제3쇄.) 제3권 제952쪽 참조.

> 을 포함하고 있는 여타의 법적 행위는 정치적인 조처이다.……
> 법은 원래 원시 사회의 자연 발생적인 관습에서 발생했다(Marx/Engels 18, 276). 그 이후의 계속적인 발전 과정에서 관습법적 규칙들은 법정의 판결에 의해 모든 비슷한 사건들에 대한 구속력을 지니게 되었으며(판례), 결국 법규범이 특정 국가 기관에 의해 제정되기에 이르렀다(소위 제정법).[13]

법의 속성을 "지배 계급은 그들의 물질적 생활 조건을 내용으로 하는 자신들의 의지를 국가적 구속력을 갖는 규범의 형태로 일반화하여 표현해야만 자기들의 이익을 사회에서 지속적으로 관철시키고 유지할 수 있다."는 식으로 파악하는 관점에 대하여 비판적인 시각이 있기는 해도[14] 법이 본질적으로 지배자의 이익을 옹호하면서 피지배자를 억압하는 일면이 있다는 것을 전적으로 부정할 수는 없는 듯하다.[15]

13) 한국 철학 사상 연구회 편, ≪철학대사전≫(서울:도서출판 동녘, 1989.) 제492쪽.

14) 下中邦彦 編, ≪哲學事典≫(東京:平凡社, 1971년 초판, 1978년 9쇄.) 제1294쪽: "그러나 법을 단순히 지배자의 피지배자에 대한 억압 수단일 뿐이라고 정의하는 것은 법의 본질의 전면적인 파악이라고는 하기 어렵다.(しかし, 法を單純に支配者の被支配者に對する抑壓手段とのみ定義づけることは, 法の本質の全面的把握とはいいがたい.)"

15) 위의 책(≪哲學事典≫) 같은 페이지(제1294쪽)의 "그러나 법을 단순히 지배자의 피지배자에 대한 억압 수단일 뿐이라고 정의하는 것은 법의 본질의 전면적인 파악이라고는 하기 어렵다.(しかし, 法を單純に支配者の被支配者に對する抑壓手段とのみ定義づけることは, 法の本質の全面的把握とはいいがたい.)"라는 말 앞에 있는 "이 강제 권력에 의한 명령 지배의 측면에 대해서 보면, 법은 지배자의 의지 실현의 강제 수단이고, 유물사관에 서면, 그것은 계급적 불융화의 산물이며, 지배계급의 피지배계급에 대한 억압 기구 밖에 되지 않는 것이 된다. 법이 지배 관계의 불가결한 수단이고 또 법이 어떤 권력에 의해서 그 실효성이 지탱되고 있는 한, 이러한 견해는 법의 본질의 일면을 정당하게 지적한 것이라고 하지 않으면 안 된다.(この强制權力によ

문학에서의 '율' 역시 이러한 성격을 가진 '법'과 유사한 면이 있는 것으로 생각된다. 우선 문학에서의 '율'을 좋아하는 계층적 측면에서 그 유사성을 발견할 수 있다.

앞서 문학사 특히 특정 장르사에서의 '율'의 출현은 그 장르의 완성을 의미한다고 했고, 그것은 동시에 강화현상의 지표로서 그 장르의 생명력이 상실되어 간다는 것을 의미한다고 했었다. 그런데 이 율이 생성되는 과정을 좀 더 자세히 살펴보면, 거기에는 특정 장르를 주도하는 계층의 변동도 함께 하고 있다는 것을 발견할 수 있다.

특정 장르가 민중들 속에서 발생하여 어느 정도 발전하면 사회의 주도적 위치에 있는 사대부들이 그 장르에 주목하게 되고, 그와 동시에 그 장르의 율격을 운위하게 된다. 지배층에 속하는 사대부들이 문학에서 규범적 성격이 있는 율격을 좋아하는 것은 그들이 민중 지배의 수단으로서 법을 좋아하는 일면과 매우 유사하다. 지배층이 일반인은 쉽게 이해할 수 없는 특정 장르의 '율'을 강조하면서 그 장르를 접수하고, 그것을 민중에 대한 지배의 수단으로 이용하는 것이라고 의심하지 않을 수 없는 대목이다.

지배층의 사대부들이 민중에게서 특정 장르를 빼앗는 방법은 비교적 간단하다. 사대부들은 민중의 장르를 접수하여 개발하고 발전시키는 과정에서 모종의 법칙들을 발견하고 그것을 규범화하되 그 규범을 보다 복잡하고 난해하게 만듦으로써 학력이 사대부들에 미칠

る命令支配の側面についてみれば，法は支配者の意志實現の强制手段であり，唯物史觀にたてば，それは階級的不融和の産物であり，支配階級の被支配階級にたいする抑壓機構にほかならないことになる．法が支配關係の不可欠な手段であり，また，法がなんらかの權力によってその實效性をささえられるかぎり，このような見解は法の本質の一面を正當に指摘したものといわねばならない.)"라고 한 말이 그러한 사정을 잘 보여주고 있다.

수 없는 민중들로 하여금 그 장르에 속하는 작품을 창작하기 어렵게 만드는 것이다. 그렇기 때문에 복잡한 규칙의 지배를 받는 특정 장르를 창작하고 향유할 수 있다는 것은 바로 학력이 우수한 강자임을 나타내는 지표가 되며, 민중은 그런 사람들에 대하여 경외심을 일으키지 않을 수 없게 된다. 민중들에게는 자신들이 하기 힘든 일을 쉽게 하는 그 사대부들이 대단하게 보이기 마련이어서 민중들은 그런 사대부들이 부와 권력을 장악하고서 자신들 위에 군림하는 것을 마치 당연한 일인 양 받아들이게 된다. 이렇게 본다면 문학에서의 율격은 사대부들의 민중에 대한 매우 효율적인 지배수단이라고 할 수 있다.

문학에서의 '율'이 가지고 있는 이러한 측면은 기실 사회의 법의 속성과 상통한다. 법의 민중에 대한 지배 기제는 본래적으로 법의 그 명령적 강제적 속성에서 유래하는 것이지만, 법조문의 번쇄하고 까다로운 성격 역시 민중에 대한 지배력을 강화하는 면이 있기 때문이다.[16] 그런 점에서도 문학에서의 법인 '율'은 사회의 법과 기본적으로 같은 성격을 지닌다고 할 수 있다. 문학에서의 '율'도 지배 이데올로기로 작동하는 것이다.

16) 우리의 현실에서 사회의 상층 지배층을 구성하는 사람들 중에는 법에 조예가 깊은 사람들이 많다. 특히 사법고시는 최고 난도의 시험으로 인정되고 그 시험을 통과한 이들은 권력과 부와 명예를 차지하게 되는데, 그들이 부와 권력과 명예를 차지하는 것이 정당하다고 인정되는 근거의 하나는 그들이 다루는 법이 무척 어렵다고 여겨지는 데에 있다고 생각된다. 그런데 평상적인 내용의 것을 매우 현학적이고 권위적이며 고답적으로 표현한다거나, 보통 사람들이 쉽게 이해할 수 있는 수준을 뛰어넘는 복잡한 구문으로 만들거나, 한 문장이 한 페이지를 넘기도 하는 과도하게 긴 문장이 되게 함으로써, 고의로 난해하게 만들었다고 의심할 만한 대목이 적지 않은 데에는 약자에 대한 지배를 정당화하려는 강자의 의도가 없지 않은 것으로 생각된다.

4. '율' 또는 규범의 운용원리

중국인에게 있어서 규범은 준수되어야 할 그 무엇이면서 동시에 극복되어야 할 한계로도 인식된다. 그래서 규범을 곧이곧대로 적용하는 것을 우둔한 행위로 간주하고, 규범을 상황에 따라 변용하는 것을 지혜로운 처사라고 찬미하는 이야기가 심심찮게 전해진다. 문학에서도 상황은 다르지 않다. 중국문학의 여러 방면에서 규범의 규범성보다 상황논리를 우선하는 중국적 사유의 특성을 쉽게 발견하게 된다.

(1) 상황에 적응하는 규범

'악법도 법이다'라며 독배를 들었다는 소크라테스의 행위는 '법은 공공의 약속이므로 지켜야 된다'라는 생각이 '설사 공공의 약속인 법이라 하더라도 그것이 악법인 경우에는 지키지 않아도 된다'라는 생각을 압도한 것이다. 그렇게 죽은 소크라테스의 행위를 훌륭하다고 생각하는 것이 서구적 가치관이다.

그러나 중국인들은 소크라테스와 같은 그런 행동을 하는 사람을 어리석다고 생각한다. 다리 밑에서 만나자는 애인과의 약속 때문에 폭우가 쏟아져 물이 불어나도 그 자리를 뜨지 못하고 기다리다가 다리 기둥을 끌어안고 익사한 미생(尾生)을 우둔한 사람이라고 생각하는 것이 그 좋은 예다.[17] 중국 사람들은 대체로 규범보다는 상황을

17) ≪莊子 · 盜跖≫편에 실려 있는 이야기. 이 이야기의 주인공에 대하여 '신용 있는 선비'라는 뜻의 '信士'라는 칭호를 붙여주기도 하지만, '사태의 경중을

중요시하는 경향이 있기 때문이다.

중국인이 규범보다 상황을 더 중요시하는 것은 그들의 병법이론과 밀접한 관련이 있다고 생각된다. 병법은 역대 전쟁의 경험들을 귀납하여 얻어진 전쟁원리의 결집체라고 할 수 있다. 그래서 전략가들은 병법을 매우 중요시하고 그 내용들을 한 치의 오차도 없이 암기할 정도로 반복하여 학습한다. 그러나 매번 세부적 양상이 다를 수밖에 없는 전쟁이나 전투에서 병법의 내용을 기계적으로 적용하는 것은 '지상담병(紙上談兵)'이라 하여 융통성 없는 어리석은 행위로 생각한다.[18)]

(2) 수정출기(守正出奇)

중국인들이 규범보다 상황을 앞세운다고는 하지만 그것이 규범의

분별하지 못한 (우둔한)사람'이라는 평가가 지배적이다.

18) 戰國時代 趙나라의 趙括은 명장이었던 그의 아버지 趙奢의 영향을 받아 어려서부터 병서를 읽어 병법에 능통하였다. 조괄의 병법에 대한 지식은 아버지 조사가 흠을 잡을 수 없을 정도로 완벽했다. 그러나 조사는 한 번도 그의 아들이 훌륭하다는 평가를 하지 않았다. 조괄이 병법에는 능통하지만 실전에서의 응용능력이 없다고 판단했기 때문이었다. 이 사실을 잘 알고 있던 秦나라에서는 '廉頗는 이미 늙어 두렵지 않지만, 똑똑하고 젊은 조괄이 무섭다'라는 소문을 흘렸고 이에 현혹된 趙나라 왕이 조괄을 대장군에 임명하였다. 이 소문을 들은 조괄의 어머니가 왕을 찾아가서 '조괄은 대장군 감이 아니다'라고 한 남편 조사의 말까지 들먹이며 만류했지만 왕이 듣지 않자 '조괄이 실패하더라도 그 죄를 가족들에게 연좌시키지 않는다'라는 약속을 받아내고 물러났다. 조괄은 결국 秦나라 장수 白起에게 병졸 40여 만 명이 생매장 당하는 처참한 패전을 당했다. 이를 보고 藺相如는 '조괄은 그 아버지의 병서만 읽었지 상황의 변화에 적응할 줄 모른다'고 했는데, '책으로만 전쟁을 논한다'라는 의미의 '紙上談兵'이라는 성어는 여기에서 유래되었다. '紙上談兵'은 '卓上空論'과 같은 말이다. 廉頗는 조나라의 명장이고 藺相如는 뛰어난 전략가였는데, 두 사람 간의 우정은 '刎頸之交'라는 성어를 남기고 있다.

가치를 부정하는 것은 아니다. 앞에서 거론된 병법의 이야기를 빌어 말하자면 병법의 내용을 숙지하여 그 기본적인 정신은 살리면서 당면한 상황의 특성에 맞게 병법을 변화시켜 응용해야 한다는 것이 그 본질이기 때문이다. 그 좋은 예가 바로 '배수진(背水陣)'이다.

병법에서는 강과 같은 물이 있을 경우에는 물을 앞에다 두고 진을 치라고 하였다. 그러나 한신(韓信)[19]은 병법의 그러한 가르침과는 반대로 물을 등지고 진을 쳤다. 한신이 그렇게 진을 치는 것을 보고 적군뿐만 아니라 한신의 부하 장수들도 그의 우둔함을 비웃었으나 한신은 결과적으로 큰 승리를 거두었다. 그것을 보고 놀란 한신의 부하 장수들이 그런 식으로 진을 쳐서 승리를 거둘 수 있었던 까닭을 물었을 때, 한신은 "이것은 병법에 있는 것이다. 다만 제군들이 자세히 살피지 않았을 따름이다. 병법에서 '죽을 곳에 빠뜨린 다음에 살 수 있고, 망할 땅에 둔 다음에야 생존할 수 있다'고 하지 않았던가? 그리고 나는 평소에 잘 보살피고 있던 사대부들을 데리고 싸우는 것이 아니라 소위 시정잡배를 몰아다 전쟁을 하는 격이다. 그 형세로 보아 죽을 땅에 두어 사람들이 각자 자신을 위해 싸우게 해야지, 그들에게 살아갈 수 있는 장소를 주면 모두 도망가버릴 것이다. 그렇게 하지 않고서는 어떻게 그들을 쓸 수 있겠는가?"[20]라고 했다고 한다.

19) 漢高祖 劉邦을 도와 漢나라를 세우는 데에 큰 공을 세운 뛰어난 장군. 蕭何, 張良과 더불어 '漢興三傑'이라고 불린다. 나중에 무고를 당하여 곤욕을 치르다가 마침내는 한고조의 황후 呂后의 손에 죽임을 당하고 삼족이 멸해지는 비극으로 끝을 맺었다. 그가 어렸을 때 동네 건달들의 협박에 가랑이 밑으로 기어나갔다는 이야기는 '跨下之恥'라는 성어가 되어 '큰일을 도모하는 사람은 사소한 체면이나 자존심은 아랑곳하지 않는다'라는 교훈을 전해 준다. '背水陣'은 한신의 장수로서의 유능함을 단적으로 말해주는 성어다.

20) ≪史記·淮陰侯列傳≫: "此在兵法, 顧諸君不察耳. 兵法不曰'陷之死地而後生, 置之亡地而後存'? 此信非得素拊循士大夫也, 此所謂'驅市人而戰之', 其勢非置之死地, 使人人自爲戰, 今予之生地, 皆走, 寧尙可得而用之乎?"

한신이 비록 배수진의 이론적 근거를 '죽을 곳에 빠뜨린 다음에 살 수 있고, 망할 땅에 둔 다음에야 생존할 수 있다'라는 한 차원 높은 병법에서 찾고 있기는 하지만, 그의 작전이 특이한 것으로 인구에 회자되는 것은 '물을 앞에다 두고 진을 쳐야한다'라는 병법의 규범과 반대로 물을 등지는 배수진을 쳤기 때문이다. 한신은 보통 사람들의 의표를 찌른 기이한 작전을 구사했던 것이다. 한신의 방법론은 중국식으로 말해서 '출기제승(出奇制勝)'이다.

'출기제승' 역시 병법에서 크게 강조하는 덕목이다. 그러나 '출기제승'의 '奇(기)'는 단순히 '기이한 작전'이거나 '기습작전'만을 말하는 것이 아니다. '기성의 규범'이라는 의미를 가지는 '正(정)'과 반대되는 개념으로서의 '변칙'으로 보는 것이 본래의 의미에 더 가깝다. 그런즉 '출기제승'은 '변칙을 사용하여 승리를 거둔다'라는 의미가 된다. 거기에는 '기성 규범의 초극' 내지는 '기성 규범의 변용'이라는 의미가 들어 있다. 규범은 상황에 맞추어 적용할 때 비로소 그 가치가 구현되는 것이라고 생각하는 것이다.

그런데 배수진의 본질적 특성이 '출기제승'이기는 하나 그것은 규범에 해당하는 '정(正)'을 도외시한 것이 아니다. '출기제승'의 진면목은 규범의 가치를 부정하는 데에 있는 것이 아니라, 규범에 대한 이해와 그 운용이 자유자재로 되는 바탕 위에서 당면한 상황에 맞추어 규범을 변용하여 적절하게 대처하는 데에 있는 것이다. 이것이 바로 '출기제승'의 본령이다. 그렇기 때문에 배수진의 속성을 드러내는 '출기제승'에는 '수정출기(守正出奇)'가 전제되어 있다. '수정출기(守正出奇)'는 '기성 규범의 정신을 정확하게 이해한 바탕 위에서 상황에 맞춘 방법론을 고안해낸다'는 의미이다. 승리를 얻기 위해서는 상황에 맞는 변칙을 구사해야 하며, 상황에 맞는 변칙을 구사하기 위해서는 기본 원칙에 대한 정확한 이해가 전제되어야 한다는 말이다.

5. 전통계승의 방법론

중국문학사는 문자로 정착된 것만 해도 3천년이 넘는 장구한 역사를 가지고 있다. 그것도 중국이라는 공간 속에서 영위되었던 문학행위의 단순한 시간적 나열이 아니라, '중국적'이라는 본질적 속성을 지속적으로 유지하면서 이어온 역사이기에 중국문학사는 세계적으로 유례가 없는 경이로운 사건이다.[21] 중국문학사의 장구한 연속성은 중국문학사가 성공적으로 전개된 역사라는 것을 의미한다. 그것은 중국문학이 성공적으로 전통을 계승하였으며, 동시에 새로운 문학을 창안하여 새로운 시대의 요구에 적절히 부응했음을 의미하는 것이기도 하다. 중국문학사의 성공적인 전개에도 '규범의 변용'이라는 중국적 규범관이 작동하고 있다.

(1) 규범이 되는 전통

유협(劉勰)은 ≪문심조룡(文心雕龍)·통변(通變)≫편의 '찬(贊)'에서 전통의 계승과 새로운 것을 창조하는 것과의 상관관계를 '망금제기(望今制奇), 참고정법(參古定法)'이라고 정리하였다. '오늘날의 형편을 살펴 새로운 것을 만들어내고, 옛것을 참고하여 규범을 설정한다'는 뜻이다. 여기서 과거 또는 전통이 '규범적 속성'을 가지고 있는 것으로 간주되고 있음을 알 수 있다. 그런데 과거 사실의 집합체인 역사에서 규범의 의미를 읽어내는 것은 유협의 독특한 사고가 아니라 지극

21) 김학주, ≪중국문학사≫(서울:신아사, 2007.) 제13~14쪽 참조.

히 보편적인 중국적 사유방식이다.

근대의 문헌연구에서도 그러하거니와 최근의 인지과학의 연구결과로 중국인을 포함한 한국인 일본인들은 서구 사람에 비해 직관적 사유에 능하다는 사실이 밝혀졌다.[22) 중국인들에게 있어서 그것은 그들이 추상적 논리사유에 그다지 소질이 없다는 기존의 연구결과[23)를 재확인하는 것이기도 하다. 그런 연유로 중국인들은 특정 사안에 대해 시비와 선악의 판단을 할 때에도 연역적 추론에 의거하기보다는 과거의 유사한 사태에 견주어 결론을 도출하기를 좋아한다. 아마도 역사는 구체성을 띠고 있어서 시각적 이미지를 중시하는 직관적 판단의 준거로 유용하기 때문일 것이다. 중국인들이 전통적으로 역사를 중시했던 가장 큰 이유가 그것일 것이다.

역사로 통칭되는 과거의 사실과 전통은 중국인들에게 가치판단의 준거이자 행위의 규범으로 인식되었고, 그러한 인식이 유협을 통해서 '참고정법'이라는 말로 표출되기에 이른 것이라고 할 수 있다. '통변'의 '통'에 '전통의 계승'이라는 의미가 함축되어 있고, 그 전통에는 '규범'이라는 의미가 내포되어 있다. 그래서 중국인들은 궁극적으로 새로운 문풍과 새로운 문체의 개발을 지향하면서도 굳이 과거를 들추어보는 것이다.

(2) 상황으로서의 현재

중국인들이 과거의 사실, 그 중에서 특정의 가치가 있는 것들의

22) <동아일보> 2003년 9월 17일자 A17면 참조.
23) 中村元 저, 金知見 역, ≪중국인의 사유방법≫(서울:도서출판 까치, 1990.) 참조.

집합체로 이해되는 전통에 규범적 의미를 부여한다면 그에 대립되는 현재는 어떤 의미를 가지게 되는 것인가? 이 문제에 대한 답안도 앞서 인용한 바 있는 ≪문심조룡 · 통변≫편 '찬' 중의 두 구 '망금제기(望今制奇), 참고정법(參古定法)' 중 '망금제기'에서 그 실마리를 찾을 수 있다.

'망금제기', 즉 '오늘날의 형편을 살펴 새로운 것을 만들어낸다'고 했으니 '오늘'에서는 '새로운 것이 만들어질 수 있는 가변적인 상황'이라는 의미를 읽어낼 수 있다. 여기서 전통에 규범이라는 의미가 있었던 것을 상기해보면, ≪문심조룡 · 통변≫편에서 설정하는 전통과 현재의 관계는 바로 규범과 상황의 상관관계로 정리될 수 있는 것임을 알 수 있다. ≪문심조룡 · 통변≫편에서 전통의 계승과 새로운 양식의 모색이라는 두 가치의 상관관계를 규범과 상황이라는 보다 큰 구도 속에서 논의한다는 것은 ≪문심조룡 · 통변≫편의 첫머리에 이미 예고되어 있었다.

> 대저 문장의 체재에는 일정한 규범이 있으나, 개별 문장의 변화에는 일정한 방식이 없다. 어떻게 그것이 그러한지를 알 수 있는가? 무릇 시(詩)와 부(賦)나 서(書)와 기(記)같은 장르는 그 장르의 이름과 이치가 서로 상관관계가 있는데, 이것이 바로 일정한 규범이 있는 체재이다. 문사의 기세와 호소력은 통변을 할 수 있으면 오래갈 수 있는데, 이것이 일정한 방식이 없는 원리이다. 이름과 이치에는 변함없는 법도가 있으니 그 체재는 반드시 옛날의 구체적인 사례에 근거해야 한다. 통변에는 일정한 방식이 없으니 그 원리는 반드시 새로운 시가를 참작해야 된다는 것이다. 그래야만 끝없는 길을 달릴 수 있고, 마르지 않는 샘물을 마실 수 있다.[24]

24) "夫設文之體有常, 變文之數無方, 何以明其然耶? 凡詩賦書記, 名理相因, 此

하나의 작품이 어느 장르에 귀속되기 위해서는 그 장르의 규범을 준수해야 되지만, 개별 작품은 내용에 따라 개별적 특수성을 가지게 마련이므로 그 장르의 규범에 저촉되지 않는 범위 안에서 변화를 추구해야 한다는 논리이다. 그리고 그 장르의 규범성은 축적된 창작 경험의 귀납에서 생겨나는 것이므로, 그것이 역사성을 띠게 된다는 것도 설명하고 있다. 또 한편으로는 예술의 생명이라고 할 수 있는 개별 작품의 개성은 시대 조류의 새로운 변화를 참작함으로써 얻어질 수 있다고 하였다. 요컨대 '전통'이 '규범'이라는 의미를 가지고 있다면, '현재'에는 수시로 변화하는 '상황'의 의미가 담겨 있다.

(3) 현재에 봉사하는 전통

전통의 계승과 새로운 문체의 개발이라는 측면에서 보면 남북조의 유미주의 문학이 심각한 문제를 노정시켰던 것은 그것이 전통에서 일탈된 것이었기 때문이었고, 명나라 시대 전후칠자의 문학적 주장이 실패할 수밖에 없었던 것은 시대의 차이를 무시한 맹목적인 복고였기 때문이었다. 이에 비하여 당나라 시대의 고문운동은 그 문체개혁운동이 전통을 계승하는 연장선상에서 변려문적 요소도 가미하여 새로운 시대에 적합한 문체를 모색해내었기 때문에 성공할 수 있었던 것으로 생각된다. 그런 의미에서 고문운동이 내건 '고문'은 그 자체가 목적이 아니라 '현재'를 위한 참고의 역할을 하는 것이었음을 알 수 있다.

그런 맥락에서 한유와 유종원이 구사한 고문운동의 방법론은 유협

有常之體也; 文辭氣力, 通變則久, 此無方之數也. 名理有常, 體必資於故實; 通變無方, 數必酌於新聲; 故能騁無窮之路, 飮不竭之源."

이 시대에 맞는 새로운 문풍을 만들기 위해서 옛것을 참고할 것을 주장한 것과 유사하다.[25] 오늘에 필요한 것을 만들기 위해 옛것을 참고한다는 것은 옛것을 현재에 그대로 이식하는 것이 아니라 단지 참고의 대상으로만 삼는 것이 본령인 유협의 통변(通變)이론과 궤를 같이 하는 것이다.

‘통변(通變)’에서 전통과의 접맥을 의미하는 ‘통(通)’은 수단이요 과정이며, ‘변(變)’이야말로 목적이며 결과다.[26] 그래서 ‘통변(通變)’은 ‘수정출기(守正出奇)의 또 다른 이름이기도 하다. ‘망금제기(望今制奇), 참고정법(參古定法)’이라는 말에 들어 있는 ‘기(奇)’자는 바로 ‘수정출

25) 방식이 같다는 말이지 구체적인 내용이 같다는 말은 아니다. 유협은 형식화된 변려문을 반대하기는 했으나 변려문을 문장의 정통으로 보고 있었으므로, 변려문에 散體의 요소를 가미하여 보다 자연스러운 문체로 만들고자 했다. 한편 한유와 유종원은 산체를 정통으로 보고 변려문을 반대하지만, 표현의 효과를 높이는 범위 내에서는 변려문의 요체인 對偶의 부분적인 사용은 문제 삼지 않았다.

26) ≪文心雕龍≫에서 중요한 개념의 하나로 취급되는 ‘通變’의 함의를 규정하는 것과 관련이 있다. ‘통변’의 함의에 대해서는 역대로 학자들의 의견이 분분한데, 그 견해는 대체로 세 가지로 나뉜다. 첫째가 ‘통변’이라는 개념이 전통의 계승과 관련이 있고, 또 이러한 개념을 제시한 시대적 배경이 전통을 무시한 극단적인 새로움의 추구였다는 점에서 紀昀같은 이는 ‘통변’을 ‘復古’와 같은 의미로 본다. 그러나 어떤 학자들은 통변이 현재를 고려하는 전통의 계승이라는 점에서 전통과 혁신을 절충한 것이라고 보기도 한다. 그렇지만 ‘통변’과 같은 이론적 구도 속에서 전개된 고문운동의 결과에서 보듯이 통변의 ‘통’이 말하는 전통은 ‘변’을 위한 수단에 불과하다는 것을 알 수 있다. 통변의 궁극적 목적이 현재의 문제점을 해결하기 위하여 옛것을 참고하여 새로운 대안을 고안해내는 것이라는 점에서 통변의 무게는 ‘변’에 더 많이 가 있고, 결과적으로 통변은 ‘전통을 감안한 변화의 추구’로 보는 것이 가장 합당해진다. 그래서 어떤 학자가 “통변은 결국 ‘新變’이다.”라고 했던 것이야말로 통변의 핵심을 제대로 파악한 것이라 할 것이다.(‘通變’을 이 세 가지 의미로 보는 학자들의 견해는 崔日義 교수의 <≪문심조룡≫‘통변’의 개념 분석>에 잘 정리되어 있다. 구체적인 내용은 한국중국문학이론학회 편, ≪중국문학이론≫ 제2집, 2003. 6. 제203~205쪽 참조.)

기(守正出奇)의 그 '기(奇)'자와 다르지 않다. 문학에서의 통변이론은 병법의 문학적 변용이었던 것이다.

6. 형식과 내용의 상관관계

(1) 규범으로서의 형식

내용과 상대되는 개념으로서의 '형식'의 본질을 이해하기 위해서는 '형식'이라는 말을 구성하는 문자의 개별적 의미도 참고할 필요가 있다. 형식의 '형'은 어떤 사물의 겉모습을 지칭하는 것이라면 '식'은 그 겉모습의 성격을 규정하는 것으로서 어떤 '틀'같은 것을 말하는 것일 것이다. 그런데 그 틀을 나타내는 '식'에는 '규격', '법도'라는 의미도 들어 있다. 그러므로 형식은 단순한 겉껍데기를 넘어 어떤 규범적 의미를 함축하고 있는 것으로 생각된다.

문학의 전형적인 형식으로서의 장르와 각 장르의 특색을 가장 잘 반영하는 경험칙인 율격에는 분명 규범적 의미가 담겨있다. 특정 장르의 성립은 상당한 기간에 걸친 다수 작품의 축적을 전제로 하므로 장르는 창작 경험의 귀납이라는 성격을 띠게 된다. 중국인들에게 경험의 귀납은 바로 규범으로서의 의미를 지니는 것으로 생각된다.[27]

장르가 규범적 의미를 갖고 있다는 점은 풍격론에서도 잘 나타난다. 풍격비평은 일반적으로 비평대상의 독특한 미적 특성을 찾아내

27) 중국인들은 전통적으로 논리적 추론보다는 구체적 경험을 더 중시하는 경향이 있었으며, 그런 경향의 연장선상에서 인류 경험의 총화로서의 역사에 규범적 권위를 부여해왔기 때문이다.

는 데에 주안점을 두지만, 장르에 대한 풍격비평의 경우에는 장르풍격의 필연성을 강조한다. 장르풍격은 통상 '필(必)'이나 그와 유사한 필연성을 나타내는 어휘로 표현된다는 것이 그 유력한 증거가 된다. 장르풍격의 필연성을 강조하는 것은 장르의 특성을 규범적으로 이해하기 때문이라고도 볼 수 있다. 어떤 장르의 풍격이 그럴 수밖에 없다는 것은 뒤집어서 말하면 그 장르에 속하는 작품이라면 그런 풍격을 구현하지 않으면 안 된다는 의미로 읽혀지기 때문이다.

운율(韻律) 또는 격률(律格)이라는 말은 그 자체가 이미 규범성을 띠고 있다. '율(律)'이 바로 규범을 의미하기 때문이다. 그래서 운율 또는 율격은 작품의 문자 배열에 있어서의 음운상의 법칙 또는 규범이라는 의미가 된다. 그 율격이라는 것도 오랜 창작 경험의 귀납이라는 성격을 가지고 있으므로 운율에도 규범의 역사성이 담겨 있다는 사실은 재론의 여지가 없다.

(2) 상황으로서의 내용

형식은 준수되고 존중되어야 할 규범이지만, 작품에서 표현하고자 하는 내용에는 어떤 제약도 없다. 작가에 따라 선호하는 내용이 각기 다를 수 있을 뿐만 아니라, 그 내용은 어떤 것이어야 한다는 당위성을 강제할 수도 없는 것이다. 표현 욕구가 일어나는 특정한 상황에서 어떤 상념이 떠오르는 것, 그것이 바로 작품의 내용이 될 뿐이다. 그러므로 작품에서의 내용이란 항상 변화할 수 있는 그 무엇이다. 내용은 작가 내면에서 일어나는 상념으로서 상황에 따라 달라지는 것이다. 그러므로 규범적 의미가 부여될 수 있는 형식과는 달리 가변성이 큰 작품의 내용에는 '상황'이라는 의미를 부여할 수 있다. 여기서 '상황'이란 항상 변화한다는 의미를 함축하는 개념이다.

시간적 지향에 있어서도 내용은 형식과 다른 성격을 가진다. 형식은 과거의 경험의 귀납이기 때문에 과거 지향적이라고 한다면, 내용은 항상 변화하는 현재의 상황을 포착하는 것이므로 현재적 의미가 더 부각되는 것이다.

(3) 내용에 적응하는 형식

작품의 형식이 '규범'이 되고 내용이 '상황'이 된다면 형식은 당연히 내용에 적응해야 한다는 사실을 알 수 있다. 그렇기 때문에 내용에 맞추어 형식이 선택된 경우는 성공적인 작품을 볼 수 있고, 거꾸로 형식에 내용을 맞춘 경우는 썩 좋지 않은 결과를 낳게 될 것이다. 이로써 앞서 제4장 '문학작품의 내용과 형식'에서 두보(杜甫)가 격정을 표출할 때에 율시가 아닌 고체시를 쓴 것이 옳았던 선택이었으며, ≪문심조룡(文心雕龍)≫과 <이십사시품>의 문체 선택이 바람직하지 않았다고 한 이유가 해명된 셈이다.

7. 기타 규범 변용의 예

(1) 요구(拗救)

율시를 쓸 때에는 최대한 율격을 준수하여 써야 한다. 그렇지만 표현하고자 하는 내용에 따라서는 특정 시어를 반드시 써야 하나, 그 시어가 율격에 맞지 않는 경우도 종종 있다. 이 때 시인은 시 짓기를 포기하거나 율격을 무시하는 수밖에 없다. 이런 상황에서 일부 시인들은 그 율격에 저촉되는 율시의 창작도 불사한다.[28)]

율시의 격률이 규정하는 평측을 무시한 시구를 '요구(拗句)'라고 하고, 그것에 대한 보완 장치를 강구하는 것을 '구(救)'라고 하며, 율격에 저촉되는 구를 만든 다음 그에 대한 보완조처를 하는 전 과정을 '요구(拗救)'라고 한다. '요구(拗救)'는 규범에 대한 중국인들의 독특한 해석 태도를 보여준다. 곧 규범이 본래 권위적이고 보수적이며 강제적인 것이기는 하나, 상황에 따라서는 얼마든지 융통성 있게 적용할 수 있다는 중국인들의 규범관을 여실히 보여주는 것이다.[29)]

(2) 활법(活法)

율격을 상황에 맞추어서 변용하는 '요구(拗救)'는 결국 규범을 상황에 맞추어서 적용하는 것을 의미하는 것이었다. 중국문학에서의 규범을 대하는 이러한 자세는 '활법(活法)'이라는 방법론과 연결된다. 활법(活法)이란 송(宋)나라 시대 시인들이 제기한 것으로서 문학에서의 '율(律)' 또는 '법'을 운용하는 독특한 방법론이다. 이 활법의 본질은 송(宋)나라 여본중(呂本中)[30)]의 다음과 같은 말에 잘 나타나 있다.

28) 여기서 '율격에 저촉되는 율시'라고 하는 말은 율격에 저촉되는 시어를 선택한 다음 그것을 보완하는 수순을 밟았다는 것을 의미한다. 그렇기 때문에 그렇게 한 것은 율격을 변용한 것이지 율격을 완전히 무시한 것은 아니다.

29) 졸저, ≪임기응변의 중국인≫(서울:사회평론, 2003.) 제216~220쪽 참조.

30) 字가 居仁으로 宋 神宗 元豊 7년(1084년)에 나서 高宗 紹興 15년(1145년)에 타계했다. 본적이 山東 東萊여서 東萊先生으로 불렸다. 시인 겸 시론가로 黃庭堅과 陳師道를 배운 江西詩派에 속했으나, 나중에는 李白과 蘇軾을 배워야 한다고 주장하여 시풍에 변화가 생겨 일반적인 강서시파와는 다른 풍모를 보였다. ≪東萊詩集≫ · ≪紫微詩話≫ 등의 저서를 남기고 있다. 그가 쓴 ≪

> 시를 배우려면 마땅히 활법(活法)을 알아야 한다. 활법이라는 것은 규범이 다 갖추어져 있으나 그 규범 밖으로 뛰어넘을 수 있으며, 변화가 불측하나 그래도 규범에 어긋나지 않는 것이다. 이 이치는 정해진 법이 있으면서도 또한 정해진 법이 없고, 정해진 법이 없으면서도 또한 정해진 법이 있는 것이다. 이것을 아는 자라야 함께 활법을 말할 수 있다."[31]

시인은 법을 맹목적으로 준수해서는 안 되고, 융통성을 발휘하여 그 법을 적절하게 적용해야 좋은 시를 쓸 수 있다는 말이다. 그렇게 운용되는 법은 경직되어 있지 않고 살아서 움직이는 것처럼 보인다고 해서 '활법'이라고 하였다. 청(淸)나라 사람 옹방강(翁方綱)의 말처럼 법은 판에 박힌 죽은 법이 아니라 상황에 따라 원활하게 적용될 수 있는 살아 있는 법이어야 한다는 것이다.[32]

(3) 시어 운용의 경우

시의 경우 일반적으로 한 작품 속에 같은 시어를 반복하지 않는 것을 불문율로 여긴다. 그렇지만 당(唐)나라 사람 최호(崔顥)[33]의 시

江西詩社宗派圖≫는 '江西詩派'라는 말의 근거가 된다.

31) 呂本中, <夏均父集序>: "學詩當識活法, 所謂活法者, 規矩備具, 而能出於規矩之外; 變化不測, 而亦不背於規矩也. 是道也, 蓋有定法而無定法, 無定法而有定法. 知是者則可以與語活法矣."((漢語大詞典編輯委員會漢語大詞典編纂處, ≪漢語大詞典≫ (上海:漢語大詞典出版社, 1989년 초판, 1994년 제3쇄.) 제5권 제 1160쪽 '活法'조에서 재인용.))

32) 翁方綱의 <詩法論>에도 "法은 단순히 法이 아니며, 法은 판에 박힌 법이 아니다.(……故法非徒法也, 法非板法也.)"라는 말이 보인다.((吳宏一 · 葉慶炳 編輯, ≪中國文學批評資料彙編(淸代 下集)≫(臺北:成文出版社, 1979년 초판, 1981년 재판.) 제530쪽 참조.))

<황학루(黃鶴樓)>34)는 '황학(黃鶴)'이라는 시어를 세 번씩이나 썼다. 그러나 모두들 이 작품을 '천고(千古)의 절창(絶唱)'이라고 칭송하지 그런 불문율을 어긴 것을 두고 트집을 잡는 이는 없다. 최호의 <황학루>의 영향을 받은 것으로 여겨지는 이백(李白)의 <등금릉봉황대(登金陵鳳凰臺)>35)에도 '봉황(鳳凰)'이라는 단어가 세 번 나온다. 그렇지만 이 작품에 대한 평가 역시 최호의 <황학루>에 대한 평가와 흡사하다. 그 작품의 우수성에 의문을 제기하는 이는 찾아보기 어렵다.

최호의 <황학루>와 이백의 <등금릉봉황대>의 경우는 이와 같이 어휘의 중복을 피해야 한다는 규범을 어긴 점을 문제 삼지 않는 것이 일반적이다. 도리어 그 두 작품이 규범을 어긴 바로 그 점에서 그 작품의 우수성을 읽어내며, 규범을 뛰어넘을 수 있는 데에서 작가의 역량을 확인한다. 상황이 규범에 우선한다는 관념이 확실하게 작용하고 있는 것이다.

(4) 변려문(騈儷文)의 원리

유협(劉勰)은 변려문을 최고 형태의 문장으로 생각하였기 때문에 ≪문심조룡(文心雕龍) · 여사(麗辭)≫편에서는 변려문의 정당성을 강

33) 字와 생년은 알려져 있지 않고 졸년은 唐 玄宗 天寶 13년(754년)이다. 개원 13년(725년)에 과거에 급제하고 진사가 되었으며 시를 잘 지었다. 낭만적인 성격에 술을 좋아하였으며 미색을 탐하였다고 한다. 그의 시 <黃鶴樓>는 천재시인 李白으로 하여금 붓을 꺾게 했다는 명시로 인구에 회자되고 있다. 이백의 시 <登金陵鳳凰臺>는 최호의 <황학루>를 본뜬 것으로 알려져 있다.

34) "昔人已乘黃鶴去, 此地空餘黃鶴樓. 黃鶴一去不復返, 白雲千載空悠悠. 晴川歷歷漢陽樹, 芳草萋萋鸚鵡洲. 日暮鄕關何處是, 煙波江上使人愁."

35) "鳳凰臺上鳳凰遊, 鳳去臺空江自流. 吳宮花草埋幽徑, 晋代衣冠成古丘. 三山半落靑天外, 一水中分白鷺洲. 總爲浮雲能蔽日, 長安不見使人愁."

조하고 있다. 짝을 이루거나 대칭이 되는 것은 만물에 공통되는 자연의 섭리라고 파악한 유협은 문장이 대구를 이루는 것은 그런 자연의 섭리에 따르는 자연스러운 일이라며 변려문의 정당성을 주장하였다.[36] 그러나 그런 그도 무조건적으로 대구를 만들어 가는 문장은 따분할 뿐이며, 때로 대구를 이루지 않는 산구(散句)를 섞어 써야 문장의 묘를 이룰 수 있다고 주장한다.[37] 이 역시 규범보다 상황을 더 중시하는 논리로 이해할 수 있다.

36) 劉勰, ≪文心雕龍 · 麗辭≫: "造化賦形, 支體必雙, 神理爲用, 事不孤立. 夫心生文辭, 運裁百慮, 高下相須, 自然成對."

37) 劉勰, ≪文心雕龍 · 麗辭≫: "若氣無奇類, 文乏異采, 碌碌麗辭, 則昏睡耳目. 必使理圓事密, 聯璧其章. 迭用其偶, 節以雜佩, 乃其貴耳."

제 8 장

문학의 감상과 비평

작가가 문학작품을 만들어낼 때, 대개는 그것을 감상하고 비평할 독자의 존재를 염두에 둔다. 감상과 비평은 작품에 대한 독자의 반응이다. 감상은 '감상(鑑賞)'이라는 말 그대로 작품을 음미하여 그 작품의 가치와 특성을 이해하는 행위이고, 비평은 작품의 특성과 가치를 따져서 평가하는 행위이다. 감상이 작품에 대한 다분히 감성적이고 주관적인 판단이라면, 비평은 작품에 대한 이성적 분석과 판단을 객관화하는 데에 힘쓰는 것이다. 그런 의미에서 비평은 작품에 대한 이해에 있어서 감상보다 한 단계 더 심화된 방식이다. 현대적 관점에서 보면 비평은 감상의 전제 위에 일정한 방법론과 기준에 의거하여 특정 대상을 과학적으로 분석하고 논리적으로 평가하는 것이어야 하지만, 중국고전문학의 비평에서는 인상적이고 직관적인 비평이 우세를 보인다. 중국고전문학의 경우에는 감상과 비평을 그다지 구분하지 않는다.

1. 문학비평의 발생과 의의

(1) 창작 추수(追隨)

노신은 "창작된 작품이 많아지게 되면 비평이 생겨난다."[1]고 했다. 이것은 비평 발생의 선행 조건으로서 창작과 비평 간의 시차를 말하는 것으로 볼 수 있다. 비평은 창작에 대한 비판적 평가이므로 비평은 창작에 기대어 존재할 수밖에 없으며, 당연히 창작의 뒤에 생겨난다.

중국문학에서 비평이 본격적으로 시작되는 것은 일반적으로 위진남북조(魏晉南北朝)시대로 본다. 이 시기는 중국 최초의 시가선집인 ≪시경(詩經)≫이 결집된 후 적어도 6~7백 년이 경과한 때다. ≪시경≫ 이후에도 수많은 초사(楚辭) 작가와 부(賦) 작가가 활동하여 많은 작품들을 남겨 놓았을 뿐만 아니라, 악부시(樂府詩)같은 민간가요도 상당량 축적되어 있던 시기이기도 하다.[2] 창작이 상당량 축적되고 난 다음에야 비평이 유행할 수 있었던 것이다.

(2) 창작 선도

발생 과정으로 보아 비평은 확실히 창작에 대한 반성적 성찰이다.

1) 魯迅, <論詩題記>: "篇章旣富, 評騭遂生."

2) ≪論語≫에서는 詩에 대한 孔子의 단편적인 비평이 더러 발견된다. 그렇기 때문에 문학 비평의 역사는 위진남북조 시대 훨씬 이전으로 소급될 수 있다고 할 수 있다. 그러나 그렇다고 해도 공자의 시대는 ≪시경≫의 초기 시가 이루어진 시기보다 5~6백 년 뒤진다. 어떻게 보더라도 비평이 창작과 상당한 시차를 두고 생겨난다는 것을 알 수 있다.

하지만 비평의 역할은 문학의 과거 성과에 대한 평가와 비판으로만 제한되지 않는다. 비평은 기성 작품에 대한 비판적 점검을 통해서 창작 원리를 귀납해내고, 그를 통해서 후속 창작에 방법론을 제공할 수도 있다. 때로는 기성 문학의 한계를 점검함으로써 보다 바람직한 문학의 상을 모색해내고, 그러한 문학의 상으로써 앞으로 전개될 문학의 방향에 이정표를 제시하기도 한다. 비평은 창작에 의거하여 발생하지만, 한편으로는 창작을 인도하는 적극적인 면모를 보여주기도 한다.[3)]

(3) 독자의 작품 이해 보조

창작이 독자를 염두에 둔 행위이듯이 비평도 독자를 염두에 둔다. 때로는 비평 그 자체가 독자의 감상 대상이 되기도 하지만[4)], 비평이 본래 염두에 두는 독자는 비평의 대상이 되는 작품을 소비하는 독자다. '문학이란 모름지기 어떠해야 한다'는 주장의 개진, 어떤 작품이 소속되는 유파의 판정, 특정 작품과 관련된 일화의 소개, 작품에 대한 분석, 작품에 대한 가치 판단 등과 같은 여러 가지 형태의 비평은 독자가 그 작품 또는 그와 관련된 문학 현상을 이해하는 데에 안내자

3) 여러 작가와 이론가들이 南北朝時代를 풍미하던 유미주의 문학에 대하여 신랄한 비판을 가하여 그 경향을 바꾸었던 것이 그 좋은 예다. 내용과 형식이 잘 어우러진 唐詩를 이룩하였을 뿐만 아니라, 唐나라라는 시대적 요구에 부응하는 古文을 만들어내어 중국문학을 발전시킬 수 있었던 데에도 비평의 역할이 적지 않았다.

4) 이 글의 뒷부분에서 인용하는 湯惠休나 蘇東坡의 비평은 인구에 회자되는데, 이들과 같이 유명인의 유명한 비평은 그 자체로 독자의 감상의 대상이 되는 경향이 있다.

의 역할을 수행한다. 비평가는 비평 행위를 통해서 작품을 위시한 문학의 제 현상[5]에 대하여 해설하고 평가함으로써, 그것들에 대한 독자의 이해를 돕고자 하는 것이다. 비평이 창작에 기대어 존재한다는 이유 때문에 비평을 창작에 종속되며 창작보다 가치가 떨어지는 이류의 작업으로 치부하는 경향이 있지만,[6] 비평에도 엄연히 독자적인 영역이 있으며 나름대로의 역할과 효용이 있다고 할 것이다.

2. 비평가의 요건

(1) 비평가와 작가의 공통 요건

한 작품의 특색과 가치를 정확하게 판단하기 위해서는 일정한 수준의 안목이 있어야 한다. 그리고 그러한 안목을 갖추기 위해서는 작품 감상의 경험이 충분히 축적되어야 한다. 유협(劉勰)이 그의 비평 이론을 집중적으로 전개한 ≪문심조룡(文心雕龍) · 지음(知音)≫편에서 "무릇 천 곡을 연주하고 나면 음악을 이해하게 되고, 칼을 천 자루 보고 나면 물건을 알게 된다."[7]라고 한 것은 그 이치를 비유적으로

5) 문학비평의 대상은 작품에만 국한되는 것이 아니다. 시문선집이나 작가, 유파, 시대, 지역으로 그 범위가 확대될 수 있을 뿐만 아니라, 비평이론 그 자체도 비평의 대상이 될 수 있다.

6) 중국문학사에서 비평이 본격적으로 시작되는 시기에 활동하였던 魏나라의 曹植이 이미 그의 편지글 <與楊德祖書>에서 비평을 전문으로 하는 사람을 두고 "작가의 능력에 미치지 못하면서 문장을 헐뜯고 흠을 찾기를 좋아한다."고 비난하고 있는 것을 볼 때 평론가를 이류 문인으로 보는 전통은 매우 오래됨을 알 수 있다.((王瑤, ≪中國文學縱橫論≫(臺北:大安出版社, 1993.) 제2쪽 참조.))

7) "凡操千曲而後曉聲, 觀千劍而後識器."

설명한 것이다.

그러나 풍부한 감상의 경험만으로 훌륭한 비평가가 되는 것은 아니다. 객관적이고 공정한 판단과 평가도 빠뜨릴 수 없는 비평가의 덕목 중의 하나이기 때문이다. 사람들은 흔히 개인적인 호오와 시류의 영향을 받아 그 판단이 주관으로 흘러 공정한 평가를 하기 어려운 경우가 많으므로,[8] 그것을 극복할 수 있는 능력에 필요해진다. 비평가에게는 선입견을 배제하고 공정한 자세로 비평대상을 바라볼 수 있는 능력이 요구되는 것이다.

감상의 경험을 축적하고 허정한 마음상태를 갖는 것은 비단 비평가가 갖추어야 할 요건일 뿐만 아니라, 작가가 훌륭한 작품을 만들어 내기 위해서도 꼭 필요한 조건들이다. 양웅(揚雄)[9]이 "부(賦)를 천 편

8) 曹丕의 ≪典論·論文≫에서는 비평자의 주관과 편견에 따라 공평하지 못한 평가를 하는 경우를 몇 가지 들고 있다. 그리고 앞서 이 책 제3장 말미에서 인용한 바 있는 ≪文心雕龍·知音≫의 "慷慨者逆聲而擊節, 醞藉者見密而高蹈, 浮慧者觀綺而躍心, 愛奇者聞詭而驚聽.(성격이 강개한 사람은 격렬한 소리에 박자를 맞추고, 내면의 수양이 깊은 사람은 세밀한 것을 보면 크게 기뻐한다. 성격이 영악한 사람은 화려한 것을 보면 가슴이 뛰고, 기이한 것을 좋아하는 사람은 괴이한 이야기를 들으면 귀 기울여 듣는다.)"는 말도 각 개인의 기호가 비평에 영향을 주는 것을 잘 설명하고 있다. 鍾嶸의 ≪詩品≫에서 중국문학사를 통틀어 최고의 시인으로 손꼽히는 陶淵明을 中品에 소속시키고 있는 것은 비평가의 안목이 그가 살고 있는 시대의 풍상(風尙)에 적지 않은 영향을 받는다는 사실을 보여주는 좋은 사례라고 할 것이다.

9) 자가 子雲으로 기원전 53년에 나서 서기 18년에 향년 74세로 세상을 떴다. 姓이 주로 揚으로 알려져 있으나 때로는 楊으로 되어 있는 것도 있다. 어려서 공부하기 좋아하였으나 말을 더듬어 말을 시원스레 할 수 없었던 까닭에 생각에 깊이 잠기는 것을 좋아하였다. 成帝에게 <甘泉賦> 등을 바쳐 벼슬을 하였으며, 후에도 많은 부를 지어서 漢나라 시대를 대표하는 부 작가의 한 사람이 되었다. 그러나 문학가이고 언어학자였으며 철학자이기도 하였던 그는 나중에 부를 짓는 것은 치열한 작가정신이 결여된 문자 유희에 불과하다며 부를 많이 지었던 자신의 행위를 후회하고 부의 문학적 가치를 부정하기도 하였다. 양웅은 그래서 진지한 문학에 대한 각성을 촉구한 문학사상가로

읽을 수 있으면, 부를 지을 수 있다."[10]고 했던 것이 바로 그 말이다. 양웅은 유협이 비평과 관련하여 한 것과 비슷한 내용의 말을 유협에 앞서 창작 방법론으로 제시했던 것이다. 풍부한 문학작품 열독(閱讀) 경험은 비평가에게 뿐만 아니라 작가에게도 소중한 자산이 되는 것이다.

대상을 객관화하여 바라보기 위한 전제 조건으로서 제시된 '허정(虛靜)' 역시 창작론에서 매우 중요하게 다루어지는 덕목이다. ≪문심조룡(文心雕龍) · 신사(神思)≫편에서는 창작의 선결 요건으로 학습에 앞서 '허정(虛靜)'을 강조하였다.[11] 마치 고요한 물에 그림자가 선명하게 비치듯이 고요하고 맑은 정신 상태에서 사물의 여여한 실체를 파악할 수 있다는 논리이다.[12] 비평의 객관성을 보장하기 위한 전제 조건으로 작용할 수 있는 '허정'이 창작에서도 유용한 덕목이 됨을 알 수 있다.

(2) 비평가와 작가가 구별되는 자질

중국문학에서는 항용 '창작론은 그대로 비평론이 될 수 있다'는 관점이 유통된다. 앞에서 논의한 대로 풍부한 감상 경험과 내면세계

이름이 높다.

10) 揚雄, <答桓譚書>: "能讀千賦, 則能爲之."((曾永義 · 柯慶明 編輯, ≪中國文學批評資料彙編(1)兩漢魏晉南北朝≫(臺北:成文出版社, 1978.) 제84쪽에서 인용.))

11) "陶鈞文思, 貴在虛靜."

12) 周振甫는 "陶鈞文思, 貴在虛靜."을 해설하여 "'虛'는 주관적이 아닌 것이다. '靜'은 성급하게 움직이지 않는 것이다. 주관적인 편견이 있으면 외물의 진상을 보기가 쉽지 않다. 마음이 급하게 움직이면 세밀한 관찰을 하기기 쉽지 않다. 그래서 '虛靜'해야 한다."라고 하였다.((周振甫 注, ≪文心雕龍注釋≫(臺北:里仁書局, 1984년 초판, 1994년 재판.) 제437쪽 참조.))

의 허정한 상태는 작가와 비평가에게 공히 필수적으로 요구되는 덕목인 것을 보면, 창작과 비평은 같은 자질의 두 가지 표현인 것처럼 보인다. 일류 작가가 일류의 비평을 수행해내는 경우가 더러 있는 것을 보면 그것이 일리 있는 추론인 듯하다.

일류 작가이면서 뛰어난 비평능력을 보여준 이의 예를 들어보라면 소동파가 제격일 것이다. 불세출의 천재로서 팔방미인으로 일컬어지는 소동파(蘇東坡)는 간혹 비평 분야에서도 뛰어난 능력을 발휘하였기 때문이다. 그는 중당(中唐)시대의 시인 원진(元稹)과 백거이(白居易)의 시 세계를 묶어 '원경백속(元輕白俗)'이라 평가하였고, 맹교(孟郊)와 가도(賈島)의 시 세계를 개관하여 '교한도수(郊寒島瘦)'라고 하였다.[13] 각기 "원진의 시는 가벼운 느낌이 있고, 백거이의 시는 속된 느낌이 있다.", "맹교의 시는 찬 느낌이 들고, 가도의 시는 메마른 느낌이 든다."라는 뜻이다. 소동파의 이 평가는 역대로 원진과 백거이, 그리고 맹교와 가도의 시풍을 적확하게 설파한 명 비평으로 받아들여지고 있다. 네 명의 시인의 시 세계 전반을 각기 '경(輕)', '속(俗)', '한(寒)', '수(瘦)' 한 글자씩으로 평가하는 고도의 개괄 능력을 보여준 것으로서 소동파의 천재성이 비평에서 빛을 발한 것으로 여겨지는 것이다.

그러나 일류 작가가 일류 비평가로 활약한 경우는 그리 흔하지 않다. 앞의 소동파조차 비평가로서는 일류가 되기에 손색이 있다는 평가가 있다.[14]오늘날의 문단에서 작가와 평론가는 간혹 겸직을 하

13) 蘇軾, <祭柳子玉文>

14) 張健 著, ≪中國文學批評≫(臺北:五南圖書出版有限公司, 1984년 초판, 1992년 재판.) 제7쪽에서는 비평 방면에서의 업적과 관련하여 "蘇軾은 대문호이지만 문학비평의 업적에 대해서 논할 것 같으면 이류의 비평가라고 할 수 밖에 없다. 그러나 그의 영향력이 매우 커서 소홀히 할 수는 없다. 비평방

기도 하지만 대개 각자의 영역을 분담하고 있는 것과 유사한 양상이라고 할 것이다.

작가와 비평가가 공통분모를 공유하고 있으며 상호 소통하는 바가 있기는 하지만 궁극적으로 양자가 각기 다른 영역을 구축하게 된다는 것은 창작과 비평이 결코 같은 일이 아니라는 사실을 말하는 것이다. 그것은 작가와 비평가에게 요구되는 자질이 같지 않다는 점을 말하는 것이라고 할 수도 있다.

작품의 창작은 말 그대로 창조적 행위이므로 작가에게는 학문과 수양뿐만 아니라 천재적 창의성이 요구된다. 천재적 창의성이 학문이나 수양보다 더 우선적인 요건일 수 있다. 유협이 작가의 요건을 논하면서 후천적인 학문이나 생활습관보다 선천적인 재능과 기질을 더 중시했던 것도 그 때문이다.[15] 그리고 엄우(嚴羽)가 "시는 별다른 재주가 있어야 하는 것이니, 학문과는 관계가 없다."[16]라고 한 것은 창작에 있어서의 천재적 창의성의 중요성을 십분 강조한 것이다.[17]

법론 방면에서의 그의 공헌은 비록 제한적이지만 北宋 사람들의 대표로는 볼 수 있다."는 평가를 하고 있다.

15) ≪文心雕龍·事類≫편에서 "생각을 정리하여 글로 표현할 때에는 생각과 붓이 협력하게 되는데, 재능은 주역이 되고 학문은 보좌역이 된다.(屬意立文, 心與筆謀, 才爲盟主, 學爲輔佐.)"라고 한 바 있다.

16) ≪滄浪詩話·詩辯≫: "詩有別材, 非關書也."

17) 물론 시문의 창작에 있어서 학문을 매우 중시하는 경우도 있다. 대표적인 사례가 黃庭堅이 <答洪駒父書>에서 "杜甫가 지은 시와 韓愈가 지은 문장은 한 글자도 어딘가에서 유래되지 않은 것이 없다. 대개 후세 사람들은 공부를 적게 해서 '한유와 두보가 스스로 이 말을 만들었다'고 할 뿐이다.(老杜作詩, 退之作文, 無一字無來處, 蓋後人讀書少, 故謂韓杜自作此語耳.)"라고 했던 것일 것이다. 이 말과 함께 그 뒤에 이어지는 "비록 옛사람의 진부한 말을 가져오더라도 자신의 글에 응용할 때에는 영단 한 알로 쇠를 변화시켜 금으로 만들듯이 해야 한다.(雖取古人之陳言, 入於翰墨, 如靈丹一粒, 點鐵成金也.)"는 말은 후세에 끼친 영향이 매우 커서 작시에 학문을 중시하는 풍조를

작가의 창작이 예술적 행위라면 비평가의 비평은 학문에 가깝다. 그러므로 비평가에게는 창의성보다는 논리성과 합리성이 더 절실하게 요구된다. 객관적이고 타당한 평가를 이끌어내기 위해서는 체계적인 방법론이 필요한 것이다. 중국문학의 비평에서는 감상에 가까운 풍격비평이 주류를 이루기 때문에 체계적인 방법론에 입각한 정치한 비평사례는 그리 흔치 않지만,[18] 나름대로의 특색을 갖춘 비평은 매우 활발하게 이루어졌다.

3. 비평의 지향

중국문학비평에서 문학의 기본 단위가 되는 작품에 대한 비평은 그 지향하는 바가 대략 두 가지로 나뉘는 경향을 보인다. 하나는 비평

크게 진작시켰다. 그것은 또한 모방과 표절을 정당화하는 근거가 되어 그 폐해가 적지 않았다. 이러한 일은 결과적으로 창작은 학문과 다르다는 것을 증명하는 사례라고 할 수 있다. 그러나 이러한 현상의 이면에는 황정견의 본뜻을 곡해한 부분이 없지 않다. 앞의 인용문 앞에는 "스스로 말을 만들어 내는 것이 가장 어렵다.(自作語最難.)"고 하여 창의성 있는 것이 최고라는 것을 전제하고 있다. 그러나 그것이 너무 어렵기 때문에 '차선으로 다른 사람의 말을 빌어오더라도 그것을 창의성 있게 가공하면 훌륭한 작품이 될 수 있다'는 논리였기 때문이다. 그 창의성의 발휘에는 학문 너머의 지혜가 필요했던 것인데, 다른 사람들은 황정견의 말을 곡해하여 모방에 열을 내었던 것이다.

18) 유협은 ≪文心雕龍・知音≫편에서 '六觀'이라고 하여 '位體・置辭・通變・奇正・事義・宮商' 등 작품을 비평하는 6가지 포인트를 제시하였으나, 그것을 운용하여 실제비평을 진행하지 않았기 때문에 그 이론적 가치가 상당부분 삭감되었다. 비평 결과의 타당성 여부를 떠나서 그것을 운용하여 실제비평을 진행했더라면 그러한 방법론에 대한 후속 연구가 이어져 중국문학의 비평이 한층 체계적이고 정교한 형태로 발전했을 것이다. 매우 아쉬운 일이 아닐 수 없다.

대상의 미적 특성의 파악하여 그것을 규정하는 것이고, 다른 하나는 그 작품과 관련된 여러 가지 사안을 발굴하여 해설함으로써 그 작품에 대한 이해를 증진시키는 것이다. 비평의 기능으로 보아 감상과 판단에 해당하는 전자는 작품의 아름다움을 찾아내는 것이 비평의 궁극적인 목표이므로 그것을 심미비평(審美批評)이라고 할 수 있는데, 중국문학에서는 통상 풍격비평(風格批評)이라고 한다. 후자는 비평의 해석적 기능에 해당하는 것이다.[19]그리고 이 양자의 범주로 정확하게 분류하기 힘든 것도 있는데, 비평 대상의 미적 특성의 계보를 파악하는 것이다. 중국문학에서는 이것을 원류비평(源流批評)이라고 하는데, 원류비평은 풍격비평과 해석의 기능을 겸비하는 것으로 생각된다.

(1) 풍격비평(風格批評)

중국 사람들은 전통적으로 '문장은 아름다운 것이다'라는 미문의식을 가지고 있었다.[20] 그래서 문학작품을 감상하고 비평할 때에도

19) 작품에 대한 감상과 판단에 해당하는 비평은 '풍격비평'이나 '심미비평'이라는 이름을 갖고 있으나, 해석적 기능을 하는 것에 대해서는 특별히 그것을 지칭하는 이름이 없다. 그러나 해석적 기능의 비평도 그 자체로 완결된 의미를 가지는 경우가 많을 뿐만 아니라, 중국문학비평에서의 비중도 매우 크다. 만약 그것이 문학비평에서 심미비평과 동등한 수준의 역할을 하고 있다는 것을 인정할 수 있다면, 그것도 비평의 한 영역으로서 상응한 대접을 받아야 될 것이다. 그렇다면 거기에 적절한 이름도 붙여주어야 할 것이다. 만약 그것에 이름을 붙여준다면 '작품의 미적인 특성을 찾아낸다'고 하여 '심미비평'이라고 하였듯이, 이 경우는 '작품에 관한 지적 정보를 추구한다'는 성격을 부각시켜 문학과 관련된 '지식적 측면을 중시하는 비평', '지식을 추구하는 비평'이라는 뜻으로 구지비평(求知批評)이라는 용어를 고안하여 사용할 수 있을 것으로 생각한다.

그것의 아름다움에 관심을 갖고 그 아름다움의 특성을 규정하는 데에 노력을 기울이는 경향이 두드러졌다. 심미비평이 중국문학비평의 주류를 형성했던 것이다. 중국문학비평의 주류를 이루는 이 심미비평을 중국문학에서는 '풍격비평(風格批評)'이라고 하는 것은 비평대상의 '미적 특성'이 바로 '풍격(風格)'이고, 그 풍격을 파악하고자 하는 것이 비평의 목적이기 때문이다.[21]그래서 풍격비평은 심미비평의 중국적 표현이라고 할 수 있다.

1) 풍격비평의 성격과 그 적용 범주

풍격비평은 비평자의 감성적 판단이 중시되는 것으로서 인상비평(印象批評)이기도 하다. 풍격비평이 중국문학비평의 주류가 될 수 있었던 것은 풍격비평이 논리에 의한 추상사유보다는 이미지에 치중한 직관을 선호하는 중국인의 사유 특성[22]에 잘 부합하는 인상비평이기 때문일 것이다.

풍격비평은 작품을 비평의 대상으로 하는 경우도 있지만,[23] 작품에만 국한되는 것은 아니다. 한 작가의 작품세계를 망라한 '작가'를

20) '문장'의 '文'을 '무늬'의 '紋'과 같은 것으로 보고, 무늬를 아름다운 것으로 인식하는 것에서 출발하여 '문장은 아름다운 것이다'라는 명제를 연역해낸 것이다. 이러한 인식은 아름다움을 추구하는 예술의 한 갈래로서의 문학의 의의를 정립하는 근거가 되기도 한다. 이에 대해서는 이 책 제1장 제1절에서 논한 바 있다.

21) '風格'의 개념에 대해서는 졸저 ≪중국고전문학 풍격론≫(서울:사람과 책, 2001.) 제1장 '풍격의 개념' 참조.

22) 中村元 저, 金知見 역, ≪중국인의 사유방법≫(서울:도서출판 까치, 1990.) 참조.

23) ≪文心雕龍 · 才略≫에서의 "戰代任武, 而文士不絶; 諸子以道術取資, 屈宋以楚辭發采, 樂毅報書辨以義, 范雎上書密而至, 蘇秦歷說壯而中, 李斯自奏麗而動, 若在文世, 則揚班儔矣."와 같은 경우가 이에 해당한다.

대상으로 할 수도 있고,[24] 한 시대의 문학적 경향을 그 대상으로 할 수도 있다.[25] 그리고 한 지역의 문학적 특색을 총합한 '지역'까지 그 대상의 범위가 확장될 수 있다.[26] 때로는 장르 그 자체에 대해서도 같은 방식의 비평이 이루어지곤 한다.[27] 비교문학의 관념이 있었더라면 한 국가나 민족의 문학을 총괄하는 비평의 범주도 가능했을 것이다.

2) 풍격비평의 평어의 종류

앞의 몇 개의 각주에서 예거하였던 풍격비평의 사례를 보면 비평의 결과로서 비평 대상에 적용된 평어는 모두 특정 미감을 나타내는 추상개념들로 이루어져 있다. 그렇지만 풍격비평의 실제에는 이와는 다른 성격의 평어가 사용되기도 한다.

> 사령운의 시는 부용이 물에서 나오는 것 같고, 안연지의 시는 도금을 하고 금을 조각한 것 같다.[28]

24) ≪唐詩品彙·唐詩品彙總敍≫(明 高棅 編選)에서의 "開元天寶之間, 則有李翰林之飄逸, 杜工部之沈鬱, 孟襄陽之淸雅, 王右丞之精緻, 儲光羲之眞率, 王昌齡之聲俊, 高適岑參之悲壯, 李頎常建之超凡, 此盛唐之盛者也."와 같은 경우가 이에 해당한다.

25) ≪文心雕龍·通變≫에서의 "黃唐淳而質, 虞夏質而辨, 商周麗而雅, 楚漢侈而艶, 魏晉淺而綺, 宋初訛而新."과 같은 경우가 이에 해당한다.

26) 앞의 제5장 '문학의 시대성' 제1절 '지리적 요인' 중 제1항 '남북에 따른 지리적 특성'에서 인용했던 양계초의 말은 이에 해당한다.

27) ≪典論·論文≫에서의 "夫文本同而末異, 蓋奏議宜雅, 書論宜理, 銘誄尙實, 詩賦欲麗. 此四科不同, 故能之者偏也, 唯通才能備其體."와 같은 경우가 이에 해당한다.

28) 鍾嶸, ≪詩品·卷中·宋光祿大夫顔延之詩≫: "謝詩如芙蓉出水, 顔如錯采鏤金."

탕혜휴(湯惠休)[29]가 사령운(謝靈運)[30]과 안연지(顔延之)[31]의 시를 평가한 이 말은 명비평으로 인구에 회자되었는데, 이것은 두 시인의 풍격을 그 풍격의 특성을 가장 잘 갖추고 있다고 생각되는 자연물에 비유하여 드러내는 방식을 취한 것이다. 추상개념으로써 비평대상의 풍격을 개관한 경우보다 구상적인 자연물에 비유하는 방식으로 풍격을 드러내는 이러한 비평 방식이 훨씬 구체적인 내용을 전달하는 듯하다. 평어의 역할을 하는 구상적인 사물이 보통 사람들이 흔히 접할 수 있는 것이고, 그래서 사람들에게 비교적 정형화된 이미지를

29) 字를 茂遠이라고 하였으며, 대략 460년 전후에 생존했던 사람이나, 구체적인 생졸년은 알려져 있지 않다. 처음에는 불교의 스님이었으나, 나중에 황제의 명으로 환속하여 벼슬살이를 하였다. 시를 잘 지었으며 자신도 그에 대한 자부심이 컸다고 한다.

30) 아명을 客兒라 하였는데, 晉 孝武帝 太元 10년(385년)에 나서 宋 文帝 元嘉 10년(433년)에 향년 49세로 세상을 떴다. 당시에 안연지와 함께 최고의 문학가로 명성을 누린 그가 작품을 발표하면 신분의 귀천을 막론하고 그의 작품을 베껴가느라 온통 법석을 떨었다고 한다. 그는 당대의 대표적인 귀족 집안에서 태어나 康樂公을 세습하였으나 정치에 뜻이 많았던 자신의 바람과 달리 중용되지 못하여 불만을 많이 가지고 있었다. 등산용 신발을 고안할 정도로 산을 좋아했던 그는 산을 찾아다니는 것으로써 불만을 해소하는 방편으로 삼았으나, 그의 山水詩에는 여전히 불만의 흔적이 많이 남아 있다. 陶淵明과 함께 위진남북조시대의 산수 전원시인의 쌍벽으로 일컬어지지만, 도연명이 내면의 불평을 극복하고 작품 속에 승화된 정신세계를 구현했던 것에 비하면 손색이 있다. 절제함이 없이 산수를 즐기고 방종한 생활을 일삼자 누군가가 그가 반란을 모의한다고 조정에 밀고하였고, 정부에서 소환하자 병사를 일으켜 저항하다 체포되어 공개처형을 당하였다. 시집과 문집 등 여러 저서가 전해지고 있다.

31) 字가 延年으로 晉 孝武帝 太元 9년(384년)에 나서 宋 孝武帝 孝建 3년(456년)에 향년 73세로 세상을 떴다. 어려서 고아가 되어 가난하게 자랐으나 공부를 좋아하여 보지 않은 책이 없었을 정도였다고 한다. 당대 최고의 문장가로 사령운과 함께 '顔謝'로 병칭되었다. 술을 좋아하고 자질구레한 예절에 얽매이지 않았던 그는 언행에 거리낌이 없었을 뿐만 아니라, 때로는 술에 취하여 미친 듯이 노래하기도 했다고 한다. 문집이 전해지고 있다.

전달해주기 때문일 것이다.

때로는 비평 대상에 추상개념과 구상적인 사물이 동시에 적용되는 경우도 있다.

> 반악(潘岳)의 시는 화려하기가 비단을 펼쳐놓은 것 같아 아름답지 않은 곳이 없다.32)

여기에는 추상개념을 적용하는 방식과 구상적 사물에 비유하는 방식이 동시에 사용되고 있다. 반악(潘岳)33)의 시에 먼저 추상개념인 '란(爛)'을 적용함으로써 그 풍격을 규정하고, 이어 '비단을 펼쳐놓은 것 같다'는 구상적인 사안으로써 그 구체적인 함의를 부연하였다.

이와 같이 추상개념과 구상적인 사안이 동시에 사용된 평어는 추상개념의 간결함에 수반되는 막연함을 구상적인 사안으로서 보충하는 효과를 낳고 있다. 물론 구상적인 사안의 구체성만으로 충족될 수 없는 정의(定義)의 필요성을 추상개념이 보완하는 측면도 있다.

(2) 구지비평(求知批評)

구지비평이란 문학의 제 현상에 대한 비평 중에서 지식과 관련된

32) ≪詩品・上・晉黃門郞潘岳詩≫: "潘詩爛若舒錦, 無處不佳."

33) 字가 安仁으로 생년은 미상이나 졸년은 晉나라 永康 원년(300년)이다. 어려서부터 말을 잘하고 문장을 예쁘게 지어 주위에 소문이 자자했다. 특히 용모가 빼어나 그가 도로에 나서면 부녀자들이 몰려들어 그를 둘러싸서 과일을 던져주어 수레 가득 과일을 싣고 집으로 돌아가기도 했다고 한다. 문장을 아름답게 썼는데 특히 죽은 사람을 추도하는 것과 같은 슬픈 분위기를 표현하는 데에 뛰어났다. 그의 <悼亡詩> 3수는 명작으로 알려져 있다.

측면을 강조하는 비평방식이다. 해설과 평가라는 비평의 역할 중에서 해설 부분에 치중하는 것이라고 할 수 있다. 이러한 것들은 본격적인 비평에 들어가기 전 단계의 작업으로 보이기도 하나, 그것이 심미비평과는 독립적으로 이루어지며 또 그 속에는 가치판단이 내재되어 있는 경우가 흔하기 때문에 이를 독립적인 비평의 한 영역으로 설정하기로 한다.

심미비평, 즉 풍격비평이 비평대상의 미적 특성을 파악하는 데에 주력한다면, 구지비평은 비평대상에 대한 독자의 이해를 심화시키는 데에 치중한다. 특정 작품에 사용된 특수한 어휘의 오류를 지적하거나 그 연원을 소개하고 특정 작품과 관련된 특이한 이야기를 발굴하여 독자에게 소개하면 독자는 그 작품에 대한 이해와 관심의 정도를 높일 수 있다. 그러므로 심미비평이 비평 대상을 통한 독자의 미적 체험에 도움을 주는 것과는 달리 구지비평은 특정 작품에 대하여 새로운 사실을 알게 함으로써 즐거움을 얻는 것을 도와줄 수 있다. 중국문학비평의 주류 형식이 되는 시화(詩話)를 창안하였던 구양수(歐陽修)가 당초 시화를 쓰게 된 동기가 바로 '친구들과의 한가로운 이야깃거리가 될 자료'를 모은 것도 그 때문이었다.[34] 심미비평이 미적 체험을 통해서 쾌감을 얻는 것이라면 구지비평은 지식의 증대를 통한 쾌감을 얻는 것이라고 할 수 있는 것이다.[35]

구지비평으로 분류될 수 있는 비평의 사례는 다양하지만, 그 중

34) 구양수는 그의 ≪六一詩話≫ 첫머리에서 "내가 관직에서 물러나 여음에 살면서 모아 한담의 자료로 삼으려고 한다.(居士退居汝陰而集以資閒談也.)"며 그 집필동기를 밝히고 있다. '居士'는 '六一居士'로 자호하였던 구양수 자신을 일컫는 말이다.

35) 구지비평이 독자에게 쾌감을 안겨주는 것은 지식을 주제로 하는 퀴즈프로가 시청자에게 즐거움을 안겨줄 수 있는 것과 유사한 이치라고 할 것이다.

빈도가 높은 부류를 몇 가지 소개하고자 한다.

1) 작품과 관련된 일화(逸話) 소개

작품과 관련된 일화를 소개함으로써 작품에 대한 이해를 돕고 감상의 재미를 증가시키는 것은 구지비평의 한 가지 중요한 역할이다. 송(宋)나라 왕안석(王安石)의 명작 <박선과주(泊船瓜舟)>[36]의 제 3구의 네 번째 글자 '록(綠)'자와 관련하여 다음과 같은 이야기가 전해지고 있다.

> ≪용재속필(容齋續筆≫에 의하면 오(吳)지방의 선비가 집안에 왕안석의 <박선과주>의 초고를 소장하고 있었는데, 거기에는 (세 번째 구의 뒷부분을) '又到江南岸(우도강남안)'이라고 하였다가 '到(도)'자를 지우고서는 '좋지 않다'라는 주를 달고 '過(과)'자로 바꾸었다가, 다시 그것도 지우고 '入(입)'으로 고치고, (그것도) 곧 '滿(만)'으로 고쳤다. 여남은 글자를 이렇게 하다가 비로소 '綠(록)'자로 결정하였다.[37]

작품의 완성도를 높이기 위하여 글자 하나에도 심혈을 기울이는 시인의 열정이 잘 나타나 있다. 가장 적합한 한 글자를 찾아내기 위하여 고뇌하는 모습에서 '연자(鍊字)'의 진면목을 볼 수 있는데, 그래서 그것은 동시에 시안(詩眼)에 대한 비평이라고도 할 수 있다.[38]

36) "京口瓜洲一水間, 鍾山只隔數重山. 春風又綠江南岸, 明月何時照我還."

37) 厲鶚, ≪宋詩紀事≫: "容齋續筆, 吳中士人家藏其草, 初云'又到江南岸', 圈去到字, 注曰: '不好', 改爲過; 復圈去而改爲入, 旋改爲滿. 凡如是十許字. 始定爲綠." (≪中國詩話總編≫, 臺灣常務印書館 발행, 한국: 아름출판주식회사 영인, 제7권 제1484~328쪽 참조.)

38) '鍊字'는 작품의 완성도를 높이기 위하여 글자를 다듬는 것을 말하는 것이

2) 작품 중 어휘의 연원에 대한 해설

중국어는 한 글자에 하나의 뜻을 담고 있는 한자로써 표기되지만, 낱글자 하나하나의 뜻을 안다고 해서 문장을 이해할 수 있는 것이 아니다. 개별 글자가 가지고 있는 뜻의 조합과는 전혀 다른 뜻을 가진 어휘가 너무 많기 때문이다. 개별 글자의 뜻의 조합과는 다른 의미를 가지는 글자는 따로 공부하지 않으면 알 수 없는 것이고, 개중에는 난이도가 높아서 보통의 학력을 가진 사람으로서는 알아볼 수 없는 것도 있다. 그런 것들은 지식이 많은 전문가의 도움을 필요로 하는데, 전문가가 그런 도움을 제공하는 것도 구지비평의 한 부분이다.

> 당나라 사람의 시에 "저녁이 서늘해지니 그림 부채를 슬퍼하고, 미인은 앞의 고기를 보고 눈물 흘린다."라고 했는데, '앞의 고기를 보고 눈물 흘린다'라는 말은 전국시대 용양군(龍陽君)과 관련된 일이다.[39]

위 두 구의 시에 들어 있는 '앞의 고기를 보고 눈물을 흘린다'라는 말은 글자 그대로의 뜻만 두고 보면 황당하기 이를 데 없다. 중국어에서 이런 경우는 대개 특수한 일을 그 배경으로 하는 전고(典故)일 가능성이 높다. 전고는 흔히 글자 그대로의 뜻과는 상관없는 특수한 의미를 나타낸다. 과연 '앞의 고기를 보고 눈물을 흘린다' 곧 '읍전어(泣前魚)'는 ≪전국책(戰國策) · 위책(魏策)≫에서 나온 전고다.

위(魏)나라 왕이 용양군(龍陽君)이라는 사람과 같이 배를 타고서 낚

며, '詩眼'은 한 편의 시에서 분위기를 일신시킴으로써 작품의 완성도를 극대화하는 역할을 하는 가장 중요한 글자를 일컫는 말이다.

39) 曾季貍, ≪艇齋詩話≫: "唐人詩'晚凉悲畫扇, 紅袖泣前魚.' 泣前魚, 戰國時龍陽君事."

시를 했는데, 용양군이 물고기 여남은 마리를 잡더니 갑자기 눈물을 흘렸다. 왕이 '뭔가 불편한 것이 있었다면 말하지 그랬냐?'며 달래자, 용양군은 '처음엔 작은 물고기를 잡고서도 기뻤는데 나중에 더 큰 물고기를 잡았더니 앞의 작은 물고기는 버리고 싶었다'고 했다. 같은 이치로 많은 훌륭한 사람들이 왕의 총애를 받으려고 몰려들면 자신도 그 앞의 물고기 신세를 면하지 못하고 버림을 받을 것이 아니냐는 생각에 울었다고 해명하였다.

이렇게 '읍전어(泣前魚)'의 유래를 알면 그것이 '총애를 잃거나 버림을 받아 슬퍼함'이라는 뜻을 가진 성어라는 것을 알게 되고, 황당해 보이기만 하던 문맥이 선연히 드러난다. 특수한 어휘의 연원을 해설해주는 구지비평이 그것을 가능하게 했다. 물론 '붉은 소매'라는 뜻의 '홍수(紅袖)'가 '미인'이라는 뜻으로 쓰인 것을 알아야 하며, '저녁이 서늘해지니 그림 부채를 슬퍼하고'에 담긴 뜻을 이해하기 위해서는 '서늘한 가을이 되면 더위를 식히기 위해 사용하던 부채가 쓸모가 없어져 버림을 받듯이, 미인도 그 미모가 쇠퇴하면 버림을 받게 된다'라는 이치 정도는 유추해낼 수 있어야 할 것이다.

3) 작품 중 어휘의 오류 변증(辨證)

어떤 연유로 잘못 사용된 어휘를 근거를 대어가며 논증하는 것도 구지비평의 중요한 역할의 한 가지이다.

> 두보(杜甫)의 시에서 "강의 연꽃은 흰 깃털을 흔들고, 천극(天棘)은 푸른 실을 꿈꾼다."라고 하였는데, 세상 사람들은 그가 '몽(夢)'자를 쓴 것을 이해하지 못하였다. 내가 살펴보았더니 대략 '만(蔓)'자가 잘못되어 '몽(夢)'자가 된 것이었다. 하손(何遜)의 <왕손유(王孫游)>

시에서 "푸른 풀이 실처럼 덩굴을 뻗고 있다."라고 한 것이 그것이다. 천극(天棘)은 천문동(天門冬)인데, 회향(蘹香)같으나 덩굴진다. 혹자는 버드나무라고 하지만, 틀린 것이다.[40]

먼저 '蔓(만)'자와 '夢(몽)'자가 형태가 비슷하여 필사하는 과정에서 생긴 오류[41]를 지적하고 비슷한 문맥의 다른 예를 근거로 하여 그 사실을 논증하고 있음을 볼 수 있다. 이어서 '천극(天棘)'이라는 어휘를 해설하였는데, 이 '천극'은 사용 빈도가 낮은 특수한 어휘에 해당하는 경우라고 하겠다.

4) 작품의 사승(師承)관계 구명(究明)

작가의 내면세계와 생활 경험을 문자로 표현해낸 문학작품 중에는 그들이 가진 독특한 개성에도 불구하고 유사한 내용과 분위기를 가진 또 다른 작품이 존재할 수 있으며, 작가들 간에도 유사한 풍격을 가진 경우가 있을 수 있다. 그래서 유사한 내용을 가진 작품들을 발굴하여 소개하거나 유사한 풍격의 작가들을 찾아내어 짝을 지우면 특정 작가나 작품을 이해하는 데에 좋은 지침이 될 수 있다.

시구 중에는 우연히 옛 사람의 것을 닮은 것도 있고, 의도적으로 옛 사람의 것을 답습한 것도 있다. 두보(杜甫)의 <무후묘(武侯廟)> 라는 시에서는 "섬돌에 비치는 푸른 풀은 저절로 봄빛이고, 잎사귀 건너

40) 吳聿, ≪觀林詩話≫: "杜詩云, '江蓮搖白羽, 天棘夢青絲.' 世不曉其用夢字. 余考之, 蓋蔓字訛而爲夢耳. 何遜<王孫遊>曰: '碧草蔓絲'是也. 天棘, 天門冬也. 如蘹香而蔓生. 或以爲柳, 誤矣."

41) 이러한 경우를 두고 '형태(의 유사성)에 말미암은 오류'라는 뜻으로 '形誤'라고 한다.

노란 꾀꼬리는 일없이 고운 소리로다."라고 하였는데, 이것을 하손(何遜)의 <행손씨릉(行孫氏陵)>에서는 "산 꾀꼬리는 빈 나무에서 소리 내고, 무덤 위의 달은 저절로 가을빛이네."라고 하였다.[42)]

원문을 비교해보면 더욱 잘 드러나듯이 시성(詩聖) 두보의 시 중 일부가 그 이전 시대 시인의 시구와 이렇게 흡사하다는 것이 놀랍다. 이와 같이 특정 작품에 관한 지식을 추구하는 비평가의 노력 덕에 독자는 더 많은 정보를 얻게 되어 앎의 기쁨을 얻게 되고, 그에 따라 해당 작품에 대한 이해가 깊어지게 된다.

(3) 원류비평(源流批評)

중국문학비평에서는 작가 간의 사승관계(師承關係)를 따지는 것도 매우 중요시하는데, 그런 비평방식을 원류비평(源流批評)이라고 한다. 원류비평은 해당 작가들의 전체 작품 세계를 그 대상으로 하여 작가들 간의 문학적 경향성의 유사성을 따지는 작업이다.

한(漢)나라에서부터 양(梁)나라에 이르기까지 122명의 시인(작자 미상인 고시 제외)이 쓴 오언시(五言詩)를 대상으로 품평하여 이들을 상·중·하의 세 등급으로 나누고, 또 이들을 몇 가지의 연원에 귀속시켜 '누구의 시는 어디에서 유래하였다'라는 식의 평가를 하고 있는 종영(鍾嶸)의 ≪시품(詩品)≫이 그 좋은 예다. 편의상 상품(上品)으로 분류한 것 중에서 평문이 짧은 유정(劉楨[43)])에 대한 비평을 그 예로 들어본다.

42) 楊萬里, ≪誠齋詩話≫ 첫머리: "句有偶似古人者, 亦有述之者. 杜子美<武侯廟>詩云: '映階碧草自春色, 隔葉黃鸝空好音.' 此何遜<行孫氏陵>云: '山鶯空樹響, 壟月自秋暉'也."

> 그의 작품은 고시(古詩)에서 기원한 것이다. 기질이 강하여 기이한 것을 좋아하였으며, 걸핏하면 맹렬한 기세를 드러내는 경우가 많다. 진실한 골기(骨氣)는 서리를 이겨낼 듯하며, 고상한 분위기는 세속적인 것을 뛰어넘는다. 다만 기세가 문사보다 지나쳐 예쁘게 꾸민 것이 적은 것이 아쉽다. 그러나 진사왕(陳思王) 조식(曹植) 이후로 유정이 가장 뛰어났다고 할 수 있다.[44)]

이 경우 유정의 시 전반의 미적 특성을 규정하기 위하여 여러 가지 방면에서 그 특징을 집어내는데, 대체적으로 '기(氣)'와 '문(文)'이라는 요소에 치중한 풍격비평의 방식을 취하고 있다. 그것은 결국 '유정의 시의 특성이 고시(古詩)에서 나왔다'라는 판단을 이끌어내는 근거가 된다. 곧 유정의 시의 계통을 판정하기 위해서 먼저 심미비평이 선행되었고, 뒤이어 그에 근거하여 그의 시세계와 유사한 미감을 가지고 있는 연원을 찾아낸 것이다. 작품의 연원을 찾아가는 것은 그 작가와 관련된 사항을 탐구하는 행위로서 구지비평의 범주에 속하는 것이라고 할 수 있다. 위 유정에 대한 원류비평은 심미비평과 구지비평을 겸하는 경우라고 할 수 있을 것이다.[45)]

---

43) 字가 公幹으로 생년은 미상이나 졸년은 漢 獻帝 建安 22년(217년)으로 알려져 있다. 曹操가 실권을 장악한 建安時代의 문단을 주도하였던 建安七子의 한 사람인데 꼬장꼬장한 성격으로 유명하다. 曹丕의 부인 甄氏가 연회석에 나오자 모두들 엎드렸지만 유정만은 그녀를 똑바로 서서 쳐다보았다 하여 조조가 그를 불경죄로 처벌하였던 일화가 전해지고 있다.

44) 鍾嶸, ≪詩品≫ <上品> '魏文學劉楨': "其源出於古詩. 仗氣愛奇, 動多振絶. 眞骨凌霜, 高風跨俗. 但氣過其文, 雕潤恨少. 然自陳思已下, 楨稱獨步."

45) 당(唐)나라 사람 장위(張爲)가 쓴 ≪詩人主客圖≫도 이런 범주에 속한다. 이 ≪시인주객도≫에서는 시인들의 작품 경향을 몇 가지 부류로 나누고 각 부류의 대표로 선정된 시인에게 '主'라는 호칭을 붙였다. 그리고는 여러 시인들을 각각의 유파에 배속시켰다. 각 유파 속에서는 그 성취 정도에 따라 '상입실(上入室)', '입실(入室)', '승당(升堂)', '급문(及門)' 등 차례로 여러 등급

4. 비평문의 여러 형태

사물이나 사안의 발전과정이 대개 그러하듯이 중국문학비평의 형태도 단순한 것에서 점차 복잡한 것으로 진화해가면서 그 체재가 정비되어 가는 경향을 보인다. 그렇지만 체재가 완성된 비평이 등장한 뒤에도 비평자의 기호와 형편에 따라 그 이전 시기의 비평 형태가 선택되기도 한다. 중국문학에는 일정한 계획 하에 체계적인 비평을 전개하고 그 결과를 단행본으로 정리한 것이 있는가 하면, 어떤 일에 부수되는 문건에서 비평을 수행한 것도 있다.

(1) 비평문의 형태상 발전과정

중국문학비평의 가장 원시적인 형태는 유가(儒家)의 경전류(經典類)나 초기의 제자서(諸子書)에 보이는 문학과 직접 또는 간접적으로 연관성이 있는 단편적인 언급에서 찾을 수 있다. ≪상서(尙書)・순전(舜典)≫ 등에 보이는 시가에 대한 간단한 성격 규정 같은 것[46]은 비록 소략하기는 하지만, 인간 본능 중의 표현의 욕구를 설파한 점과 시가에 대한 초보적인 정의를 시도하고 있다는 점에서 문학비평의 남상으로서 손색이 없다.[47]

유가의 경전류나 제자서의 단편적인 언론들은 후인들에 의해서

을 나누고 각각의 등급에는 그에 해당한다고 생각한 시인들을 배속시켰다.

46) “詩言志”

47) ≪論語≫・≪孟子≫・≪荀子≫・≪左傳≫・≪老子≫・≪莊子≫ 등에 보이는 문학과 관련된 몇몇 단편적인 말들도 문학비평의 맹아로 볼 수 있다.

부연되고 해설됨으로 해서 점차 폭과 깊이를 더하게 된다. 한 저서의 특정 편에서 좀 더 긴 편폭을 할애하여 보다 심도 있게 문학에 관한 문제들을 거론함으로써 이론적인 성격을 갖추어 간다.[48] 그리고 이 단계를 지나면 문학에 관한 논의가 점차 심화되고 전문화되면서 문학비평이 문학의 본령과 더욱 밀착되어 가는 양상을 보이게 된다. 서적의 서문을 통해서 그 서적의 내용과 관련된 문학론을 개진하는 것과, 역사서에서 작가의 전기를 쓰면서 부수적으로 문학론을 전개하는 것, 그리고 편지글을 통해서 자신의 문학에 대한 견해를 피력하는 것 등이 그러하다.[49]

서문이나 전기, 서간문에서 문학에 관한 이론을 개진했던 것은 작품의 축적과 작가의식의 자각이라는 바탕 위에서 가능했던 일이다. 그러므로 이 단계의 문학이론은 그 이전 단계에 비해서 더욱 진보하였으며, 전문성이 한층 제고된 양상을 보여 준다. 그러나 이 단계까지는 아직 문학비평만을 목적으로 한 글들이 아니기 때문에 문학비평이 독자적인 지위를 확보한 수준에까지는 이르지 못한다.

조비(曹丕)의 ≪전론(典論)・논문(論文)≫은 위진남북조(魏晉南北朝) 문학이론의 선구가 될 뿐만 아니라, 중국문학이론사상 최초로 본격적인 문학이론을 담은 문장이라고 할 수 있다.[50] 그리고 그 형식도

48) ≪論衡≫의 <案書>・<超奇>・<自紀>篇 等과 ≪法言≫의 <問神>・<吾子>篇, ≪抱朴子≫의 <鈞世>・<辭義>・<尙博> 篇 등이 그 좋은 예다.

49) <毛詩序>・<三都賦序>・<楚辭章句序>・<太史公自序> 등과 같은 것은 서문으로서 문학비평을 수행하는 대표적인 글들이다. ≪史記≫의 <屈原賈生列傳>과 沈約의 <謝靈運傳論> 같은 것은 전기의 형식 속에 문학비평이 담겨 있는 경우라고 할 수 있다. 그리고 曹丕의 <與吳質書>, 曹植의 <與楊德祖書> 등은 편지글 속에서 비평을 수행한 사례들이다.

50) 敏澤, ≪中國文學理論批評史≫(北京:人民文學出版社, 1981.) 제140쪽: "在這一我國文學理論批評史上第一部專篇論文中, 曹丕第一次提出了……"

오로지 문학만을 논하기 위한 목적으로 설정된 것이므로 문학비평이 독자성을 확보하게 되는 단계에 이르렀다고 해도 무방할 것이다. 그렇지만 그것은 본래 ≪전론(典論)≫이라는 보다 큰 책의 한 부분으로 작성된 것이어서 중국문학비평이 형태상으로 완전한 독립을 구축한 단계로 보기에는 어려움이 있다.

조비가 ≪전론 · 논문≫에서 보여준 문학의 의의에 대한 자각과 문학의 가치 제고는 이후 전문적인 문학이론서의 출현을 재촉하게 되었다. 이러한 분위기 속에서 나타난 것이 육기(陸機)의 <문부(文賦)>, 지우(摯虞: ?~312 경)의 ≪문장유별지론(文章流別志論)≫, 이충(李充: 323년 전후)의 ≪한림론(翰林論)≫ 등이다. 중국문학비평은 이들에 이르러 비로소 다른 저술의 부용에서 벗어나 독자적인 체재를 갖추게 된다. 체재상에 있어서도 완전한 독립성을 갖추게 됨으로써 문학이론은 이제 하나의 독자적인 학술영역으로서 자리를 굳히게 된다.[51)]

이와 같이 중국문학의 비평문의 형태도 중국문학의 발전과 그에 따른 문학에 대한 인식의 심화에 따라 간단한 것에서 복잡한 것으로, 부수적인 것에서 전문적인 것으로 발전되어 갔음을 알 수 있다. 이들 중 몇몇 초기의 형태들은 문학의 발전에 수반하는 비평의 전문화의 추세에 적응하지 못하여 도태하였지만, 대부분은 시대를 초월하여

51) 賦라는 특수한 문학양식으로 중국문학이론사상 최초로 전문적인 창작론을 체계적으로 논한 육기의 <문부>는 그 체재나 분량으로 보아 본격적인 문학이론서라고 하기에는 다소 손색이 있을 수 있지만, 독립적인 문학비평의 글인 것만은 틀림없다. 지우의 ≪문장유별지론≫과 이충의 ≪한림론≫은 비록 대부분이 일실되어 그 전모가 전해지지 않지만 현재 전해지는 단편적인 잔문(殘文)들을 통해서 볼 때, 적어도 그들만은 전문적인 문학이론서로서의 자격을 인정할 수 있을 것으로 생각된다. 현전하는 것으로서 완전한 형태를 유지하고 있는 최초의 본격적인 중국문학비평서는 ≪문심조룡≫이다. 중국문학사상 최고의 문학이론서인 ≪文心雕龍≫은 현전하는 최초의 문학비평서로서 중국문학비평의 체재의 완비라는 의의도 지니고 있다.

그 명맥을 유지해갔다.

독립적인 비평서의 대표격인 시화와 함께 시문선집은 중국문학비평의 가장 전형적인 양식이다. 문학과 관련된 서적의 서문과 문인들끼리 주고받는 서간문도 단편적이고 부수적인 문건의 형태이기는 하나 중국문학 비평의 전형적인 형식의 하나가 되기에 부족함이 없다.

(2) 독립적인 비평서

독립된 문건의 형태로 수행되는 비평은 비평의 형식적 발전의 최종 단계에 해당하는 만큼 이후 중국문학비평에 지속적으로 활용된다. 독립적인 비평서에는 문학의 전반이나 적어도 두 장르 이상을 대상으로 한 종합 비평서, 특정 장르만을 한정하여 비평한 장르별 비평서, 그리고 시문선집(詩文選集) 등이 있다.

1) 종합 비평서

중국문학의 비평은 상당한 성황을 보였지만 독립적인 비평서의 형태를 취하면서 두 장르 이상을 포괄하는 종합 비평서는 그다지 흔하지 않다. 그런 중에도 ≪문심조룡(文心雕龍)≫은 종합 비평서의 대표적 존재로서 그 성가가 대단하다.

≪문심조룡≫은 상편(上編)에서 '문학은 무엇인가'에서 시작하여 문학의 목적과 의의 등 문학원론에 해당하는 내용을 두루 논의하고 있을 뿐만 아니라, 그 당시까지 창작되고 있던 장르의 전반에 대하여 각 장르 이름의 기본적인 의미 · 각 장르의 역사 · 각 장르의 대표작품 · 각 장르의 특성 등에 대하여 논하였다. 하편(下編)에서는 창작론

에서 시작하여 비평론에 이르기까지 문학 전반의 기술적인 부분에 대한 논의를 체계적으로 전개하였다.

중국문학에서 완전한 형태로 전해지는 종합 비평서 중 가장 오래된 것인 ≪문심조룡≫ 이후로 종합 비평서는 별로 나타나지 않는다. 당(唐)나라 시대에 중국에 유학하였던 일본 승려 공해(空海)[52]가 쓴 ≪문경비부론(文鏡秘府論)≫과 청(淸)나라 유희재(劉熙載)가 쓴 ≪예개(藝概)≫ 정도가 눈에 띄는 종합비평서라고 할 만하다. ≪문경비부론≫은 창작론과 비평론 등 기술적인 부분에 치중하고 있지만, 그 적용 범주가 한 장르에 국한되지 않는다는 점에서 종합비평서의 자격이 충분하고, ≪예개(藝概)≫는 그것을 구성하는 ≪문개(文概)≫ · ≪시개(詩概)≫ · ≪부개(賦概)≫ · ≪사곡개(詞曲概)≫ · ≪서개(書概)≫ · ≪경의개(經義概)≫ 등 6권의 이름에서 이미 이 책의 종합비평서로서의 속성을 드러내고 있다.

2) 장르별 비평서

장르별 비평서의 대표적인 형태는 시화(詩話)다. 시화는 말 그대로 '시에 관한 이야기'를 모아놓은 것이었다. 앞에서 이미 언급한 바 있듯이 시화의 창시자인 구양수는 '친구들과의 한담의 거리'로 삼기 위해서 '시에 관한 이야기'를 모아 책을 엮었다. 비평서로서의 시화는 애초에 시라는 장르에 국한하여 구지비평(求知批評)을 위주로 하던

52) 일본인으로 774년에 출생하여 835년에 타계했다. 俗姓은 佐伯 또는 佐伯眞으로 알려져 있고, 法名은 遍照金剛이라고도 했으며, 諡號는 弘法大師다. 중국으로 가기 전에 이미 儒 · 佛 · 道 삼교에 상당한 조예를 갖추고 있었고, 몇 권의 책을 쓰기도 하였다. 일본 桓武天皇 延歷23년(804년) 즉 唐나라 德宗 貞元 20년에 遣唐使의 일원으로 당나라에 갔다가 일본 조정의 허가를 받고 유학을 하였다.

비평서였던 것이다. 구양수의 시화가 인기를 끌게 되자 여러 사람들이 그 체재에 따라 '시화'라는 말이 들어가는 제목의 책들을 쏟아내었고, 이에 시화는 중국 시가의 보편적인 비평 형태로 자리를 잡게 되었다.

시화가 유행하면서 이론성이 강한 전문적인 비평서도 '시화'라는 이름으로 등장한다. 그 대표적인 것이 엄우(嚴羽)의 ≪창랑시화(滄浪詩話)≫다. ≪창랑시화≫는 기존의 시화가 다소 오락적인 흥미를 위주로 하였던 것과는 달리 전문적인 비평을 지향하여 이론적 요소가 돋보인다. 시화는 이론비평에까지 그 영역을 확대한 것이다.

시화가 시가비평의 전 분야를 포괄하게 되면서 시화는 시가비평서 그 자체를 의미하기도 하였다. 그 결과 구양수의 시화 이전에 간행된 시가 비평서들도 시화의 범주에 편입시키는 움직임이 나타났다.[53)]

시가비평서 그 자체로 인식되게 된 시화는 급기야 문학비평서의 전형이 되기에 이르게 된다. 그리하여 다른 장르의 비평서들도 시화의 체례를 따르게 되었고, 각 장르의 이름 뒤에 '화(話)'자를 붙인 비평서가 출현하게 되었다. 사(詞)를 비평한 사화(詞話)와 곡(曲)을 비평한 곡화(曲話), 대련(對聯)을 전문적으로 비평한 연화(聯話)라는 것들이 그것이다.

3) 작품선집

특정 기준에 따라 많은 작품 가운데에서 몇몇 작품을 선정하여 한 권의 책으로 묶은 작품선집은 독자에게 감상의 편의를 제공하기

53) 대표적인 詩話集인 ≪歷代詩話≫가 梁나라 鍾嶸의 ≪시품≫, 唐나라 皎然의 ≪詩式≫ 등 구양수의 ≪六一詩話≫보다 훨씬 앞선 시기에 등장한 시가 비평서까지 수록하고 있는 것이 그 좋은 예다.

위한 것으로서, 본래 작품 비평이나 이론 개진을 목적으로 한 것이 아니다. 그렇지만 작품의 선정은 작품 선정자의 문학관에 의거하여 이루어지기 때문에, 그 자체가 이미 비평에 해당한다고 볼 수 있다. 그리고 그 영향력이 전문 비평서에 못지않은 경우가 적지 않다.

중국문학사에 큰 영향을 행사한 작품 선집은 한 둘이 아니지만, 그 중에서도 소명태자(昭明太子)[54]의 ≪문선(文選)≫은 비평사적 의의가 가장 현저한 작품선집이다.[55] ≪문선≫은 경전을 위시한 철학과

---

54) 字는 德施고 시호가 昭明이다. 어릴 적 이름은 維摩라고 하였다. 梁武帝 蕭衍의 장남으로 齊 和帝 中興 원년(501년)에 태어나 양무제 中大通 3년(531년) 향년 31세로 타계했다. 그는 매우 총명하여 서너 살의 어린 시절부터 경전을 탐독하고 암송하였으며, 여러 줄을 한꺼번에 읽어 내려가도 한 번 본 것은 모두 기억할 정도였다고 한다. 효성이 지극하여 어머니의 상 때에는 허리둘레가 반으로 줄어들 정도로 애통해하여 보는 이를 눈물짓게 만들었다는 이야기도 전해진다. 정무도 능숙하고 지혜롭게 처리하였을 뿐만 아니라, 인자한 성품에 학문을 좋아하고 산수의 자연을 사랑하는 고상한 인품으로 많은 사람들의 존경을 받았다. 그가 병으로 세상을 떠나자 많은 백성들이 궁전 앞에 모여들어 길을 가득 메우고 슬퍼했다고 한다. 여러 명사들과 뱃놀이를 할 때 어떤 사람이 여자 악공들의 노래가 있어야 한다고 하자 "현악기 관악기가 왜 필요한가? 산과 물에 맑은 음악이 있는 것을(何必絲與竹, 山水有淸音.)"이라는 左思의 <招隱詩>의 시구를 읊조렸고, 이에 제안했던 사람이 매우 부끄러워했다는 이야기도 전해진다. 그런 인품의 소유자 소통은 文選樓를 세우고 당대의 대학자들을 초청하여 고금의 전적들에 대하여 토론하였다고 한다. 그가 秦漢이래의 시와 문장을 뽑아 편찬한 ≪文選≫은 중국문학사에 지대한 영향을 끼쳤다. 오언시 중에서 수작들을 뽑아서 ≪文章英華≫ 20권을 편찬하기도 하였다. 그 밖에 몇 가지 책을 더 편찬하였고 문집도 남겼다.

55) 실제로 ≪문선≫이 중국문학계에 끼친 영향은 중국문학사에서 최고의 문학이론서로 손꼽히는 ≪문심조룡≫보다 더 컸다. ≪문선≫의 중국문학에 대한 영향은 ≪문선≫에 대한 연구열로 이어져 '선학(選學)'이라는 독립적인 학문 영역으로 발전하기에 이르렀다. 근자에 ≪문심조룡≫에 대한 연구 열기가 고조되어 '용학(龍學)'이라는 독립적인 학문 영역이 형성되기도 한 것은 선행한 ≪문선≫의 경우를 본뜬 인상이 짙다.

역사적인 글을 배제하는 작품 선정 기준을 통해 선정자의 문학관과 비평의식을 잘 보여주었다. 이와 같이 작품선집 편찬자는 작품 선정이라는 행위를 통해 다양한 문학관과 비평의식을 보여주고,[56] 작품 선집들은 비평서의 역할을 한다.

(3) 단편 문장이나 부속 문건으로 된 비평문

중국문학에는 비평의 결과를 보여주는 비평문이 단행본의 형태를 이루지 못하고 다른 문건에 부속되어 전해지는 것들도 많다. 그 중에는 문학과 관련된 서문에서 비평을 전개하는 것과 문인들 간에 주고받는 편지글에서 본격적인 비평을 수행하는 경우도 있다. 이들은 독립적인 존재도 되지 못하고 분량도 적은 것이 대부분이지만, 비평의 성취와 영향력은 소홀히 다룰 수 없다. 책의 서문이나 문인들 간에 주고받은 편지글에서 이루어진 비평은 그 치열함과 정치함이 전문 비평서를 능가하는 경우가 적지 않다. 간단한 독서 메모 형태로 전개되는 평점(評點)과 시(詩)이면서 비평의 기능을 띠는 논시시(論詩詩)도 중국문학의 독특한 비평 형식이다.

1) 책의 서문

책 특히 문학서의 서문은 비평을 수행하고 문학론을 전개하기 좋

56) 중국문학사상 ≪시경≫ 이후 최초의 시가선집인 南朝 梁나라 徐陵의 ≪玉臺新詠≫은 편집자의 문학관과 함께 유미주의가 풍미하던 당시의 風尙을 대변하고 있고, 明나라 吳訥의 ≪文章辨體≫를 수정 보완하여 편찬한 徐師曾의 ≪文體明辨≫은 당시 장르론의 면모를 잘 보여주고 있다.

은 곳이다. 책이 문학과 직접 관련되기 때문에 그 책에 대한 언급은 어떤 형태로든 비평의 역할을 하지 않을 수 없게 된다. 글의 성격상 책을 보조하는 기능을 하는 서문이지만 비평의 측면에서는 상당히 중요한 역할을 수행하는데, 때로는 그 글의 막대한 영향력 때문에 독립적인 비평문으로 그 가치를 인정받기도 한다.

<모시서(毛詩序)>는 첫 손가락에 꼽히는 경전인 ≪시경(詩經)≫에 첨부된 서문이라서 그 가치가 책 자체의 가치를 뛰어넘을 수 없는 형편이지만, 그 이론적 가치는 어느 서문보다도 높다.[57] 그것을 능가할 만한 가치를 가진 전문 비평서도 많지 않을 정도다. 다음과 같은 <모시서>의 일부만 보아도 그 이론적 가치는 충분히 확인할 수 있을 것이다.

> 시라는 것은 (시인의) 뜻이 나아간 자취이다. 마음속에 있는 것이 뜻인데, 그것이 언어로 표출되면 시가 된다. 마음속에서 정감이 움직여서 언어로 표출되고, 언어로 표현하는 것이 부족하므로 감탄사를 터뜨리게 되고, 감탄사를 터뜨리는 것으로도 부족하니 말을 길게 늘이어 노래하는 것이다. 말을 늘이어 노래하는 것으로도 부족할 때에는 자신도 모르게 손과 발을 움직여 춤을 추게 되는 것이다.
> 정감이 음성으로 드러나고 음성이 아름다움을 갖출 때, 그것을 노래라고 한다. 태평성대의 노래가 편안한 것은 정치가 조화로운 것을 즐거워하기 때문이고, 난세의 노래가 원망스러운 것은 정치가 잘못되는 상황에 노여워하기 때문이며, 망국의 노래가 슬픈 것은 백성들의 고통을 생각하기 때문이다. 그러므로 정치의 잘잘못을 바로잡고 천지를 움직이고, 귀신을 감동시키는 데에 있어서는 시(詩)보다 더 빠른 것이 없다. (그래서) 옛날의 왕들은 시로써 부부를 다스리고

57) 鍾嶸의 ≪詩品≫은 중국문학비평사상 손꼽히는 명저로 평가되지만, 그 책에 부속되어 있는 서문 즉 <詩品序>의 이론적 가치도 대단히 높게 평가된다.

효도와 공경을 이룩하였으며, 인륜을 두텁게 하고 교화를 아름답게 하였고, 풍속을 개선하였던 것이다.[58]

이 부분만 보아도 시의 본질, 시와 인접 장르와의 관계, 시가와 정치사회적 상황의 상관관계, 시의 효용 등 시와 관련된 중요한 원론적인 사항들이 논의되고 있음을 알 수 있다. 인용하지 않은 나머지 부분을 합하여 전체적인 평가를 하자면, <모시서>는 시경에 대한 비평을 넘어 한(漢)나라 시대 유학자들의 시관(詩觀) 내지는 문학관을 집대성한 것이라고 할 수 있다.

문학의 나라라고 할 만큼 문학이 성행하였던 중국에는 시집이나 문집과 같은 작품집을 비롯하여 허다한 문학관련 서적이 간행되었고, 그 수만큼의 서문이 씌어졌으며, 그 만큼의 비평이 이루어졌다. 서문은 양적인 분량에서도 중국문학비평의 중요한 한 자리를 차지하기에 손색이 없는 것이다.[59] 간혹 서문과 성격이 유사한 발문(跋文)이나 후기(後記)에서도 비평이 이루어지곤 한다.

2) 작가평전

역사서에 실려 있는 작가에 대한 전기는 문학적 관점에서의 평전

58) "詩者, 志之所之也. 在心爲志, 發言爲詩. 情動於中而形於言, 言之不足故嗟嘆之, 嗟嘆之不足故永歌之, 永歌之不足, 不知手之舞之, 足之蹈之也. 情發於聲, 聲成文謂之音. 治世之音安, 以樂其政和; 亂世之音怨, 以怒其政乖; 亡國之音哀, 以思其民困. 故正得失, 動天地, 感鬼神, 莫近於詩. 先王以是經夫婦, 成孝敬, 厚人倫, 美敎化, 移風俗."

59) 각권 300쪽 전후의 11권으로 되어 있는 ≪中國文學批評資料彙編≫(臺北:成文出版社有限公司, 1978.)에 수록되어 있는 자료 중에는 서문이 차지하는 비중이 굉장히 크다. 이 책들은 서문의 비평적 기능을 확인할 수 있는 좋은 자료가 될 것이다.

(評傳)의 성격을 띠게 된다. 작가의 문학 활동에 대한 언급을 배제하고 작가의 일생을 논하기는 어렵기 때문이다. 그래서 유명 작가에 대한 전기에는 그 작가나 그 작가의 작품에 대한 비평이 수반되는 경우가 허다하다. 특히 심약(沈約)이 쓴 ≪송서(宋書)≫의 <사령운전(謝靈運傳)>의 상당 부분은 전문적인 비평문이라고 해도 무방할 정도다. 그 중에서도 "사람들이 하늘과 땅의 영기를 타고나서 오상(五常)의 덕을 갖추어 강함과 부드러움을 엇섞어 사용함으로써 기뻐하고 노여워하는 감정이 나누어지게 된다."[60]라고 한 데서부터 시작하는 긴 단락은 한 편의 간략한 시사(詩史)를 방불케 한다.

3) 서간문

문인들 간에는 편지글을 각자의 문학론을 주장하거나 특정 문학 현상을 비평하는 수단으로 쓰기도 한다. 조비(曹丕)의 <여오질서(與吳質書)>와 조식(曹植)의 <여양덕조서(與楊德祖書)> 등은 문학비평을 수행한 서간문으로 널리 알려져 있다. 백거이(白居易)의 <여원구서(與元九書)>, 한유(韓愈)의 <답이익서(答李翊書)> 등도 중국문학비평사에서 빠뜨릴 수 없는 중요한 의미를 가지는 서간문이다. 만당(晩唐)의 비중 있는 시인 중의 한 사람으로 거론되기도 하지만, 그보다는 시론가로 더 이름이 높은 사공도(司空圖)도 <여시생논시서(與李生論詩書)> · <여극포서(與極浦書)> · <여왕가평시서(與王駕評詩書)> 등 주로 편지글을 통해 자신의 문학이론은 개진하고 비평을 수행하였다. 이 중 <여이생논시서>의 전반부를 통해 서간문에서 이루어지는 문학비평의 모습을 살펴보기로 한다.

60) "民稟天地之靈, 含五常之德, 剛柔迭用, 喜慍分情."

문장을 쓰기가 어렵지만 시를 쓰는 것이 더 어렵다는 것에 대하여 고금의 설명이 많았다. 그런데 나는 맛을 구별할 줄 안 연후에야 시를 논할 수 있다고 생각한다. 강령의 남쪽에는 먹을 만한 것이라고는 초 같은 것이 있으나 시지 않은 것이 없으니 신 맛에 그칠 뿐이고, 소금 같은 것은 짜지 않은 것이 없으니 짠 맛에 그칠 따름이다. 중원에 사는 사람들이 그런 음식을 먹어도 시장기를 속이는 정도만 되면 금세 먹기를 멈추는 것은 시고 짠 이외에 좋은 맛이 결핍되어 있다는 것을 알기 때문이다. 저 강령사람들은 습관이 되어서 분별하지 못하는 것이 당연하다. 시는 여섯 가지의 중요한 요소를 모두 갖추고 있으니 풍유(諷諭)·억양(抑揚)·정축(渟蓄)·온아(溫雅) 같은 것들이 모두 그 안에 있다. 그러나 자신이 터득한 바를 있는 그대로 드러냄으로써 품격이 절로 훌륭해지는 법인데, 여러 선배들의 문집들조차 이러한 점에 힘을 집중하지 않았으니 하물며 그 보다 못한 것은 어떠하겠는가? 왕유(王維)와 위응물(韋應物)은 맑고도 정교하여 그 자체에 품격도 있으니 어찌 굳세고 빼어난 풍격에 손색이 있겠는가? 가도(賈島)는 진실로 빼어난 구를 남겼지만 그의 작품 전체를 보면 의미가 상당히 부족하고, 대체로 뻑뻑한 느낌을 주는 것에 집중해서만 비로소 자신의 재능을 드러내는 것도 여러 가지 풍격을 소화해내지 못하는 것이다. 하물며 그보다 못하는 사람들의 경우에야! 아! 가까운 듯하면서도 들뜨지 않고 먼 듯하면서도 다함이 없는 다음에라야 운외지치(韻外之致)를 말할 수 있는 법이다.61)

61) "文之難, 而詩之難又難, 古今之喩多矣. 而愚以爲辨於味, 而後可以言詩也. 江嶺之南, 凡足資於適口者, 若醯, 非不酸也, 止於酸而已; 若鹾, 非不鹹也, 止於鹹而已. 華之人以充飢而遽輟者, 知其鹹酸之外, 醇美者有所乏耳. 彼江嶺之人, 習之而不辨也, 宜哉. 詩貫六義, 則諷諭抑揚渟蓄溫雅, 皆在其間矣. 然直致所得, 以格自奇. 前輩諸集, 亦不專工於此, 矧其下者耶. 王右丞韋蘇州澄澹精緻, 格在其中, 豈妨於遒擧哉? 賈浪仙誠有驚句, 視其全篇, 意思殊餒, 大抵附於蹇澀, 方可致才, 亦爲體之不備也, 矧其下者哉! 噫! 近而不浮, 遠而不盡, 然後可以言韻外之致耳."

시가 비평의 기본 원리를 논한 다음 몇몇 작가에 대하여 실제비평을 전개한 대목이다. 이 중 시가의 풍격 변별을 맛의 분별에 비유해 논한 부분은 중국문학비평의 주류를 이루는 풍격비평을 이해하는 데에 좋은 참고 자료가 된다.

이와 같이 중국 작가들 간에는 편지글을 통해서 자신의 문학관을 개진하고 비평을 수행하는 것이 매우 흔한 일이었다. 개중에는 비평사적으로 비중이 큰 것도 적지 않으므로 중국문학비평의 중요한 일환이 되기에 손색이 없다.

4) 평 점

옛날 사람들이 책을 읽을 때 손가는 대로 행간에 약간의 느낌과 감상을 써 넣고 훌륭한 부분에는 둥근 점을 치던 것을 평점이라고 한다.[62]'비평의 말'인 '평어(評語)'와 '중요 부분에 가한 동그라미나 점'인 '권점(圈點)'을 합친 말인 셈이다. 평점은 작품원문 옆에 첨부되기 때문에 그 자체로 독립성이 없고 작품원문과의 대조를 통해서만 그 구체적인 의미가 파악될 수 있다.

남송(南宋)시대에 처음으로 산문에 대한 감상과 비평의 일환으로 이루어지던 평점은 이후 명청(明淸)시대에 들어서 소설과 희곡 비평의 주도적인 양식으로 자리 잡게 되었다. 대표적인 것으로 중국문학사상 소설의 가치를 크게 제고시킨 인물로 널리 알려져 있는 김성탄(金聖歎)[63]이 <수호전(水滸傳)>과 <서상기(西廂記)>에 가한 평점을 들

62) 漢語大詞典編輯委員會漢語大詞典編纂處, ≪漢語大詞典≫(上海:漢語大詞典出版社, 1989년 초판, 1994년 제3쇄.) 제11권 제101쪽 참조.

63) 본명은 采고 字는 若采였는데, 후에 人瑞로 개명하였다. 일반적으로 金聖歎으로 불리는데, 聖歎은 그의 號다. 일설에는 그의 본성이 張씨였다고도 한다.

수 있다.

평점이 작품 원문의 행간에 써넣는 것과는 달리, 작품 원문 위의 여백에 써넣은 평어도 있다. 이러한 글들은 그것이 씌어 있는 책의 부위를 부각시켜 미비(眉批)라고 한다.[64] 개중에는 평점과 미비가 공존하는 경우도 있다.[65]

5) 논시시(論詩詩)

당(唐)나라의 두보(杜甫)는 <희위육절구(戲爲六絶句)>라는 이름으로 6편의 절구를 썼다. 두보는 이 중 전반 3수에서는 이전 시대 몇몇 유명 작가에 대한 비평을 시도하였고, 후반 3수에서는 시가 창작과 관련된 몇 가지 문제에 대한 두보 자신의 견해를 표출하였다. 곧 절구라는 시의 형태로써 시를 논한 것이다. '시의 형태로써 시를 논한 것'을 '시를 논한 시'라는 의미로 '논시시(論詩詩)'라고 하고, 그 시가 절구인 경우는 '논시절구(論詩絶句)'라고 한다. 두보의 <희위육절구>는 중국문학사상 논시절구(論詩絶句)의 효시로 여겨진다.

明 神宗 萬曆 36년(1608년)에 태어나 淸 世祖 順治 18년(1661년)에 향년 54세로 타계했다. 반항심이 강하고 시류에 타협하지 않았던 그는 과거 시험에서도 그런 기질을 드러내어 여러 차례 응시했으나 끝내 합격하지 못하였고, 마침내 정부시책에 반항하다가 피살당했다. <離騷> ·≪莊子≫·≪史記≫·杜詩 ·≪水滸傳≫·≪西廂記≫에 평점을 가하고 그들을 합칭하여 '六才子書'라고 했던 것은 소설과 희곡의 문학적 가치를 드높인 중국문학비평사의 획기적인 일로 평가된다. 평점본으로 현전하는 것은 ≪水滸傳≫과 ≪西廂記≫ 두 종인데, 여기에 담긴 문학관은 후세 소설의 창작과 비평에 심대한 영향을 끼쳤다.

64) 책 페이지를 사람의 얼굴로 간주하였을 때 그 부분이 눈썹 부위에 해당한다고 본 듯하다.

65) <增批繪像第六才子書西廂記>가 그 좋은 예다.

금(金)나라 시대 원호문(元好問)이 쓴 <論詩絶句30首>는 논시절구의 대명사로 불릴 만큼 중국문학비평사상 가장 영향력이 큰 논시절구다. 원호문의 논시절구는 많은 사람들의 모방작을 낳게 하였고, 그 결과 논시절구는 논시시의 대표를 넘어 중국시가비평의 한 가지 양식으로 자리잡게 되었다. 논시절구의 성행은 역대의 논시절구를 모아 놓은 것으로 본문만 1800쪽에 이르는 ≪만수논시절구(萬首論詩絶句)≫[66]라는 책의 제목과 그 분량에서 그 정도를 짐작할 수 있다.[67]

---

66) 郭紹虞 · 錢仲聯 · 王遽常 編, 北京:人民文學出版社, 1991년 출간.

67) 논시절구 중에는 간혹 5언절구로 된 것도 있지만 대부분이 7언절구로 되어 있는 것은 매구 두 자가 더 많은 7언절구가 논리의 전개에 유리했기 때문일 것이다. <二十四詩品>은 4言으로 된 논시시라고 할 수 있다.

제 9 장

한자와 중국어에 의한 중국문학의 특성

중국문학을 전공하지 않은 일반인들에게 널리 알려져 있는 중국문학은 <삼국지(三國志)>와 <서유기(西遊記)> 등 사대기서(四大奇書)로 대표되는 소설이다. 통념은 그렇게 소설을 중국문학의 대표 장르로 인식하는 경향이 있다. 그렇지만 실제 중국문학을 대표하는 장르는 시가다. 중국문학의 입문을 돕는 개론서 한 권만 보아도 그런 사정은 쉽게 확인할 수 있다.

중국문학에서는 유난히 시가가 차지하는 비중이 높다. 중국문학의 본격적인 출발이 시가집인 ≪시경(詩經)≫에서 시작할 뿐만 아니라, 전통시대에는 어느 시대를 막론하고 시가를 창작하고 감상하는 능력이 사대부들의 필수 교양이었다. 그런 관계로 시가는 다른 어떤 장르보다도 많은 작가와 작품을 보유하고 있다.

중국문학에는 '시'라는 이름을 가진 것 이외에도 시가에 속하는 장르가 여럿 있다. 중국의 특정 왕조시대에 특별히 성행하여 문학계의 주도적인 위상을 점했던 장르를 적시하여 그 시대 문학의 특징으로 삼을 때에 흔히 입에 올리는 '한부(漢賦) · 당시(唐詩) · 송사(宋詞) · 원곡(元曲)'이라는 말에 들어 있는 장르는 모두 시가이거나 시가에 가까운 운문이다. 중국문학에서의 시가 내지 운문의 다양성과 그 유행의 정도를 단적으로 보여주는 것이라 할 수 있다.[1]

연극의 대본인 희곡은 일반적으로 산문으로 구성되기 마련이지만, 중국문학에서는 희곡에도 운문인 시가가 핵심적인 역할을 담당하는 특이한 양상을 보인다. 그 뿐만이 아니다. 산문의 대표적인 양식이라고 할 수 있는 소설에서도 중국문학의 경우에는 시가가 빈번하게 사용되는 현상을 발견할 수 있다. 명나라와 청나라 시대에 크게 유행하였고 지금도 그 맥이 면면히 이어지고 있는 대련(對聯) 역시 운문의 한 갈래다.

이처럼 시가 내지는 운문이 중국문학사에서 크게 성황을 이루었고 중국문학 전반에서 압도적인 우위를 점하고 있다는 점은 분명 중국문학의 특수한 면모다. 중국문학에서 시가가 이렇게 발달하게 된 것은 중국문학의 수단이 되는 중국어와 한자의 특성과 밀접한 관련이 있다.

1. 한자 및 중국어의 특징

중국문학을 기술하는 수단인 한자는 모양과 소리와 뜻이라는 세 부분으로 구성되어 있다. 바로 중국의 문자학(文字學)에서 말하는 한자의 삼 요소, 즉 형(形)과 음(音)과 의(義)의 세 부분이다. 형(形)은 육안으로 식별되는 개별 글자의 형태를 말하고, 음(音)은 그 글자가 지니는 소리이며, 의(義)는 그 글자 속에 담긴 뜻이다. 이러한 한자의 기본적인 성격은 이 한자를 이용하여 엮는 문장에 독특한 분위기를

1) '元曲'의 '曲'을 '散曲'으로 보면 산곡이 시가이기 때문에 문제가 없다. 그러나 '元曲'의 '曲'을 '戲曲'으로 보면 문제가 생길 수 있다. 동작과 대화를 하는 부분은 운문이 아니기 때문이다. 그렇지만 그런 희곡에서도 산곡이 가장 중요한 구성 요소가 된다는 점에서 크게 문제가 되지 않을 것으로 본다.

형성하고, 그런 문장으로 이루어지는 중국문학 역시 그로 말미암아 독특한 성격을 형성하지 않을 수 없게 된다.

(1) 상형문자

한자는 그 기본적인 속성이 개념을 그림으로 표현하는 상형문자다. 한자의 변천사에서 예서(隸書)의 단계에 이르러 한자의 부호적 성격이 강화되었다고는 하나, 그 본래의 상형문자적 성격이 완전히 사라진 것은 아니다. 여기에 더하여 형부(形部)와 성부(聲部)로 구성되어 있는 형성문자(形聲文字)의 수가 많다는 점은 한자를 사용하여 글을 쓰는 사람들로 하여금 자연스럽게 문장의 형태미에 관심을 기울이게 한다.

(2) 성 조

발음의 장단과 고저에 따라서 의미의 분화를 가져오게 하는 성조가 존재하는 것은 중국어의 큰 특징의 하나이다. 성조가 있는 음운들을 조합하여 일정한 의미를 전달할 때, 발화자는 발화 과정에서 자연스럽게 음운의 조화를 생각하게 될 것이다. 발음하기 쉽게 말하고자 하는 것은 편안하기를 지향하는 사람들의 자연스런 욕구이며, 듣는 사람이 듣기 좋게 음운을 조화시키고자 하는 것은 소통을 위한 기본적인 배려하고 할 수 있다. 음성언어로 변환시킬 때 발음하기 쉽고 듣기에 좋은 문장을 구성하고자 하는 노력은 문장의 음악성을 추구하는 것으로 귀결되기 마련이다.

(3) 고립어

중국어의 언어적 특성은 고립어라는 말로 정의될 수 있다. 중국어는 성(性)이나 격(格)이나 시제의 차이에 따라 어휘의 형태가 변하는 구미어의 굴절어와도 다르고, 격에 따라 각기 다른 조사가 첨부되는 한국어나 일본어와 같은 교착어와도 달리 동일한 형태의 어휘가 문장상의 위치의 차이에 따라 각기 다른 역할을 수행한다. 중국어의 이러한 고립어적인 특성은 기본적으로 한 글자가 하나의 의미를 가지는 한자의 상형문자적 속성과 관련이 있다.

2. 한자의 형태로 인한 중국 문장의 특징

(1) 형태미 추구

아름다움은 주로 눈과 귀를 통해서 인지된다. 그래서 중국문학의 미문의식도 시각적 아름다움과 청각적 아름다움을 구현하는 데에 힘을 쏟고, 거기서 상당한 성과를 올리고 있다. 문학에서의 시각적 아름다움을 추구하는 방식은 대략 두 가지로 나누어 볼 수 있다. 하나는 한자 자체의 형태를 응용하여 시각적 아름다움을 추구하는 것이고, 하나는 문장 속에서 시각적 이미지를 구성하는 데에 노력하는 것이다. 전자는 한자의 형태와 직접 관계가 있는 시각적 아름다움이라면, 후자는 상형문자라는 한자의 속성과 일정한 관련이 있는 것이다.

한자의 형태를 이용한 것으로는 한자의 특정한 부위에 동일한 요소가 들어 있는 글자들을 조합하여 독특한 미감을 드러내는 것이 대표적인 것이다. 이해를 돕기 위해서 다소 극단적인 경우를 소개하기로 한다.

> 淚滴湘江流滿海(누적상강류만해),
> 嗟嘆嚎啕哽咽喉(차탄호도경인후).[2)]
>
> 상강(湘江)에 눈물이 떨어져 바다로 가득 흘러가고
> 탄식하고 울부짖어 목이 메인다

위 구는 '눈물 루(淚)', '물방울 떨어질 적(滴)', '상강(湘江)', '흐를 류(流)', '찰 만(滿)', '바다 해(海)' 등 모든 글자가 삼수(氵)변이 있는 글자로 되어 있고, 아래 구는 '탄식하다'라는 뜻의 '嗟嘆(차탄)', '울부짖다'라는 뜻의 '嚎啕(호도)', '목이 메이다'라는 뜻의 '哽(경)', '목구멍'이라는 뜻의 '咽喉(인후)' 등 모두가 '입 구(口)'자 변이 들어 있는 글자로 되어 있다. 다소 유희적인 성격이 없지 않으나 한자의 형태상의 특성을 잘 드러내는 것으로서 다른 문자로서는 해내기 어려운

2) 옛날 일찍 남편을 여의고 3년을 수절한 과부가 이웃에 사는 서당 훈장과 눈이 맞았다고 한다. 서당 훈장이 정식으로 결혼식을 올리고자 과부댁에 매파를 보냈으나 과부의 시부모는 단호히 거절하였다. 이에 크게 실망한 과부가 자살하려고 강물에 뛰어들었다. 다행히 때마침 곁을 지나가던 어느 선비가 그 광경을 보고 물에 뛰어 들어 과부를 구하고서 소문을 듣고 달려온 과부의 시부모에게 사람의 목숨이 중하니 며느리의 개가를 허락하라고 종용했다. 이에 과부의 시아버지가 '淚滴湘江流滿海'라는 구절을 읊으며 이 구에 들어맞는 구를 읊으면 그렇게 하겠다고 하였고, 그 선비가 '氵'라는 같은 부수의 글자만으로 만든 시아버지의 구에 어울리게 구 전체가 '口'부수로 되어 있는 '嗟嘆嚎啕哽咽喉'라는 구절을 읊어서 그 과부의 재가를 성사시켰다고 한다. '淚滴湘江流滿海'는 과부 며느리의 모습을 읊은 것이고, '嗟嘆嚎啕哽咽喉'는 과부의 친정 부모들이 슬퍼하는 모습을 묘사한 것이다.

것이다.

위의 경우는 다소 특수한 경우라서 한자의 특성을 반영한 중국문학 또는 중국 문장의 일반적인 속성을 대변하는 것이라고는 하기 힘들다. 하지만 한(漢)나라 시대에 성행했던 부(賦)를 보면 이러한 종류의 수사가 상당히 보편적으로 사용되었다는 것을 알 수 있다. 부에서는 흔히 특정 주제에 대한 이야기를 하면서 같은 부수의 글자들을 죽 늘어놓는 경향이 있는데, 그것은 같은 부수의 글자들의 통일성을 통해서 독특한 시각적 아름다움을 추구하는 것이다.3)

부가 작가의 문학적 재능을 유희적으로 발휘한 유미주의적 문학이라는 평가를 받는 것도 한자의 이러한 운용과 밀접한 관련이 있다. 내용보다 글자의 형태를 더 많이 고려한 탓에 유희적으로 된 것이며, 한자의 형태적 특성을 이용한 그러한 문장이 유미주의적 성격을 강화시켰던 것이다. 한자의 형태가 한자로 쓴 문장의 시각적 미감 형성에 상당한 역할을 하는 것이다.

3) 예를 들어 漢나라 시대 賦의 대표작가인 司馬相如의 대표작품 중의 하나인 <上林賦> 중에는 "於是乎蛟龍赤螭, 鮔몽漸離, 鰅鰫鰬魠, 禺禺거鰨; 揵鰭掉尾, 振鱗奮翼, 潛處乎深巖. 魚鼈讙聲, 萬物衆夥. 明月珠子, 的皪江靡; 蜀石黃碝, 水玉磊砢, 磷磷爛爛, 采色澔汗, 藂積乎其中. 鴻鷫鵠鴇, 駕鵝屬玉, 交精旋目, 煩鶩庸渠, 箴疵鵁盧, 群浮乎其上."로 되어 있는 부분이 있다. 앞에는 주로 '고기 어(魚)' 부수의 글자들을 나열하고 있고, 그 다음에는 '돌 석(石)'자 부수의 글자가 약간 나오다 뒤에는 '새 조(鳥)'자 부수의 글자들이 상당수 나열되어 있다. 내용 못지않게 글자 부수에 통일성을 기하려고 애를 쓴 흔적이 역력하다. 한자로 바꾸지 못한 '몽'자는 '魚'자에 '瞢'자가 합쳐진 글자이고, '거'자는 '魚'자에 '去'자가 합쳐진 글자다.

(2) 시각적 이미지 중시

한자로 이루어진 문장의 시각적 아름다움의 핵심은 뛰어난 시각적 이미지의 형성에 있다. 그것은 형식논리에 의한 추상사유보다는 시각에 의존하는 직관적 사유에 능한 중국인의 사유방식에 기인하는 것으로 생각된다.[4] 그렇지만 중국인의 그러한 사유도 한자의 특성과 밀접한 관계가 있다고 할 수 있다. 한자의 상형문자적 속성 즉 한자의 회화적 속성이 시각에 치중하는 직관적 사유를 조장하였고, 그런 사유의 영향으로 시각적 이미지를 중시하는 문장이 발달했다고 생각되기 때문이다. 앞서 거론한 바 있는 '시화일률론(詩畵一律論)'도 이런 맥락에서 이해할 수 있다.

(3) 함축적 표현의 발달

문자는 음성언어를 기호화한 것이다. 그리고 음성언어는 시대에 따라 변화한다. <용비어천가>나 <두시언해>는 분명 우리말인 듯하지만 연구자의 해설이 없으면 오늘날의 일반인들은 전혀 알아 볼 수 없는 것들이 태반이다. 600년이 채 되지 않은 세월 동안 우리말이 엄청나게 변하였다는 것을 잘 보여주는 자료들이다.

그러나 중국의 경우에는 근현대의 한문 문장을 독해할 능력이 되는 사람이라면 기원전에 씌어진 ≪사기(史記)≫도 어렵지 않게 읽을 수 있다. 현재의 북경 지역을 중심으로 한 지역에서는 원(元)나라 무

4) 中村元 저, 김지견 옮김, ≪중국인의 사유방법≫(도서출판 까치, 1990.) 참조.

렵에 입성(入聲)이 사라지는 엄청난 음운의 변화가 있었던 것을 보면 중국어도 시대에 따라 끊임없이 변해온 것이 분명한데도, 글말이 2천 년이 넘는 세월을 뛰어넘고도 별 무리 없이 소통될 수 있다는 것은 중국의 글말과 입말이 다소 다른 방식으로 발전했다는 것을 의미한다. 중국의 글말은 입말의 변화와는 관계없이 오랜 세월 동안 거의 변화 없이 지속되었다고 해야 할 것이다.

중국의 문장이 이런 속성을 지니게 된 것을 설명하는 것 중에 그럴 듯한 것이 한자는 각 글자의 획이 너무 많아 쓰기에 어려웠기 때문이라는 설이다. 곧 획이 너무 복잡하여 한 글자를 쓰는 데에 너무 많은 시간이 소요되므로 애초에 내용을 축약하여 기록하는 버릇이 생겨나서 마침내 입말의 변화에 관계없이 글말은 원래의 방식을 유지해나간 결과가 그렇게 되었다는 말이다. 실제로 종이가 발명되기 이전에 대나무나 나무에 칼로 글자를 새겨 기록하는 경우, 획이 많은 한자로 기록을 한다는 것은 매우 품이 많이 드는 작업이었을 것이므로 그러한 논리는 상당한 설득력을 가진다고 할 것이다.[5] 고문을 현대 중국어로 번역할 때 분량이 매우 많이 늘어나는 현상을 보면, 그 동안 언어에 상당한 변화가 있었다는 점을 감안하더라도 고문은 상당히 축약된 형태의 기록이라는 점을 짐작할 수 있다.

또 한자 한 글자 곧 중국어의 한 음절이 한 가지 뜻을 담는다는 점은 같은 음절수의 다른 언어에 비해 훨씬 많은 의미를 전달할 수 있다는 것을 의미한다. 모두 17음절로 되어 있어서 세계에서 가장 짧은 정형시로 알려져 있는 일본의 하이꾸(俳句)보다도 음절수가 적은 7언 두 구로 된 대련(對聯)에 포함되어 있는 의미의 수는 도리어 하이꾸보다 많다는 점은 중국어와 한자의 그러한 특성을 여실히 보

5) 김학주, ≪중국문학사≫(서울:신아사, 2007.) 제37쪽 참조.

여준다.[6] 의미를 경제적으로 또는 집약적으로 전달할 수 있다는 점은 문장의 함축성을 증대할 수 있다는 것이고, 그것은 곧 시적 표현에 유리한 조건을 갖추고 있다는 것을 의미한다.

3. 음성적 요소에 기인한 중국문장의 특징

(1) 음악성 추구

문자는 음성언어를 시각화한 부호이므로, 문자는 소리와 불가분의 관계에 있다. 그러므로 문자를 운용할 때에는 문자의 음가에도 주의를 기울이지 않을 수 없다. 문자들의 조합에 따라 발음하기가 쉽거나 듣기에 좋은 것도 있지만, 발음하거나 듣기에 거북한 경우가 생길 수도 있기 때문이다. 우리말에도 '진해 찹쌀 새 찹쌀'처럼 발음하기 거북한 경우가 있듯이 중국어에도 그런 경우는 얼마든지 있다. 문자유희에 가까운 다음과 같은 대련은 문장의 구성에 있어서 발음이

6) 널리 애송되는 바쇼(芭蕉)의 하이꾸 중 "오래된 연못이여 개구리 뛰어드는 물소리"라는 뜻의 작품은 일본어로 "ふるいけやかわずとびこむみずのおと"의 열 일곱 음절로 되어 있다. 그런데 이 작품을 한자를 섞어 쓰는 통상적인 표기법으로 바꾸면 "古池や蛙飛び込水の音"가 된다. 이 작품의 실질적인 의미는 한자로 표현되어 있는 것이 대부분이므로 한자 7자에 해당하는 분량이다. 설사 'や'자에 들어 있는 감탄사적 의미와 'の'자에 들어 있는 소유격의 의미를 쳐준다고 하더라도 기껏 한자 9자의 분량에 불과하다. 이에 비하여 淸나라 鄭燮의 명품 대련 '春風放膽來梳柳, 夜雨瞞人去潤物.' 14자는 글자 수대로 14개의 뜻을 담고 있다. 이 작품을 우리말로 번역해보면 대략 '봄바람은 대담하게 불어와 버드나무에 빗질하고, 밤비는 남몰래 내려서 만물을 적시네' 정도가 되는데, 도합 35음절이다. 한자로 된 문장은 우리말에 비해서도 2배가 넘는 함축성을 가지는 것이 확인되는 셈이다.

얼마나 중요한 의미를 지니는지를 잘 보여준다.

> 屋北鹿獨宿(옥북록독숙),
> 溪西鷄齊啼(계서계제제).
>
> 집 북쪽에 사슴이 홀로 잠들고
> 시내 서쪽에서는 닭들이 함께 운다

내용만으로 보면 이 대련은 매우 정교하게 구성된 훌륭한 작품이라 할 수 있다. 특정 장소를 나타내는 명사 '屋(옥)'자에 역시 같은 성격의 명사 '溪(계)'가 짝을 이루고, '北(북)'이라는 방향을 나타내는 말에 '西(서)'라는 방향을 나타내는 말이 짝을 이루고 있다. 그 다음에는 사슴이라는 동물을 나타내는 '鹿(록)'자에 역시 동물인 닭을 나타내는 '鷄(계)'가 짝을 이룬다. 그 다음에는 부사로서 '홀로'라는 뜻을 가진 '獨(독)'자에 역시 부사이면서 '홀로'와는 상대가 되는 '함께'라는 뜻을 가진 '齊(제)'자가 짝이 되어 있다. 마지막에는 동작을 나타내는 동사인 '宿(숙)'과 '啼(제)'가 짝을 이루고 있다. 이와 같이 이 대련의 아래 위 두 구는 같은 위치에 의미상으로도 같은 부류이고 품사상으로도 같은 글자가 선명한 대비를 이룰 뿐만 아니라, 내용상으로도 평화로운 전원의 정경을 노래하고 있어서 명품이 되기에 손색이 없다.

그러나 이 대련을 소리내어 읽으면 상황은 달라진다. 괄호 속에 들어 있는 우리말 발음으로 읽어도 이 두 구가 얼마나 읽기 어려운 문장임을 금세 알 수 있다. 중국어 발음으로 읽으면, 위 구 '屋北鹿獨宿(옥북록독숙)'은 그 난이도가 우리말의 경우보다 덜하지만, 아래 구 '溪西鷄齊啼(계서계제제)'은 우리말의 경우보다 더 심하게 느껴진다. 아래 구의 중국어 발음이 우리말의 경우보다 힘든 것은 중국어에 있는 성조와 함께 모음이 동일하기 때문이고, 위 구의 중국어 난이도가 우리말 보다 덜한 것은 표준어로 채택된 북경 지역의 중국어 한자 발음에 변화가 있었기 때문이다. 그러나 이와 같은 대련을 지을 때 고려하는 한자의 발음은 오늘날의 발음을 기준으로 하는 것이 아니라 우리의 한자 발음과 유사한 것으로 여겨지는 옛날 중국어 발음이 근거하기 때문에, 이 대련의 위 구는 한국말 발음으로 읽고 아래 구는 중국어 발음으로 읽을 때에 이 대련의 음성적 특징이 제대로 드러난다.[7)]

이 대련은 위 구는 모두 종성이 'k' 발음인 입성의 글자로 만들고 아래 구는 모두 같은 모음의 평성의 글자로 만들어 발음하기 어렵게 함으로써 특색을 드러내고자 했던 것이다. 곧 불쾌한 발음으로 기발함이라는 쾌감을 도모하는 역설적 전략의 소산이다. 그러므로 이런 식의 문자조합은 특수한 예외로서 그 가치가 인정될 수 있다고는 해도, 일상적으로 이런 식의 문장을 구성한다면 내용의 여하를 불문하고 읽기가 고약한 최악의 문장이 되지 않을 수 없다. 문장 구성에 있어서 발음이라는 음성적 요소를 고려하지 않을 수 없는 이유가 여기에 있다. 특히 성조라는 독특한 음성적 특징이 있는 중국어에 있어서는 발음의 특성을 고려한 문자의 배열에 주의를 기울이지 않을 수 없다.

7) 平聲 · 上聲 · 去聲 · 入聲의 네 가지인 중국어의 四聲 중 입성은 元나라 무렵에 현재 중국어의 표준어로 채택되어 있는 북경어권에서 사라지고, 평성이 陰平聲과 陽平聲의 둘로 분화되어 새로운 사성 체계를 형성하여 오늘날에 이르고 있다. 그렇지만 律詩를 쓸 때에는 원나라 이전 시대의 발음 곧 입성이 있는 발음체계를 따른다. 입성은 중국어의 일부 방언에 남아 있고 우리나라의 한자 발음에도 남아 있다. 우리나라 한자 발음에서 'ㄱ · ㅂ · ㄹ' 등의 받침이 붙는 글자가 대개 입성이다. 그래서 입성인지 아닌지는 표준 중국어 발음으로는 판단하기 힘들고, 우리나라 발음에 따를 때에 변별하기 쉽다.

위에서 보듯이 입성의 글자는 발음의 성격상 답답한 느낌이 들고, 중복되면 발음하기가 매우 어렵다. 그렇다고 평성만으로 된 구절의 발음이 쉬운 것도 아니었다. 모름지기 서로 다른 발음들이 적절하게 엇섞여 있어야 발음이 편하고 자연스럽게 되는 것이다.

중국사람들은 시와 문장, 특히 시를 지을 때 발음을 고려하는 문자의 배열에 매우 고심하였다. 남북조시대에 이르러 인도 학문의 영향으로 중국인들이 중국어의 성조의 중요성을 자각하고 본격적인 연구를 시작하였다고는 하지만, ≪시경≫이나 ≪서경≫의 문장에서 발음의 조화를 고려한 흔적이 발견되는 것으로 보아 중국에서 발음의 조화를 고려하여 문장을 지은 역사는 매우 오래된다.

중국에서 중국어의 특성인 성조를 자각하면서 시를 지은 것은 제(齊)나라 심약(沈約)[8]이 중국어의 네 가지 성조를 정리하여 ≪사성보(四聲譜)≫[9]를 낸 후다. 이 시기에 시인들이 심약의 '성률론(聲律論)'에 근

8) 字는 休文으로 南朝 宋 文帝 元嘉 18년(441년)에 나서 梁 武帝 天監 12년(513년)에 향년 73세로 타계했다. 집안이 가난하였으나 어려서부터 총명하고 공부하기를 좋아하였다. 심약이 밤낮을 가리지 않고 공부에 몰두하자 그의 어머니가 병이 날까 걱정하여 등잔에 기름을 적게 넣어주었더니 낮에는 열심히 글을 읽고 밤에는 그 내용을 암송하였다고 한다. 그 덕에 여러 책에 통달하여 박식해진 심약은 宋나라 齊나라 梁나라의 세 왕조에 걸쳐서 높은 벼슬을 하였다. 서적을 좋아하여 20만 권에 달하는 방대한 장서를 보유했을 뿐만 아니라 자신도 적지 않은 책을 썼다. 자신의 문집과 ≪晉書≫ 등 역사와 관련된 여러 저서들, 그리고 ≪四聲譜≫ · ≪宋文章志≫와 같은 문학에 관련된 저서들을 남기고 있으며 ≪俗說≫이라는 소설 범주의 저서도 남겼다.

9) 위 沈約이 지은 책으로 중국어의 聲調를 平 · 上 · 去 · 入이라는 四聲의 체계로 정리해내어 후대의 시가 특히 律詩의 성립에 지대한 영향을 끼쳤다고 하나, 이 책은 현재 전해지지 않는다. 심약은 이 책을 짓고서 '시인들이 수천 년 동안 모르고 있었던 것을 홀로 깨달아 그 묘리를 다 밝혀낸 것으로 入神의 경지에 든 작품'이라고 자부했다고 한다. 그러나 일부에서는 심약 이전에 이미 사성에 대한 논의들이 있었다며 그 독창적 가치를 온전하게 인정하지 않기도 한다.

거하여 시가의 음성적 아름다움을 추구하여 시를 지었는데, 이를 영명체(永明體)10)라고 한다. 이후로도 시가의 음성적 효과에 대한 연구가 지속적으로 이루어져 초당 무렵 심전기(沈佺期)11)와 송지문(宋之問)12)에 의하여 그 연구가 집대성되어 다음과 같은 구조로 되어 있는 '율시(律詩)'라는 형식을 확정하게 되었다.

空山新雨後(공산신우후),
天氣晩來秋(천기만래추).
明月松間照(명월송간조),
淸泉石上流(청천석상류).
竹喧歸浣女(죽훤귀완녀),
蓮動下漁舟(연동하어주).
隨意春芳歇(수의춘방헐),
王孫自可留(왕손자가류).

10) 南朝 齊나라 永明 연간(483년~493년)에 沈約의 '四聲八病'이론에 따라 沈約 · 謝朓 · 王融 등이 중심이 되어 성률을 세심하게 따져서 지었던 시들을 일컫는다.

11) 字는 雲卿이며 생년은 알려져 있지 않고 졸년도 唐 玄宗 開元 초(713년 전후)무렵이라는 것만 알려져 있다. 시를 잘 지어 당시의 시인 宋之問과 쌍벽을 이루어 사람들은 그들을 '沈宋'이라고 불렀으며 그들의 시를 '沈宋體'라고 하였다. 심전기는 송지문과 더불어 율시의 형식을 완성하는 데에 큰 역할을 했다고 알려져 있다. 원래 문집 10권이 있었다고 하나 없어지고, 明나라 사람이 심전기의 글을 여기저기서 모아 엮은 ≪沈佺期集≫이 전해지고 있다.

12) 字가 延淸이며 이름은 少連이라고도 했다. 생년은 미상이고 졸년도 唐 玄宗 先天(712~713) 연간이라고만 알려져 있다. 풍채가 당당하고 말을 잘 하였으며 五言詩에 뛰어났는데 오언시는 당대에 그와 견줄 자가 없었다고 한다. 심전기와 함께 중국 시단에 끼친 영향은 위의 주에서 이미 언급한 바와 같다. 원래 문집 10권이 있었다고 하나 없어지고 明나라 사람이 송지문의 글을 여기저기서 모아 엮은 ≪宋之問集≫이 전해지고 있는 것도 심전기의 경우와 비슷하다.

빈산에 비 막 개이니
날씨는 저녁 들어 가을이구나
밝은 달은 소나무 사이로 비치고
맑은 샘은 돌 위로 흐르네
대나무밭 시끄러운 것은 빨래하고 오는 아낙네요
연꽃이 움직이는 것은 고깃배 돌아오는 것일세
비록 봄꽃이야 다 졌지만
풍류남아 머무를 만하리라

<산거추명(山居秋暝>이라는 제목으로 되어 있는 왕유(王維)의 시다. 기승전결(起承轉結)의 구조를 가지고 있고, 함련(頷聯)과 경련(頸聯)[13]은 정확한 대구가 되어 있어서 내용 전개에 있어서도 율시의 요건에 잘 부합하고 있다. 압운(押韻)[14]도 율시의 요건을 잘 충족하고 있다[15]. 평측 역시 율격에 잘 들어맞는데, 그 사실을 확인하기 위해서 위 시의 평측을 다음과 같이 정리해 본다.

空山新雨後
평평평측측
天氣晩來秋
평측측평평

13) 율시의 네 聯을 처음부터 순서에 따라 각기 首聯, 頷聯, 頸聯, 尾聯이라고 한다.

14) 각 구의 끝에 같은 운목에 속하는 글자를 쓰는 것을 말한다. 대부분 짝수 번째 구의 말미에 압운을 한다. 七言의 경우에는 첫 구의 끝에도 압운하는 것이 일반적이나 五言은 압운하지 않는 것이 일반적이다. 韻이란 한자의 우리말 발음에서 中聲과 終聲을 합한 것이라고 생각하면 별 문제가 없다. 나머지 初聲은 聲이라고 한다.

15) 下平聲 제11 尤자 韻에 속하는 네 글자를 一韻到底식으로 압운하고 있다. '일운도저'란 처음부터 끝까지 같은 운목에 속하는 글자들을 쓰는 것을 말한다.

明月松間照
평측평평측
淸泉石上流
평평측측평
竹喧歸浣女
측평평측측
蓮動下漁舟
평측측평평
隨意春芳歇
평측평평측
王孫自可留
평평측측평

두 구로 이루어진 각 연(聯)에서 보면 같은 위치에 있는 아래 위의 글자는 첫 글자를 제외하고는 모두 평측이 반대로 되어 있다. 율시에서는 짝수 번째 글자의 평측은 중요하나[16] 홀수 번째의 평측은 그다지 중요하지 않으므로[17] 율시의 율격에서 필수적으로 요구하는 반법(反法)[18]을 충실하게 지키고 있음을 알 수 있다. 그리고 앞 연의 뒤 구와 그에 이어지는 뒤 연의 앞 구 간의 관계를 보면 짝수 번째 글자의 평측이 모두 같은 것은 율시의 율격에서 요구하는 점법(粘法)[19]을 충실하게 준수한 것이다.

16) 이를 '二四六分明'이라고 한다.

17) 이를 '一三五不論'이라고 한다.

18) 각 연의 짝수 번째 글자의 평측은 반대로 되어야 한다는 율시의 규칙을 말한다.

19) 앞 연의 뒤 구와 그에 이어지는 뒤 연의 앞 구의 짝수 번째 글자의 평측은 같아야 한다는 율시의 규칙을 말한다.

가을날의 아름답고 한가로운 풍경을 생각 가는 대로 자연스럽게 그려낸 듯 하지만 그 속에 동원된 시어들은 한 글자 한 글자 그 음가를 따져서 배치한 것임을 확인하게 된다. 곧 이 시는 그 아름다운 서정에 더하여 시어의 음운적 조화를 통하여 그 아름다움이 배가되고 있다는 것을 알 수 있다.

한자와 그에 대응되는 중국어 발음에 있는 성조라는 특성이 문장의 청각적 아름다움을 추구하게 하였고, 이에 따라 중국문학에서는 노래에 근접하는 시가가 발달한 것으로 생각된다. 그렇기 때문에 장구한 세월 동안 시가가 중국문학의 중심으로서 역할을 해온 것도 자연스러운 현상이라고 할 것이다.

(2) 동음이자에 의한 쌍관어의 발달

중국어 사전을 보면 한 가지 발음에 상당히 많은 수의 글자들이 수록되어 있는 것을 쉽게 확인할 수 있다. 중국어의 옛날 발음을 염두에 두고 우리말 발음에 따라 정리되어 있는 한자 목록을 찾아보아도 사정이 유사하다. 여기서 한자는 음절의 수에 비하여 문자가 월등히 많아 발음이 같은 한자가 무척 많다는 사실을 알 수 있다.

한자의 이러한 특성은 특정 문맥에서 같은 발음의 다른 문자를 연상시키게 하는 작용을 하여 시적 분위기를 북돋우는 역할을 하기도 한다. 중당시대의 시인 유우석(劉禹錫)[20]의 <죽지사(竹枝詞)>[21]가 그 좋은 예

20) 字가 夢得으로 唐 代宗 大歷 7년(772년)에 나서 武宗 會昌 2년(842년)에 향년 71세로 세상을 떴다. 문장에 뛰어나 과거에 급제한 후 여러 벼슬을 하였다. 두려움을 모르는 강한 성격을 가졌던 그는 실권자들의 부정과 부패를 노골적으로 풍자하는 시를 자주 지었고, 그 탓에 몇 차례 귀양을 가기도 하였

가 된다.

楊柳靑靑江水平(양류청청강수평),
聞郎江上踏歌聲(문랑강상답가성).
東邊日出西邊雨(동변일출서변우),
道是無晴還有晴(도시무청환유청).

버드나무는 푸르고 강물을 평평한데
내 님이 발 구르며 노래하는 소리 들린다
동쪽에 해가 나고 서쪽에 비가 오니
맑지 않다고 하지만 그래도 맑지요.

마음에 두고 있는 남자를 멀리서 바라보는 젊은 여인의 심정을 노래한 시다. 그러나 위의 시를 위의 번역문처럼 액면 그대로 번역하면 뭔가 초점이 맞지 않는 듯 허전한 느낌이 있다. 아무리 보아도 한 쪽에서는 비가 오고 한 쪽에선 날이 개는 특이한 정경을 노래하는 것이 앞 부분의 분위기와 썩 잘 어울리지 않기 때문이다.

이 시의 포인트는 '晴(청)'자의 발음에 있다. 이 '晴(청)'자는 우리말 발음의 경우와는 다소 다르게 중국어에서는 '情(정)'자와 발음이 같다. 그래서 '맑지 않다'라는 뜻에 가까운 '無晴(무청)'은 '정이 없다'는 뜻의 '無情(무정)'이라는 어휘를 연상시키게 한다. '有晴(유청)' 역시

다. 그가 '詩豪'라는 별명을 얻은 것은 그의 두려움 없는 성격과 궤를 같이 하는 시작 태도 때문이다. 문집 40권이 세상에 전한다.

21) 본래 巴渝(지금의 四川省 동부) 일대의 민가였던 것을 유우석이 개량한 것으로 주로 三峽의 풍광과 남녀 간의 사랑을 노래하여 일세를 풍미했다. 그것을 본받아 지은 후세의 작품들도 작가가 살고 있는 지역의 풍토와 남녀 간의 사랑을 주요 제재로 하였다. 우리나라에서도 상당수의 작품이 지어져 전해지고 있다. 형식은 칠언절구와 같으나 통속적인 시어에 음조가 경쾌한 것이 특징이다.

'有情(유정)'이라는 어휘를 연상시키는 작용을 한다. 그러므로 "맑지 않다고 하지만 그래도 맑지요."라는 말은 '정이 없다고 하지만 그래도 정이 있어요'라고 하는 것과 같다. 미숙하고 무뚝뚝한 마음 속의 남자를 그렇게 표현했던 것이다. 바로 이런 장치가 있었기 때문에 다소 엉뚱해 보이는 이 시가 남녀의 애틋한 사랑을 노래한 시가 되는 것이다.

이러한 원리로 중국시에서 '芙蓉(부용)'이라는 말로써 연꽃을 노래한 경우는 대개 집을 떠나 먼 곳에 가 있는 남편을 그리워하는 것이다. '연꽃'이라는 '芙蓉(부용)'이 '남편의 얼굴'이라는 뜻의 '夫容(부용)'과 발음이 같기 때문이다. 또 홍루몽(紅樓夢)의 주인공 가보옥(賈寶玉)의 성씨 '賈(가)'는 '가짜'란 뜻의 '假(가)'자를 연상시킴으로써 작품의 전체적인 주제를 암시한다고도 한다. 물론 이런 경우를 중국시의 일반적인 작시 방법이나 소설 작법이라고 하기에는 무리가 있지만, 한자와 중국어의 특성을 활용한 이러한 표현이 함축성을 증가시켜서 중국 문장의 시적 표현의 발달에 일정한 기여를 한 것만은 인정해야 할 것이다.

4. 고립어적인 특성에 기인한 중국문장의 특징

(1) 제언체(齊言體)의 발달

중국어의 고립어적인 특성은 한 글자에 한 가지 발음과 하나의 뜻을 가지는 한자의 특성과 밀접한 관련이 있다. 하나의 완전한 의미를 가지는 한 단어의 알파벳 수가 일정하지 않은 인구어(印歐語)나 역시 하나의 완전한 의미를 가지는 단어의 음절수가 다양한 우리말과 달리 한자 한 글자가 하나의 발음과 하나의 뜻을 가지고 있다는 사실은 다른 문자를 사용하는 문장과는 달리 문장의 길이를 조절하기에 매우 유리한 조건을 갖추고 있다는 것을 의미한다.

중국문학의 본격적인 시작이라고 할 수 있는 ≪시경≫의 시가 4언을 위주로 하고 있고, 초사(楚辭)가 주로 6언으로 이루어져 있으며, 심지어 중국 산문의 할아버지로 일컬어지는 ≪서경≫에서조차 4언구가 자주 나타나는 현상을 발견할 수 있는 것은 중국어의 고립어적인 성격의 근간이 되는 '일자 일음 일의(一字 一音 一義)'라는 한자의 특성 때문이다. 그러므로 오랜 세월 동안 발전과 변화와 세련을 거친 끝에 완성된 중국 시가가 한 구의 글자가 모두 다섯 자로 된 오언율시와 한 구의 글자가 모두 일곱 자로 되어 있는 칠언율시로 굳어진 것은 결코 우연이 아니다. 한 글자에 하나의 발음과 하나의 뜻이 있는 한자가 제언체의 발달을 촉진하였고, 제언체는 리듬감이 중시되는 시가의 창작에 편리한 조건을 제공하였던 것이다.

(2) 대구의 발달

제언체는 단순히 어구의 길이와 관련된 것, 곧 문장의 형태적 측면에 관한 것이다. 이 형태적 요소에 의미의 상관성을 더하게 되면 대구(對句)의 발달이라는 중국 문장의 특성과 만나게 된다. 앞에서 인용했던 왕유(王維)의 <산거추명(山居秋暝>의 함련(頷聯)과 경련(頸聯)은 대구의 특성을 잘 갖추고 있다.

明月松間照(명월송간조),
清泉石上流(청천석상류).

竹喧歸浣女(죽훤귀완녀),
蓮動下漁舟(연동하어주).

‘月(월)’이라는 명사 주어에 대응하는 것이 ‘泉(천)’이라는 명사 주어이고, 그들은 각기 ‘明(명)’이라는 형용사와 ‘淸(청)’이라는 형용사의 수식을 받는다. 그 다음 명사인 ‘松(송)’은 명사인 아래 구의 ‘石(석)’과 짝을 이룬다. 그리고 그 다음에는 공간의 위치를 나타내는 ‘間(간)’과 역시 공간의 위치를 나타내는 ‘上(상)’이 짝을 이룬다. 마지막으로 동사인 ‘照(조)’ 역시 동사인 ‘流(류)’와 대응하고 있다. 앞에서 언급한 바, 짝수 번째 글자의 평측이 서로 반대로 되어 있는 것 외에 의미상으로도 같은 문장 구조와 같은 위치에 같은 품사라는 통일성이 구현되어 있다는 것을 확인할 수 있다. 그 다음 경련도 같은 원리에 의해 구성되어 있다.[22)]

이와 같은 대구는 율시의 핵심 요소일 뿐만 아니라, 변려문이라는 중국 문학의 독특한 장르의 기본 원리가 된다. 그리고 율시의 핵심 요소인 대구의 엄격한 규칙의 원리를 응용한 것이 가장 중국적인 장르라고 할 수 있는 대련(對聯)이다. 그런 면에서 한자와 중국어에 의해서 이루어진 문장의 가장 중국적인 특성은 바로 이 대구의 발달에 있다고 해도 과언이 아닐 것이다.

22) 식물의 이름인 명사 ‘竹’이 주어로 되어 있는 것에 대하여 역시 식물 이름인 ‘蓮’이 짝을 이루고 있다. 그 다음에는 동사인 ‘喧’에 대해 동사인 ‘動’이 짝을 이루고 있다. 그 다음에도 동사인 ‘歸’와 역시 동사인 ‘下’가 조응하고 있다. 나머지 두 글자도 각기 형용사로 전성된 동사의 수식을 받는 명사구라는 동일한 구조로 되어 있다.

(3) 품사의 변환에 의한 시적 분위기

기본적으로 한 글자가 한 단어가 되는 한자는 품사가 고정되어 있지 않고 문장상의 위치에 의해 품사가 결정된다. 그러나 일부 글자들은 관행적으로 특정의 의미 또는 특정한 품사로 주로 쓰이는 경향성을 보이기도 한다. 한자의 품사 전환이 자유롭다는 점과 일부 어휘가 특정 품사로 쓰이는 경향성이 상호 작용을 하면 특수한 효과를 발생시킬 수 있다. 특정 어휘가 일반적으로 사용되는 품사와는 다른 방식으로 운용될 때 독자의 의표를 찌르는 새로운 이미지를 만들어 낼 수 있는 것이다. 왕안석(王安石)의 시 <박선과주(泊船瓜洲)>를 보면 그 이치를 짐작할 수 있다.

京口瓜洲一水間(경구과주일수간),
鍾山只隔數重山(종산지격수중산).
春風又綠江南岸(춘풍우록강남안),
明月何時照我還(명월하시조아환)?

경구와 과주는 물 하나를 사이에 두고 있고
종산은 겨우 몇 구비 산만 넘으면 있네
봄바람은 또 강남 기슭을 초록으로 물들이는데
밝은 달은 언제 돌아가는 나를 비춰주려나

명시의 하나로 인구에 회자되는 이 시에서 가장 멋진 표현으로 평가되는 것은 세 번째 구에 들어 있는 '綠(록)'이라는 시어다. 작자 왕안석도 이 글자 하나를 선택하는 데에 무척 고심했다고 알려져 있는데,[23] 결과적으로 이 '綠(록)'자 하나가 시의 분위기를 크게 살려주는 시안(詩眼)[24]이라고 하는 것이 정설로 되어 있다.

이 '綠(록)'자가 7언 절구 28자로 구성된 이 작품의 시안이 될 수 있었던 것은 이 글자의 범상치 않은 용법 때문이라고 생각된다. 곧 '綠(록)'자는 일반적으로 '녹색'을 나타내는 명사이거나 '녹색의 상태'를 나타내는 형용사로 쓰이지만, 여기서는 다분히 동사적인 용법으로 쓰였다. 강남 기슭이 녹색으로 변하는 것이 봄바람의 작위로 표현되어 있기 때문이다.

이런 기발한 의인화의 수법은 독특한 분위기를 조성하여 독자에게 감동적인 미적 체험을 제공하기에 족하다. 그래서 이 '綠(록)'자가 이 시의 시안이 되는 것이다. 중국어가 고립어라는 사실, 그래서 품사의 전성이 자유롭다는 점은 한자로 표현한 문장의 시적 분위기의 조성에 일조를 한다고 해야 할 것이다.

5. 중국인의 문장관과 일치하는 시가의 장르풍격

앞서 제1장에서 '문장은 아름다운 것이다'라는 중국인의 문장관을 통해서 중국인들이 오랜 옛날부터 문학을 미적 질서를 추구하는 예술의 한 갈래로 인식하고 있었던 사실을 확인했던 것을 기억한다. 그리고 제3장에서도 그 아름다움을 강구하는 요소가 사회비판을 주조로 하는 문장을 문학작품이 되게 한다는 사실을 확인한 바 있다.

23) 이 책 제8장 '문학의 감상과 비평' 제3절 '비평의 지향' 제2항 '구지비평' 제1목 '작품과 관련된 일화 소개' 참조.

24) 한 편의 시에서 시 전체의 분위기가 살아나게 하는 데에 핵심적인 역할을 하는 글자를 가리키는 말이다. 일반적으로 가장 고심하여 선택하는 한 글자인데, 마치 그림에서의 畵龍點睛과 같은 역할을 한다고 여겨진다. 한 句를 단위로 하는 경우 '句眼'이라는 말을 쓰기도 한다.

'아름다움'이 문학의 핵심 요건인 셈인데, 중국인들은 역대로 그 아름다움이 집중적으로 구현된 장르가 바로 시(가)라고 생각하고 있었다.

조비(曹丕)의 ≪전론(典論) · 논문(論文)≫에는 비록 그 내용이 소략하나마 중국문학사상 최초의 본격적인 장르론이라고 할 수 있는 다음과 같은 대목이 있다.

> 대저 문장은 그 근본은 같으나 지엽적인 성격은 다르다. 대체로 주(奏)와 의(議)는 아(雅)해야 하고, 서(書)와 논(論)은 논리적이어야 하고, 명(銘)과 뢰(誄)는 실질적이어야 하며, 시(詩)와 부(賦)는 아름다워야 한다. 이 네 부류는 각기 다르므로 잘하는 것이 어느 쪽으로 치우치게 된다. 오직 두루 능통한 재능 있는 자만이 여러 가지 체재를 다 잘 할 수 있다.[25]

글의 갈래를 '사과팔체(四科八體)'로 통칭되는 네 부류 여덟 종류로 나누고 있는 이 단락에서 조비는 '시와 부라는 장르는 마땅히 아름다워야 한다'라는 논지를 전개하고 있다. 이후 육기(陸機)도 <문부(文賦)>에서 '시는 정감에서 생겨나는 것으로서 아름다운 것이다'라는 견해를 표명하고 있으며, 유협(劉勰)도 유사한 관점을 견지하고 있다. ≪문심조룡(文心雕龍) · 정세(定勢)≫편에서는 이렇게 말하고 있다.

> 장 · 표 · 주 · 의는 전아(典雅)함으로써 표준으로 삼고, 부 · 송 · 가 · 시는 청려(淸麗)함으로 규범으로 삼으며, 부 · 격 · 서 · 이는 명단(明斷)함으로 규범으로 삼는다. 사 · 논 · 서 · 주는 핵요(覈要)함으로 모델로 삼으며, 잠 · 명 · 비 · 뢰는 홍심(弘深)한 체제를 갖추며, 연주 · 칠사는 교염(巧艶)함에 힘쓴다.[26]

25) "夫文本同而末異, 蓋奏議宜雅, 書論宜理, 銘誄尙實, 詩賦欲麗. 此四科不同, 故能之者偏也, 唯通才能備其體."

여기서 '부 · 송 · 가 · 시는 청려함으로 규범으로 삼는다'고 했는데, 부와 송과 가와 시는 통칭하여 시가라고 할 수 있는 것들이며, '청려'라는 장르풍격 역시 '아름다움'을 중심 가치로 하는 것이다. 결국 '시 또는 시가는 아름다움을 그 본질로 한다'라는 인식으로 귀결된다.

'문장은 아름다운 것이다'라고 생각하였던 중국인들의 문장관에 비추어 보면 '시는 아름다움을 그 본질로 한다'는 명제는 '시(가)가 문학의 핵심'이라는 의미로 해석될 수 있을 것이다. 중국문학사에서 시가가 문학의 핵심적 역할을 담당했던 것은 미문의식에 입각한 중국인의 관점에서 보면 너무나 당연한 일이라고 해야 할 것이다.

6. 시가가 발달한 중국문학

한자가 기본적으로 그림과도 같은 상형문자에서 출발했다는 사실은 그 한자를 이용하여 글을 쓰는 과정에서 자연스럽게 시각적 아름다움에 주의를 기울이게 하였다. 또 한자의 형태가 복잡하다는 점은 한자를 이용한 문장 구성에 있어서 축약된 표현을 지향하게 함으로써 문장의 함축성을 증대시켰다.

중국어에 성조가 있어 음성의 의미 분화에 관여한다는 점은 문장이 청각적 아름다움, 곧 음악성을 추구하는 방향으로 발달하게 하였다. 또 한자의 글자 수에 비하여 음절의 수가 제한적이라는 점은 동음

26) "章表奏議, 則準的乎典雅; 賦頌歌詩, 則羽儀乎淸麗; 符檄書移, 則楷式於明斷; 史論序注, 則師範於覈要; 箴銘碑誄, 則體制於弘深; 連珠七辭, 則從事於巧艷."

이자가 많은 문자 환경을 만들었고, 그러한 문자 환경은 쌍관어의 발달에 유리한 환경으로 작용하였다.

중국어가 한 글자에 하나의 발음과 하나의 뜻이 있는 한자로 구성된다는 점은 한 구의 글자 수를 맞추는 것을 용이하게 하여 제언체의 발달을 촉진시켰고, 단위 음절 당 담아내는 의미의 수가 많아짐으로써 집약적 표현이 가능하게 한 것으로 생각된다. 또 그 언어적 특성이 고립어라는 점은 품사 전성을 자유롭게 하여 기발한 표현을 활성화시킨 것으로 여겨진다.

한자와 중국어의 특성에 의해서 한자와 중국어로 구성되는 문장은 제언체가 되기 쉽고, 음악적 효과를 중시하며, 시각적 이미지의 조성에 유리하며, 집약적이며 함축적인 표현이 용이하다. 이 점은 바로 한자와 중국어로 구성되는 문장이 시가가 되기에 매우 유리한 조건을 갖추었다는 것을 의미한다. 거기에 더하여 중국인들의 문장관이 '문장은 아름다워야 한다'라는 미문의식을 지향하는 것과 함께 중국인의 시가에 대한 기본적인 요구 조건이 '아름다워야 한다'고 생각했다는 점은 중국문학에서 시가가 발달하기에 더 없이 유리한 조건을 조성했다. 중국어와 한자의 특성상 시가가 중국문학의 핵심이 되는 것은 매우 자연스러운 현상이라고 할 것이다.

제 10 장

중국문학의 갈래

중국은 고래로 문학과 역사와 철학을 국가통치 이념의 근간으로 삼은 인문학의 나라였으며, 그 중에서도 문학을 앞세우는 문학의 나라였다. 중국의 그러한 전통은 오랜 역사 동안 유지되면서 수많은 문학가와 무수한 문학작품을 배출하였다. 그와 더불어 문학의 장르도 다양하게 생겨나 중국문학의 성황을 뒷받침하였다.

중국문학의 장르는 매우 다양하다. 운문도 있고 산문도 있고, 운문과 산문이 섞인 것도 있고, 운문적 요소와 산문적 요소를 동시에 갖춘 것도 있다. 때로는 문학과 역사와 철학이 공존하고, 실용과 순수가 뒤섞인 경우도 있다. 그 때문에 중국 문학의 갈래를 정리한다는 것은 쉬운 일이 아니다. 그러나 학문이란 복잡다단한 현상을 갈래를 나누어 파악하는 데에서 시작하여 파악된 내용을 체계적으로 정리하고 분류하는 것으로 끝나는 것이므로, 중국문학의 연구에서도 장르의 분류는 필수불가결한 과정이 아닐 수 없다.

1. 중국 전통의 장르 인식과 장르 분류

중국문학사에는 다양한 글들 중에서 심미적인 요소가 두드러지는 것들만을 문학으로 보려는 노력들이 있지만, 문자로 이루어진 모든 글들을 한 범주로 포괄하려는 범박한 문학관이 더 우세하다. 그러면서도 사(詞), 산곡(散曲), 대련(對聯), 소설(小說), 희곡(戲曲) 등 오늘날의 관점에서 보아 명백하게 문학의 범주에 드는 일부 장르들이 그에 합당한 대접을 받지 못하는 경향도 있다. 문학의 장르 분류에 있어서도 일부 체계적으로 분류하려는 시도가 있긴 하였으나, 종내에는 모든 장르를 병렬로 나열하는 방식이 우세를 점하였다. 전통적으로 중국문학의 장르 분류는 체계적이지 못하였다.

(1) 문학에 대한 인식의 성숙 과정

본래 '무늬'라는 뜻의 '문(文)'[1]은 인간의 모든 정신활동을 통틀어 지칭하는 개념으로 쓰이기도 하였다. 문화 · 학술 · 전장제도(典章制度) · 도덕수양 등을 포괄하는 개념이었다. 나중에 이 '문'에서 '문학(文學)'이라는 개념이 분화되어 나오는데, 이때의 '문학'은 오늘날 우리가 사용하는 개념과는 달리 '문화'와 '학술'을 총칭하는 것이었다. 물론 오늘날의 문학도 그 속에 포함되었다. 선진시대(先秦時代)까지 문학과 관련된 중국인들의 인식은 대체로 이러하였다.

한(漢)나라 시대에 접어들면 중국인의 문학에 대한 인식은 한 단계 더 발전한다. 선진시대의 '문학(文學)'이 '문학'과 '문장(文章)'으로 분화되었던 것이다. 그런데 여기서의 '문학'은 현대적 개념의 '학술'에 해당하고, '문장'이야말로 오늘날의 문학에 근접한 개념이다. 중국에서 본격적인 문학의 시작은 이 '문장'에서부터 시작된다.

1) 제1장 제1절 제1항 '문학은 예술의 한 갈래' 참조.

위진남북조(魏晉南北朝)시대에 이르면 위의 '문장'이 다시 두 가지로 분화된다. '문(文)'과 '필(筆)'이 그것이다.[2] 여기서의 '문'은 애초에 인간의 모든 정신문화를 포괄하던 그 '문'과는 달리 '압운을 한 문장' 또는 실용성보다 '심미적 예술성의 표출을 주된 목적으로 한 문장'을 가리킨다. 이에 대하여 '필'은 '압운을 하지 않은 산문'이거나 실용문 또는 응용문을 가리키는 개념이다.[3] ≪문심조룡(文心雕龍)≫의 장르론 배열에 보이는 '문'과 '필'의 구분은 바로 이와 같은 인식에 근거한 것이다.[4] 그러나 ≪문심조룡≫은 철학과 사학의 영역에 속하는 것들도 문학의 범주에 포함시키고 있어서, 오늘날의 문학적 개념과는 다소 다른 바가 있다.

≪문심조룡≫과 동시대이나 약간 늦게 나온 ≪문선(文選)≫은 오늘날의 문학의 개념에 근접하는 문학적 인식을 보여주고 있다. ≪문심조룡≫의 저자인 유협(劉勰)은 ≪문선≫의 편자인 소명태자(昭明太子) 소통(蕭統)의 비서로 근무했지만,[5] ≪문선≫에서는 ≪문심조룡≫과는 달리 역사와 철학의 영역에 드는 장르들을 배제하였다.[6] 구체적인

---

2) ≪宋書 · 顔延之傳≫에 宋나라 文帝가 顔延之에게 그의 아들들의 재능에 대하여 묻자, 안연지가 "(顔)竣은 저의 筆을 얻었고, (顔)測은 저의 文을 얻었나이다.(竣得臣筆, 測得臣文.)"라고 대답했다는 기록이 있는데, 이것이 '文'과 '筆'을 구분한 최초의 사례로 알려져 있다.

3) ≪文心雕龍 · 總術≫: "有韻爲文, 無韻爲筆."

4) 제6편 <明詩>편에서 제25편 <書記>편에 이르는 장르론 20편 중 제6편 <明詩>편에서 제13편 <哀弔>에 이르는 전반부는 대체로 문, 나머지 후반부는 필에 해당한다.

5) 문학적으로는 劉勰이 蕭統의 스승 역할을 했을 것이라고 짐작된다.

6) ≪文選≫에서는 賦 · 詩 · 騷 · 七 · 詔 · 冊 · 令 · 教 · 文 · 表 · 上書 · 啓 · 彈事 · 牋 · 奏記 · 書 · 檄 · 對問 · 設論 · 辭 · 序 · 頌 · 贊 · 符命 · 史論 · 史述贊 · 論 · 連珠 · 箴 · 銘 · 誄 · 哀 · 碑文 · 墓誌 · 行狀 · 弔文 · 祭文 등 37종류로 장르를 구분하였다.

언어로 천명한 것은 아니지만 작품의 선정이라는 행위에 배어 있는 그의 문학에 대한 인식은 현대적 개념에 거의 근접한 것이라고 할 수 있다. 중국에서는 천 수백 년 전에 이미 문학에 대한 인식이 오늘날의 그것과 별 차이가 없을 정도로 성숙되어 있었던 것이다.

그러나 중국인들의 문학에 대한 인식은 문학의 범주를 엄격하게 제한하는 방향으로만 발전해간 것은 아니다. 중국문학사에는 문학과 사학과 철학이 뒤섞이고, 때로 그것들을 하나로 보는 관점이 문학계를 주도하는 경향이 우세하다.

(2) 전통적 장르 분류 개황

1) 장르 분류의 세밀화

조비(曹丕)가 ≪전론(典論)·논문(論文)≫에서 글의 종류를 '주의(奏議)·서론(書論)·명뢰(銘誄)·시부(詩賦)'로 분류하고, 각 부류의 미적 특성을 규정한 것이 중국문학사상 최초의 체계적인 장르 분류다.[7] 문학의 장르를 네 부류 여덟 종류[8]로 나눈 조비에 이어 육기(陸機)는 ≪문부(文賦)≫에서 글의 종류를 시(詩)·부(賦)·명(碑)·뢰(誄)·명(銘)·잠(箴)·송(頌)·논(論)·주(奏)·설(說)의 열 가지로 나누었다. 분류된 장르의 수나 각 장르를 규정하는 내용의 심도에서 모두 이전의 ≪전론·논문≫보다 한 단계 진보한 면모를 보인다. 그러나 ≪전론·논문≫에서 각 장르간의 유사성에 따라 둘씩 묶어 부류를 나누

7) ≪典論·論文≫: "蓋奏議宜雅, 書論宜理, 銘誄尙實, 詩賦欲麗. 此四科不同…"

8) 이것을 통상 '四科八體'라고 한다.

던 방법론은 계승되지 않았다.

≪문부≫의 뒤에 나타난 ≪문장유별집(文章流別集)≫ 또는 ≪문장유별론(文章流別論)≫[9]도 장르의 분류에서 ≪문부≫보다 한 단계 더 진보한 흔적을 보인다. 이들 책의 잔문에 보이는 것만 해도 거론된 문학 장르가 송(頌)·부(賦)·시(詩)·칠(七)·잠(箴)·명(銘)·뢰(誄)·애사(哀辭)·애책(哀策)·대문(對文)·비명(碑銘) 등 11종이다.[10] 장르 분류가 ≪문부≫보다 더 세밀해진 것이다.

≪문장유별집≫ 또는 ≪문장유별론≫의 성취까지도 수용한 것으로 보이는[11] ≪문심조룡≫에서는 이전보다 훨씬 많은 장르가 거론된다. 이 책의 전반부 장르론 20편의 각 편목에 제시되어 있는 장르만 해도 34종에 달한다.[12)]

시(詩)·악부(樂府)·부(賦)·송(頌)·찬(讚)·축(祝)·맹(盟)·명

---

9) 摯虞의 저서로 알려져 있는 이 두 책은 약간의 殘文만 남아 있고 전문이 전해지지 않아서 그 전모를 파악하기 어렵다. 다만 서명으로 보건대 최초의 본격적인 장르론 전문서였을 것으로 짐작된다.

10) 詹鍈, ≪劉勰與『文心雕龍』≫(北京:中華書局, 1980년 초판, 1982년 2차 인쇄.) 제13쪽 참조.

11) ≪文心雕龍·序志≫편에 "流別精而少巧."라는 말이 보이는 것으로 보아 지우의 장르이론이 유협의 장르이론에 일정한 영향을 끼쳤을 것이라고 짐작할 수 있다. 위 ≪劉勰與『文心雕龍』≫의 제13쪽에서도 ≪文心雕龍≫ 장르론의 체례는 ≪文章流別論≫의 체례를 따른 것이라고 하였다.

12) 예시문처럼 보아 34종이라고 하지만((戚良德, ≪劉勰與『文心雕龍』≫(濟南:山東文藝出版社, 2004년.) 제57~58쪽 참조.)), '詔'와 '策'은 ≪文心雕龍·詔策≫편에서 하나로 묶어 서술하는 방식으로 보아 하나의 장르로 볼 수도 있다. 그럴 경우 표제로 제시된 장르는 33종이 된다. 만약 "策者, 簡也; 制者, 裁也; 詔者, 告也; 敕者, 正也."라 한 말에 근거하여 독립된 장르로 본다면((≪文心雕龍的樞紐論與區分論≫(藍若天, 臺北:臺灣商務印書館, 1975년 초판, 1983년 재판.) 제82쪽 참조.)) 34종이 아니라 36종이 되어야 할 것이다.

> (銘)・잠(箴)・뢰(誄)・비(碑)・애(哀)・조(弔)・잡문(雜文)・해(諧)・은(讔)・사(史)・전(傳)・제자(諸子)・논(論)・설(說)・조(詔)・책(策)・격(檄)・이(移)・봉선(封禪)・장(章)・표(表)・주(奏)・계(啓)・의(議)・대(對)・서(書)・기(記)[13]

장르의 분류가 그전보다 세밀해졌고, 또 각각의 장르 특성에 대하여 체계적으로 기술하고 있어서 장르 분류를 중심으로 하는 장르론이 그 전보다 발전한 모습을 보인다. 그러나 ≪문심조룡≫의 장르론 중에 <사전(史傳)>편과 <제자(諸子)>편 등이 들어 있는 점은 유협의 문학에 대한 인식이 문학과 사학과 철학을 구분하지 않던 단계로 회귀하였다는 사실을 보여준다. 그 뿐만 아니라 소소한 쪽지 글도 문학의 범주에 넣고 있는 점을 볼 때, 유협의 문학에 대한 인식은 육기의 그것보다 퇴보한 일면이 있다.

≪문심조룡≫의 장르론의 배열순서는 대체로 전반부는 운율이 있는 예술문, 후반부는 압운하지 않는 실용문으로 되어 있다. 글의 성격에 따라 '문(文)'과 '필(筆)'로 나누는 명확한 분류 의식을 갖고 있었음을 확인할 수 있다. 이것은 문자로 기술된 온갖 것들을 문장으로 간주한 유협의 범박한 문학의식과는 다른 측면이며, ≪문심조룡≫ 장르론의 발전적인 면모를 보여주는 부분이다. 여러 가지 장르의 기원을 오경(五經)에서 찾음으로써 장르를 크게 5가지로 나누고자 했던 것도 장르 분류의 새로운 방법론으로 주목을 받을 만하다. 다만 모두 20종

13) <雜文>편에서 對問・七・連珠의 세부 장르 3종을 논하고 있고, <書記>편에서는 譜・籍・簿・錄・方・術・占・式・律・令・法・制・符・契・券・疏・關・刺・解・牒・籤・狀・列・辭・諺의 25가지 세목을 거론하고 있다. 그리고 <詔策>편의 말미에서 논하고 있는 '戒'와 '敎'도 세부 장르의 하나로 볼 수 있다. 그렇기 때문에 관점에 따라서는 유협이 설정한 장르의 수는 60종을 넘을 수도 있다.

류의 장르만 그 다섯 부류에 배속시키고 유협 자신이 표제로 내걸었던 장르 중에서도 상당수를 누락시켰다는 점은 아쉬움을 남긴다.[14] 이런 분류가 모든 글을 누락 없이 포괄할 수 있다고 한 유협의 호언[15]에도 불구하고 방법론의 일관성에 의문이 제기되기 때문이다.

≪문심조룡≫에 뒤이어 나온 ≪문선≫에서는 다음과 같이 문학 장르를 37종류로 구분하였다.

> 부(賦)·시(詩)·소(騷)·칠(七)·조(詔)·책(冊)·령(令)·교(教)·문(文)·표(表)·상서(上書)·계(啓)·탄사(彈事)·전(牋)·주기(奏記)·서(書)·격(檄)·대문(對問)·설문(設論)·사(辭)·서(序)·송(頌)·찬(贊)·부명(符命)·사론(史論)·사술찬(史述贊)·논(論)·연주(連珠)·잠(箴)·명(銘)·뢰(誄)·애(哀)·비문(碑文)·묘지(墓誌)·행장(行狀)·조문(弔文)·제문(祭文)

전면에 배치되어 있는 '부(賦)·시(詩)·소(騷)·칠(七)'은 순문예적 성격이 강한 장르로서 분량이 전체의 과반을 넘는다. 나머지 장르들도 작품의 구체적인 성격에 따라 문학의 범주에 들어갈 수 있는 것들이다. 앞에서 언급한 대로 ≪문심조룡≫의 경우와는 달리 역사와 철

---

14) 곧 '論·說·辭·序'의 네 가지는 ≪易經≫에서 기원하였다고 하였고, '詔·策·章·奏'의 네 가지는 ≪書經≫에서 나왔으며, '賦·頌·歌·讚'의 네 가지는 ≪詩經≫에서, '銘·誄·箴·祝'은 ≪禮記≫에서, '紀·傳·盟·檄'은 ≪春秋≫에서 유래하였다고 하는 것이 그것이다.(≪文心雕龍·宗經≫: "論·說·辭·序, 則易統其首; 詔·策·章·奏, 則書發其源; 賦·頌·歌·讚, 則詩立其本; 銘·誄·箴·祝, 則禮總其端; 紀·傳·盟·檄, 則春秋爲根.")

15) ≪文心雕龍·宗經≫에는 위의 주 14)에서 인용한 문장에 뒤이어 "並窮高以樹表, 極遠以啓疆. 所以百家騰躍, 終入環內者也.(오경은 모두 최고의 표준을 수립하여 드넓은 영역을 확장하였으니 온갖 사람들이 맹렬한 활약을 한다 하더라도 종내는 그 범주 안으로 들어가게 된다.)"라고 한 말이 보인다.

학을 배제하고 있다는 점에서 ≪문심조룡≫보다 훨씬 진보된 문학관을 보여주고 있다. 물론 설정된 장르의 명목에서도 양자 간에는 적지 않은 차이를 보인다.[16)]

이와 같이 중국문학의 장르의 분류는 대체로 후대로 갈수록 그 수가 점점 많아지는 방향으로 전개되어 갔다. 명(明)나라 오눌(吳訥)[17)]의 ≪문장변체(文章辨體)≫에 이르면 장르가 50종으로 불어난다. 이 ≪문장변체≫에다 장르를 추가한 서사증(徐師曾)[18)]의 ≪문체명변(文體明辨)≫에 이르면 설정된 장르가 무려 121종에 달한다.[19)]

---

16) 양자의 명목이 완전히 일치하는 것은 '詩・賦・頌・贊・箴・銘・誄・哀・論・詔・檄・表・啓・書'의 14종이고, 다르게 표현되어 있으나 실질적으로 같다고 생각되는 것으로는 ≪文心雕龍≫의 '碑・弔・奏'와 ≪文選≫의 '碑文・弔文・奏記'의 세 종류가 보인다. 이 두 가지를 합하면 도합 17종류이니 ≪文心雕龍≫의 장르론 각 장의 표제에 나타나 있는 장르 34종의 절반에 해당한다. 그런데 ≪文選≫에 설정되어 있는 '七・對問・連珠' 3종류가 ≪文心雕龍・雜文≫편에서 논의되었던 세부 장르였다는 점, ≪文選≫의 '符命'과 '行狀'은 ≪文心雕龍・書記≫편의 세부 장르 '符'・'狀'과 유사하고 ≪文選≫의 '教' 역시 ≪文心雕龍・詔策≫편에서 거론된 바 있는 '教'와 유사성이 있다는 점 등을 감안하면 공통분모는 다소 더 늘어난다. ≪文選≫의 '騷'도 ≪文心雕龍・辨騷≫편과의 관련성을 이야기할 수 있을지 모르나, ≪文心雕龍・辨騷≫편은 그 본래 성격이 장르론이 아니라는 점에서 배제되는 것이 타당할 것이다.

17) 明나라 사람으로 字는 敏德, 號는 思菴이라 하였고, 시호는 文恪이다. 永樂帝의 재위 중에 의사로서 천거 받아 수도로 가서 仁宗 때 즉 1425년 무렵부터 여러 가지 벼슬을 하다가 英宗 正統년간에 벼슬을 그만두었다고 한다. ≪小學集解≫・≪文章辨體≫ 등의 저서를 남겼다.

18) 明나라 사람으로 字를 伯魯라고 하였다. 어려서부터 시문을 잘 하였고, 여러 방면의 학문에 두루 능통하였다. 嘉靖년간에 과거에 급제한 후 여러 벼슬을 역임하였으나 황제가 諫臣을 죽이고 言官들이 함구를 하자 은퇴하였다. ≪禮記集注≫・≪周易演義≫・≪文體明辨≫ 등 많은 저서를 남겼다.

19) 安秉卨 교수는 그의 논문 <文體明辨考>(≪語文學≫ 제3집, 국민대학교어문학연구소, 1984.)의 緖言에서 ≪文體明辨≫의 장르 분류가 127종이라고 하였으나, 이 논문에 정리되어 있는 ≪文體明辨≫의 장르는 다음과 같이 121

이와 같은 장르 선정은 '너무 번다한데다 제목에 치중한 피상적인 판단으로 실질적으로는 다른 것들과 중복되는 것들이 적지 않기 때문에 후세 사람들에게 큰 신뢰를 얻지 못했다'[20]는 평가를 받기도 한다. 그런데 중국인의 장르 분류의 실상은 이보다 더 복잡하다. ≪문학개론강술(文學概論講述)≫이라는 책에 실려 있는 '중국문체역대분류상표(中國文體歷代分類詳表)'[21]라는 표에는 ≪한서(漢書)・예문지(藝文志)≫에서 손성연(孫星衍)의 ≪속고문원(續古文苑)≫에 이르는 16종의 문헌에서 글의 종류를 분류한 것[22]을 정리해 두었는데, 거기에

종에 불과하다. "古歌謠辭・四言古詩・楚辭・賦・樂府・五言古詩・七言古詩・雜言古詩・近體歌行・近體律詩・排律詩・絶句詩・六言詩・和韻詩・聯句詩・集句詩・命・諭告・詔・敕・璽書・制・誥・冊・批答・御札・赦文・鐵券文・諭祭文・國書・誓・令・敎・上書・章・表・牋・奏疏・盟・符・檄・露布・公移・判・書記・約・策問・策・論・說・原・議・辯・解・釋・問對・序・小序・引・題跋・文・雜著・七・書・連珠・義・說書・箴・規・戒・銘・頌・贊・評・碑文・碑陰文・記・志・紀事・題名・字說・行狀・述・墓誌銘・墓碑文・墓碣文・墓表・謚議・傳・哀辭・誄・祭文・弔文・祝文・嘏辭・雜句詩・雜言詩・雜體詩・雜韻詩・雜數詩・雜名詩・離合詩・詼諧詩・詩餘・玉牒文・符命・表本・口宣・宣答・致辭・祝辭・貼子詞・上梁文・樂・右語・道場榜・道場疏・表・靑詞・募緣疏・法堂疏"

20) 塩谷 溫, ≪中國文學概論≫(東京:講談社, 1983년 초판, 1989년 제5쇄.) 제44쪽~45쪽: "오늘날 시문의 체제를 논하는 이는 많이들 이 두 책에 근거하지만, 이들의 분류는 필경 시문의 제목을 보고 피상적으로 관찰을 한 것에 지나지 않는다. 자세하게 그 내용을 검토할 때에는 백 여 가지 체제 중에 그 이름은 다르게 했지만 그 실질은 서로 같아서 거의 구분하는 것이 어려운 것이 많다. 그 때문에 毛西河・朱竹坨 무리들은 이 설을 취하지 않는다."

21) 姜亮夫, ≪文學概論講述≫(昆明: 雲南人民出版社, 2000.) 제159~174쪽. 이 책의 앞머리에는 1929년에 쓴 '自序'가 있고 그 뒤에는 (19)22년에 썼다고 하는 '補記'가 있다.

22) 이 책의 저자는 이 표가 실질적으로는 吳訥의 ≪文章辨體≫와 徐師曾의 ≪文體明辨≫의 분류까지 반영하였다고 한다.(위 ≪文學概論講述≫ 제158쪽 참조.)

실려 있는 장르는 도합 174종이나 된다.[23] 글자의 형태는 다르나 실질적으로 같은 것을 기계적으로 독립적인 것으로 간주한 것도 있고,[24] 착오를 일으켜 이중으로 거론한 것도 있어서[25] 장르의 수가 일부 조정될 여지가 있어 보이지만, 그래도 최소 170종 이하로 떨어질 가능성은 별로 없다. 중국에서 역대로 거론된 글의 종류가 번다하기 이를 데 없다는 사실을 생생하게 확인할 수 있는 셈이다.

2) 장르 분류의 부류화

중국문학의 장르 분류나 장르 설정이 수의 증가라는 한 방향으로만 나아간 것은 아니다. 장르를 성격에 따라 몇 가지 부류로 묶어 체계화하려는 노력도 있었다. 중국문학 장르론의 본격적인 출발을

23) "論·篇·訓·說·注·經義·勢圖·雜著·議·謚議·辨·義·原·釋辨·喩難·駁·諧讔·論事·賦·律賦·騷·文騷·設論·銘·頌·箴·辭·讚·傳讚·文金石·文·述·七·古今樂章·樂章·樂語·琴操·歌·九·詩·五言詩·四言詩·五言·六言·七言詩·九言詩·樂府·離合詩·左調歌·效古詩·雜言詩·五律詩·七律詩·五絶詩·七絶詩·雜體詩·曲·連珠·古文·序·錄·題·跋·引·解嘲·策·冊·策文·誥·制·詔·敎·敎令·誡·諭·告·牒·制書·敕·敕書·制策·賜書·御箚·令·遺令·判·批答·檄·指揮·露布·德音·關·書·書記·上書·上疏·上章·封事·奏·奏事·奏記·對·對策·章·表·白事·彈文·薦·練刺·勸進·謝恩·對問·箚子·讓表·問·移書·牋·啓·移·答·說書·盟文·榜·誄·祭文·挽詞·悲文·弔·弔文·哀冊·誓·祝文·禱文·祈文·靑詞·朱表詞·上梁文·碑·碣·志銘·墓志·墓表·墓碣·墓碑·墓志銘·神道碑·神道碑銘·廟碑·塔銘·傳·行狀·史傳·狀·記事·謁文·約·紀述·封禪書·制誥中書·雜職作·征伐·職行·謚·謚議·符·關·記·典·冠詞·字詞·雜文·鐵劵·雜志"

24) '策'과 '冊'의 경우가 그러하다.

25) '關'과 '謚議'는 각기 두 번씩 기재하였다.

알리는 조비의 ≪전론 · 논문≫에서 8종류의 장르를 네 부류로 묶은 것이 그 한 가지 예다. ≪문심조룡≫의 장르론 배정도 '문(文)'과 '필(筆)'이라는 이분법의 구도에 따르는 것이었다.

중국문학의 장르론이 본격적으로 발전하기 시작하는 초기에는 이와 같이 여러 장르를 부류로 묶으려는 노력이 없지 않았지만, 그 전통이 충분히 계승되고 발전되지는 못하였다. 그런 가운데 눈에 띄는 것이 청(淸)나라의 요내(姚鼐)[26]가 번쇄해져가기만 하는 장르 분류에 반기를 들고, 그가 편찬한 ≪고문사류찬(古文辭類纂)≫에서 문장의 종류를 13부류로 정리한 것이다.[27] 요내의 이 분류는 요령을 득한 바가 있어서 이후 가장 보편적으로 통용되었다.[28] 그러나 이 분류 역시 산문적 성격의 글만을 대상으로 하고 있어서 중국문학 전반의 장르 분류를 논하는 자료가 되기에는 한계가 있다.[29]

26) 字가 姬傳인데, 夢穀이라고 하기도 했다. 安徽 桐城 사람이다. 淸 世宗 雍正 9년(1731년)에 나서 仁宗 嘉慶 20년(1815년)에 향년 85세로 타계했다. 어려서 가난하고 병이 많았으나 공부하기 좋아하여 乾隆28년(1763년)에 과거에 급제한 후 여러 벼슬을 역임했다. 사람됨이 온화하여 누구하고나 잘 어울렸으나, 옳지 않은 일에는 뜻을 굽히지 않는 강직함도 있었다. 강남 일대의 서원을 40여 년간 관장하면서 정성스럽게 후학들을 가르쳤는데, 문인들은 그를 惜抱先生이라고 불렀다. 성격이 담박하여 명리를 추구하지 않았으며 학문에 있어서는 어느 한 문파를 고집하지 않았다. 桐城 사람 方苞(1668~1749)와 劉大櫆(1698~1779)가 내세운 고문이론에 입각하여 ≪古文辭類纂≫을 간행하자 일세를 풍미하게 되었는데, 그들의 문장관에 입각하여 창작활동을 하는 이들을 묶어 '桐城派'라고 하였다. ≪惜抱軒文集≫을 비롯한 많은 저서를 남겼다.

27) 요내는 이 책에서 글의 종류를 論辯類 · 序跋類 · 奏議類 · 書說類 · 贈序類 · 哀祭類 · 詔令類 · 傳狀類 · 碑誌類 · 雜記類 · 箴銘類 · 頌讚類 · 辭賦類 등 13종으로 분류하였다.

28) 曾國藩도 그가 편찬한 ≪經史百家雜鈔≫에서 11종류로 나눈 바 있으나, 증국번의 분류는 요내의 그것과 대동소이하므로 이후 일반적으로 받아들여졌던 문장의 분류 방식은 요내에 의한 것이라고 하여도 무방할 것이다.

(3) 중국 역대 장르 분류의 특징

'문(文)'에서 '문학(文學)'으로, '문학'이 '문학'과 '문장(文章)'으로, '문장'이 '문(文)'과 '필(筆)'로 분화해가면서 문학의 개념이 점차 선명해지고, ≪전론 · 논문≫의 '사과팔체(四科八體)'에서 시작된 장르의 구분이 <문부>의 10종, ≪문심조룡≫에서의 30여 종을 거쳐 명청(明淸)시대의 백 수십 종에 이르기까지 증가하는 것은 문학 관념의 진보와 함께 문장 분류의 세분화가 진전되었음을 보여준다.

그러나 한편으로는 ≪문심조룡≫에서처럼 문 · 사 · 철의 미분 상태로 회귀하려는 경향도 끊임없이 유지되었다. 책의 이름에서 그 성격을 선명하게 드러내듯 문학과 철학과 역사를 통합하는 것이 선문(選文)의 주지(主旨)였던 증국번(曾國藩)30)의 ≪경사백가잡초(經史百家

29) 詩나 詞나 曲과 같은 장르의 글들이 배제되어 있는 점에서 산문적 성격의 글이라고 했으나, 여기에 포함되어 있는 장르 중 辭賦類는 분명 운문이며 箴銘類와 頌讚類류도 운문적 성격이 강하다는 점에서 선록된 글들의 성격에 대해서는 논의의 여지가 남아 있다.

30) 字가 滌笙이고 號는 伯涵이며 謚號는 文正이라고 하였다. 淸 仁宗 嘉慶16년(1811년)에 태어나서 穆宗 同治 11년(1872년)에 향년 62세로 타계했다. 道光18년(1838년)에 과거에 급제한 후 여러 벼슬을 두루 역임하였다. 부모상을 당하여 고향으로 돌아가 있던 중에 태평천국의 난이 일어나자 향군을 조직하여 연해 일대의 여러 성을 연거푸 수복한 공으로 毅勇侯에 봉해졌다. 문무를 겸비한 대학자였던 그에게 많은 선비들이 모여들었는데, 성실하고 공의로운 그의 지도하에 해이해졌던 당대 사림의 분위기가 일신되었다고 한다. 실천을 중시했던 그의 방침은 집안에서도 일관되어 부녀자들은 귀천을 막론하고 길쌈을 하게 했고, 남자들도 마찬가지로 직접 분뇨를 푸고 농사일에 종사하게 하였는데, 고관이 되어서도 그 방침을 바꾸지 않았다고 한다. 義理와 考據와 詞章, 어느 하나도 빠져서는 안 된다고 생각하였던 그의 고문은 당대 최고로 평가되었다. 일기와 문집을 포함한 방대한 저서를 남겼는데, 그가 편찬한 ≪經史百家雜鈔≫는 세간에 큰 반향을 일으켰다.

雜鈔)≫는 중국 전통시기의 끝부분에 해당하는 청(淸)나라 시대까지도 문 · 사 · 철을 통합하려는 경향이 지속되었다는 사실을 확인시켜준다.[31] 현대에도 그 여맥이 남아 있으니,[32] 문학과 사학과 철학을 한 범주로 묶으려는 경향이 얼마나 뿌리 깊은 중국의 지적 전통인지 짐작할 수 있다.

원래 문 · 사 · 철 미분의 중국문학이 문학에 대한 인식의 진전으로 점차 그 자체의 고유한 영역이 보다 선명하게 인식되고 규정되는 것을 문학 관념의 발전이라고 한다면, 문 · 사 · 철 미분의 상태로 회귀하려는 경향은 분명 문학의식의 퇴행현상이라고도 할 만한 것이다. 특히 당(唐)나라와 송(宋)나라 시대를 풍미했던 '문이재도(文以載道)'론[33]은 문학과 철학의 합일을 넘어 문학을 철학의 수단으로 보기

31) 중국문학사의 진전 과정에서 문학의 영역이 점차 분명해져가는 모습을 보이다가도 종종 퇴행의 양태를 보이는 것은 중국인의 전통적인 지적 풍토와 무관하지 않은 것으로 보인다. 그 본질이 詩歌選集인 ≪詩經≫이 역사서인 ≪書經≫과 철학서인 ≪周易≫과 함께 묶여 일반적으로 철학적 성격을 띈다고 볼 수 있는 경전으로 간주되는 학술적 전통 속에서는 문학과 사학과 철학을 한 가지로 보거나 크게 구분하지 않는 관행이 큰 힘을 발휘한다고 생각되기 때문이다. 그러한 지적 풍토 속에서 문학과 역사와 철학은 서로 소통하면서 일정 부분을 공유하는 문학과 역사와 철학의 전통을 이어왔으며 그것이 삼자간의 구분을 어렵게 하였고, 그러한 조건들이 어느 시대에나 존재하기 마련인 복고론자로 하여금 문사철 미분화의 상태로 회귀하려는 욕구를 불러일으키는 것으로 생각된다. 그렇기 때문에 관점에 따라서는 유협이나 증국번의 것과 같은 그러한 문장관은 문학과 역사와 철학이 밀접하게 상호 소통하는 중국 정신의 특성을 대변하는 것으로 볼 수도 있다.

32) 1925년 생으로 되어 있는 藍若天이라는 학자는 1975년에 초판으로 간행한 그의 저서 ≪文心雕龍的樞紐論與區分論≫에서 문학과 사학과 철학을 한데 묶은 ≪文心雕龍≫과 순문학적인 것만을 선록한 ≪文選≫을 비교하여 전자에는 찬사를 아끼지 않고 후자에는 당시 유미주의 풍조에 영향을 받은 편견이 작용하였다는 폄사를 가하고 있다.((藍若天, ≪文心雕龍的樞紐論與區分論≫(臺北:臺灣商務印書館, 1975년 초판, 1983년 재판.)제 115쪽 참조.))

33) '문장은 도를 담는 것이다' 또는 '문장은 도를 담는 수단이다'라는 문학적

에 이른 것으로서 그런 부정적 평가를 피할 수 없다.

그렇지만 '문이재도론'과 같은 극단으로 나아가지 않는 한, 문학과 역사와 철학 간의 소통은 불가피한 듯하다. 문학과 역사와 철학의 조화로운 동거를 지향하는 것이야말로 중국문학의 진면목일 수 있기 때문이다.[34] 문제는 문학 범주의 합리적인 획정이다.

장르 구분의 노력이 주로 산문의 영역에 집중되었다는 점도 중국문학 장르론 전개의 또 한 가지 특징이라고 할 수 있다. 산문의 장르는 주로 용도에 따라서 결정되는 것으로 나타나는데, 그것은 산문이 운문에 비하여 실용적인 쓰임새가 많은 글의 형태이기 때문일 것이다. 인간 생활에서 실용의 범주는 복잡다단하고, 그에 따라 글의 종류도 많아지는 것으로 보인다.[35]

문학의 범주에 들어가야 할 모든 장르를 대상으로 논의를 전개하는 경우가 드물다는 점도 중국문학 장르론의 전개에서 두드러지는 성격이다.[36] 그리고 장르들을 그 속성에 따라 분류하려던 시도가 없

주장.

34) 현대 서구의 명작 중에도 철학 속에 문학이 있고 문학 속에 철학이 녹아 있는 경우를 흔히 볼 수 있듯이, 문·사·철의 융합은 비단 중국문학만의 특질이 아니라 인간 정신의 보편적인 모습이라고 해야 할 것이다.

35) 그래도 실용문이라면 실용과 일정한 거리가 있는 예술로서의 문학과는 거리가 있는 것이어야 하겠으나, 중국에는 역대로 '(장르를 불문하고) 글이란 아름다운 것이어야 한다'는 美文意識이 작용하여 실용문이 문학의 범주에서 쉽게 배제되지 못하는 결과를 낳았다고 생각된다. 미문의식은 한자의 본래적인 특성에서 배태되는 것이다.

36) 위 강량부의 ≪文學槪論講述≫ '中國文體歷代分類詳表'도 역대의 장르분류를 다 망라하려는 듯 170 종을 넘는 장르를 소개하고 있으나, 여기에도 사·산곡· 희곡·소설·대련 등이 누락되어 있다. 수록되어 있는 상당수의 장르보다 문학적으로 더욱 의미가 있는 이런 장르가 고려의 대상에서 빠진 것은 중국 전통사회를 지배해온 어떤 보수적인 가치관에 따라 민간문학 내지는 속문학을 천시했던 것이 한 가지 원인으로 작용했을 것으로 생각된다.

었던 것은 아니었지만, 각 장르간의 친소관계 및 상대적인 위상을 파악하여 각 장르를 속성에 따라 다시 몇 가지 부류로 나누고 거기서 다시 세부 장르로 나누어가는 체계적인 분류체계로까지 발전하지 못한 것 역시 중국 역대 장르 분류의 한 가지 특징으로 지목될 수 있을 것이다.[37)]

2. 중국문학 장르 경계의 모호성

문학을 중심으로 하여 역사와 철학을 하나의 범주로 아우르는 인문학적 전통이 수승한 중국 전통사회에서 문·사·철 통합의 정신적 관성은 그대로 중국문화의 특성을 보여준다. 그런 통합적 정신은 다양한 성격이 혼재하는 장르를 만들어내는 데에 유리하게 작용하였지만, 그것은 동시에 장르의 체계적인 분류를 어렵게 만드는 중국문학의 한 가지 특성을 형성하기도 하였다.

중국문학의 장르 구분을 어렵게 만드는 데에는 중국문학 장르 간에 경계가 모호한 것이 더러 있다는 점이 큰 몫을 한다. 장르 분류의 중요한 표지가 되는 특성을 두 가지 이상 공유하는 장르가 다수 존재한다는 것은 중국문학 장르 분류의 난해성을 조장하는 요인 중의 하나다. 각기 다른 장르로 분류될 수 있는 두 가지 이상의 요소를

37) 산문의 경우 요내의 13분류법이 많은 사람들의 호응을 받는 가장 훌륭한 분류법으로 인정되었고 지금도 그 분류가 상당히 유효한 영향력을 가지고 있으나, 그 분류는 기실 이전의 잡다한 분류를 몇 가지로 묶어서 병렬한 것이지 각 장르 간의 상관관계가 어떠한지에 대해서는 그다지 주의를 기울이지 않은 것이다. 그래서 요내의 13분류법이 상당한 실용성이 있기는 하나, 체계적인 장르론으로 보기에는 미흡하다고 하지 않을 수 없다.

조합한 장르가 존재한다는 것도 중국문학 장르 경계의 모호성에 일조를 한다. 성격이 전혀 다른 두 가지 이상의 장르에 동일한 명칭을 적용하는 사례가 더러 발견된다는 점은 중국인들이 전통적으로 체계적인 분류와 명명에 큰 의미를 부여하지 않았다는 사실을 드러낸 것이라고 해야 할 것이다.

(1) 중간자적 성격의 장르

중국문학 장르 중에는 운문적 요소와 산문적 요소를 동시에 갖추고 있는 것들도 있다. 통상 문학의 장르를 운문과 산문으로 대별하는 관행에 비추어 보면 운문인지 산문인지 판정하기 어려운 장르의 존재는 장르의 분류에 지장을 야기하는 요인이 되기에 충분하다. 운문과 산문의 성격을 동시에 가지고 있는 대표적인 장르가 부(賦)다.

부는 한(漢)나라 시대를 대표하는 장르로서 반시반문(半詩半文)[38], 즉 시로 대표되는 운문적 성격과 그와 상반되는 산문적 성격이 반반씩 있는 장르다. 그래서 부의 운문적 측면을 중시하는 이들은 '시부(詩賦)'라 하여 운문의 한 갈래로 본다.[39] 운문임이 분명한 초사(楚辭)와 한 부류로 묶어서 '사부(辭賦)'라고 하는 것도 대개 부의 운문적

38) 褚斌杰, ≪中國古代文體概論(增訂本)≫(北京:北京大學出版社, 1990년 제1판, 1999년 제4쇄.) 제73쪽에서 차용한 표현.

39) ≪典論 · 論文≫에서 글을 4부류 8종류로 나눈 중에 "詩賦欲麗"라 하여 시와 부를 하나로 묶은 것이 그 좋은 예다. 현대의 것으로는 袁行霈가 그의 ≪中國文學概論≫(臺北:五南圖書出版有限公司, 1988년 초판, 1994년 재판 2쇄.)에서 '分論'의 제1장으로 '詩賦論'을 설정한 것이 눈에 띈다. 또 尹雪曼의 ≪中國文學概論≫(臺北:三民書局, 1975년 초판, 1991년 재판.)의 제2編 '詩歌詞曲論' 제2장 '詩經與楚辭的比較'의 제4절로 '漢賦及其流變'을 설정한 것도 같은 맥락이다.

성격에 더 많은 비중을 둔 경우다.40) 그렇지만 부의 산문적 성격을 중시하는 이들은 부를 산문의 한 갈래로 취급한다.41) 부라는 장르 자체에 운문적 요소와 산문적 요소가 공존함으로써 조성된 분류의 난맥상이라 할 것이다.42)

(2) 이중 성격의 작품

중당시대의 유우석(劉禹錫)은 시인으로서 이름을 날렸지만, 문장에도 일가견이 있었다. "산의 가치는 높은 데에 있는 것이 아니라 신선

40) 김학주 교수는 "<사부>란 전국시대에 중국의 남방 초(楚)나라에서 지어졌다는 초사(楚辭)와 한대에 성행한 부(賦) 계통의 운문을 전체적으로 가리키는 말이다."라고 하였다.((김학주 저, ≪중국문학의 이해≫(서울:신아사, 1992년 초판, 2003년 재판 8쇄.) 제133쪽.)) 邱燮友, 王更生 등 5명이 편저한 ≪中國文學概論≫(臺北:臺灣國立空中大學, 1987년 초판, 1989년 제3판.)이 제2장 '辭賦' 제3장 '詩歌' 제4장 '散文與騈文' 등으로 구성되어 있는 것도 이 경우에 해당된다.((비록 시가와는 달리 취급되어 있으나 산문이나 변려문과 별도로 취급하였고, 또 이 책의 제87쪽에서는 이 辭賦의 특질을 지적하여 "시에서 독립하였다.(離詩而獨立.)"라는 말을 한 것으로 보아 사부의 운문적 특성을 강조한 것이 분명하다.))

41) 일본 학계에서는 이런 경향이 우세한 듯하다. 青木正兒의 ≪中國文學概論≫(青木正兒 저, 隋樹森 역, 臺北:臺灣開明書店, 1954년 초판, 1982년 6판.)에서는 제4장 '文章學'의 제2절에 '辭賦'를 설정하였고, 鈴木修次·高木正一·前野直彬이 편저한 ≪文學概論≫(東京:大修館書店, 1967년 초판, 1989년 7판)에서는 제3장 '文'의 제1절로 '辭賦'를 설정하였다. 중국의 유명한 고문 선집인 ≪古文觀止≫에서는 漢代의 작품은 배제하고 宋代의 작품인 <秋聲賦>와 <赤壁賦> 는 싣고 있는데, 이 경우는 정통적인 부라고 할 수 있는 漢賦와 산문화된 文賦의 장르를 다르게 본 결과라고 하겠다.

42) 중국문학 장르의 성격 분류에서 운문과 산문의 중간적 성격의 부류를 따로 설정한 선례는 찾아보기 힘들다. 그렇지만 운문적 성격과 산문적 성격을 겸비한 장르의 존재를 인정하고 운문이나 산문과는 따로 하나의 범주를 설정하는 것이 중국문학의 실제에 부합하는 분류 방법일 수 있다.

이 있으면 유명해지고, 물의 가치도 깊은 데에 있는 것이 아니라 용이 있으면 신령스러워진다."[43]라는 말로 시작되는 그의 <누실명(陋室銘)>은 천고의 명작으로 인구에 회자된다.

이 작품의 갈래는 작품 이름에 명시되어 있듯이 '명(銘)'이라는 장르에 속한다. 명은 압운을 하는 운문이지만,[44] 중국인들은 일반적으로 이 장르를 시가 중심이 되는 운문의 갈래로 편입하지 않는다. 통상 산문이 주축이 되는 문장의 한 갈래로 취급하는 경우가 많다. 중국문학의 특성에 부합하는 갈래 분류는 압운 여부를 글의 갈래 분류의 제일차적 요소로 보는 것이 아니라는 점을 암시하는 대목이라고 할 것이다. 일반 시가에 비하여 상대적으로 실용성이 두드러지는 명의 장르적 특성이 운문의 대표 장르인 시가에서 멀리 떨어진 것으로 보이게 한 요인이 아닌가 생각된다.

<누실명>을 변려문(駢儷文)으로 분류하는 이도 있다.[45] 이 글은 대부분이 두 구씩 대구를 이루는 형식으로 되어 있기 때문에 변려문의 요건을 갖춘 것이 분명하다.[46] 또 중국문학에서는 흔히 변려문을 하

---

43) "山不在高, 有仙則名; 水不在深, 有龍則靈."

44) 이 <陋室銘>은 4자구 5자구 6자구 등이 있어서 구식이 통일되어 있지 않지만 우수 구의 끝자는 각각 '名', '靈', '馨', '靑', '丁', '經', '形', '亭'으로 되어 있다. '名'이외에 모든 글자가 하평성 9靑에 속하는 운각들로 구성되어 있다. '名'도 발음이 비슷한 운각이 모여 있는 인접 하평성 8庚에 속하므로 이 작품은 압운에 상당히 주의를 기울인 작품이라고 할 수 있다.(아래 두 번째 주 참고)

45) 塩谷 溫, ≪中國文學槪論≫(東京:講談社, 1983년 초판, 1989년 제5쇄.) 제64쪽 참조.

46) 앞에서 소개한 네 구 16자 이외의 나머지는 다음과 같다. "斯是陋室, 惟吾德馨. **苔痕上階綠, 草色入簾靑**. **談笑有鴻儒, 往來無白丁**. 可以**調素琴, 閱金經**. **無絲竹之亂耳, 無案牘之勞形**. **南陽諸葛廬, 西蜀子雲亭**. 孔子曰: '何陋之有!'"(굵은 글씨로 된 것 중 밑줄 친 부분이 각각 대구를 이루고 있다.)

나의 독립된 장르로 설정하기도 하므로 이 글의 장르를 변려문이라고 하여도 문제될 것은 없다. <누실명>이라는 한 작품이 시가와 가까운 운문의 한 갈래로 귀속될 수도 있고, 실용성이 더 중시됨으로써 산문의 한 부류로 간주될 수도 있으며, 그 행문의 특성에 따라 변려문으로 분류될 수 있다는 것은 중국문학의 장르 분류가 간단하지 않은 일이라는 사실을 여실히 보여주는 사례라고 할 것이다.[47]

(3) 동일 명칭의 이종 장르

본질적으로 새로운 장르임에도 기성의 장르와 부분적인 공통성이 있다는 이유에 근거하여 성격이 다른 기성 장르의 이름을 적용하는 것도 중국문학의 갈래 파악을 어렵게 만드는 데에 일조를 한다. 한(漢)나라 시대에 민간에 유행하였던 시가인 악부(樂府)와 송(宋)나라 시대에 유행하였던 사(詞)는 다른 장르다. 지금 한쪽을 악부라고 하였고, 한쪽을 사라고 해놓고 그 둘을 다른 장르라고 하는 것은 새삼스러운 일 같지만, 옛날 중국 사람들은 이 둘을 구분하지 않고 '악부'라는 이름으로 통칭하기도 하였다. 심지어는 사를 뒤이어 등장한 산곡마저도 악부라고 부르기도 하였다.

한나라 시대 궁정에서 음악을 관장하던 기관을 '악부'라고 하였고, 그 기관에서 채록한 민간가요의 가사도 '악부'라고 했던 것에 근거하여, 사와 산곡이 본래 민간가요의 가사였다는 것에 주목하여 '악부'라

47) 분류의 목적에 따라서는 여러 가지 기준이 적용될 수 있으며, 복잡다단한 현상을 한 가지 지표에만 의지해서 분류한다는 것은 다른 소중한 특징들을 사상(捨象)시키는 무리를 범할 수도 있다. 따라서 변려문 여부를 기준으로 장르를 설정하는 것도 중국문학의 특성상 나름대로의 의미가 있을 수 있다.

는 이름을 붙였던 것이다. '민간가요의 가사'라는 성격이 장르 분류의 의미 있는 지표라면, 악부라는 상위개념 아래에 한나라 시대의 악부와 송나라 시대의 사, 그리고 원나라 명나라 시대의 산곡을 같은 차원의 하위개념으로 정리하는 것이 혼동의 소지를 줄어들게 할 것이다.[48)]

악부의 경우보다 더욱 황당한 경우가 있으니, 그것은 바로 당(唐)나라의 전기(傳奇)와 명(明)나라의 전기(傳奇)다. 당나라의 것은 '중국 최초의 본격적인'이라는 수식어가 붙기도 하는 소설이고, 명나라의 것은 연극의 대본인 희곡의 일종이다. 성격이 전혀 다른 두 가지 장르에 공히 '전기'라는 이름을 붙인 것은 다소 무책임한 처사라고 해야 할 것이다.[49)] '전기'라는 말에서 굳이 양자 간의 공통성을 찾자면 '독자나 청중이 솔깃하게 받아들일 기이한 것'이라는 소재의 공통성이 있을 수 있겠지만, 그 공통성이 양자 간의 현격한 형식적 차이를 뛰어넘어 동일 범주의 장르로 인식되게 하기에는 무리가 있다고 하지 않을 수 없다.

3. 중국문학 장르간의 조합과 분리

중국문학에서는 운문과 산문 등과 같이 성격이 다른 두 가지 이상의 요소가 뒤섞이는 현상이 빈번하게 발생한다. 기성의 장르에서 일

48) 악부와 사와 산곡을 통칭하여 '악부'라고 하는 것은 삼자간의 변별적 자질을 무시한 것이 되고, 이들을 각기 악부와 사와 산곡으로 부르는 것은 삼자 간에 엄연히 존재하는 '민간가요의 가사'라는 공통성을 간과한 것이 된다.

49) 이 둘이 같은 이름으로 불릴 수 있으려면 당전기가 당나라의 희곡이고 명전기는 명나라의 전기이거나, 당전기는 당나라의 소설이고 명전기는 명나라의 소설이었어야 할 것이다.

부를 취하여 새로운 장르를 만들어내는 경우도 있고, 기성 장르의 구성 원리를 확대 적용함으로써 새로운 장르를 만들어내기도 한다. 중국문학은 장르의 운용이 매우 탄력적일 뿐만 아니라, 필요에 따라 기성 장르를 변용하는 능력도 탁월하다는 것을 의미한다. 중국문학 장르의 다양화에 크게 기여한 탄력적인 장르 운용방식은 장르 분류의 난이도를 높이는 요인이 되기도 한다.

(1) 이종 장르의 조합

오늘날 우리가 흔히 접하는 소설과 희곡은 분명 산문의 한 갈래다. 그러나 중국 전통의 소설과 희곡은 순수한 산문이라고 할 수 없다. 그렇다고 그것이 앞에서 거론한 부처럼 산문과 운문의 중간적 성격을 띠는 것이라는 뜻도 아니다. 중국 전통의 소설과 희곡에는 운문과 산문이 엇섞여 있다.

중국 장편소설의 대표적인 형태인 장회소설에는 흔히 시나 사와 같은 운문이 삽입된다. 작가가 작품의 줄거리를 요약하기 위한 방편으로 시나 사를 지어 넣기도 하고,[50] 작품 속의 특정 사태에 대한 평가를 시나 사를 통해서 하기도 한다.[51] 그리고 어떤 작품들의 각

50) 羅貫中 著, 吳小林 校注, ≪三國志≫(臺北:里仁書局, 1994.)에는 본문이 시작되기 전에 “滾滾長江東逝水, 浪花淘盡英雄. 是非成敗轉頭空: 青山依舊在, 幾度夕陽紅. 白髮漁樵江渚上, 慣看秋月春風. 一壺濁酒喜相逢: 古今多少事, 都付笑談中.”라는 <臨江仙> 사 한 수가 첨부되어 있는 것이 그 한 가지 예이다.

51) ≪三國志≫ · ≪西遊記≫ · ≪水滸傳≫ 등 소설의 도처에서 발견되는 시는 대개 그런 역할을 담당한다. ≪紅樓夢≫(曹雪芹 著, 饒彬 校訂, 臺北:三民書局, 1982.) 제3회에 들어 있는 <西江月> 詞 두 수도 그런 성격의 것이다.

장의 제목은 대련의 형식을 갖춘 것도 있다.[52] 중국의 장회소설은 그 비중에 있어서 산문이 우위를 점하고 있기는 하나, 어쨌든 산문과 운문을 넘나드는 이종 장르의 합체인 것만은 분명하다.

한편 중국의 희곡은 서양의 오페라와 비슷한 성격의 것이어서 노래가 핵심 요소가 된다. 곡사도 당연히 운문인 산곡이 중심이 된다. 그러나 대화나 동작을 지시하는 장면이나 상황의 설명하는 대목에서는 산문이 사용된다. 중국의 희곡 역시 운문과 산문의 합체인 셈이다. 중국 희곡의 모태가 되는 강창(講唱)[53]은 장르의 명칭 자체가 이미 운문과 산문의 조합이라는 사실을 드러내고 있다. 중국문학 장르의 형식적 구분에 있어서는 운문과 산문 외에도 운문과 산문의 합체라는 항목을 별도로 설정해야 할 필요가 부각되는 것이다.

52) 장회소설 각 장의 제목은 글자 수가 같은 두 구로 되어 있고, 한 구의 글자 수는 대체로 7언과 8언이 대종을 이루나 약간의 변이가 있다. ≪三國志≫의 경우 7언이 주가 되는데, 7언으로 된 것이 91회고, 8언으로 된 것이 29회다. ≪水滸傳≫은 8언이 58회, 7언이 55회, 6언이 5회, 그리고 9언이 2회로 되어 있다. ≪西遊記≫의 경우에는 변화가 제법 많아 7언이 대종을 이루는 중에 4언, 5언, 6언, 8언구들도 섞여 있다. 다만 ≪紅樓夢≫의 경우에는 120회 전체가 일괄적으로 8언 두 구 16자로 되어 있어 다소 색다르다. 이와 같이 장회소설 각 장의 제목은 대구를 지향하는 경향을 보인다. 그런 것 중에서 ≪三國志≫제 37회의 제목 '司馬徽再薦名士, 劉玄德三顧草廬.', ≪西遊記≫제33회의 제목 '外道迷眞性, 元神助本心.' 등과 같은 것들은 대련으로서 손색이 없다.

53) 우리나라의 판소리와 비슷한 것으로 이야기를 엮어나가는 부분과 노래하는 부분을 엇섞어 한 가지 이야기를 연출한다고 하여 강창(講唱)이라고 한다. 인도에서 유입된 고등종교인 불교에 대한 연구는 본래 중국 상류층의 전유물이었으나, 당나라 안사의 난 이후 생겨난 서민 계층의 각성과 그에 따른 서민층의 불교에 대한 수요는 불교 경전을 알기 쉽게 해설하고 전달하는 방식을 필요로 하게 되었다. 그런 수요에 부응하여 생겨난 강창의 이야기 전개 방식이 흥미를 돋우는 것임이 증명되자 나중에는 불교와 관련 없는 내용도 그런 방식으로 연출하게 되었다. 중국의 소설과 희곡의 발달은 이 강창에 힘입은 바 크다.

(2) 기성 장르에서 새로운 장르의 분리

대련(對聯)은 형식이 매우 중요한 의미를 가지는 장르다.[54] 그런데 그 형식은 율시의 함련(頷聯)이나 경련(頸聯)의 구조와 같다. 그렇기 때문에 본격적인 대련의 성립은 율시의 율격 완성에 앞설 수 없다. 모든 대련이 율시의 함련이나 경련이 될 수 있는 것은 아니지만, 율시의 함련과 경련은 대부분 그대로 대련이 될 수 있다. 율시의 함련과 경련이 그들이 속해 있던 작품들과는 별도로 감상되고 또 창작되는 과정을 통해 독자적인 지위를 확보하게 되었고, 그것이 대련으로 발전하게 되었다. 율시의 함련이나 경련의 원리가 확장 적용됨으로써 대련은 율시의 일부로 환원될 수 없는 독자적인 장르가 되었던 것이다. 요컨대 대련은 율시에서 분리 독립하여 발전한 장르라고 할 것이다.[55]

희곡의 핵심적인 구성성분인 산곡(散曲)이 그 자체로 완결된 내용을 구성하는 경우, 그 작품은 원래의 희곡에서 분리시켜 독립된 작품으로 감상할 수 있다. 그리고 '산곡(散曲)'의 '산(散)'이 '～에서 떨어져(분리되어) 나온'이라는 뜻을 함축하고 있다면, 그것은 산곡의 성립에 선행하는 모태를 전제하는 것이 된다.[56] '산곡'이라는 명칭 자체

54) 대련 한 작품을 구성하는 두 구의 글자 수는 같아야 하고, 문장의 구조는 동일해야 한다. 그리고 두 구의 같은 위치의 글자는 품사는 같아야 하지만 평측은 서로 반대가 되어야 한다.

55) 졸고, <對聯의 기원>(≪中國學報(韓國中國學會)≫ 제60집, 2009. 12. 제3~18쪽.) 참조.

56) 일본인 학자 타나까 켄지(田中 謙二)는 '散曲'이라는 명칭에 대하여 "그 형태는 같은 시기의 가극 즉 '원잡극'의 가사 부분과 완전히 같은 것인데, 그것

가 '기존의 희곡에서 분리되어 나온 노래'라는 뜻이 되는 셈이다. 곧 희곡이라는 장르에서 산곡이라는 새로운 장르가 생겨났다는 말이 된다. 다만 희곡과 산곡의 선후문제에 대해서는 상반되는 견해가 병존하고 있어서 좀 더 자세하게 검토할 필요가 있지만,[57)] 희곡을 구성하는 산곡 중에서 내용적으로 완결된 구조를 갖춘 산곡은 그 자체로 독립적인 작품이 될 수 있다는 사실만은 틀림없다.

절구(絶句)의 경우도 유사하다. 형태상 율시의 절반에 해당하는 절구는 율시에서 분리 독립한 시의 일종일 가능성이 높다. 절구가 율시에 앞서 생겨났다는 논리도 있기는 하지만,[58)] '절구'라는 이름 자체

이 분리 독립하였다고 하여 이런 이름이 있다고 한다.(その形體は, 同時の歌劇, すなわち<元雜劇>の歌詞の部分と全く同質であり, それが分離獨立したとしてこの名稱があるという.)"라고 하였다.((鈴木修次 등 편, ≪文學概論≫(東京:大修館書店, 1967년 초판, 1989년 7판) 제207쪽 참조.)) 西北師範學院中文系文藝理論敎硏室 編, ≪簡明文學知識辭典≫(蘭州:甘肅人民出版社, 1985.) 제50쪽에서는 산곡을 정의하기를 "곡의 한 가지 체식으로서 희곡에 들어가지 않는 낱개의 작품이다. 노래하거나 읊조리는 데에 쓰이는데, 서정을 위주로 한다. 淸曲이라고도 한다.(曲的一種體式, 是不進入戲劇的散篇作品, 供淸唱吟詠之用, 以抒情爲主, 也稱淸曲.)"라고 하였는데, 이것도 희곡의 전제 위에 산곡을 정의한 것으로 이해할 수 있다. '희곡에 들어가지 않는 낱개의 작품'이라는 말에 주목하면 '(산곡에 해당하는 노래가) 원래는 희곡의 일부로서 지어졌는데, 나중에 희곡과 상관없이 지어지는 것이 생기자 그것을 산곡이라고 따로 이름을 붙였다'고 추론할 수 있기 때문이다.

57) 褚斌杰은 "산곡의 흥기는 원잡극보다 이르다."라고 하였다. 그러나 '산곡'이라는 이름의 뜻을 설명할 때에는 "산곡이라는 것은 원래 분산된 단편 노래가사를 가리키는 뜻인데, 그것은 이야기 줄거리가 있고 연극을 하는 배역이 있는 희곡과 대비하여 말한 것이다."라고 하여 원잡극이 기준이 된다는 견해도 동시에 피력하고 있다.((褚斌杰, ≪中國古代文體槪論(增訂本)≫(北京:北京大學出版社, 1990년 제1판, 1999년 제4쇄), 제323쪽 참조.)) 설사 산곡이 원잡극보다 먼저 존재했다고 하더라도 그것이 독립 장르로 인식되는 것은 원잡극에서 분리되어 나오면서부터라는 것을 말하는 것으로 볼 수 있다. 적어도 산곡이 독립 장르로서 인정되는 것은 원잡극보다 앞설 수 없다고 해야 할 것이다.

58) 위 ≪中國古代文體槪論(增訂本)≫ 제222~225쪽 참조.

가 이미 그에 앞서 완성된 율시에서 분리되어 나온 것임을 암시한다. 형태상으로 보아도 절구의 모든 형식은 율시에서 찾아낼 수 있지만, 절구의 모든 형식을 같은 방식으로 확장해서는 율시가 될 수 없다는 사실도 절구가 율시에서 분리되어 나왔음을 보여주는 유력한 증거가 된다. 절구가 율시의 규식을 철저히 준수한다는 점 역시 절구가 율시에서 분리된 것임을 보여주는 증거라고 할 것이다.[59]

성공적인 기성의 장르에서 새로운 장르가 분리되어 나오기도 한다는 점 역시 중국문학 장르의 한 가지 특색으로서 중국문학의 장르 간의 관계를 복잡하게 만드는 한 가지 요인이라고 할 것이다.[60]

59) 초당 시기에 심전기와 송지문에 의해 율시의 율격이 완성되기 이전에 나온 작품 중에 간혹 절구의 규식에 맞는 작품이 있어서 그것을 근거로 절구가 율시에 선행하는 장르라고 주장하는 학자도 있다. 그러나 절구나 율시의 규식은 중국어와 한자의 특성을 살린 창작 경험을 귀납한 것인 만큼 성공적인 문장 구성은 무의식적으로 그 율격에 근접할 가능성이 있고, 간혹 그 율격에 합치되는 작품도 만들어질 수 있다. 낭송하기 좋게 음운을 배치하다 보면 율시의 율격에 합치되는 작품이 나올 수 있는 것이다. 그러므로 율시의 율격이 완성되기 이전의 작품으로 율격에 부합되는 작품은 잠재된 가능성의 우연적인 실현이라고 보아야 할 것이다. 율시나 절구는 정해진 규식에 따라 의식적으로 음운을 배열하는 것인 만큼 율시와 절구의 본격적인 출발은 율시의 율격이 완성된 다음에야 가능한 것이다. 그리고 절구의 율격은 율시의 율격에 준하므로 절구는 율시에서 파생된 장르로 보는 것이 순리일 것이다. 대련의 경우에도 똑 같은 논리가 적용될 수 있다. 褚斌杰이 율시와 절구의 관계를 모자관계가 아니라 형제관계라고 한 것은 상반된 주장의 절충에 급급한 미봉책이라고 해야 할 것이다.(위의 책 제224쪽 참조.)

60) '대련' 또는 '절구'라는 장르 이름의 함의 자체가 암시하듯이 적어도 이들이 장르로 공인되는 것은 결코 율시에 앞설 수 없는 것이다. 이 부분에서는 산곡도 같은 논리가 적용될 수 있을 것이다.

4. 중국문학 장르 분류의 표지

유유석의 <누실명>은 글의 형태상 운문이면서 변려문이다. 그런데 그 제목에 들어 있는 '명'은 어떤 다짐을 담아내는 글을 가리키는 말이다. 곧 이 글은 그 용도에 따라 이름이 지어졌지만, 형태에 따라 분류한다면 운문의 한 갈래로 편입되거나 변려문이라는 부류에 소속될 수도 있다. 이와 같이 압운의 여부나 변산(騈散) 여부와 같은 행문의 성격, 글의 용도 등은 글의 갈래를 가늠하는 중요한 표지가 된다.

(1) 수사(修辭)

≪문선(文選)≫의 경우처럼 간혹 역사와 철학을 배제한 순수 문학만의 범주를 획정하려는 노력이 있기는 했으나, 문학과 역사와 철학이 서로 소통하고 실용과 예술의 구분이 모호한 것이 중국문학의 본래 모습이었다. 그러므로 문학과 철학의 일괄적인 배제는 중국문학의 특성을 훼손하는 것이 될 수도 있다. 그렇다고 문자로 기술된 모든 것들을 문학의 범주에 넣을 수도 없는 처지이니 부득불 어떤 방식으로든 문학과 비문학의 경계를 설정해야 한다.

이 책의 제1장 '문학의 본질'에서 논했듯이 문학은 언어예술이다. 그러므로 언어와 문자로 기술된 것 중에서 독자에게 심미적 쾌감을 줄 수 있는 것이라면 문학의 범주에 들어갈 수 있다. 글의 본령이 역사이건 철학이건을 막론하고 미적인 질서를 갖추고 있는 글, 곧 일정 수준 이상의 수사를 갖춘 글이라면 문학의 범주에 넣어도 무방할 것이다.

<문선서(文選序)>에서는 잠(箴) · 계(戒) · 논(論) · 명(銘) 등 여러 장르의 유래 또는 특징을 거론한 다음, 그러한 여러 장르를 "악기가 도기로 만들어졌든 박 껍질로 만들어졌든 모두 들을 만한 즐거움이 되고, 보(黼)와 불(黻)이 각기 다른 무늬이나 모두 눈을 즐겁게 하는 노리개가 된다."고 하여 문학 범주 내의 다양한 장르의 존재를 예찬하였다. 또 "찬(讚)과 논(論)과 서(序)와 술(述) 등과 같은 장르 중에 수사가 아름답게 강구된 것은 그 일이 깊은 생각에서 나왔고 그 의의가 문학으로 귀결되기 때문에, 다른 작품들과 함께 섞어서 채집하였다."[61]고 하였는데, 여기서 특정 문장의 문학성 여부는 그 문장 수사의 미감 여부에 따라 판단되는 것임을 알 수 있다. 장르의 본래 목적이 실용적인 것이었다고 하더라도 미적 질서를 갖추는 수사가 강구되어 있고, 그리하여 독자에게 미적 향수를 제공할 수 있다면 문학이 될 수 있다는 논리다. 수사는 문학의 범주를 획정하는 표지가 되는 셈이다.

이와 같은 ≪문선(文選)≫의 문학 경계 획정의 기준 곧 선문의 기준이 타당하다면 애초에 역사와 철학을 선문의 대상에서 배제한 방침이 재고되었어야 할 필요가 있다. 예술과 일정한 거리가 있는 실용문에 수사가 강구되어 있다고 하여 문학의 범주에 들어갈 수 있다고 한다면, 철학이나 역사적인 글이라 하더라도 거기에 수사가 잘 베풀어져 있는 경우에는 문학의 범주로 편입시킬 것을 고려했어야 논리적으로 일관성이 있기 때문이다.

사실 역사라고 하더라도 ≪사기≫의 열전처럼 문학적 향취가 느껴

61) <文選序>: "箴興於補闕, 戒出於弼匡, 論則析理精微, 銘則序書淸潤, ……譬陶匏異器, 並爲入耳之娛; 黼黻不同, 俱爲悅目之玩. ……至於記事之史, 繫年之書, 所以褒貶是非, 紀別異同. 方之篇翰, 亦已不同. 若其讚論之綜緝辭采, 序述之錯比文華, 事出於沈思, 義歸乎翰藻, 故與夫篇什雜而集之."

지는 것이 있고, 철학서인 ≪장자≫나 ≪노자≫에서도 문학적 분위기를 느낄 수 있다. 게다가 근대 서양 문호들의 작품 중에는 문학과 철학의 경계가 모호한 것들이 적지 않다. 문학과 철학과 사학의 공존은 가능한 것이다. 문학적 향취가 있는 역사서나 철학서를 문학의 범주에 넣느냐 마느냐 하는 문제에 매달릴 것이 아니라, 그러한 것들이 문학의 계보에서 어느 지점에 위치하는 것인지를 밝히는 것이 합리적일 것이다.

(2) 문장의 용도

이 책의 제4장 '문학작품의 형식과 내용'에서 내용의 특성에 맞게 형식이 설정되는 것이 순리라는 점을 짚어본 바 있다. 사실 관행적으로 글은 그 용도에 따라 그에 걸맞은 형식이 정해지곤 한다. 그런즉 글의 용도에 따라 글의 형식이 결정되고, 주제가 선정되면 거기에 맞는 수사가 강구된다. 그러므로 글의 용도는 글의 갈래를 나누는 중요한 표지가 될 수 있다.

글은 그 용도에 따라 크게 예술지향적인 것과 실용지향적인 것의 둘로 나눌 수 있을 것이다. 어떤 주제를 아름다운 문사로 꾸며서 독자에게 전하려고 하는 문장과, 계약서 등과 같이 실생활에 필요한 기록이나 문서는 그 지향이 같을 수가 없다. 전자에 미적 질서를 구축하는 수사가 없으면 읽을 가치가 없어지지만, 후자에서 수사가 위주가 되면 본말이 전도된다. 양자는 그 기본 취지가 크게 다르기 때문이다.

그러므로 글의 용도가 예술지향이냐 실용지향이냐에 따라서 문학과 비문학의 경계선이 그어질 수도 있다. 문제는 본래 예술지향적인 장르가 실용적인 목적으로 응용되기도 하고, 실용지향의 장르에도 나름대로의 수사가 강구되어 있어서 심미적 가치를 가지는 경우가 적지 않다는 것이다. 앞의 <문선서>에서 보았듯이 중국문학의 전통이 실용지향의 장르까지 문학의 영역에 포함시킨 것도 그 때문이다.

중국문학의 전통에 따르면, 예술을 지향하되 실용적인 방면에까지 용도를 확장할 수 있는 장르와, 실용성을 지향하되 예술적 속성을 갖춘 장르는 공히 문학의 범주에 넣을 수 있게 된다. 그것은 중국문학의 장르론이 본격적으로 태동할 시기인 위진남북조 시대에 문학을 크게 '문(文)'과 '필(筆)'로 나누었던 전통을 계승하는 것이기도 하다.

'예술과 실용'의 범주를 넘어 문장의 용도를 일상생활의 구체적인 수요에 따라 좀 더 세분하게 되면, 예술지향의 경우와 실용지향의 경우는 그 적용 양상이 다르게 나타난다. 실용지향적인 문장의 경우 실생활의 구체적인 용도 그 자체가 개별 장르를 설정하는 근거가 된다. 잠명(箴銘)·송찬(頌讚)·주의(奏議)·전장(傳狀) 등 실용지향적인 장르가 그러한 사실을 입증한다.

그러나 예술 지향의 경우에는 용도보다 형태가 보다 중요한 의미를 가지며, 용도는 형태에 의해 분류된 장르의 세부 장르를 가름하는 데에 주로 이용된다. 시의 경우 두 사람 사이에 주고받는 목적으로 쓴 증답시(贈答詩), 세태나 어떤 사안에 대하여 풍자하는 목적을 담은 풍자시(諷刺詩) 등이 그러하다. 대련의 경우에는 설날에 대문의 두 기둥에 붙이는 춘련(春聯), 각 사업체에 붙여서 그 업체의 특성을 드러내는 행업련(行業聯), 사당이나 사원 등에서 사용하는 사묘련(祠廟聯) 등이 그런 예에 속한다. 그러나 분류의 필요에 따라서는 목적이 상위 장르 분류의 표지가 되고, 형태가 하위 장르 분류 표지가 될 수도 있다. 예컨대 '증답시'라는 장르 하에 율시·절구·고체시 등의 항목을 설정할 수 있는 것이다.

(3) 행문의 성격

행문의 성격은 압운의 여부에 따라 운문(韻文)과 산문(散文)으로 나누어지고, 행문이 대구를 이루는 형태로 전개되느냐 아니냐의 여부에 따라 변문(騈文)과 산문(散文)으로 나누어진다.62) 그리고 입말로 문장을 구성하느냐, 아니면 입말과 다른 방식으로 계승 발전되어온 글쓰기의 전통을 따르느냐에 따라서 고문과 백화문으로 나누어 질 수 있다. 그래서 행문에 따른 글의 성격은 운문 · 고문(산문) · 변려문 · 백화문 네 부류로 나눌 수 있게 된다.63)

(4) 조사(措辭)와 제재의 성격

고대에서 현대에 이르기까지 중국문학의 장르를 몇 가지 부류로 나눈 사례들을 종합해보면 대부분 한 가지 지표에 근거하여 장르를 분류하였지, 복수의 지표에 따라 분류를 시도한 사례는 찾아보기 힘들다. 이런 상황에서 일본 학자 시오노야 온(塩谷 溫)이 조사(措辭)의 성격에 따라 운문(韻文)과 산문(散文)으로 나누고, 작자의 시각에 따라 주관과 객관, 그리고 주객 혼합이라는 구분을 교차하여 고려한 분류

62) 운문에 대응하는 개념으로서의 산문과 변문에 대응하는 개념으로서의 산문은 엄격한 의미에서 다소 차이가 있다. 운문과 변문과 산문을 동일 차원에서 논의할 경우, 산문은 '압운을 하지 않으며 두 구가 짝을 이루지 않는 문장의 형태'로 정의할 수 있다.

63) 藍若天, ≪文心雕龍的樞紐論與區分論≫(臺北:臺灣商務印書館, 1975년 초판, 1983년 재판.) 제 114쪽에서 문장을 행문의 형태에 따라 韻文 · 騈文 · 古文 · 語體文의 넷으로 분류한 것과 같은 개념이다.

는 색다른 면이 있다.

	주관적	객관적	주관적 객관적
산 문	의론문(議論文)	서기문(敍記文)	소설(小說)
운 문	서정시(抒情詩)	서사시(敍事詩)	희곡(戲曲)[64]

간단한 표이지만 문학의 주요한 영역인 시 · 산문 · 소설 · 희곡을 모두 포괄하면서 체계적인 분류를 시도하고 있다. 그러나 시오노야 온의 이 분류표에 대하여 주관과 객관은 분명하게 구분할 수 없을 뿐만 아니라 '서정'이나 '서기' 등의 요소도 완전히 상호 배타적인 성격의 것이 아니라고 하여 그 분류의 가치를 부정하는 이도 있다.[65] 그렇지만 그 표를 '서정적인 요소가 우위를 점하는 경우 주관적인 경향이 더 강하고, 서사나 서기적 요소가 우세한 경우에는 객관적인 경향이 강하다'는 의미로 해석할 수 있다면, 그 분류의 타당성은 크게 문제가 되지 않을 것으로 본다.

이 표에서 정작 문제가 되는 부분은 중국소설에는 통상 시(詩)나 사(詞) 또는 대련(對聯)이 삽입된다는 점과 희곡은 주로 운문으로 이루어지지만 그 중 백(白)의 부분은 산문적 요소가 우세하다는 사실을 적절히 반영하지 못하고 있다는 점이다. 그렇기 때문에 위 표를 실제에 맞게 조정한다면 다음과 같이 되어야 할 것이다.

64) 塩谷 溫, ≪中國文學概論≫(講談社: 東京, 1983년 초판, 1989년 제5쇄) 제42쪽 참조.

65) 舒舍予(老舍), ≪文學概論講義≫(北京:北京出版社, 1984.) 제96쪽 참조. 그런데 이 ≪문학개론강의≫는 노사가 1930년에서 1934년까지 齊魯大學 文學院 교수로 재직하면서 쓴 것이라고 하는데, 시오노야 온의 책은 위에서 보는 바와 같이 1983년 초판으로 되어 있으니, 이 표의 최초 창안자가 누군지에 대해서는 조사해볼 필요가 있다.

	주관적	객관적	주관적 객관적
산 문	의론문(議論文)	서기문(敍記文)	
운 문	서정시(抒情詩)	서사시(敍事詩)	
운문이 첨가된 산문			소설(小說)
산문이 첨가된 운문			희곡(戲曲)

이렇게 조정을 해도 이 표가 가진 문제점은 완전히 해소되지 않는다. 중국문학의 전통상 의론문 또는 서기문으로 산문의 장르를 대별하는 것은 의미가 있지만, 형태가 먼저 눈에 띄는 시를 서정시와 서사시로 먼저 크게 둘로 나눈다는 것은 다소 무리가 있는 것으로 생각되기 때문이다. 그리고 서정시와 서사시도 작가의 관점에 따라 주관적인 것과 객관적인 것으로 나누어지는 것이 아니라, 서정시의 내용 그 자체가 주관적인 것이고 서사시의 제재가 본래 객관적인 것이어서 구분되는 것이라고 해야 할 것이다. 작자의 관점이 문제시되는 것은 주관적인 서정을 객관화 하여 표현하려고 하는 것과 객관적 사실을 주관적으로 해석하는 경우일 것이다.[66] 제재의 성격을 주관과 객관으로 나누는 것도 산문의 장르 분류에서 보다 유용한 표지가 될 수 있을 것으로 생각된다.

(5) 기 타

문학의 향유 주체가 누군가 하는 것도 문학의 갈래 구분의 표지가

66) 자신의 죽음을 논하는 것은 본래 매우 주관적일 것으로 생각되나 陶淵明의 <挽歌詩>는 그것을 섬뜩함이 느껴질 정도로 객관화하였고, 司馬遷은 객관적이어야 할 역사의 기술에 개인의 주관을 강하게 투사하고 있는데, 이런 것들이 작가의 관점이 큰 의미를 가지는 경우라고 할 수 있을 것이다.

될 수 있다. 궁정문학이니 민간문학이니 하는 것이 그러한 경우에 해당한다. 그런데 이 궁정문학과 민간문학은 상당수의 장르를 공유할 수 있기 때문에 중국문학 전체에서 일부를 분할해내는 의미를 가지게 된다. 그래서 중국문학의 특정 측면을 조명하는 데에는 의미가 있을 수 있지만, 중국문학 전체를 체계적으로 분류하는 데에는 기여하기 어렵다.

풍격(風格)도 작품을 분류하는 지표가 될 수 있다.[67] 그러나 특정 장르 내에서 작품들의 성격을 분류하는 데에는 의미 있는 역할을 할 수 있지만, 장르를 특정하는 요소가 되기에는 역부족이다.

5. 중국문학 장르 분류 체계도 시안

글의 내용에 따른 분류에 있어서는 우선 글의 목적에 따라 순수예술문과 실용문의 두 부류로 나눌 수 있을 것이다. 문학이 예술의 한 분야로서 '무목적의 목적'이 그 핵심요소가 된다고 한다면 실용과 일정한 거리가 있는 것이 분명하지만, 실용성이 우선인 문장에도 미적 쾌감을 제공하는 장치가 강구되어 있다면 문학의 변방에 편입시키는 것은 문제가 없을 것이다.

기술의 관점에 따라 주관적인 것과 객관적인 것의 두 부류로 나누되 시오노야 온(塩谷 溫)의 견해처럼 객관과 주관이 혼합된 부류도

67) 詩에서 宮體詩 · 臺閣體詩 · 西崑體詩 · 白體詩 등으로 나누는 것과 詞에서 婉弱詞 · 豪放詞 등으로 구분하는 것 등은 기본적으로 풍격에 따라 분류한 것이다. 그러나 이것은 특정 장르 내에서 작품들을 그 성격에 따라 분류한 것일 뿐으로, 통상적으로 인정되는 하나의 독립된 장르가 되기에는 한계가 있다.

따로 설정할 필요가 있을 것이다.

글의 형식적 측면에서 가장 부각되는 것은 운문과 산문의 분기점이 되는 압운의 여부다. 그러나 남약천(藍若天)의 4부류에 들어 있는 변려문과 어체문은 운문 및 산문과 동일한 차원으로 볼 것이 아니라, 산문의 하위 개념으로 보는 것이 타당할 것이다. 그래서 산문은 다시 고문, 변려문, 백화체의 셋으로 나눈다.

형태에 따라 운문의 하위 개념을 찾는다면 매 구의 글자 수가 일정한가의 여부에 따라 제언체(齊言體)와 장단구(長短句)의 두 부류로 나누는 것을 검토해볼 수 있을 것이다. 물론 중국 소설과 중국 희곡은 그 특성에 따라 운문과 산문과 같은 차원에서 운문과 산문이 혼합된 형식으로 독립시키는 것을 잊어서는 안 될 것이다. 그리고 실용지향의 문장에는 서술시각에 따라 주관과 객관, 그리고 주객혼합의 셋으로 나누게 되면 대략 다음과 같은 중국문학 장르 계보도가 만들어질 것으로 생각된다.

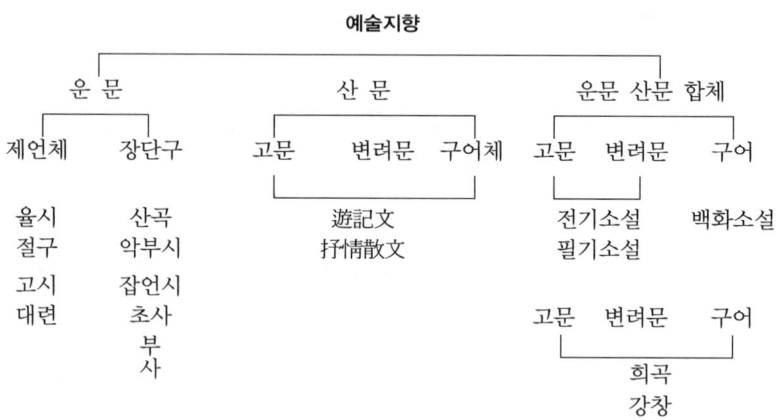

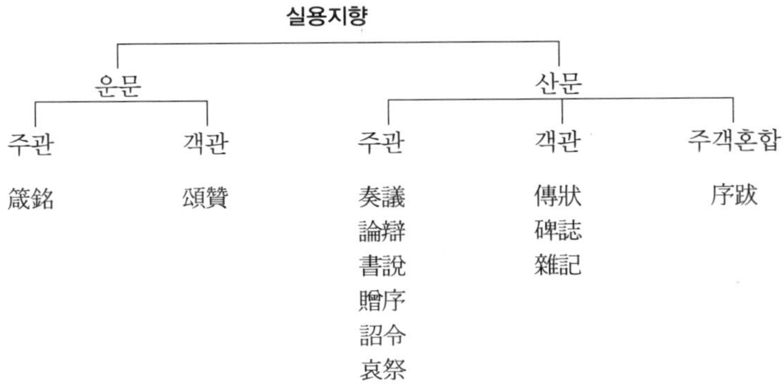

중국문학 장르 분류의 기성 성과를 참작하여 표를 만들었으나, 보완되고 수정되어야 할 부분이 적지 않을 것이다. 사실 특정 장르를 예술적인 것과 실용적인 것으로 규정하는 것 자체가 무모한 것일 수가 있다. 누차 언급했듯이 예술적 장르도 실용적인 용도로 쓰일 수 있고, 실용적인 것으로 분류된 장르에도 예술적인 요소를 가미할 수 있기 때문이다. 이러한 구분은 그 장르가 가장 흔히 쓰이는 용례에 따른 평가일 뿐이다. 고문·변려문·구어체로 나눈 것, 주관과 객관의 구분도 마찬가지로 그러한 거친 통계적 판단에 따른 것이다.

그리고 이 표의 내용을 더욱 충실하게 하려면 우선 각 장르의 본질적 요소들을 명징한 언어로 규정하고, 장르들 간의 친소관계와 상관관계를 선명하게 드러내는 작업에 힘을 더 기울여야 될 것이다. 동일 장르로 분류된 작품들 간에 존재하는 편차를 체계적이고 명료하게 정리해내는 작업도 소홀히 할 수 없을 것이다.

후기: 새로운 시작을 위하여

2002년 국민대학교로 자리를 옮겨 중국문학개론 과목을 담당하면서 새로운 개념의 중국문학 입문서의 필요성을 절감하게 되었다. 그때 2001년에 출간하였던 ≪중국고전문학 풍격론≫의 일부는 약간의 손질을 가하면 그런 수요에 부응할 수 있겠다는 생각이 들었다. 그래서 ≪중국고전문학 풍격론≫의 두어 장을 '문학개론'의 취지에 맞추어 조정을 하고, 나머지 필요한 사안들은 자료를 뒤지고 궁리를 하여 우선 논문의 형식으로 꾸며 한 편씩 발표하였다. 그렇게 쓴 글들을 모아 다시 하나의 체제로 다듬은 것이 바로 이 ≪중국문학통론≫이다.

원고를 다듬다보니 4년이나 묵은 서문이 눈에 띈다. 이 책이 세상에 나오기까지 적어도 7~8년의 산고를 겪었음을 새삼 깨닫게 된다. 자료 찾고 글을 쓴 시간보다 궁리한 시간이 더 많았던 것 같다. 공부를 게을리 한다고 타박하는 아내의 놀림대로 이 책은 누워서 쓴 책이다. 부족한 능력으로 새로운 길을 모색하는 신산함이 오죽했겠는가?

몇 번의 교정을 보면서 이 ≪중국문학통론≫도 많은 학자들에게 신세를 지고 있음을 확인하였다. 직접 인용하여 '참고문헌'으로 정리된 문헌 이외에도 많은 사람들의 생각이 이 책의 자료가 되어 주었다. 그 중에서도 특히 많은 신세를 진 문헌은 은사 김학주 교수님의 ≪중국문학사≫, 유협의 ≪문심조룡≫, 담정벽의 ≪중국문학가대사전≫, 그리고 졸저 ≪중국고전문학 풍격론≫ 네 권이다.

은사님의 지도로 중국문학에 입문했기 때문에 중국문학에 관한 필자의 여러 가지 생각들은 많은 부분 은사님의 책을 근거로 하고 있다는 사실이 드러났다. 또 ≪문심조룡≫은 필자의 박사학위 논문의 주제였고, 그것이 종합문학이론서였던 까닭에 문학의 제 현상에 대한 궁리는 쉽게 ≪문심조룡≫으로 이어지게 된 듯하다. 결과적으로 ≪문심조룡≫의 현대적 활용을 시도해본 셈이다.

≪중국고전문학 풍격론≫은 이미 밝혔듯이 이 책의 모태라고 할 수 있다. ≪중국문학통론≫의 도처에서 ≪중국고전문학 풍격론≫에서 논했던 내용들을 적지 않게 활용하였는데, 특히 두 장은 ≪중국고전문학 풍격론≫의 것을 적극적으로 활용하였다. 제2장 '작가의 문학적 개성'은 ≪중국고전문학 풍격론≫ 제2부 '각론'의 제3장 '작가풍격'을 부분적으로 손을 본 것이다. 양자 간에는 적지 않은 인식의 변화가 있으나, 기본 틀이 유사하다는 점은 금세 알 수 있다. 그리고 제5장 '문학의 시대성'도 ≪중국고전문학 풍격론≫ 제2부 '각론'의 제6장 '시대풍격'을 거의 그대로 가져와서 약간의 손질을 가한 것임을 밝혀 둔다.

이 책의 특징의 하나는 각주의 분량이 어느 책보다 많다는 것일 것이다. 그 각주 중에는 작가나 사상가들에 관한 것이 상당한 비중을 차지한다. 문학을 공부하는 것도 사람의 일이므로 학술적인 정보를 제공하는 이외에도 역사상의 인물들의 인간적인 면을 소개하고자 한 의도가 그런 결과를 낳은 듯하다. 그 내용은 대개 담정벽의 ≪중국문학가대사전≫에서 얻은 정보를 위주로 하고, 다른 자료를 참조하여 저술 취지에 맞게 가공한 것이다. 책의 본문이나 각주에는 등장하지 않았지만, ≪중국문학가대사전≫은 ≪중국문학통론≫의 색다른 면모를 가꾸는 데에 큰 기여를 하였다.

만용을 부려 중국문학을 통람하는 책을 쓴다고 했지만, 그 주요 아이디어는 결국 필자가 평소에 익숙한 몇 가지에서 얻어진 것임을 고백한 셈이다. 그런 면에서 이 책은 또 다른 저술의 밑거름이 될 것을 소망한다. 능력이 된다면 이 책에서 원론적으로 다룬 내용들을 확대하여 중국문학비평이나 중국문학장르론 등에 관한 책을 쓰고 싶다. 훗날 이 책이 새로운 공부를 위한 청사진이었음을 확인하고 싶다.

이 책의 출간을 흔쾌히 맡아주신 신아사 정현걸 대표님과 직원 여러분께 감사의 인사를 전하고 싶다. 특히 책의 출간을 주선해 주신 한규갑 상무님과 어지러운 원고를 깔끔한 책으로 만들어주신 김금란 실장님께 감사드린다. 홈페이지의 원고를 출력하여 수업에 임하는 불편을 감수하면서도 잘못된 글자를 발견하여 제보해준 국민대학교 중문학과 학생들에게도 감사한다.

2010년 6월 팽철호

참고문헌

≪莊子≫
≪禮記≫
≪論語≫
≪明史≫
≪孟子≫
≪尙書≫
≪左傳≫
≪荀子≫
譚正璧, ≪中國文學家大辭典≫, 臺北:河洛圖書出版社, 1978.
王向峰 主編, ≪文藝美學辭典≫, 瀋陽:遼寧大學出版社, 1988.
斗山東亞 百科事典硏究所 편, ≪두산세계대백과사전≫, 서울:두산동아, 1998년 재판.
漢語大詞典編輯委員會漢語大詞典編纂處, ≪漢語大詞典≫, 上海:漢語大詞典出版社, 1989년 초판, 1994년 제3쇄.
下中邦彦 編, ≪哲學事典≫, 東京:平凡社, 昭和 46년(1971년) 초판, 昭和 53년(1978년) 9쇄.
한국 철학 사상 연구회 편, ≪철학대사전≫, 서울:도서출판 동녘, 1989.
華世出版社 편, ≪中國歷史紀年表≫, 臺北:華世出版社, 1978.
趙要翰, ≪藝術哲學≫, 서울:經文社, 1973년 초판, 1991년 중판.
김학주, ≪改訂 中國文學序說≫, 서울:신아사, 1992.
김학주, ≪중국문학사≫, 서울:신아사, 2007년 4판.
김학주, ≪중국문학사≫, 서울:신아사, 2004년 2판 5쇄.
金學主, ≪中國文學史≫, 서울:新雅社, 1989년 修正 初版, 1994년 제6쇄.
김학주, ≪중국문학의 이해≫, 서울:신아사, 1993.
팽철호, ≪중국고전문학 풍격론≫, 서울:사람과 책, 2001.
팽철호, ≪임기응변의 중국인≫, 서울:사회평론, 2003.

蔡鎭楚, ≪詩話學≫, 湖南教育出版社, 1990년 초판, 1992년 제2차 인쇄.
清 何文煥 編訂, ≪歷代詩話≫, 臺北:藝文印書館, 1983.
王夫之 等撰, 丁福保 編, ≪淸詩話≫, 臺北:明倫出版社, 1971.
范攄 纂, ≪雲溪友議≫, 北京:中華書局, 1985.
鄭在瀛, ≪六朝文論講疏≫, 臺北:萬卷樓圖書有限公司, 1995.
郭正元, ≪魏晉南北朝文學論文名篇譯注≫, 湖北人民出版社, 1986.
孔凡禮 點校, ≪蘇軾文集≫, 北京:中華書局, 1986년 제1판, 1990년 제2차 인쇄.
劉熙載 原作, 龔鵬程 撰述, ≪藝概≫, 臺北:金楓出版有限公司, 1986.
羅聯添 編輯, ≪中國文學批評資料彙編--隋唐五代≫, 臺北:成文出版社有限公司, 1978.
黃啓芳 編輯, ≪中國文學批評資料彙編 -- 北宋≫, 臺北:成文出版社有限公司, 1978.
葉慶炳・邵紅 編輯, ≪中國文學批評資料彙編 -- 明代(下集)≫, 臺北:成文出版社有限公司, 1978.
周勛初, ≪中國文學批評小史≫, 湖北:長江文藝出版社, 1981.
周振甫, ≪文心雕龍註釋附今譯≫, 臺北:里仁書局, 1984.
祖保泉, ≪文心雕龍解說≫, 合肥:安徽教育出版社, 1993.
李蓁非 釋譯, ≪「文心雕龍」釋譯≫, 南昌:江西人民出版社, 1993.
王更生, ≪重修增訂 文心雕龍導讀≫, 臺北:華正書局, 1993.
王守信・孔德志 編著, ≪劉勰與「文心雕龍」≫, 濟南:齊魯書社, 2001.
穆克宏, ≪文心雕龍研究≫, 厦門:鷺江出版社, 2002.
興膳宏 譯, ≪文心雕龍≫(≪陶淵明・文心雕龍≫, 世界古典文學全集 第 25卷), 東京:筑摩書房, 1968.
戶田浩曉 譯, ≪文心雕龍≫, 東京:明德出版社, 1972년 초판, 1982년 재판.
目加田誠 譯, ≪文心雕龍≫(中國古典文學大系 54, ≪文學藝術論集≫), 東京:平凡社, 1986.

顔之推 撰, 王利器 集解, ≪顔氏家訓集解≫, 臺北:明文書局, 1990.
辛文房 撰, 孫映逵 校注, ≪唐才子傳校注≫, 中國社會科學出版社, 1991.
胡志剛·吳忠穎 編著, ≪唐宋詞選詳解≫, 臺灣 嘉義:文智出版社, 1981.
吳兆路, ≪中國性靈文學思想硏究≫(1993年 復旦大學博士論文), 臺北:文津出版社, 1995.
謝貴安, ≪中國讖謠文化硏究≫, 海口:海南出版社, 1998.
黃倫生, ≪東方天國的神秘之門--中國巫術文化探秘≫, 桂林:廣西師範大學出版社, 1993.
周錫韍 選注, ≪王安石詩選≫, 臺北:遠流出版事業股份有限公司, 1993. 臺灣 初版 4刷.
M.H. ABRAMS, ≪the mirror and the lamp≫ London:Oxford University Press, 1953년 초판, 1979년 재판, 미국 인쇄.
中村元 저, 金知見 역, ≪중국인의 사유방법≫, 서울:도서출판 까치, 1990.
라이샤워·페어뱅크 저, 全海宗·高柄翊 역, ≪東洋文化史(上)≫, 서울:을유문화사, 1964년 초판, 1989년 제18판.
야나기다 세이잔(柳田聖山) 저, 一指 옮김, ≪임제록≫, 서울:고려원, 1988.
Lilian R. Furst 著, 李相沃 譯, ≪浪漫主義≫(문학비평 총서 3), 서울:서울대학교출판부, 1978.
鈴木虎雄 著, 洪順隆 譯, ≪中國詩論史≫, 臺北:商務印書館, 1979년 재판.
劉允聲 編著, ≪歷代詩詞佳句鑒賞≫, 臺南:大孚書局有限公司, 1994.
陳少峰, ≪宋明理學與道家哲學≫, 上海:上海文化出版社, 2001.
王潤華, ≪從司空圖到沈從文≫, 上海:學林出版社, 1989.
史林 編著, ≪紀曉嵐應對人生的九九個方略≫, 北京:中華工商聯合出版社, 2000년 초판, 2001년 5차 인쇄.

梁啓超, ≪飮氷室文集≫(下卷), 上海:廣智書局, 光緖 31년(1905년) 초판, 광서 34년(1908년) 訂正5판.

吉川幸次郎 述, 黑川洋一 編, ≪中國文學史≫, 東京:岩波書店, 1974년 제1쇄, 1989년 제 18쇄.

楊仲義 · 梁葆莉, ≪漢語詩體學≫, 北京:學苑出版社, 2000.

啓功 · 張中行 · 金克木 共著, ≪說八股≫, 北京:中華書局, 2000.

郭紹虞, ≪中國詩的神韻格調及性靈說≫, 臺北:莊嚴出版社, 1982.

羅貫中 著, 吳小林 校注, ≪三國志≫, 臺北:里仁書局, 1994.

吳承恩 著, 徐少知 校, 周中明 · 朱彤 注, ≪西遊記≫, 臺北:里仁書局, 1996.

施耐庵 · 羅貫中 著, 李泉 等 校注, ≪水滸傳≫, 臺北:里仁書局, 1994.

曹雪芹 著, 饒彬 校訂, ≪紅樓夢≫, 臺北:三民書局, 1982.

崔日義, <≪문심조룡≫ '통변'의 개념 분석>, 한국중국문학이론학회 편, ≪중국문학이론≫제2집. 2003. 6.

安秉卨, <文體明辨考>, ≪語文學≫제3집, 국민대학교어문학연구소, 1984.

팽철호, <對聯의 기원>, ≪中國學報(韓國中國學會)≫ 제60집, 2009. 12.

<동아일보> 2003년 9월 17일자.

주요 각주 분류 목록

3. 용어

저자 : **팽철호**

서울대학교 인문대학 중어중문학과를 졸업하고 같은 대학에서 석사 및 박사학위를 받았다. 계명대학교 교수를 거쳐 현재 국민대학교 문과대학 중어중문학과 교수로 재직하고 있다.

저서로는 ≪중국고전문학 풍격론≫(사람과 책, 2001.) · ≪임기응변의 중국인≫(사회평론, 2003.) · ≪한자놀이≫(글누림, 2006.)가 있고, 역서로는 ≪도연명시선≫(계명대학교 출판부, 2002.)이 있다.

중국문학통론

1판 1쇄 찍음 • 2010년 6월 20일
1판 1쇄 펴냄 • 2010년 6월 30일

저 자 • 팽 철 호
발행인 • 정 현 걸
발 행 • 신 아 사
인 쇄 • 인덕인쇄

출판등록 • 1956년 1월 5일 (제9-52호)
서울특별시 은평구 녹번동 28-36 (2F)
전화 (02)382-6411 • 팩스 (02)382-6401
홈페이지 • www.shinasa.co.kr
E-mail • shinasa@chol.com

* 저자와의 협의로 인지를 생략함.

ISBN 978-89-8396-698-8(93820)

정가 *16,000* 원